ことばと公共性

言語教育から ことばの活動へ

[編著]
牛窪隆太
福村真紀子
細川英雄

[著]
秋田美帆
有田佳代子
市嶋典子
尾辻恵美
佐藤正則
白石佳和
田嶋美砂子
徳田淳子
中川正臣
福永由佳
松田真希子
三代純平

明石書店

はじめに

福村真紀子

1.「公共性」を考える、それはなぜか

　本書は、ことばの活動を「公共性」という切り口で見つめ直し、そのあり方を読者とともに考えるためにつくられています。本書の構想は、日本語教育と「公共性」の関係について考えることからスタートしました。しかし、当時執筆を予定していた日本語教育の関係者たちで勉強会を開き、「公共性」について検討しているうちに、日本語教育という器では言いたいことを盛るには小さすぎることが見えてきました。そこで、韓国語教育、英語教育、文学教育の専門家にも執筆メンバーに加わってもらいました。そして、それぞれが執筆を終えてみると、言いたいことの真髄は「言語」という枠を超え、人と人とのコミュニケーションの方法をもっと広くとらえた「ことば」へと拡張していました。また、執筆者の視野は、「教育」にとどまらず、「教育」を含む「活動」へと広がっていました。本書の執筆者たちは、ことばの教育を人間の外に現れる言語形式を磨くだけの営みとは考えておらず、人間と社会を形成する営みと考える立場に立っています。人は他者とともに社会で「よりよく」生きていこうとする存在です。「よりよく」とは、あらゆる他者と対等に価値づけられ、自由である状態だと考えられます。「序章」で細川が言及している、イヴァン・イリイチの「コンヴィヴィアル・ソサエティ（自立共生社会）」も、他者とともに生きる人びとが「公共性」を意識しつつ形成していく世界と言えます。本書は、さまざまなことばの教育に携わる者たちが「公共性」という概念に接近し、既存の枠組みを乗り越えて完成した本だと言えるかもしれません。

　本書の目的は、「公共性」の意味に迫り、ことばの教育の価値と意義を問い直すことであり、ことばの活動によってよりよく生きる人間をつくることです。ひいては、そのような人間たちがよりよい社会をつくる

ことができると考えられます。よりよい社会を構成する人間たちが身につけていくものが「市民性」であり、「市民性」を身につけた人間たちがつくっていく社会に「公共性」が芽生え、根づいていくのではないかと思います。

2. この本をどう読むか

　本書は、どこから読み始めていただいても構いません。最初の「序章」で編著者の一人である細川英雄が、ことばによって生きることと「公共性」の関係について述べています。この「序章」から、読者のみなさんに考えていただきたいテーマが伝わると思います。細川は、ことばによって生きることと「公共性」がなぜつながるのか、その理由について述べています。私たちは異なる価値観を持った他者とかかわりながら社会をつくっています。個人が自己を他者にひらくopen、他者との共通感覚としてのcommonをもとにpublicに参入するには、ことばによって生きる活動が必要だと、細川は説いています。そして、他者とともにどのようなコンヴィヴィアル・ソサエティ（自立共生社会）をつくるのかという対話が不可欠であることも強調しています。このopenとcommonという概念は「公共性」そのもので、ここから、ことばによって生きることと「公共性」の関係性が理解できると思います。

　次に1〜11章において、15人の執筆者がそれぞれの研究テーマや研究フィールドを絡めて執筆しています。執筆者間では、齋藤純一(2000)の『公共性』が共通の参考書となりました。齋藤（2000, p.6）は、次のように「公共性」を定義しています。

> 　このように公共性は、同化／排除の機制を不可欠とする共同体ではない。それは、価値の複数性を条件とし、共通の世界にそれぞれの仕方で関心をいだく人びとの間に生成する言説の空間である。

　つまり、「公共性」の条件はさまざまな考え方を持ち、さまざまな行為をする、さまざまな他者の存在です。また、「公共性」＝「言説の空間」という点にも注目する必要があります。「公共性」にはことばが欠

かせないのです。そして、「公共性」とは「空間」です。よって、この世界という「空間」に生きる人びとをつなぐことばの営みに関係する、本書の執筆者たちが「公共性」について考えるのは、自然の成り行きとも言えるでしょう。また、15人の執筆者が集まった、「本」の形をした「言説の空間」自体も「公共性」と呼ぶに値するでしょう。

「公共性」を理解するには、政治思想家のハンナ・アレントと哲学者および社会理論家であるユルゲン・ハーバーマスによる論考が欠かせないと、編著者らは考えました。そこで、1章から11章の論考は、アレントとハーバーマスの理論を共通の軸としています。周知の通り、「公共性」はさまざまな分野で使われている多義的な用語です。本書の執筆者間でも、もちろんとらえ方は多様です。しかし、その多様性を野放しにしてそれぞれが論考を書き散らしては、規則性を欠いたぐちゃぐちゃなパッチワークのような本が出来上がってしまいます。よって、本書では執筆者が軸を共有することにしました。その共通の軸となったアレントとハーバーマスの理論について、編著者の福村真紀子がアレント（12章）、牛窪隆太がハーバーマス（13章）を担当し、ことばの活動において「公共性」を考える理由と意義について執筆しています。

福村と牛窪の論考は、「公共性」という概念を理解するための、いわば先行研究章の位置づけとなっています。福村は、アレントによる『人間の条件』を基盤として、ことばの教育における「公共性」の議論の必要性を論じています。牛窪は、ハーバーマスが提示する「公共圏」におけるコミュニケーション観、言語観が言語教育にどのような示唆をもたらしているのかについて述べています。

また、本書の最後に「ダイアローグ」を用意しました。「ダイアローグ」は、本書を読書会での対話の材料としていただけることを想定しました。もし、そばに同じようにことばの活動に興味関心を少しでも持っている方がおられたら、「公共性」について対話をする「言説の空間」をつくり出していただけると嬉しいです。「ダイアローグ」では、牛窪と福村が本書の執筆者にインタビューし、そのダイアローグを記載しています。本文には書ききれなかった執筆者の思いや、その思いの背景などが示されています。各ダイアローグの最後には【読者への問い】を提示しています。これをヒントにして、ことばの活動と「公共性」の関係

について、ぜひお仲間と対話をしていただけると嬉しいです。もちろん、【読者への問い】以外の話題で対話を進めていただくことも大歓迎です。先に「ダイアローグ」に目を通してから各章の論考を読んでいただくのもいいかもしれません。最後には編著者である細川、牛窪、福村によるダイアローグを掲載しましたが、これは本書のまとめでも、なにかの解答でもありません。本書のテーマである「公共性」を見つめ直して考えた、編著者の思いを込めたものです。

　それぞれの執筆者の「公共性」についての知識は、まだまだ浅いかもしれません。しかし、とことん考え、こうして「本」を編むことで、ことばの活動の世界に新しい視点を入れ込むことができたと思います。ことばの活動に従事している方々、現在従事していなくともことばの活動に何らかの興味関心をいだいている方々に、ぜひ本書を手にとっていただき、「公共性」という視点からことばの活動のあり方を問い直していただきたいと思います。多様な視点と価値観を持つ人びとによる対話が、よりよい社会をつくっていくと信じています。

ことばと公共性―――目次

はじめに 3

序章　ことばによって生きるための公共性 11
　　　細川英雄

第Ⅰ部　ことばの活動と教育のあり方

1章　クリティカルな思考が「自己犠牲」に
　　　つながるとしたら 26
　　　公共性－複数性を志向する教室と、アレントの教育論
　　　有田佳代子

2章　コロナ禍における留学生交流事業の取り組み 52
　　　「第三の故郷を見つける農家民泊」再開までの軌跡
　　　市嶋典子

3章　教室の外から大学における
　　　インクルージョンを考える 71
　　　ヒューマンライブラリーを通じて
　　　自分や他者の「普通」に向き合う対話
　　　中川正臣

第Ⅱ部　言語の自由と活動

4章　連句活動における公共性 92
　　　文芸的公共圏としての座の文学
　　　白石佳和

5章　英語と私と公共性 110
　　　批判的応用言語学の視点から
　　　田嶋美砂子

第Ⅲ部　公助の視点の意味

6章　差別や偏見の「壁」を越える 136
　　　ベトナム人留学生による技能実習生支援の実際から
　　　秋田美帆・牛窪隆太・德田淳子

7章　移動家族が弱さと信頼の親密圏を育てる 157
　　　日本で育つ移動家族の子どもの語りから見えるもの
　　　松田真希子

第Ⅳ部　個と社会を超える

8章　日本語教育の鏡に映る
　　　「多文化共生」の姿から学ぶこと 174
　　　福永由佳

9章　店の「カウンター」が引き寄せる
　　　コンヴィヴィアリティと公共性 191
　　　言説の空間を超えて
　　　尾辻恵美

第Ⅴ部　忘れられた存在が「現われ」るとき

10章　公共性から考えるサハリン残留日本人 220
　　　帰国者支援の変遷と永住帰国者の語りから
　　　佐藤正則・三代純平

11章　閉じられたスキー宿に公共性の風が吹く............245
　　　福村真紀子

第Ⅵ部　アレントとハーバーマスから考える

12章　言語教育をことばの活動へと広げる「公共性」......278
　　　ハンナ・アレントが重んじる複数性、開放性、自由を手がかりに
　　　福村真紀子

13章　ことばの教育と「公共」の接点を探る.............299
　　　ハーバーマスの公共圏における言語観をもとに
　　　牛窪隆太

ダイアローグ

　　　ダイアローグ 01 ［有田佳代子／福村真紀子］..................320
　　　ダイアローグ 02 ［市嶋典子／牛窪隆太］....................325
　　　ダイアローグ 03 ［中川正臣／牛窪隆太］....................330
　　　ダイアローグ 04 ［白石佳和／福村真紀子］..................334
　　　ダイアローグ 05 ［田嶋美砂子／牛窪隆太］..................339
　　　ダイアローグ 06 ［秋田美帆／福村真紀子］..................344
　　　ダイアローグ 07 ［松田真希子／牛窪隆太］..................349
　　　ダイアローグ 08 ［福永由佳／牛窪隆太］....................355
　　　ダイアローグ 09 ［尾辻恵美／福村真紀子］..................360
　　　ダイアローグ 10 ［佐藤正則／福村真紀子］..................366
　　　ダイアローグ 11 ［福村真紀子／牛窪隆太］..................370
　　　ダイアローグ 12 ［細川英雄／牛窪隆太・福村真紀子］........375

おわりに..381

編著者紹介..384

ことばによって生きるための公共性

細川英雄

　本章は、ことばによって生きることと公共性の関係について考えるものです。

　公共性の概念・意味については、政治学・経済学等の領域で多く取り上げられ、たとえばハーバーマスも政治哲学からのコミュニケーション論として言及していますが、ことばとその活動の分野では、まだ議論も緒に就いたばかりです（川上編, 2017）。

　ここでは、まず私たちがことばによって生きるとはどういうことかを振り返ります。その具体的な展開として、共生社会におけることばによって生きる活動について検討します。

　そのうえで、ことばによって生きることと公共性がなぜつながるのかに注目し、これからのことばによる価値創造の共有の重要性を指摘し、本書全体の諸活動のための理論的なまとめの役を果たしたいと考えます。

1. ことばによって生きるとは

　生まれ落ちてよりこの方、「この私」は、自分の周りのだれかと交流することで他者を感じ、その他者の背景として社会communityを意識します。たとえば、赤ん坊は、母親との交流を通して、ぼんやりと家族を意識するでしょうし、小学生ぐらいになると、周囲の人物との交流によって、家族、地域、学校といったそれぞれのコミュニティでの自分の位置づけや役割をそれこそ何となく意識するようになるはずです。

　そこには、かなり限定的ではありますが、特定の複数の他者との深く強いかかわりが認められるに違いありません。しかし、そのかかわりの

多くは、他者との交流そのものの中に埋没していて、なかなか社会を意識するところまでいかないでしょう。だから、新しい他者との出会いがそうした埋没から自分を目覚めさせてくれることもしばしばあるのです。

　ただ、他者との交流そのものは、さまざまな様態を呈していて、すべての場面において深い信頼関係を築くことは難しく、表面的なやりとりに流されてしまうこともしばしばです。

　そうしたとき、自分の中にある興味関心を他者に語ることで、またその他者がどのような反応を見せるかによって、その関係は新しい局面を迎えることがあります。相手の中に共通の部分commonを見出すことによって、それが強い友情に結びつくこともあるし、逆に、信じていたものが裏切られるような状況に陥ることもあるでしょう。

　このように考えると、ことばによって生きるとは、一人一人の感覚や感情を伴った精神活動の活性化・充実によって、自らの価値観を他者と交流させることであると規定することができるかもしれません。さまざまな他者との出会い、そこでの言語のやりとり、つまり対話の中で、個人一人一人の価値観は形成され、それがそのまま個人の形成をめざすことになるからです。

　以上のような、ことばによって生きるための活動をめざすことの意義が、1990年代の、とくに後半からようやく問われ始めたことを指摘しなければなりません。

　この場合のことばによって生きるための活動とは、人間の身体からの感覚、心を支える感情、そして論理の思考を形成するものとして捉えることができます。そうしたホリスティックな言語と文化の活動は一人一人すべて異なるものであり、このようにしたらこうなる、というような、それまでの技術・方法の図式は成立しないものだからです。

　それは、この図式的な技術・方法の循環から脱し、本来の「理念」に立ち戻り、未来のために、もう一度新しいサイクルの生成がはじまるということを意味しています。自明の前提としてあった「コミュニケーション能力向上」という既存の目的の先に何があるのかという問いを持ったとき、ことばによって生きるための活動とは何かという本質的な課題への視座が生まれるからです。このことによって、人間とことば、ことばと社会、個と集団といった、それぞれのテーマが生まれ、それを

自らの活動の中で解決するにはどのようにしたらいいのかという新しい次の問いにつながります。この問いこそが、ことばによって生きることとそのあり方なのです。

2. ことばによって生きる共生社会

このことばによって生きる活動について考えるためには、必然的に、私たちの社会が共生社会であることが前提となります（稲垣他, 2022）。

共生社会とは、簡単に言えば、さまざまな言語文化を持つ人々が「共に生きる」社会のことですが、考えてみれば、「共に生きない」社会など、この世界に存在するわけがありません。「共生」という概念は、一般に、「多文化共生」というような表現で広く知られるようになりましたが、「多文化」が「共生」するとは、たんに多くの文化が共生するということではなく、個人一人一人がそれぞれの文化を持ち、その個人が「共生」、つまり「共に生きる」ことを意味しているのではないでしょうか。すなわち、すべて私たちは、常に異なる文化の他者と共に生きているからです。後述するように、これを集団文化に類型化して、文化間の違いを強調したものが「多文化共生」という概念です。

ただ、そうしたことに無自覚・無関心である個人とその社会観が存在することは否定できません。近年の「共生社会」という用語が虚しいスローガンのように聞こえるのは、この「共生」を自分事として考える、つまり自分の問題として捉えるという切実さが共有されていないためでしょう。このことは、「多文化」という集団概念がもたらした、一つの功罪と言えるでしょう。

南米の教育学者イヴァン・イリイチ（1975）が「コンヴィヴィアル・ソサエティ（自立共生社会）」とあえて指摘したのは、「共に生きる」ための共生の意味を忘れた、無自覚・無関心である社会への批判として捉えることができます。一人一人が異なる、しかし人間としての共通項としての存在、つまりコンヴィヴィアリティこそ、この社会を維持していくための、きわめて重要なキーワードであると言えます。

そこで、まずこの社会が、人と人の交流で成り立っていることを確認したいと思います。

社会の概念には公的／私的という区別のされることがありますが、自己が他者とかかわるという意味で、家族という社会に生まれ落ち、地域・学校というコミュニティに属していくことは、本人が自覚するしないを問わず、公的な立場に立つということではないでしょうか。
　つまり、人は、ことばを発して他者とかかわることで、おのずと公的な社会の一員になるということです。もちろん、そうしたことを自覚するかしないかは個人によりますが、この公的な社会の一員であるという自覚が、市民性形成という課題とも深くかかわるからです。
　この公的な社会における交流の仲介物／媒介物が「ことば」であり、「文化」であるということをまず明確にする必要があります。このとき、ことばによって生きることと文化はその交流の場において意味を持つからです。このことばと文化の関係こそが、私たちが、この社会で生きているという実感を得るために必要なものだと言えるでしょう。
　次に、共生社会における自己と他者の交流は何のための交流なのかということを考えてみましょう。
　それは自己と他者の属するコミュニティをどう捉えるかということにつながります。ことばによる発信は、自己の実現であると同時に他者との関係を有するための手段ということになるからです。
　他者との関係を有するということは個人と個人のつながりであり、同時にその複数の個人が所属し共通感覚を持つコミュニティ空間のあり方を考えることになります。
　たとえば最も小さなコミュニティとしての家族では食事の時の座る位置が決まっていたり、みんなが一斉に食べ始める時の作法があったりします。こうした習慣や見えないルールはどこのコミュニティでも存在し、そのルールや習慣が個人一人一人に何らかの影響を与えています。
　こうした、いわばコミュニティ文化に対して、私たちは通常ほとんど無意識・無自覚なのですが、そのコミュニティ文化と自分の価値観や考え方との間にズレが生じるとその意味について考えるようになります。これがコミュニティ存在への意識化であり、さらに一度意識的になると、さまざまな課題への覚醒へとつながる可能性があります。
　こうした意識の変容は多くの場合、他者との交流の中で生じますが、その背景としての小さな家族・家庭から学校や地域そして国家というよ

うにその空間が広がるにつれて、背景としての集団を社会と呼び、そこでの自分自身の固有のあり方について考えるようになります。

このように、何のためにことばがあり、そのことばによって生きるとは何かということを考えるとき、生活や人生のあらゆる出来事と「私」のかかわりを「活動」として捉える視座が見えてきます。アレントは、このような生活における状況の違いを「活動」「労働」「仕事」として区分しました。

このように、他者との交流、自己と他者の関係、そして、自己と他者を取り囲む社会との関係について意識的になると、そうした意識化自体が、自分自身が生きるうえでの重要な課題として浮上することになるでしょう。つまり、自分とは異なる価値観や考え方を持つ他者とともに、どのような社会、つまりコンヴィヴィアル・ソサエティをつくることができるのかという対話の必要性が生まれるからです。そのためには、社会における「公共public」をめざして、自己をひらくopenと他者との共通感覚としてのcommonをもとに、ことばによって生きる活動は展開するわけです。このことが、共生社会におけることばと文化の意味であり、同時に、ことばによって生きることの価値だと言えるでしょう。

3. ことばによって生きるための公共性

3-1 「公共public」から公共性へ

では、ことばによって生きるためのあり方を考えるうえで、この社会における「公共public」の概念はどのような意味を持つのでしょうか。

たとえば、アレント（1994）は、「「公的（public）」という用語は、密接に関連してはいるが完全に同じではないある二つの現象を意味している」（p.75）として、「第一にそれは、公に現われうるものはすべて、万人によって見られ、聞かれ、可能な限り最も広く公示されるということを意味する」「第二に、「公的」という用語は、世界そのものを意味している。なぜなら、世界とは、私たちすべての者に共通するものであり、私たちが私的に所有している場所とは異なるからである」「ここでいう世界は、人間の工作物や人間の手が作った製作物に結びついており、さらに、この人工的な世界に共生している人びととの間で進行する事象に結

びついている」(p.78) としました。

　これに関連して、齋藤（2000）は、「場」のあり方についての定義として、「一定の人びとの間に形成される言論の空間を指すもの」を、複数形で扱うことができる「公共」（publics）とし、さらに、公共の概念を、互いに抗争する関係にもあるとしつつ、open/common/officialの要素から成るとし、1）国家に関係する公的（official）なもの　2）すべての人びとに関係する共通（common）のもの　3）誰に対しても開かれている（open）もの　の3つに大別できるとしています。

　このことは、前項で述べたように、社会における「公共public」をめざして、自己をひらくopenと他者との共通感覚としてのcommonをもとに、ことばよって生きるための活動が展開することを意味しています。

　つまり、open/common/officialの3つの要素が統合され、さらに総合的に展開することによって、公共という概念が発揮され、そこに公共性が生まれるというわけです。そのためには、自分とは異なる価値観や考え方を持つ他者とともに、どのような社会、すなわちコンヴィヴィアル・ソサエティをつくることができるのかという対話が必要だということになります。

3.2　集団の文化から個の文化へ

　このことは、いわゆる異文化間コミュニケーションの課題にも関連しています。

　たとえば、言語・文化の背景の異なる他者を、集団類型的に「〇〇人」として捉えていると、いつまでたっても、このopenとcommonの感覚が身につきません。すなわち自分事とならないということです。

　これは、「文化」を集団的にのみ捉えて、個人間の相互的な関係に目を向けないことに起因します。相互の文化が異なることを「異文化間」というならば、同じ文化間の関係は、「同文化間」とでもいうのでしょうか。「同文化間」ならば、コミュニケーションにおいて問題が起きないと考えること自体、すでに他者理解のあり方に反しているということになるでしょう。

　このように、〇対〇という図式において、国家や民族といった集団を比較対象として、〇〇人の行動様式や思考方法といった観察の仕方は、

「他文化理解」における一般化・ステレオタイプ化を引き起こすことは明らかでしょう。

　ここで改めて、文化の問題に言及しておくと、言語教育分野における文化の扱い方は、はじめは、対象社会における文学作品をはじめ、建築や宗教、あるいは伝統行事・芸能などの、いわゆる「見える文化」（large C）が対象であったものが、1970年代に入ると、次第に、当該の社会慣習や生活習慣というような「見えない文化」（small c）へと移行します（鈴木, 1973, Zarate, 1984）。

　しかし、そうした「見える・見えない」といった分類自体が、特定の地域・社会を対象としたものであり、その地域・社会を中心にした集団類型の問題性を克服できませんでした。

　前述のように、「異文化間」という用語は、inter-culturalの訳語としてほぼ定着したかに見えますが、この場合の「文化」の課題についてその検討は十分でなかったからです。なぜなら、この場合の「文化」は、国家・民族等の集団の所産としての「文化」であり、集団の統計的な傾向にすぎないからです。

　あわせて、○○人・○○社会の行動様式とか思考方法といった傾向は、苫野（2017）でも指摘されているように、一種の一般化の罠に陥り、「○○人とは誰のことか」という問いを失っています。

　言語活動はあくまで個人一人一人のものであり、一つの集団の属する個人がみな同じように行動したり思考したりするわけではありません。個人が集団の一員であるということと、個人一人一人がその集団の中でどのようにふるまうかは別の問題だと考えるべきでしょう。したがって、集団の統計的な傾向は見出せても、それを個人への活動課題とすること自体、きわめてステレオタイプ的な発想に陥る危険性が高いのです。

　ここで、考えなければならないことは、そのような集団の中にあって、一人一人の個人がどのような価値観を形成し、その価値観によって、さまざまに異なる他者とどのように交流していけるかという課題でしょう。つまり、文化を個人化する、「個の文化」（細川, 2002, 2012）の視点を持つことの重要性が指摘できます。

　このように考えると、集団における「文化」そのものの存在を否定することはできませんが、あたかもその集団に帰属する個人がすべてその

ような「文化」を所有しているように解釈するのは、いかにも浅薄な思考によるものではないでしょうか。むしろ個人一人一人がそうした集団社会について、そこに実体があるかのようなイメージを持つに至るのはなぜなのかという視点が必要です。自分が〇〇社会の〇〇人であるという自覚を持つことと、だから〇〇という「文化」を持っているというイメージが混在するあり方に対してこそ、ことばによって生きるための活動は向き会わなければなりません。つまり、そのような集団イメージから自由になって自律的に表現できるようになることこそが、公共publicへの個人のあり方だからなのです。

このように考えれば、commonとは、個人と個人が同類という意味ではなく、むしろ、異なる存在であるからこそ、共に生きていくコミュニティで共通のもの（課題など）をシェアすることが不可避であると了解できるはずなのです。

3-3　今なぜ公共性なのか──ことばによる活動を公共にひらく意味

このopenとcommonの感覚を前提にして、社会というものを考えるとき、publicという概念が生まれます。ここでいうpublicとは、「国家に関係する公的（official）なもの」（齋藤, 2000）というのではなく、むしろ前述のアレントの「世界そのもの」に近い概念でしょうか。アレントの「世界」は自然世界のことではなく、「人間が作り上げた「工作物」や「製作物」とともに、人間が作りあげた「社会環境」」のことだとすると、いわば「世界としての社会」とは、自己をひらくopenと他者との共通感覚としてのcommonをもとに、publicという概念によって営まれていると考えることができます。

この世界としての社会にそれぞれの個人がpublicとしての社会にどのように参入していくか、つまり社会的行為主体social agentとなるか、ということが、私たちのことばによって生きる活動にとってきわめて重要な課題となります。

ここで、改めて「社会とは何か」と考えてみることが必要かもしれません。なぜなら、この「社会」というものは決して一つではないということに気づくからです（細川, 2022b）。

一般に社会というと、「〜国・〜民族・〜語」といった枠組みを想定

しがちですが、実際には、家族をはじめとして、地域の集まり、友好的な仲間たちとのサークル、その他、もろもろの無数のさまざまな社会や共同体（コミュニティ）に同時に私たちは属しているのです。

そして、その都度、その都度の状況によって、何らかの優先順位を自らつけながら、私たちは行動しているわけですが、それは実際には状況に応じてその順位が変更可能であるということです。同時にそれはまた、それぞれの社会や共同体には優劣がないということでもあります。むしろ、私たちはそうした社会や共同体の枠組みをいつのまにか限定的に捉え、その自分のイメージの中に自らを位置づけているにすぎないのではないでしょうか。世間の評価を気にしたり、他人の目を過剰に意識したりする現象は、このイメージに閉じこめられた自己から発生するものだと言えるでしょう。

そのような意味では、私たちは、実体としての社会の中に所属しているのではなく、自分自身の中に、社会や共同体のイメージをつくりあげ、そのイメージそのものが実体としての社会・共同体だと思い込む反転現象が起きていると考えることができます。

本来は、その社会自体が、ダイナミックに変容する動態だということなのです。自分と他者の対話によって、この社会そのもののイメージの作りかえられていく関係性こそが、個人と社会をつなぐ鍵だということができるでしょう。このように、社会が流動的であるという感覚を持つことによって、私たちはどれほど自由になることができるでしょうか。そのことは、社会を固定的な実体として見る考え方から解放されることを意味しています。

このことは、民族・国家・言語の境界を絶対視しないこととつながっています。

たとえば、「日本人」「日本社会」「日本語」という自明的な括りを疑うことがその第一歩でしょう。そこでは、「制度が決めたから」「昔からそうなっているから」「みんながそうだから」という理由は成立しません。それは、自己思考による判断の放棄、つまり思考の停止を示すものだからです。

深く考えて、決して倚りかからず、遠いまなざしを持ち、ゆるやかな連帯を築く、という生き方。つまり、自分の「生きる目的」に沿って、

自らのテーマについて自律的に考えていく、決して人のせいにはしない、でも遠くを見よう、そして、そのことによって他者と、あるいはコミュニティの中でのゆるやかな連帯を結ぶことができる、このような人と人の関係そのものが自由で開かれた（open）生き方だと言えるでしょう。

　一人一人の自由が保障されている社会は、他者の自由を侵害しない社会でもあります。そこでは、自己と他者の存するコミュニティのあり方について私たちは責任を持つことになるのではないでしょうか。自由であることで想像／創造が生まれ、この想像／創造こそが社会の豊かさにつながります。この豊かさは数値では測れません。便利であることは豊かさではないことも実感できます。とくに他者とともに生きる豊かさ、一人で考えても生まれない創造を生み出すためには、さまざまな仲間たちの知恵が集まる共通（common）の場が必要です（細川, 2019）。

　それぞれのことばの活動によって、人は「この私」を語りだし、それが自己と他者の連携と協働をうながし、互いの関係世界を分けあうことになるでしょう。このような共生社会こそ、公共性に支えられていると言えるものでしょう。

　繰り返し述べてきたように、ことばによって生きるための活動の前提となるものは、まず自己と他者の交流です。自己と他者が交流することによってお互いの価値観や考え方を知りその違いを認識しつつ実現すべき何らかの課題について共通了解を得ていく、このプロセスにおいてことばによる活動が不可欠なのです。人と人の交流において「公共」を志向するのであれば、そこには「ことば」の理解も他者認識のあり方としての「文化」の理解も必要であるからです。

　どのような形で、一人一人の個人がそれぞれの社会にかかわっていくかを考えること、これが本書における公共性の議論であるとも言えるでしょう。

　ことばの活動の「公共性」とは、ことばを使って生きていくための、人間の活動原理であり、どのような形で、それぞれ個人が社会にかかわっていくかを徹底的に考えることです。このように議論をひらくことで、本書における、それぞれの各論につなげることができるでしょう。

4. 公共性のあり方としてのWell-being

　最後にあるのは、では、こうした共生社会における公共性とは一体何のためにあるのかという、さらなる問いでしょう。

　自分の考えを他者に向けてひらき、他者との共通了解をめざして対話することが、社会におけるpublicとしての公共性をめざすものであることを前提にすれば、ことばによる生きるための活動における、この「自分をひらく」openの感覚と、「他者との共通了解」commonの感覚こそ、自分が何者であり、何に価値を置いているのかを自ら見極めるための不可欠な要素となるからです。

　このopenとcommonによる対話の連鎖を自らの中でどのように形成するか。

　ここに人としての自由と自律のあり方が問われることになるのではないでしょうか。

　このような自由と自律のあり方と公共性の概念とを重ね合わせるものが、ソクラテスの言う「善く生きる─Well-being」という概念です。

　では、なぜことばによって生きる活動の公共性が、Well-beingと結びつくのでしょうか。

　ソクラテスの言う「善く生きる─Well-being」とは、「よく考える」ことでもあります（細川, 2022a）。

　考えるとは、複眼的検証の態度を貫くこと、そして、そのことは、何よりも自分自身が自由であろうとすることの意志によって支えられています。なぜなら、自由でなければ、目の前の現象に対して、批判的な目を持つことはできないからです。

　自由であるための前提として、人は、自己を知り他者とかかわるようになり、そのことを通じて社会におけるpublicについて考えるようにもなります。その対話の過程で、人は、Well-beingを体現することになるのではないでしょうか。

　すなわち、対話によって自分の価値観を知り、他者と共にどう生きるかを考えること、これが「善く生きることWell-being」だと考えることができます。その結果として、このWell-beingの感覚を持ったとき、個人一人一人は幸福になることができる、だからこそ、そうした感覚を保

障する社会をつくることこそことばによって生きる活動の究極的な目標と言えるのではないかと私は考えます。言い換えれば、ことばによる生きるための活動なくして、Well-beingはあり得ないことになります。

　ことばによって生きる活動によって個人は、さまざまな価値観に出会い、それを受け止めつつ、自らの価値（観）を形成していく。ことばの活動とは、そのような個人の価値観の形成の場において活動を公共にひらき、他者への感謝の念をもってその場に立ち会うことを意味するのではないでしょうか。それは、こうした価値観の形成には、共生、つまり「共に生きる」という概念が前提となることをも意味しているからです。

　では、そのために、ことばによる生きるための活動は、どのような姿をとるのでしょうか。

　日常のあらゆる出来事と「私」とのかかわりに「テーマ」を見出し、それを活動と捉える持続可能性へとつないでいくこと。このことにより、日々の活動の概念も、おのずと変容を余儀なくされるに違いありません。それは、自己open・他者common・社会publicをつなぐ対話という活動であり、そのことにより、各自の未来と公共性へのつながりも見えてくるはずです。

　これまで、こうした計画と効果測定とそのための改善として、「PDCA」システムが示されることがよくありました。「このような失敗を繰り返さないために、どうすればいいのか」というフィード・バックによって実践が鍛えられると従来指摘されてきました。

　しかし、実際はむしろ、前掲のような理念とそのデザインを示すことが重要であることに気づきます。なぜなら、活動をフィード・フォワードの視点で捉えなおすことは、未来を見据える視点であり、言い換えれば、歴史を変えるための持続可能性ということだからです。

　これは、未来に対しての問いでもあるため、「どのようにすれば、この理念を実現できるか」というフィード・フォワードの視点によって、未来志向の不確実性の中に可能性を見出そうとする思想に支えられていると考えるべきでしょう。

　公共性は何のためにあるのかという問いは、従来の「活動」の概念を解体させる思想を包摂しています。今、私たちは、ことばによって生きるための活動原理のあり方そのものをもう一度問い直さねばならない岐

路に立っています。公共という概念によってそうした問いをどのように実現することができるのか、ここに共生社会においてことばによって生きる活動がめざす個人と社会の未来があると私は考えるからです。

おわりに──自由と自律への問いへ

　個人一人一人のことばによる生きるための活動は、本来、自分の興味・関心に基づくものです。言い換えれば、外側の知識・情報を習得し何らかの技能を上達させることを目的とするのではなく、個人一人一人の興味・関心に基づく事柄に関する活動とその活性化の場をつくることを優先させなければならないということです。

　自分自身の興味・関心に沿った環境づくりによって、何が変わるのか。つまりは、自分自身が自分のことばをどのように形成するのかということなのです。

　そこでは、自らが生きるためのテーマの発見→仕事の充実、生活の活性化→生きるための活動の充実→自分のことばを持つ（細川, 2021）という必然的な連鎖が起こるでしょう。

　では、「自らが生きるためのテーマ」とは何か？

　決められたことをどう学ぶかではなく、自分の中のテーマにどう気づくかです。それは、ことばによる活動の原理を考えることであり、ことばを使って生きることの意味を考えることにつながっています。

　そのとき、テーマは自分にしか発見できないものであるというテーマへの気づきがあるでしょう。それは同時に、正解を得ることの限界に気づくことでもあります。それこそが自由と自律への第一歩であり、すなわち、ことばによって生きることの目的でもあるのです。

付　記

　本稿は、言語文化教育研究学会・年次大会での「言語文化教育とは何か──コンビビアリティとしての活動実践」（2023年3月7日、関西大学）および研究会「感謝の表現に関する異文化間コミュニケーション」（2023年8月30日、久留米大学）での発表原稿をもとにして再構成したものであることをお断りしておきます。

参考文献

アレント, ハンナ（1994）『人間の条件』ちくま学芸文庫
稲垣みどり, 細川英雄, 金泰明, 杉本篤史編（2022）『共生社会のためのことばの教育——自由・幸福・対話・市民性』明石書店
イリッチ, イヴァン（1977）『脱学校の社会』東京創元社
川上郁雄編（2017）『公共日本語教育学——社会をつくる日本語教育』くろしお出版
齋藤純一（2000）『公共性』岩波書店
鈴木孝夫（1973）『ことばと文化』岩波書店
苫野一徳（2017）『はじめての哲学的思考』ちくまプリマー新書
プラトン（1964）『ソクラテスの弁明・クリトン』（岩波文庫）
細川英雄（2002）『日本語教育は何をめざすか——言語文化活動の理論と実践』明石書店
細川英雄（2012）『「ことばの市民」になる——言語文化教育学の思想と実践』ココ出版
細川英雄（2019）『対話をデザインする——伝わるとはどういうことか』筑摩書房
細川英雄（2022a）『対話することばの市民——CEFRの思想から言語教育の未来へ』ココ出版
細川英雄（2022b）「複数の言語で生き死にするということ——人間性の回復をめざして」山本冴里編（2022）『複数の言語で生きて死ぬ』くろしお出版
Zarate, Geneviève（1984）*Enseigner une culture étrangère*, Hachette

第Ⅰ部 ことばの活動と教育のあり方

1章 クリティカルな思考が「自己犠牲」につながるとしたら

公共性−複数性を志向する教室と、アレントの教育論

有田佳代子

キーワード：凡庸な悪、複数性、シティズンシップ教育、アレントと教育、実践のジレンマ

1. はじめに──「アイヒマン」を考える

　2023年夏、聞き慣れた名の中古車販売買取会社の保険金不正請求が発覚し、連日報道されています。未だ捜査中で全容はわかりませんが、故意に車体を傷つけるなど、この同族経営会社の不祥事報道に接し、他の多くの人々と同様にわたしも、アイヒマンを思い浮かべました。ナチスの親衛隊中佐で「ユダヤ人絶滅作戦」の責任者のひとりであり、多くのユダヤ人殺害に関わった中心人物です。戦後の裁判で「わたしは単なる歯車であり、他者に替えることができるものであり、わたしの地位にあればどんな人でも同じことをしたでしょう」（アレント, 2016, p.54）と述べ、アレントにより「凡庸な悪」として人口に膾炙したアドルフ・アイヒマンです。異端の大悪党ではなく倒錯者でもサディストでもない、どこにでもいそうな「ごく平凡な」人物が、殺人者としての自分の行為に対し思考を停止し、「もし自分だったら、自分の家族だったら、自分の大切な人だったら」という想像力も停止し、出世のために上の意向を忖度しつつ、残虐な犯罪を平然と続けていたのでした[1]。あの中古車販

---

1) アレントの「凡庸な悪（悪の凡庸さ）」については、近年特に歴史学、ナチス研究の立場から、「組織の歯車論」という「俗説」に対する強い反論があります（シュタングネト, 2021、田野他編, 2023など）。アイヒマン自身の文章や音声録画を資料とすると、彼は決してナチスの「歯車」、「小役人」として唯々諾々と仕事をしていたのではなく、優秀な官僚として上の意向を忖度し、一定の自由裁量のもと積極的に動いていたという理解です。ナチス研究者の田野は「〈悪の凡庸さ〉という言葉が、一人ひとりは凡庸な人間だから悪くないんだという歴史修正主義的な意味合いを込めて使われるケースが目立つようになっているので、それに対してはきちんと反論しておくべきだと考えています。俗流の〈悪の凡庸さ〉は、

売買取会社にも、殺人は犯さないまでも（しかし間接的にそこに至っていた可能性もあります）、小さな「アイヒマン」が何人もいたのじゃないか、と思ったのでした。組織の一員として、「上」からの命令や要求に真面目に従い、あるいは「なにかへんだ」と思っても、自身の組織内での立場を守り日々の業務を大きな軋轢なく進めるためには、その違和感や罪悪感を振り切るように思考停止し、あるいは上司の意向を忖度し、「もし自分の車だったら、家族の車だったら」という想像力も停止し、黙々と業務を行っていた人たちがいたのじゃないか。わたしはそのことを、他人事ではなく、自分自身のこととして切実に思い起こしました。わたしにもかつて、小さな「アイヒマン」になりかけた経験があるからです。

ずっと以前のことですが、わたしが担当する「日本語」クラスを、家族滞在ビザを持つ外国籍の学生Ａが履修しようとしたとき、所属機関から「留学生ではないＡの、日本語科目履修は認めない」と通達されました。わたしは驚いて担当者に相談に行ったところ、「規則通りにＡは履修できない。出席は自由だが単位は認めない」とのことでした。わたしは何度か交渉に行きましたが、教授会での意思決定に参加できない立場の教員だったわたしにはほとんど発言力がありませんでしたし、かつ日々の業務に忙殺されるなかで職位がはるかに「上」の担当者の部屋に何度も足を運び、ストレスフルな話しあいをするのに疲れてしまったということもありました。そして、Ａへの説得を何度か試みました。Ａは納得せず、「日本に来て間もない自分が日本語を勉強し単位が取れな

ただ上の命令を聞いていたから犯罪に加担してしまったけれど、本人は悪い人間ではなく、家では良き父、良き夫だったというような意味で使われていて、これをそのままにしておくと、歴史修正主義的な動きに養分を与える危険性があります。そうではなくて、一人ひとりの官僚も主体的に考えて行動していて、それには責任が伴うということも言っておかないといけない」（田野ほか編, 2023, p.184）と述べています。たとえば、本稿で言及した「中古車販売買取会社」の不祥事と同様、多くの人にアイヒマンを連想させた「森友学園」問題の場合、証人喚問を受けた元財務官僚も、「歯車」として何の意思も持たずに自動的に動いたのではなく、首相周辺の意をくみ忖度しつつ、自ら積極的に動いた責任があるということです。一方で、本稿でも指摘する現代にも潜む「全体主義」の問題を、「凡庸な悪」ということばに結び付けて考える重要性は否定されていません。群衆や暴徒とエリートとの連携（一時的同盟）についても、アレントが指摘しています（アレント, 2017）。本稿では、上述した議論を踏まえつつ、全体主義の芽を胚胎するような人間の動向を表すことばとして「凡庸な悪」を使用します。

い理由がわからない」と主張するのでした。そのAのかたくなさにもわたしは辟易し、Aに対して「ルールだからしかたがないよ」と言ったりしたのです。わたしはこの時点で、すでに思考停止し、Aの立場を思う想像力もなくして、「保身」を考えていたのだと思います。わたしは、これ以上の時間を割き「上」に反対表明し続けることで、職場の人間関係に面倒な軋轢を生むこと、さらにはそれがきっかけで仕事を、収入を失うことを恐れました。結局、問題を解決したのは、当事者Aとその保護者の行動力でした。Aは保護者を伴って、わたしが交渉した「上」の担当者の、さらに「上」の担当者に「学校の方針は間違っている」と強く申し入れたのです。結果、日本語科目は「留学生のみ」ではなく「日本語非母語話者」が履修できることになりました[2]。「社会の一般的な常識／コモンセンス」が「内部のへんなルール」を修正するという、当然のことが起こったのです。

　わたしは、このときの自分を折に触れて思い出します。呆然としつつ、自分の「危うさ」を、苦く自覚し続けます。ただ、組織にいるとありふれたことのようにも思い、不遜かもしれませんが、これはわたしだけではなく、他の人にも起こりがちなことだとも思います。たまたま見た学生たちの就職活動用履歴書の「自己アピール」欄に、「言われたこと、指示されたことを最後まで努力して遂行できる点が、わたしの長所です」などと書いてあるとき、ほんとうにそんなことでいいのか？と疑問と反感を抱きつつ、自分も含め、組織の人間として「上」からの指示を鵜呑みにして真面目に仕事をすることは美徳だとする意識とその実行力を、わたしたちは持たされてきた／そして教師としてそうすることを「躾けて」きたのではないか、とも思うのです。

---

2) この事例の背景には、多くの教育機関内における「留学生」と「日本人学生」という便宜上の二分法の問題があると言えます。なおかつ、修正後の「非母語話者」という範囲も非常にあいまいで、どれが母語なのか決定がむずかしいという問題は依然として残ります。

2. 公共性－複数性──他者および自身との対話・複数の価値・主張の再考

齋藤（2000）では、アレントを引きつつ「共同体」を次のように説明しています。①閉じた領域を形成していること、②等質な価値があり、統合のためにその共有を成員に求めること、③統合のために成員の内面の情念（愛国心、愛校心、愛社精神など）を手段として用いること、④一元的・排他的な帰属を求めること（pp.5-6）。中古車販売買取会社もわたしのいた学校も、明文化されていることもされていないことも含めると、「共同体」の性格を持っているでしょう。齋藤は、「人々の〈間〉、人々の〈複数性〉を何らかの同一性に還元せずに捉えることは、「共同体」あるいはそれに類する言葉では極めて困難」（p.119）であったとし、「共同体－同一性に代わるものとして公共性－複数性という概念装置を意識的に用い」（同）たのだと言っています。

「内部のへんなルール」にいつのまにか絡めとられ他者の権利を淡々と軽々と奪う「アイヒマン」になりたくないと願うとき、わたしにとっても齋藤（2000）が使う公共性－複数性は魅力あるものと映ります。「人の車を故意に傷つけて利益を得てはいけない」「学生の学ぶ権利は在留資格に左右されない」というわたしたちの〈共通感覚〉としての常識／コモンセンスよりも、効率や経済合理性や共同体の統合を重視する「内部のルール」が蔓延ってしまうのは、なぜか。それは、わたしたちが対等な立場での対話により形成される正常な「判断力」を、失くすからです。アレントは、わたしたちの判断力は〈共通感覚〉を基礎としていると言います（アレント, 2016, pp.227-228）。この〈共通感覚〉の形成は、ひとりの人間が独力でできるものではなく、他者とことばを用いて対話をするなかで身に付けるものだとしています。つまり、〈共通感覚〉もそこから生まれる正常な判断力も、〈他者〉と〈ことば〉なしでは成立しないのです。「わたしはこのような人間でこのように考える」と自分の意見を他者にことばを使って表明し、また他者の意見表明を受け止める。アレントはその場を〈現われの空間〉（自分という人間がことばを使って意見表明することで「わたしはここにいる」と人々の前に現れる空間）と呼びますが、そうした人々の交流、対話のなかで意見と意見が交換さ

れる過程で、より妥当な意見が形成されていきます。だから、そこには必然的に複数の他者、複数の価値観、複数の意見が必要です。わたしたちはその〈現われの空間〉で対話することにより、より多くの他者、より多くの意見、より多くの価値観の存在を知ることになります。そこでの対話は、「他人の感情に対する安易な共感や感情移入をするのではなく、他人の意見をそのまま受け入れるのでもなく、あるいは逆に自分の意見を相手に押し付けるのでもなく、想像力を働かせて相手の立場に身を置き、幅広い視野から問題を検討することによって自分の意見を形成する」（牧野, 2022, p.89）判断力のもととなります。「あの人だったらどう考えるだろう」「この場合、あの人はどんな感情を持つだろう」「このときあの人ならどう行動するだろう」と他者の立場に立ち考えたうえで、自身の意見や行動を決定していくという判断力を備えるのです。

　そして、この〈共通感覚〉の形成を破壊し、わたしたちをバラバラに分断し対話から遠ざけることによって正常な「判断力」を奪うのが、全体主義です。すなわち、個人の自由や権利より国家全体の利益が優先するとしてさまざまな統制を行っていく、「大衆」としての多くの人々を巻き込んだ運動です。アレントは、人々が生きるためだけの労働と私的な消費に明け暮れ、互いに無関係で無関心で受け身でいる人間の集合を、大衆社会と呼びました。この大衆社会において、ナチスドイツのような全体主義が支配してしまいます（アレント, 1994）。人々がバラバラのまま孤立し、公的な領域での対話に参加せず、自身の意見を持たず判断もしない大衆社会に、人間破壊の現象としての全体主義の起源があると言うのです。ナチスやスターリニズムなどの全体主義は、現代社会には遠いもののようにも感じますが、しかし、自身の正常な判断力が鈍る、あるいは失くした経験について考えると、あっと言う間にわたしたちの隣に居座る大きな邪悪のようにも思います。わたしたちは、知らないうちにバラバラにされて全体主義の波動に飲み込まれないために、できるだけ多様な価値観を持つ人々とともに、〈共通感覚〉を形成する場を身近にできるだけたくさん持ち、ことばを使い、対話し、判断力を鍛えていく必要があるのです。

　わたしは、ことばの教育を担う者として、コミュニケーションの教師として、そしてそれがなければ判断力を喪失してしまう弱い人間として、

アレントの言う〈共通感覚〉を形成する場を、作りたいと願います。それは、自分とは意見や価値観が違う人たちを「いない人たち」として追いやった「仲良し組」だけの対話の場でも、あるいは対立したもの同士が汚いことばの応酬によって罵倒しあう勝ち負けの場でもありません。多様な人々が対等な立場でそれぞれの意見を表明しあい、それらの主張が対話の過程で止揚し、より高次なものに発展し、それによって個々人の判断力を鍛えていける場を、日々の教育実践のなかで創出したい。

3. アレントの教育論

しかし、一方で、そうした対話と他者への想像力と自分の価値観の再考を目指した教室で学生たちから投げかけられるのは、「では、今まで知らなかった価値観を知り、対話のなかで既存のあり方に疑問を抱き、さらに思考し対話するという活動が、わたしたちにとってほんとうに必要なのか」という重い疑問です。アレントが、教育を「私的なもの」、政治を「公的なもの」として位置づけ、両者は明確に区分すべきだとしたことの意味が、厳しい輪郭をもって立ち現れます。石田（2012）は「教育学者でもないアーレントに対して過大な期待を抱いたり失望したりすること自体筋違いなのかもしれない」と断りつつ、アレントに「政治」と「教育」を結ぶ議論がないことを述べ、シティズンシップ教育を推進したバーナード・クリックとの「仮想論争」を展開しています[3]。石井の議論を辿ってみましょう。

バーナード・クリックは1997年に発足した英国のシティズンシップ諮問委員会委員長であり、その提言により、2002年度からイングランドの中学校でシティズンシップ教育が必修科目となりました。クリックは「健全な市民は法に従う一方で、悪法だと考える場合には、あるいは、もっとよくなりうると考える場合にすら、合法的手段によって法を改善しようとする」と述べ、英国のシティズンシップ教育の理念は、権力者

---

3)「アレントに政治と教育を接続する議論がない」とは言い切れず、むしろその異なりを強調しているのではないかとの見解もあり、その点については本書第12章（福村論文）を参照してください。

にとっての「よい市民」ではなく、それを監視する意欲と力を持つ「もの言う能動的市民」の育成だとしています。法と秩序に従う「よい市民」ではなく、悪法には敢然と立ち向かう「能動的市民」こそ現代社会に必要だという価値観は、アレントと共有されているように思います。

しかし、たとえば1957年のリトルロック事件[4]についてのアレントの見解は、わたしたちを驚かせます。アメリカで白人と黒人の人種融合政策が進むなか、アーカンソー州知事が州兵を動員して黒人学生の登校を阻止し、それに対して大統領がアメリカ軍を派遣して黒人学生を護衛させました。この政府介入に対して、アレントはアメリカ国軍の派遣を批判しているのです。アレントの論拠は、次のようなものでした。「人種差別は許されない問題だが、子どもたちが教育を受ける学校は〈公的領域〉ではない。そこには政治的闘争を持ち込むべきではなく、数世代にわたって解消できない問題を子どもたちに押し付けてはならない。学校は本来、人種差別や反ユダヤ主義も含めた多様な価値観を認めるべきであり、そこに政治的対立を持ち込むことは避けるべきだ」。アレントのリトルロック事件についての論考は、当初掲載される予定の雑誌から「立場が異なる」として掲載拒否され、翌年に別の雑誌に掲載されるという、いわくつきのものになりました。

石田は、クリックとアレントの隔たりを、三つの側面から説明しています。ひとつは「市民的不服従」であり、クリックは既存の法秩序に従う「よい市民」では不十分で、悪法に敢然と抗する「能動的市民」をシティズンシップ教育によって育成しようとしました。一方で、アレントは、たとえばベトナム戦争に抗議し、法律に「公然と」従わない「市民的不服従」を、制度としての学校教育で教えることははたして可能なの

---

4) 1957年アーカンソー州リトルロックの高校における黒人生徒登校停止事件。アメリカでは1950年代以降、公立学校での人種分離教育が違憲となり、白人と黒人が同じ学校に通う融合教育が進みました。しかし、アーカンソー州では人種統合反対を公約として当選した州知事が、州都リトルロックの市立中央高校へ入学が決まった10人の黒人生徒の登校を、州兵を派遣し阻止しました。それに乗じて人種差別主義者たちの群衆による暴動もあり、アイゼンハワー大統領が合衆国軍隊を派遣し、黒人生徒を保護したという事件です。南北戦争敗北後のアメリカ南部において1870年代後半以降に形成されてきた、居住地区や列車車両などの「分離されているが平等」という原理が、この事件の背景にあるとされています（三輪, 1958）。

かと考えるのです。公教育において子どもたちに「違法行為」を善とする教育ができるのか、という問いです。後述する通り、若者には変革のためのエネルギーがあふれている一方で、経験知が限られ十分な判断力を持たないという側面、未熟で多面的な視野を持ちえない点もあるということは、たしかにあるでしょう。そうした人々に、ある場合には「ルール破り」を奨励するような教育を行うことが正しいのかという、アレントの主張です。

　二つ目は、限界状態における市民の責任という重い課題についてです。アレントは、ナチス下のドイツで、穏やかで知的な友人たちがナチズムに容易に同調し、さらにナチス崩壊後は、まるで何もなかったかのように元の倫理に戻ったこと、「テーブルマナーのように」簡単に市民の倫理が書き換えられたのはなぜか、大量殺人に対し一般市民にどんな責任があるのか、を考え続けました。このとき「自分ならどうするか」をシティズンシップ教育において問いかけることは可能だけれど、しかし、ナチス時代にナチズムの倫理に従わないことは、死という自己犠牲につながるものであり、この種の自己犠牲をシティズンシップ教育で奨励することができるのか、という点です。すなわち、民主的な市民生活を脅かす「敵」に対して、自分と家族を案じて屈服するのか、あるいは「敵」との戦いに身を投じて殉死するのか、というジレンマです。かつ、「人々のために死ぬ」ことは、極言すれば「祖国のために死ぬ」ことにもつながってしまうのです。

　そして三つ目は、「革命」と「教育」についての考え方の隔たりです。アレントは、世界への新参者である子ども・若者は潜在的な「破壊者」であり、制度を破壊する「革命」を担うのはこの新参者たちだと言います。しかし、この「革命」が良いものか悪いものかは予測できません。若者たちのエネルギーが過激で暴力的な大衆運動に転換する可能性はあるし、ヘイトクライムや人種差別はいつも多くの人々を動員する力があるからです。クリックは、そうした危険な政治運動を抑制するためにもシティズンシップ教育の推進が必要だと考えました。しかし、アレントは、たとえばナチズムと対抗するためには、自己を危険に晒し「己の実存を賭けた闘いに身を投じる気概」が政治に必要だと考えます。こんなことを、学校で、子どもたちに教えることができるのか、むしろ教えて

はいけないのではないか。実際に、ナチスのヒトラー・ユーゲント、カンボジアのクメールルージュ、ISの兵士にも、神風特攻隊にも、純粋で洗脳されやすく〈変革〉のためのエネルギーにあふれた18歳以下の子どもたちが動員されていました。子どもを守るためにも、またそのエネルギーによって世界の破壊を防ぐためにも、「政治」と「教育」は厳格に区別するべきだと、アレントは考えます。

　石井も指摘するように、クリックとアレント、どちらが正しくどちらが間違っているという問題ではなく、二人の違いを知ったうえで、わたしは自分の実践を振り返ると新たなジレンマに直面します。社会問題を自分に引き付け真摯に自身を問い詰める学生たちから投げかけられる「ほんとうに考えなければならないことなのか」「なぜ今、知らなければならないのか」という種類の疑問は、担当教員であるわたしの学習素材選択や授業方法論への批判として受け止められます。クリック寄りの反論はもちろんできるにしても、アレントの峻厳な主張からも目を背けることはできません。以下では、「複数の価値を持つ者同士の対等な対話」「他者の立場への想像力」「これまでの自身の意見や価値観について、他者との対話やその後の思考を機に再考」の契機を目指した、すなわち、公共性−複数性を志向して設計した実践を示します。授業概要を述べたのち、各授業後に提出された学生たちのリフレクションコメントや学期末レポートなどを資料として、わたしが直面する実践上のジレンマについて考察していきます[5]。

4. 授業の概要

　新潟県内の大学の、国際共修型「日本事情」クラスでの実践です。履修者は、日本語非母語話者8名（日本語運用力はB2〜C1程度）と日本語母語話者17名で、合計25名でした。シラバスに載せた到達目標は、①

---

5) 研究倫理について、以下の手続きを踏みました。授業最終日に履修学生たちに研究についての説明およびデータ使用の可否を問いました。また、その可否は成績判定とは一切関わらないものであること、使用する場合には匿名性を遵守することを伝え、許可を得たものを使用しています。一方、学生たちの記述は、匿名性を守るため、および誤字等を修正するため、一部書き換えたものを使用しています。

表1　「日本事情」クラスのテーマと学習素材

	テーマ	素　材
①第2〜3週	職業生活	・玄田有史『希望の作り方』岩波新書（抜粋）
②第4〜6週	国家とわたし	・小熊英二『日本という国』新曜社（抜粋）
③第7〜10週	沖縄と新潟	・有田他『多文化社会で多様性を考えるワークブック』研究社、第10章「自分の家の近くはだめ？沖縄」 ・NHKクローズアップ現代＋　沖縄の基地をめぐる葛藤と若者の活動 ・読売新聞社説（辺野古移設が唯一の選択肢だ） ・毎日新聞社説（本土側の無理解が沖縄と本土の溝を広げる） ・産経新聞社説（原発再稼働に知事権限は及ばない） ・朝日新聞社説（再稼働には県として独立した立場で判断せよ）
④第11〜13週	戦後の日本社会	・本田由紀『社会を結びなおす　教育・仕事・家族の連携へ』岩波ブックレット
⑤第14〜16週	屠畜から考える	・森達也『いのちの食べ方』新曜社

異なる文化的背景を持つ者同士の相互交渉を通じて、それぞれの「それまでの価値観」を問う批判的判断力の重要性を認識できる、②「遠い出来事」としての社会問題を「自分事」として捉え、関心と考え続ける意欲を持つ、というものでした。上述した公共性 - 複数性を志向した到達目標と言えます。

授業は、おおむね次のような手順で行いました。日本語文書の読解やDVD視聴⇒ワークシート記入⇒グループでの対話⇒クラス全体で議論⇒課題レポート執筆⇒ピア添削⇒最終稿執筆。こうしたサイクルで、表1に示した5つのテーマと学習素材を設定しました。

学生たちの協働学習を、到達目標である相互交渉の充実・批判的判断力・対話と思考の継続につなげるため、以下に示す工夫をしました。

4.1　NIMBY概念の導入

ひとつは、NIMBY概念の導入です。NIMBYは、"Not In My Backyard"（わたしの家の裏には、だめ）であり、つまり必要な施設で自分たちもその恩恵を受けているのだけれども、その施設にはデメリットもあるため、わたしの家の近くにそれが建てられる、移ってくることには賛成できない、という主張を示す概念です。NIMBY概念を授業に持ち込

むことで、「遠い出来事」を「自分事」とする契機になるのではないかと考えました。この概念をクラスの議論で直接扱ったのは、テーマ③「沖縄と新潟」とテーマ⑤「屠畜から考える」だったので、本稿の考察もこの二つのテーマでの議論に絞ることにします。学習素材は表に示したものでしたが、その詳細を以下に示してみます。

　③「新潟と沖縄」のテーマのもとでは、沖縄の歴史の概要と沖縄に米軍基地が集中して存在することを確認したあと、基地をめぐる沖縄の人々の葛藤と若者の社会活動を描いたドキュメンタリーを視聴しました。その後、沖縄の米軍普天間基地移設をめぐって、異なる意見の二つの新聞社説を読みました。その主張を要約すると、次のようなものです。

　　読売新聞：沖縄は日本の安全保障上の要地であり、危険な普天間
　　　基地の移設先は県内の辺野古しかなく、丁寧な説明によって沖
　　　縄の人々を説得するべきだ。
　　毎日新聞：沖縄の犠牲の上に成り立つ日本の安全保障を見直す時
　　　期であり、ヘイトスピーチなどを含む本土の人々の無理解／無
　　　関心こそ沖縄との溝を作っている要因だ。

　続いて、このクラスの全員が当該時に居住していた新潟県内にある世界最大規模の柏崎刈羽原子力発電所の再稼働の是非をめぐる、二つの異なる意見の新聞社説を読みました。その前年にあった県知事選挙時のものですが、それぞれの主張の要約です。

　　産経新聞：原発再稼働は地球温暖化防止を目指す国際社会と足並
　　　みをそろえるために必要な国策であり、県知事の権限は及ばな
　　　い。
　　朝日新聞：過半数の新潟県民が再稼働に反対のなか、県は国と対
　　　等の立場で県民の意思を貫くべきだ。

　以上の四つの社説を読み、議論しました。
　また、⑤「屠畜から考える」のテーマでは、まずは自分の暮らす地域に「食肉加工工場」が新設されることになった場合の感情をグループで

話しあいました。そののち、課題として全員が対象書籍を読みました。その内容の概略を以下に示します。

> 日本での食肉の歴史。肉食を忌避したのは仏教伝来以降であり、古来の伝統ではない。生きている牛や豚が、どこでどのように「処理」されてスーパーに並ぶのか。著者は、その「処理」過程を「見て見ぬふり」をして毎日の食生活を送るのは「思考停止」であり、「知る」必要があるとする。日本社会での食肉は、「差別」と密接に関連してきた。著者は「人間には人を差別したい気持ちがきっとある」と述べる。いじめ、日本軍のアジア侵略、ナチスのホロコースト、ソ連のスターリニズム、中国の文化大革命、アメリカのイラク・アフガン侵攻なども、結局は人々の「思考停止」＝思考的怠惰が招いたと言える。そして、食卓の肉の来歴に目をつぶってしまうことは、自ら「だまされることを望む」ことであり、いじめや戦争を産む芽につながっていく。

学生たちはグループごとに議論しながら内容を把握していきました。

4.2 演劇的手法ホットシーティングの導入

もうひとつの仕掛けは、演劇的手法のひとつホットシーティング（渡辺他編, 2014）をクラス全体の議論で行った点です。数人の学生が文書のなかの登場人物になりきって「ホットシート」に座り、他の学生からの質疑に記者会見のように応答する、いわば疑似インタビューです。個人では考え付かない視点からの質疑応答を体験することによって、主張形成、少数者の立場への想像力、既存の規範への批判的判断力などの萌芽が育成できるのではないかと考えました。資料中の登場人物を演じる学生を募り、教室前方のホットシート（インタビュイー席）に座ってもらい、他の学生からの質問に答えます。授業終了直後の記録（筆者作成）をもとにその質疑応答例を示してみると、以下のようなものでした。

テーマ③「沖縄と新潟」でホットシートに座るのは、動画に出てきた那覇市の女子大学生Ａさん。大学生になってから、本土から来た修学

旅行の高校生たちとの対話活動を続けている。父は建設業で米軍と関わりがあり、「生活が大事だ」として基地賛成派。

> Q：大学生になるまで基地問題についての抗議活動に興味がなかったのはなぜですか。
> A：実家の近くには米軍基地がなく、騒音や危険なども感じたことがなかったし、父は建設会社の社長ですから公共事業の工事がたくさんあったほうが家族のためにいいのです。選挙でも、保守派の政党候補に投票することが当たり前という雰囲気がありました。
> Q：辺野古移設に疑問を持った今、あなたはお父さんとそのことを話さないのはなぜですか。
> A：家庭は大事な団らんの場ですし、わたしは父が大好きで感謝もしています。腹を割って話したい気持ちもあるのですが、今はむずかしいと思います。
> Q：沖縄県外の人の、沖縄に対する態度（よく知らない、ヘイトなど）について、どう思いますか。
> A：たとえば3・11後の福島のことなどについて、わたしがよく知っているか、自分のこととして寄り添えているかというと、それは自信がありません。だから、沖縄県外の人が基地問題についてよくわからないというのは、しかたがないのかもしれません。けれども、修学旅行の高校生たちとの対話活動は、今後も続けていきたいです。

テーマ⑤「屠畜から考える」でホットシートに座るのは、食肉加工工場で働く男性。子どもの学校の作文課題テーマが「お父さんの職業」だと聞いたとき、つらい思いをしたと言う。

> Q：お子さんの学校の作文課題が「お父さんの職業」だと聞いたとき、なぜあなたはつらいと思ったのですか。
> A：わたしの職業について今も残る差別や偏見から、クラスメートからいじめられてしまうのではないか、そして子ども自身が

わたしを軽蔑するようになってしまうのではないか、と思いました。
Q：ノッキング（牛が苦しまないように眉間に衝撃を与えて気絶させる）による脊椎破壊など、やりたくないと思ったことはありませんか。
A：仕事の流れのなかの作業ですし、体力的にきついときはありますが、牛たちのことをかわいそうだ/やりたくないと思うことはありません。でも、食べ物が無造作に捨てられるときには、それはとてもくやしいような気持ちになります。
Q：お子さんが作文に「お父さんの仕事はとても大切です。お父さんが大好きです」と書いたとき、ほんとうにうれしかったそうですが、その理由を話してください。
A：涙が出ましたよ。でも子どもにそう言われたら、だれでもうれしいのでは？　わたしは特に、自分の子どもが世の中にある偏見から自由であったことが、やはりとてもうれしいです。子どもを誇りに思います。

　質問の内容は、事前に小グループで考えてもらい、それを代表者が発表しました。ホットシートに座った学生たちは自主的に手を挙げてくれた人たちですが、いずれも容易に応答できたものではなく、資料を思い出しつつ、かなり時間をかけて考えつつ、上記のような内容をとつとつと話してくれたという印象です。

5. 学生たちのコメントから

　毎回のテーマ終了後、次の授業までに提出するリフレクションコメント（600字程度）と学期末レポート（3000〜6000字）のなかから、当該クラスは公共性・複数性へ向かう教室となっていたのか、学生たちは判断力を鍛えるための対話と思考の経験を得たのかという問いにとって、重要と思われる表現を抜き出しました。以下にそのうちの代表例のいくつかを、カテゴリーに分けて示してみます。

5.1　目標達成の形跡

まずは、上述した通り「複数の価値を持つ者同士の対等な対話」「他者の立場への想像力」「これまでの自身の意見や価値観について、他者との対話やその後の思考を機に再考」の契機を目指した、すなわち、公共性‐複数性を志向して設計した実践の到達目標をおおむね達成しているのではないかと思われる形跡です。次の記述例には、その形跡が顕在していると言えるのではないかと考えます。

- 自分たちに沖縄について知識がなく、基地問題も遠くの出来事だ。だから、沖縄の人も含め新潟県外の人に柏崎原発の危険性を考えてほしいというのも、むずかしいのかもしれない。しかし、このままではいけないという気持ちになった。
- 思い出したのは、クジラや犬肉食に対する反対運動だ。わたしはこれらを食べたいと思わないが、牛や豚は食べたい。どこに線が引けるのか。殺されるとき痛い、怖いと、牛や豚も思うのではないか。だからと言ってヴィーガンになればいいのか。植物も、生きている。
- 第二次世界大戦中の日本軍兵士のことを考えた。あの人たちは、死、殺人、罪などに対する『思考停止』をしていたのだと思う。そうならないために必要なことは何なのか。

5.2　「保守的」な現状肯定論、あるいは「あきらめ」の形跡

一方で、他者性との対話、あるいは自身の意見や価値観についての再考の兆しはうかがえるものの、現状肯定論やニヒリズムの匂うような記述もありました。自分たちを取り巻く大きな流れ、既存の大きな力は変更することができないとして、「保守的」な意見や諦念意識が見られます。アレントは「大衆」のシニシズムの蔓延が過激な全体主義を生み出す土壌と言っています。ただ、こうした意見を述べる学生たちも、その多くがNIMBYに関する議論を、「考える価値がある」「意見文の書き甲斐がある」として積極的な授業への参加傾向も見られたのでした。ですので、「無関心」層とは言えず、また、これらの意見は複数性を維持するための多様な価値観として、この授業のなかで歓迎されるものである

とも言えます。

- 数回沖縄を訪れたが、特に北部は経済的に恵まれず基地の存在は喜ばしいことなのではないかと思った。沖縄県民には被害者意識を捨ててほしい。また柏崎の原発についても、全体のことを考えたら、国が責任をもって判断するしかない。
- 『すべりやすい坂』理論の通り、沖縄の基地を少しでも本土に移したら、もっともっとということになる。基地問題は沖縄県内だけで解決すべきだ。福島の汚染土についても同様だ。他所に移すべきではない。
- わたしはもともとよくわからないながら、基地も原発も危ないし自然を壊すから反対だった。しかし、4つの新聞記事をきちんと読み、気持ちがかなり変わった。特に沖縄には、北朝鮮からのミサイルなどもあり、数十万人の命を救うための基地の必要性を、もっとしっかり説明して理解を得るべきだと思った。
- 日本の新聞は国の政治に対して批判を書く。新聞独自の意見をはっきり書く。一方、わたしの祖国では新聞が政府批判をしている記事を読んだことがない。政府を批判する新聞があったほうがいいのか、ないほうがいいのか考えた。わたしはどちらかというと、政府を批判することは、国の基盤を崩してしまうことにつながるのではないかと考える。
- 差別は、この世界からなくなることはないと思う。みんな同じ性格、同じ顔ならないかもしれないが、それがありえない限り、わたしたちの周りから差別はなくならない。
- わたしたちは自分のことで精いっぱいで忙しすぎて、自分と深く関わりのないことまで考えている余裕がない。だから、今後も人々は、食べ物がなくなって困るときまで何も気が付かず、平気で食べ物を捨てつづけていくのではないかと思う。

5.3 学生個人の「苦悩」を引き起こした形跡

また、次のような記述は、授業の刺激によって十分に思考しているし、教師として授業設計者として、ある達成感を覚えるものではありました。

実際に授業直後は、そのような自分の教育実践についての肯定的な評価の根拠として、以下のような学生のコメントを受け止めていました。しかし、一定の時間が過ぎて、またアレントの教育論を勘案しつつそれを読み直してみると、まったく別の、罪悪感に似たような感情を抱きます。その真摯さによって、却って学生たちは自身を追い詰めてしまっているのではないか、このように苦しい思いをさせる権利が大学教員にあるのか、とも思います。また、授業に参加する時点で、たとえば心理的に強い不安を持つ学生がいたとしたら、十分に丁寧な配慮を要するはずでした。

- 自分は柏崎出身だが、原発の問題については学校や近所の人、家族のなかでさえも話せない。それほど柏崎市民が分断されていて、沖縄の状況と似ている。
- 米軍関係の仕事をしていた父のことを、授業中にずっと考えた。結論はない。
- 人間は、自分より低い人間を見つけて安心する生き物だと思う。わたしは中学のころ、クラスカーストの最下層にいた。日常的にわかりやすい差別を受けて、苦しかった。そのときわたしは、自分よりも下の人がいてほしい、そうすればわたしはマジョリティの世界にくっついていける、そんなふうに渇望していたと思う。
- 文献を読んで、自分のなかでどす黒い何かが渦巻いていた。自分自身がいじめの経験者だったからだ。そして、こんな差別があったことを、まったく教えてくれなかった学校教育、そして知ろうとしなかった自分自身に、心からムカついた。なぜ教えてくれなかった？　なぜ知らなかった？　知ろうとしなかった？　そして、こんな感情も含めて、少し経つと忘れてしまうのかと思うと、悲しく、暗い気持ちがいっぱいになった。

5.4　授業内容への疑問、担当教員への批判の形跡

さらに次のような記述は、担当教員への批判と読めます。学び知ること、そして他者と対話し、さらに考えることで、正常な判断力を鍛えて

いく「共通感覚」の場となるはずだというのは、担当教員であるわたしの信念でした。しかし、教師が一抹の躊躇もなくそうした信念を教育に持ち込んでいいのか、という学生からの抗議でもあるように読めます。

- 知らないほうが楽なことがあるのではないかと思った。苦しんだり悩んだりするのに、なぜわざわざ知る必要があるか。
- 目を背けたいことに、ほんとうに向き合えるのかどうか、わたしには自信がない。
- 家族や友人が社会問題に対して無関心でいることに、自分は怒りを抱いてきた。無関心だから無知であり、無知だから騙されるのだと考えてきた。しかし、無関心でいるほうが楽だから、みんなそちらを選ぶのだ。それを自分もわかったような気がする。

「無関心でいるほうが楽だから」というのは、首肯せざるを得ないところでもあります。わたし自身も、家族との団らんのとき、テレビでユニセフのCMが入り、栄養失調の苦しそうな子どもたちの様子に目を背け、チャンネルを変えることがあります。子どものころに『はだしのゲン』を読み、いくつかの場面が何度も頭によみがえり数日眠れなかったような覚えもあり、そのゲンが教科書から外れ「そのほうが楽」というのは、教師にも子どもにも言えるのかもしれません。けれども、だからと言って学生たちも教員も大きな「苦痛」なく話しあえるような、たとえば「今、わたしがハマっていること」「おすすめのアニメやゲーム」「100万円あったら、何に使う？」などの楽し気なテーマだけで、学生たちが笑顔でグループ活動に参加する様子に教師として満足していいのか、という思いも強く抱きます。それだけでは、他者の立場を考えたうえで自身の意見や行動を決定していくという判断力を鍛えられない。臭いものには蓋をして無関心でいることが習慣化してしまい、結局はまたわたしたちはバラバラにされ、自分たちのことを決めるための対話に参加しない「大衆社会」に、いつのまにか引きずりこまれてしまうとも思います。

6. もうひとつの疑義

6.1 授業の概要

　ここでは、上述したジレンマをより鮮明に描くために、もうひとつのわたし自身の実践と学生たちが書き残してくれたものを示して考察したいと思います。当該クラスは、B2～C1程度の日本語運用力を持つ日本語非母語話者のための「日本語表現」クラスですが、資料の引用方法やアカデミックライティングの基礎項目の習得と同時に、次のような多文化社会で生きる力の習得も目標とするクラスでした。

- あらゆる差別・偏見に敏感であり、少数者の立場への想像力を持つ。そして、不平等な権力関係や自文化のなかの支配的言説に対する批判的判断力を持つ。
- 他者への想像力や支配的言説への批判的判断力を、日常の生活実践に具体的に反映させる行為能力の大切さを認識できる。

　授業は、12週目までは教師主導で三つテーマを設定し、読み、ディスカッションを行いました。最後の3週で、学期末レポートの内容について各履修者からの発表と質疑応答を行いました。上の教育目標達成のために意図的に設定した三つのテーマと具体的な教材は、表2の通りです。

表2 「日本語表現」クラスのテーマと学習素材

	テーマ	素材
①第2～4週	地域の食文化保護と文化間摩擦	・和歌山県太地町イルカ追い込み漁の是非について。有田（2016）を使用
②第5～7週	少数派の権利	・石田衣良「ぼくたちがセックスについて話すこと」『4Teen』より
③第8～11週	国家とわたし	・安倍晋三『新しい国へ』抜粋 ・姜尚中『愛国の作法』抜粋 ・香港民主化デモを伝える雑誌記事（藤原2014）
④第12～15週	学期末レポートの内容について口頭発表	レポート課題「コース中のテーマ、コースでの議論で誘発されたあなたの問題意識について、さらに参考文献を読んで述べなさい」

6.2　学期末レポートの内容

ここでは、二人の学習者PとQのレポート内容を示します[6]。

学習者Pは「ジョージ・オーウェル『アニマル・ファーム（動物農場）』(1945) から考えた」というレポートを書きました。周知の通りこの作品は、オーウェルが社会主義革命から全体主義の恐怖政治に至る過程を描いた風刺小説です。そのなかで、知恵を持つ豚（レーニンやスターリンがモデル）と同様に知恵を持つベンジャミンという名の老ロバがおり、彼は独裁を不条理と知りつつ常に傍観者でいたのでした。学習者Pは「わたしの理想はベンジャミンだ」と言い、支配される三種類の動物を説明します。第一は、知恵があり自分の労働が搾取されていることを知り抵抗し、そして結局は豚（権力者）に抹殺されてしまう動物たち。彼らは自分の命を懸けて「平等」のために戦って命を落とすが、それは無謀で無意味な行為だとPは言います。第二は、知識がなく、指導者に方向付けてもらわなければ生きていけない動物たち。道さえ決めてもらえば自分の力を懸命に尽くすが、彼らは知識がないために一生を権力者に利用されることになります。そして、ベンジャミンに代表される第三は、知識があり豚の理不尽を知っているけれど、自分の無力さも自覚しているから無益な抵抗はせず、自分のできることを静かに実行していく動物。動物農場と同じように、わたしたちの社会にも「絶対の公平／平等」はありえない。そして、わたしたちは「普通の人」として、政治とは遠い存在だ。そうであるなら、勉強し本を読み、わたしはベンジャミンのような知者になりたい。そして、わたしは生き延びる。利己的だと言われるかもしれないが、わたしは勉強し続け知識を持ち、無謀で無意味な抗争をせず、自分と家族の命を守り生き延びていく。これが学習者Pの主張でした。

学習者Qは、香港の民主化デモについての新聞記事に誘発され、「わたしの国と群集心理」というタイトルにしたと言います。Qは、1989年の天安門事件についても調べて概略を述べており、香港における民主

---

[6] 学習者Pと学習者Qに対し、研究についての説明およびデータ使用の可否を尋ねました。また、その可否は成績判定とは一切関わらないものであること、使用する場合には匿名性を遵守すること、内容を変更せず要約を用いる可能性があることを伝え、使用許可を得たものです。

化デモとの相似を指摘しました。なぜそんなに多くの学生たちが権力者に立ち向かうのかというと、そこには「群集心理」が働いているからだと言います。ここでQは、社会心理学者ギュスターヴ・ル・ボンの著書『群集心理』(1895) を引いて、その内容を説明します。「ル・ボンは、個人が集団に入るとその人らしさが失われてしまい、集団の思考が支配的になり、個人は自分の行動をコントロールできなくなると指摘する。香港でも、1989年の北京でも、学生たちは若くて、思想も世界観もまだシンプルな人たちなので、他人に影響され利用されやすい。盲目的な従順から狂信的になり、単純で極端な感情を持ったのだ。ル・ボンが言う通り、集団化して人の知恵が低くなり個人の責任感や判断力が弱まってしまった」と書きます。さらに、「大躍進」「文化大革命」という暗い時代を経験した「わたしの国」は、もうバラバラになって停滞するわけにはいかない。「自由や民主主義を、国民の全体が未成熟な段階で要求するのは危険だ。そして、巨大な「わたしの国」が今のように発展したのは、強く安定した政府があったからだ。以前はわいろが横行していた役所でも、わたし自身の実感として改善している。情報統制を日本のメディアは批判するが、それは「危険な思想」から人々を守るために、政府としてやらなければならないことだ。だから、「群集心理」にとらわれて、祖国をデモや激しい政治運動によって一気に変えようとするのは、賛成できない。「わたしたちの国」として、一緒に少しずつ解決していく方法を、皆で探るべきだ」というのが、学習者Qの結論でした。

6.3 考察

有田（2020, 2022）で述べた通り、この二つのレポートについての報告をPとQが教室で発表したとき、担当教員であるわたしは、率直に言って「授業はうまくいかなかった、目標に達しなかった」と感じたのでした。その理由を再記すれば、以下の通りです。

たとえば、「支配的言説への批判的判断力を持つ」という点は、PからもQからも読み取れません。ベンジャミンは自分の無力さを知っているから、強大な力を持つ支配者への無益な抵抗はしない。国民が未熟な段階での民主化は、国家をバラバラにしてしまう。豊かさをもたらしたのは安定した政府があったからだ……。PやQが述べるこれらの主張

は、既存の社会構造を肯定し、権力者たちの主張と重なってしまいます。また、「あらゆる差別・偏見に敏感であり、少数者の立場への想像力を持つ」という点についても、現在の支配構造のなかでマジョリティには見えにくい差別や人権侵害を受けている人々への想像力の獲得は、どちらのレポートからも読み取ることができないと感じました。そして、ベンジャミンは自分の知識を多くの仲間のために使う「行為能力」を発揮しようとはしない傍観者なのであり、自己の意思表明のひとつの「行為」としての香港や北京でのデモによる反政府行動は、「群集心理」の結果だと述べるのです。授業の結果としての学生の成果物に接したとき、「授業設計に失敗した」と感じたのは以上のような理由でした。

　では、わたしは、学習者PやQがどのようなレポートを書けば満足したのでしょうか。わたしはPには、学び知識を持つだけではなく、権力者の理不尽な要求に立ち向かう行動力を求めていた、あるいはその行動力につながる意思のみでも示してほしかったのではないかと思います。Pは「自分と家族を守るために」と書いたけれど、わたしはPに対して、社会が変わらなければ結局はあなたもあなたの家族も窒息させられてしまうのだから、ベンジャミンでいるだけではだめだよ、と言いたかったのではないかと思うのです。学習者Qに対しては、あなたと同じ年ごろの若者たちが命を懸けて自由と民主主義を守ろうとしているのだから、その勇気や行動力に対する尊敬を持ってほしい、そしてあなたのように海外で勉強する機会を持てる人は自分の育ってきた社会を今までと別の視点から考えてみようよ、というようなことを言いたかったのではないかと思います。

　けれども、おそらくアレントは、命を懸ける極限状態を経験したこともない教師が、もしかしたら身近にそうした危険を感じたことのある学生たちに対して、こんな呑気な提言ができるのか、と厳しく指摘するのです。すなわち、学習者PもQも、巨大な権力を持つものに対する抵抗や反抗は、最悪の場合、死につながる可能性があることを、体感として知っている。一方で、自由と民主主義の優位性の認識を授業で仕掛ける教師＝わたしは、自分の実存を懸けてその価値を守るための「殉死」など、かつて意識に上ったことがない。だから、教師にそんなことを仕掛ける資格はない、教育と政治は峻別するべきだ、と主張するのです。

7. おわりに

　今、ウクライナ人とロシア人がともに学ぶことばのクラス、英語も日本語も中国語もフランス語も、世界中におそらく少なくない数の教室があるでしょう。現在はありませんが、わたしはこれまで何度か両方の出身者がともに学ぶ授業を担当してきました。ですので、教師としてのその切実さは身近です。もし今、彼らがともに学ぶ教室であれば、どんな授業を設計すればいいのだろうか。わたしにできるのは、今の彼らにとっておそらくもっとも切実な問題を「棚上げ」にして、ただ、記号としてのことばを、ひたすらにトレーニングする、そんな教室になるように思います。あるいは……たとえば学生一人ひとりと少しずつ話すことから始めるというようなことができるのか、いや、そんなこともできないのかもしれない、とも思います。

　中国人留学生から、時折、「先生、授業では政治や戦争や歴史認識などの話は取り上げないでください」と言われることがあります。そのように言う学生は、誠実に勉強に取り組み、おおむね成績のいい人たちが多いです。日本や台湾や香港出身の同級生がいるクラスはもとより、同じ大陸出身者同士でも、政治や社会体制についての話題では、率直に意見を言いあうことを学生たちが避けたいと思うような圧力があると感じることがあります。教室風土作り、学習者間のラポール形成について開講当初から計画的に取り組んでいるつもりなので、そうしたとき、わたしはたしかに落胆します。そして、「守られている」教室だからこそ、現実の切迫した問題についてもできるだけ率直に話そうよ、この小さな教室で仲間同士が対話できないなら社会はいつまでも変わらないよ、などと学生を反対に攻める気持ちになったりもします。しかし、そう感じているわたしは、自身の教師としての傲岸さと浅慮、「想像力のなさ」にも同時に気づき、困惑します。

　わたしたち日本語教師は、戦前戦中の、帝国主義と植民地支配の一翼であった日本語教育を決して忘れることなく、しかしそれと明確に決別し、共生社会を進める力となることばの教育を行っていこうとしています。戦前戦中の日本語教育とはまったく別物の、文化侵略や同化教育ではない日本語教育を担っているし、もう二度とあの過ちは犯してはなら

ないと、わたしを含め多くの日本語教師が自覚しています。けれども、実際にあの時代のあの教室に立ったとして、軍部の監視のもと、他国侵略のお先棒担ぎはしないと、秘密裡であったとしてもそのように行動することができるのだろうか。少なくともわたしは、「絶対に侵略者の言いなりにはならない」と断言できないのではないかと、うつむきつつ考えます。そして、「日本の兵隊さんが東亜を守ってくださいます」「あなたは国のために死ねますか」「わたくしたちは生命を国家のために捧げられます」「お父さんは祖国のために命を捧げられました」「日本は戦争をしたくなかったのですが、アジアのために武器を取りました」「日本は戦争をしながら大東亜の建設をしています」「敵を襲って5人殺しました」などの例文[7]を使って日本語を教えた日本語教師を、軽蔑したり冷笑したりできるのだろうかとも考えます。自分と家族を守り、任務を遂行するため、どうしようもない場面があるのではないか。

　そして、保険金不正請求の中古車販売買取会社で働いていた一部の人々、自分の立場を守るために「学内の一部にあったへんなルール」に巻き込まれたわたし自身を、ではどのように考えればいいのでしょうか。……これは、やはり間違っているのです。ことばを尽くした他者との対話と、そして自身（もうひとりのわたし）との対話がなかったから、こうなってしまった。だから、わたしたちには、対話が必要です。自分の思いをことばにして伝え、自分の価値観とは異なる他者の価値観を知り、他者とともに弁証法的により高次の主張を形成し、また対話する。そうした活動を繰り返す公共性－複数性の場が、わたしたちには必要です。

　本章の結論は、結局、逡巡し続けるしかないという、なんとも途方に暮れるようなものです。かつて「アイヒマン」になりかけた経験があるわたしは、ただ迷い逡巡しつつ、それでも、対話と他者への想像力と、自己の価値観の相対視、それを繰り返し創出しようとする授業を、途方に暮れる思いを引きずりつつ、続けていくほかありません。

　一方で、その迷いとたじろぎを互いにことばにし、それを契機に自ら

7）1940年代ベトナムの日本プロパガンダ誌『Tân Á（新アジア）』に連載された日本語講座「日本語／ニッポン語（Tiếng Nippon）」で使われた例文（有田, 2021）。

の仕事の目的論を根源的に問う「場」、同僚や同業者たちとの対話によって自分の教育観を振り返る「場」が、わたしたちの周囲にあることの幸運もまた、強く感じます。どちらにも引っ張られるような思いはおそらく多くの実践者が持っているはずで、その逡巡の内実についての複数の経験、複数の意見を検討しあっていく、そしてその対話の場を今後も多く作り出し、ゆるく連帯し協働していく。光明はそこにあるように思います。

謝 辞

資料の使用を許可してくれたかつての学生のみなさんに、心から感謝申し上げます。

参考文献

アーレント，ハンナ（2017）『全体主義の起原3──全体主義【新版】』みすず書房
有田佳代子（2016）「第7章 「地雷」をあえて踏む」五味政信，石黒圭編著『心ときめくオキテ破りの日本語教授法』pp.128-151，くろしお出版
有田佳代子（2020）「日本語クラスで留学生と「自由」を考える──ベンジャミンの警告」『敬和学園大学人文社会科学研究所年報』18, pp.47-58
有田佳代子（2021）「日仏共同支配期（1940-1945）ベトナムにおける日本プロパガンダ誌『Tân Á』の中の日本語教育」台湾応用日本語学会国際シンポジウム口頭発表（2021.4.24）
有田佳代子（2022）「日本語教育においてcontroversialな話題を扱うことについて──「失敗」からの警告」CCBI（批判的言語教育）国際シンポジウム University of Pennsylvania August 10 & 11, 2022 パネル2
アレント，ハンナ（1994）『人間の条件』ちくま学芸文庫
アレント，ハンナ（2016）『責任と判断』ちくま学芸文庫
石田雅樹（2012）「ハンナ・アーレントにおける「政治」と「教育」──シティズンシップ教育の可能性と不可能性」『宮城教育大学紀要』47号, pp.27-36
齋藤純一（2000）『公共性』岩波書店
シュタングネト，ベッティーナ（2021）『エルサレム〈以前〉のアイヒマン──大量殺戮者の平穏な生活』みすず書房
田野大輔，小野寺拓也編著，香月恵里，百木漠，三浦隆宏，矢野久美子（2023）『〈悪の凡庸さ〉を問い直す』大月書店
牧野雅彦（2022）『今を生きる思想 ハンナ・アレント 全体主義という悪夢』講談社
三輪公忠（1958）「海外評論誌展望：米国の人種問題：リトル・ロック事件」上智大

学『ソフィア――西洋文化ならびに東西文化交流の研究』7 巻 1 号，pp.75-88
渡辺淳他編（2014）『教育におけるドラマ技法の探求――「学びの体系化」にむけて』明石書店

> ダイアローグ 01 （p.320）

2章 コロナ禍における留学生交流事業の取り組み
「第三の故郷を見つける農家民泊」再開までの軌跡

市嶋典子

キーワード：グリーン・ツーリズム、仲介、対等性、価値の複数性、公共空間

1. はじめに

　コロナ禍は、私達の日常を一変させました。人との接触が制限され、授業はオンラインで行われるようになりました。今まで大学で行われてきた様々な交流事業も中止を余儀なくされました。筆者が運営を担ってきた留学生交流事業「第三の故郷を見つける農家民泊」もその一つです。「第三の故郷を見つける農家民泊」とは、秋田県内で学ぶ留学生、日本人学生が農業体験を通じ、農業と農家の暮らしを体験的に理解すること、秋田県西木町の魅力を認識し、本活動後も再び同地を訪れるような関係をつくることを目指した活動です。2009年から継続して実施されてきましたが、2020年、2021年は、大学の判断により、実施を見送ることになりました。2022年にこの事業の再開を検討し始めた際、当時の秋田大学国際課の課長から、オンラインでの実施を提案されました。当初、筆者もオンラインでの実施をやむを得ないと考えましたが、やはり対面での実施ではないとこの事業の意義が損なわれると考えました。

　本章は、コロナ禍によって失われた対面での交流の場を取り戻すために奔走した筆者自身の取り組みの軌跡です。「第三の故郷を見つける農家民泊」の実施にあたり顕在化した様々な課題を乗り越えることで、公共性が見いだされていった過程を振り返りながら記述します。その上で、公共性の意味を再考します。その際に、観察者としてではなく、取り組みに直接関わってきた当事者として、自身の当事者性に着目し、振り返りつつ記述します。ここで言う当事者性とは、「没価値的なものではなく、価値と深く関わるものであり、独立的なものではなく、関係的なも

のであり、自身の問題意識が生まれる場に存在するもの」(市嶋, 2015, p.80) を意味します。

髙村・猪瀬 (2018) は、地域固有の生活史について、「普遍的であるとは、単にどこでも同じであることを意味しない。むしろ、普遍性は個別性を追求したはてにある」(p.18) と述べています。本章では、筆者の視点から、ある特定の地域や組織の人々の活動や営みを描きますが、他の地域や組織、別の活動を行う人々に、どこかでつながりを感じてもらえたらと思っています。筆者の経験から得られた知が、他の人々が経験したできごとに通じるものがある、各々がそのことを実感できた時、これから描く物語に普遍性が見いだされたと言えるでしょう。

2.「第三の故郷を見つける農家民泊」と「グリーン・ツーリズム西木研究会」の概要

「第三の故郷を見つける農家民泊」は、秋田地域留学生等交流推進会議[1]の主催で2009年より開始された活動であり、秋田大学国際交流センター(現秋田大学高等教育グローバルセンター)の専任教員が企画・運営をしてきました。また、2009年度から2021年度まで公益財団法人中島記念国際交流財団助成[2]に採択されており、本助成金を予算とすることで、継続して実施することができました。本活動は、秋田大学のリーダーシップのもと実施され、例年、主催校である秋田大学の他、国際教養大学、秋田県立大学、秋田工業高等専門学校、ノースアジア大学の学生、秋田国際交流協会の外国人研修生等も参加しており、普段、接することのない他校、他機関の学生同士の交流の場にもなっています。なお、

---

1) 秋田地域留学生等交流推進会議とは、秋田地域の関係大学等の長、秋田地域の国・地方公共団体の関係機関、経済団体、国際交流関係団体の長又は代表者、学識経験者を構成員とし、秋田地域における留学生等の受入れの促進及び交流活動の推進を図ることを目的としたもの。秋田大学学長が議長を務め、秋田大学国際課が事務局を担当しています (秋田地域留学生等交流推進会議, 2018)。
2) 公益財団法人中島記念国際交流財団助成は、「日本の諸地域における外国人留学生受入れ環境を整備し、交流を促進する」(独立行政法人日本学生支援機構JASSO, 2019) ことを目的としたもの。なお、「第三の故郷を見つける農家民泊」は、公益財団法人中島記念国際交流財団助成による留学生地域交流事業 (日本学生支援機構事業) として実施してきました。

筆者は本事業に 2014 年から継続して関わり、事業全体の計画、実施、統括を担い、農業体験にも同行してきました。

　「第三の故郷を見つける農家民泊」の開催地である仙北市は、秋田県の東部中央に位置し、岩手県と隣接している地域です。「第三の故郷を見つける農家民泊」に協賛、協力してくれている仙北市西木町のグリーン・ツーリズム西木研究会は、発足以来、積極的に農家民泊を推進してきました。グリーン・ツーリズム西木研究会の前会長の藤井けいこ氏によると、グリーン・ツーリズム西木研究会は、1979 年に地域の農家が体験型修学旅行の受け入れを始めたことをルーツに持ちます。その後、西木型のグリーン・ツーリズムを自主的に推進するため、1998 年にグリーン・ツーリズム西木研究会が設立されました。グリーン・ツーリズム西木研究会では、農山村生活体験の受け入れや地域の食文化等を研究、伝承しており、「相手をもてなすことだけでなく相手の時間を大切にしながら自分達も楽しむ、自分達がいかに訪れた人達と遊べるか、西木でなければできないことは何かを考えながら活動している」[3] ことが特徴です。現在は、藤井氏とグリーン・ツーリズム西木研究会の現会長の門脇富士美氏が中心となり、「第三の故郷を見つける農家民泊」の参加者を積極的に受け入れてくれています。農家民泊のほとんどの参加者は初対面であり、農業体験をとおして交流し、関係を深めていくことになります。農業体験の内容は農家ごとに異なり、「具体的なメニュー化は図らず、季節や天候により刻々と変わる農家の生活全般そのものを体験してもらう」[4] こととしています。これまでに、野菜の収穫、栗拾い、きりたんぽづくり、薪割り、トラクターの試運転、料理、民芸品づくり、植木の冬囲いなどを行いました。

　この「第三の故郷を見つける農家民泊」では、毎回、活動終了後に、参加者にアンケートやインタビューを行っています。アンケートは、1 回目と 2 回目の活動終了後（2019 年 10 月 13 日、2019 年 12 月 21 日）に実施しました。インタビューは、2020 年 1 月 12 日、14 日、15 日、16 日

---

3) 秋田県生涯学習センター「行動人」http://lifelong.akita-kenmin.jp/koudoubito/show.php?id=01157 での藤井さんへのインタビューより。
4) 同上

に行いました。以下では、2019年に本活動に参加した留学生、日本人学生、受け入れ農家の方がアンケートの自由記述欄に記載した内容の一部を抜粋します[5]。

> Very warm & fun atmosphere. Farm Host were really nice and warm peoples. Group was really fun and even though we didn't have one language that all could speak, everyone tried their best and we had so much fun!
> （留学生）

> 秋田県内で外国の方達と交流を持てる機会として、すごく良い物だと思いました。また、農家の方達と一緒に生活を共にできる機会としても、いいと思いました。たったの2日間は、大変きちょうな体験になったと思います。
> （日本人学生）

> 学生方の交流はすごいものでした。友人達も驚いていた。今年は夫がけがをしていたので、力仕事していただいて助けていただいた。今回の出会いは世界の神様からのプレゼントねと、感謝ばかりです。
> （受け入れ農家）

これらの記述からは、参加者各々にとり、「第三の故郷を見つける農家民泊」の交流が意義深いものであったことがうかがえます。それは、長年、本活動を企画、運営してきた筆者にとっても同様でした。筆者の問題意識は、今まで当たり前に行われていた営みが失われたことにより生まれました。それは、コロナ禍によって喪失した人と人との直接的な交流、コミュニケーション行為そのものを意味します。

5）アンケートの詳細は「第三の故郷を見つける農家民泊2019」の実施報告書を参照。
https://www.akita-u.ac.jp/honbu/global/ja/gc/pdf/noumin8.pdf

3.「第三の故郷を見つける農家民泊」における公共性

3.1　コミュニケーションにおける仲介活動

　上記のような体験の他、農家の方達のお話を聞けることは、本活動の醍醐味です。夜に囲炉裏やテーブルを囲みながら農家の方達の人生に耳を傾けます。当然ですが、一つとして同じ人生はありません。北海道からの移住経験。荒れ地を農地へと開拓していったこと。かんじきで雪を踏みならし、農道をつくっていったこと。出稼ぎの経験。方言を馬鹿にされ、悔しい思いをしたこと。同じように出稼ぎに来た外国人と仲良くなり、お酒を酌み交わしたこと。農家民泊を始めた経緯。外国に行った経験もなければ、外国語も全くできないにもかかわらず、好奇心から外国人を受け入れ始めたこと。今では、農家民泊での交流が生きがいの一つになっていること。自然と向き合いながら、作物を育てること。生涯、土に触れて生きていきたいとの思い……。農家の方達の語りを聞いているうちに、徐々に学生達も自身の経験を語り出します。実家が農家であるというタイからの留学生は、自身の子どもの頃の思い出、家族との農家の生活について語ります。数学教育を学ぶために留学したジンバブエからの留学生は、日本の教育システムへの感銘と、働き過ぎる教師への疑問を語ります。日本語経験が浅い留学生もじっと耳を傾けています。日本人の学生の中には、これらの語りに影響を受け、農業に興味を持つようになる者、留学を志すようになる者もいます。

　農家民泊に参加した留学生は、日本語の初級者から上級者までおり、日本語レベルは様々です。また、日本人学生も外国語を得意とする者と不得意とする者が混在しています。筆者は、例年、言語能力のバランスに留意してグループを編成しましたが、コミュニケーションに関する懸念は拭いきれませんでした。しかし、毎回、その懸念は杞憂に終わります。先ほどの留学生のコメントからは、言語能力が十分ではなくても、充実した交流をしていたことがうかがえます。参加者達は、具体的にどのようにコミュニケーションを成立させていたのでしょうか。以下の参加者のインタビューから考えてみます。

　　留学生：日本語全部分からなくても、50％、時々、10％分かる、

大丈夫です。その時、分かる人が手伝いました。私も分かる時、コミュニケーション、手伝いました。それで、いろんなこと、分かります。
（2020年1月12日）

　日本人学生：顔の表情で分かるんですよね、その顔、全く会話が分かってないっていう状況で。それを、ちょっとフォローすることで、その人が、ぱってすぐ会話に入っていけて、つなげることができるので。そうやってコミュニケーションを助け合って、だんだんと雰囲気ができてお互いの考え、理解していったんです。（略）意見が割れた時は、間に入って調整したり。なんか、みんな意見が強くて、そんな時は、その場をなんとなく、まとめたりもしました。まあ、そういう場面、結構あったかな。別に、誰かが指示するわけでもなく、自然という感じで仲介役っていうのが、その時々で、その場面によって、誰かがその役割を果たすっていう感じですね。（略）あと、1人が仲介役をやるんじゃなくて、チームで。グループなので、その人がちょっと分かんない部分は、他の人が助けてあげるっていうふうな役割もやっていたかなっていうふうに、感じましたね。
（2020年1月12日）

　受け入れ農家：言葉使うのは、やるのは、ジェスチャーやったり、紙に絵を描いたり、そうやって、やってらったの。（略）お父さんの秋田弁、きつい時、言い換えてみたりね。まあ、そうやって何回もね。だんだんとコツが分かってくる。
（2020年1月16日）

　インタビューからは、参加者達が、相互に補いあいながら、仲介活動をしていたことが分かります。「仲介」の概念については、欧州評議会が公表したCEFR[6]増補版（Council of Europe, 2018）の中で説明されて

6）CEFRとは、Common European Framework of Reference for Languages: Learning, teaching, assessment（日本語訳：ヨーロッパ言語共通参照枠）の略。ヨーロッパにおいて、

います[7]。コミュニケーションの仲介は、「人」と「人」を仲介するという意味に近く、違う意見の人をつなげたりすることが含まれます。また、他者との交流・相互理解を生み出すより広範囲なコミュニケーション上の活動をも仲介活動とみなします。さらに、コミュニケーションの仲介活動として、1）複文化空間をファシリテートする、2）インフォーマルな場（仲間内）で仲介者として行動する、3）デリケートな状況や意見が一致しない場でコミュニケーションを促す、の3つを挙げています。仲介する言語の種類としては、1）2つの異なる言語、2）同じ言語の2つの変種、3）同じ言語の2つの位相、があります。

　留学生が、「私も分かる時、コミュニケーション、手伝いました」、日本人学生が、「意見が割れた時は、間に入って調整したり」、受け入れ農家Eが、「お父さんの秋田弁、きつい時、言い換えてみたりね」と語っているように、活動中、様々な仲介活動が行われていました。特徴的なことは、日本人学生が「別に、誰かが指示するわけでもなく、自然という感じで仲介役っていうのが、その時々で、その場面によって、誰かがその役割を果たすっていう感じですね」と語っているように、参加者間での仲介者としての役割は、固定的なものではなく、流動的なものであったということです。また、必ずしも、日本語能力や外国語能力が高い者が仲介役を果たしていたわけではありません。留学生が、「私も分かる時、コミュニケーション、手伝いました」と述べているように、参加学生達は、場面に応じ、自身のできる範囲で、仲介の役割を果たしていました。さらに、日本人学生の場合、会話を理解できていない学生をフォローしたり、意見が割れた時に調整もしていました。また、受け入れ農家の方は、「お父さんの秋田弁、きつい時、言い換えてみたりね。まあ、そうやって何回もね」というように、方言を適宜、言い換えるこ

　　外国語教育のシラバス、カリキュラム、教科書、評価の際に共通の基準となるものです。
7）仲介活動は、欧州評議会が提唱する「複言語・複文化主義」の理念のもとに考案されたもの。山川（2018）は、「複言語・複文化主義」は、時代や地域をこえて共有できる、一個の人間の心理面・情緒面に深く関係する考え方でもあり、自分と他者がどのように関係を構築していくか、その際の言語使用はどのような形になるのかを問うものであると述べています。その理念に基づいて考案された仲介活動の考え方は、秋田での本事例においても十分に共有できるものであると考えられます。

とで仲介し、コミュニケーションを維持していました。このように、参加者達は、相互に補いあいながら仲介活動をし、コミュニケーションを成立させていたことが分かります。

3.2　個々の価値観の交換

農家民泊では、収穫した野菜を使って料理をし、その料理を、その日の農業体験を振り返りながらグループの皆で共に食べます。また、参加者達は、農業体験が一段落した後に、休憩する時間があります。このような時間に、様々なことを語り合います。ある日本人学生は、アンケートの自由記述に、「インタナショナル（ママ）な環境で、お互いに教えたり、教えられたりする中、仲はますます深まっていき、おじさんおばさんの熱い接待とあいまって帰りたくなくなるほどいい時間でした」と記載していました。このように、参加者達は、「お互いに教えたり、教えられたり」しながら関係性を深めていきました。それは、他の参加者が話してくれた以下の語りからもうかがい知れます。

> 留学生：自分でとった野菜を食べた、忘れられません。この体験で、農業のことと、お父さんの人生の考え方が分かることができたことが一番、覚えています。　　　　　　　　（2020年1月12日）

> 日本人学生：同世代との留学生っていうか、世界の人と関わるのは大学に来て初めてだったんですけど。友達、結構いるんですけど、若干、表面的な部分はあるのかなというか。そんなに一緒に物を、カフェテリアでご飯を食べたりとか、授業一緒にってのあるんですけど、そこまで深く入ってないのかなというところであって。農家民泊は、深さが全然違いました。自分も気づかないこと気づかされたりとか。本当に、自分達以上に日本に興味持ってる人達と出会うと、やっぱり刺激というか、悔しいというか、真逆だなっていうか。この経験、そうやって、いろんな人の価値観、知ることができたっていうのが意味あるなって。　　　　　　　　　　　　　　　　　（2020年1月12日）

受け入れ農家：「この人こういう考え持ってるんだ」とか「ああ、そうなのか」って話を聞いて。自分のうちの孫も歳がだんだん大きくなってきてるから、こういう考えでこういう人がいたっけよとかって言ったりとか、しゃべる。こういう時はこうしたっけよ、とかって、ちょろっと孫のほうに説教する。それを見て。（略）そういう話は、深い意味あるからね。

(2020年1月16日)

　留学生は、農業のことや農家のお父さんの人生観が聞けたことを一番印象に残っていることとして挙げました。日本人学生は、自分が今まで気づかなかったことに気づかされたと述べ、また、留学生達との交流に刺激を受けたと語りました。そして、いろいろな人の価値観を知ることができたことに意義を感じていました。受け入れ農家の方は、「こういう考えでこういう人がいたっけよ」と留学生や日本人学生の考えを孫に伝えたエピソードを語り、そういう話は、深い意味があると考えていました。これら参加者の語りに共通するのは、個々の価値観を交換できたことに意義を感じている点です。

　日本語教育において、日本語母語話者＝教える側、非母語話者＝教えられる側といった二項対立的な関係性の構図が批判されてきました（田中, 1996, 森本, 服部, 2006）。また、「対等」な関係性の構築を標榜する交流の場においても、実際には、母語話者と非母語話者の境界線が引かれており、結果として非母語話者の会話からの排除につながっているという問題点があります（OHRI, 2005）。一方で、農家民泊の参加者達が意義のあるものとして語っているのは、母語話者が教条的に語る「日本語」や「日本文化」でも、留学生が求められる「異国の文化」でもありません。それは、対等な関係のもとに展開される個々の多様な価値観でした。

　このように価値観を交換する場は、3.1で示した仲介活動によって支えられていたと考えらます。3.1で、留学生が、「日本語全部分からなくても、50％、時々、10％分かる、大丈夫です。その時、分かる人が手伝いました。私も分かる時、コミュニケーション、手伝いました。それで、いろんなこと、分かります」と語っていますが、同様の語りは、日

本人学生にも見られました。例えば、日本人学生は、「正直、秋田弁全部分かったわけでなくて、留学生に伝える時も、ごめん、分かんないって言ったりして。でも、全部分かんなくても、そんなに問題ありませんでした」と語っています。また、3.1 で受け入れ農家の方が、「お父さんの秋田弁、きつい時、言い換えてみたりね。まあ、そうやって何回もね」と語っているように、方言を仲介することもありました。これらの語りからは、秋田弁を含む多様な日本語が飛び交う中、参加者達が、仲介しあいながら話の概略をつかんでいったことがうかがえます。

　齋藤は、公共性を「価値の複数性を条件とし、共通の世界にそれぞれの仕方で関心をいだく人びとの間に生成する言説の空間」(齋藤, 2000, p.6) とします。農家の方達と参加学生とが語り合う場は、この公共性をそなえた場であると言えるでしょう。時には価値観をぶつけあいながら、自身の価値観を他者に伝えよう、他者の価値観を理解しようという思いが、公共空間をつくりあげているのです。

3.3　心がある人間同士

　秋田大学国際課の職員の佐藤茜さんは、2017 年から継続して「第三の故郷を見つける農家民泊」に参加してくれています。彼女は、学生と農家の方達とのコミュニケーションについて次のように語りました。

　　学生とのコミュニケーションがすごいんですよ。それは、やっぱり伝えないとという気持ちがあって、身振り手振りだとか、熱意で伝えようとする、表情とか。そういうもので向こうもそれを分かろうとしてくれて、それでなんとなく通じることというのがあって……目を見て、その人として、何人とかじゃなくて。どこどこから来たっていうと、その国の農業のことを教えてとかはあるんですけど、一緒にご飯を食べたり、農作業をしたり、農家さんのお孫さんと遊んだり、人生について話したりとか、そういう日常の中にいると、素朴なコミュニケーションみたいなことができる。人の心と心で、心がある人間同士として。

　　　　　　　　　　　　　　　　　　　　　　(2021 年 9 月 16 日)

佐藤さんが述べた「人の心と心で、心がある人間同士」の「素朴なコミュニケーション」とはどのようなものか、筆者の経験した具体例を挙げます。

　2019年の農家民泊では、学生5名と共に門脇富士美さんが経営する星雪館に滞在しました。その日の農作業は大根の収穫でした。作業の説明は、直接、動作で示しながら、身振り手振りを交えながらなされました。畝ごとに担当を決め、大根を引き抜いていきました。それがいつの間にか競争になりました。体が大きいからといって早く抜けるわけではありませんでした。一番上手に手際よく引き抜いたのは、最年長の農家のおじいさんと小柄なシンガポール出身の女性の留学生でした。大根はまっすぐなものだけではなく、分かれていたり、曲がっていたりといろいろな形をしていることに学生達は驚いていました。その日収穫した300本のうちの何本かは、その日の晩ご飯のおかずになりました。作業の合間には、農家の方と野菜のできの良し悪しや天候の影響などを話しました。夜には、入植して畑を開墾していった話や、出稼ぎに行って、外国人と一緒に働いた話を聞きました。学生達は、農家のおじいさんの体力や豊富な知識、人生経験を感心しながら聞いていました。このように、農作業をとおして農業のことを知り、農作業中やその後のコミュニケーションをとおして、お互いを知り、少しずつ関係を深めていきました。

4. 活動再開に向けた取り組み

4.1　大学関係者との協議と活動の公開

　コロナ禍中、秋田大学では、様々な交流事業の中止が迫られました。「第三の故郷を見つける農家民泊」も2020年、2021年については、実施を見送ることになりました。そのため、両年、中島記念国際交流財団による助成は辞退をしています。翌2022年には、コロナ禍が収束しつつあるということで、活動実施の可否が再度、検討されることになりました。当初、オンラインでの実施も提案されましたが、筆者は、対面での実施を実現したいと考えていました。これは、学生達の希望でもあり、農家の方達の強い願いでもありました。一方で、対面での実施を実現す

るためには、配慮しなければならないことが多岐にわたりました。その際に尽力してくれたのが、秋田大学国際課の職員の佐藤さんと小野さん（当時）です。大学から農家までの移動方法、農業体験や食事の方法の見直し、予算の確保、参加大学への説明など、様々な面で調整が必要になり、その都度、尽力してくれました。佐藤さんは、自身の今までの経験から、「実際の体験をしなければ、農家民泊の良さは分からない」とし、オンラインではなく対面での実施を後押ししてくれました。佐藤さんは、2017年に国際課に着任して以降、予算の管理や農家の方達との連絡調整を担ってくれた他、農家民泊にも引率職員として継続的に参加してくれました。また、農家民泊について、2021年9月16日に行ったインタビューの中で、「コロナで失ってその大切さを実感しました」と語ってくれました。筆者同様、佐藤さんにとっても、農家民泊は大切な活動であり、その再開を強く願っていました。

　そしていよいよ「第三の故郷を見つける農家民泊」再開が決定しかけた頃、中島記念国際交流財団から、助成打ち切りの連絡が入りました。これで計画は振り出しに戻ってしまいました。何年も続いた助成が打ち切られたのは、大きな痛手でした。新たな予算の確保が必要になり、再び、奔走することになりました。そして、活動の規模を縮小し、予算を削減した上で、各参加大学にも経費を負担してもらうという素案をつくりました。助成は永遠に確約されるものではなく、経費については、いずれ、検討しなければならない事案でもありました。各大学が経費負担を認めてくれるかどうか一抹の不安もありましたが、今までの交流実績を考慮し、承諾してくれるのではないかという見込みもありました。その後、素案を秋田地域留学生等交流推進会議において打診しましたが、反対意見は提出されませんでした。各大学が経費を負担することが承諾されたことにより、「第三の故郷を見つける農家民泊」の再開が実現することとなりました。

　齋藤（2000）は、公共性の条件として、誰に対しても開かれていること、閉域を持たないこと、公開性を挙げています。「情報公開」がこれにあたります。各大学が経費負担を承認してくれた背景には、これまで、「第三の故郷を見つける農家民泊」の活動内容を継続的に公開してきたことがあるのではないかと思います。年に1回、対面で実施される秋田

地域留学生等交流推進会議において、事業報告を行ってきました。また、実施報告書を作成した上で、WEB上に公開した上で、印刷媒体を関係各所に送付していました。この報告書は、学内外の誰でもアクセスできるようになっています[8]。さらに、「第三の故郷を見つける農家民泊」の活動を論文化することで、活動の意義を広く公開してきました（市嶋, 2014, 2019, 2022）。このように、活動を開かれたものとして会を開催し、公開し続けてきたことが、活動再開への礎となったと言えます。

4.2　農家の方達との公共空間

受け入れ農家の中には、リーダー的存在である藤井さん、門脇さんがおり、コロナ禍以前は、彼女らが中心となり、「第三の故郷を見つける農家民泊」について話し合う場が設けられてきました。その場は、学生を受け入れてみてどうだったか、問題があった際には、どのように対処したか等を報告しあう情報交換の場であり、農家民泊全体の方向性を共有する場でもありました。しかし、コロナ禍以降、このように皆が集う場を設けることができなくなりました。それは、つながりの喪失であると同時に、公共空間の喪失でもありました。

筆者は、2022年に活動を再開するにあたり、受け入れ農家の方達との話し合いの場を設けることにしました。このような対面による話し合いの場は、コロナ禍以降、初のことでした。そこでは、コロナ禍を考慮した活動案を農家の方達に示し、具体的な活動方法を共に模索しました。皆で持ち寄ったお菓子やお茶をいただきながら、和気あいあいとした雰囲気の中、話し合いが行われました。農家の方達は、長年、学生を受け入れてきた経験から、様々な意見、アドバイスを提示してくれました。制限がある中、どうすれば充実した活動をつくることができるのか、それぞれが持つ経験知や現状をすりあわせることにより、活動の形態や具体的な方法ができあがっていきました。無理をせずに、できる範囲で、できるだけのことをする。やるからには、楽しんでやる。この方針をもって、活動の再開を目指しました。この話し合いの中で、分かったことがあります。それは、「第三の故郷を見つける農家民泊」が、受け入

---

[8] これまでの実施報告書についてはhttps://ichishima.thyme.jp/vitae.html#reportを参照。

れ農家の方達にとって、かけがえのないものであったということです。ある農家の方は、活動について、「できなくなって初めてその大切さが身にしみて分かった」とし、「学生達との出会いが自身らの世界を広げてくれた」と語りました。他の農家の方達も、今まで自身らがどのように学生達を受け入れ、どんな経験をしてきたかをいきいきと語ってくれました。また、農家の方達が口々に言うのは、宿泊し、実際に農業体験しなければ意味がないということでした。仙北市での暮らしや農業について体感してほしい、オンラインや日帰りでの交流は表面的であり、中途半端な交流であるならやらなくても良いとまで言いました。大学生や留学生との交流をとても楽しみにしており、自分達の育てた野菜をぜひ食べてほしいとも語りました。農家の方達にとり、「第三の故郷を見つける農家民泊」が通常の農家民泊とは異なる、特別な意味を持っていました。

　言説と概念による討議ではなく、毎日の生活習慣の中で既に共有された意味の解釈がコミュニティの思考や真理を可能にしていきます（ラッシュ , 1997, p.278）。「第三の故郷を見つける農家民泊」の活動の形態や方法は、経験を語り合う場の中で共有された活動の意味の解釈から生成されました。既にある概念や言説からトップダウン的に生成されるものではなく、一人一人の経験や問題意識と結びつきながら、ボトムアップ的に生成されていくものでした。この生成過程には、暗黙裏に公共性が作用しています。

　川上（2017）は、公共日本語教育学の議論は、理論研究だけではなく、実践から考えることが必須であると述べています。理論からだけでは、その信憑性や意義は十分には理解できません。理論には、コミュニティの一人一人の行為の中から構築していくというボトムアップ的な視座が求められると考えます。活動の実態から理論へとつなげ、それをまた再び活動と照らし合わせながら理論の再構築へと循環させていく。このようなプロセスの蓄積により、日本語教育のあり方に沿った公共性の理論を再考していくことができるのではないでしょうか。

4.3　公共性の広がり

　その後、2022 年 10 月に、筆者は、秋田大学から金沢大学へと異動す

ることになりました。活動を見届けることができなくなったことは、後ろ髪を引かれる思いでした。しかし、活動については、後任に引き継ぐことができました。本事業は、筆者自身、前任者から引き継いだものです。多くの交流事業は、予算がなくなり、担当する人材がいなくなった時点で打ち切られることがほとんどです。コロナ禍という突如ふってわいた問題に対峙し、自身の異動に対処することで、新たな予算、人材を確保することへとつなげることができました。

筆者の異動後、2023年3月11日に、「第三の故郷を見つける農家民泊」を、秋田市主催のイベント『誰かと共に育むこと』[9]で公開する機会を得ました。秋田市では、秋田に暮らす人々やクリエイター、専門家が交わり、多様な活動を展開する取り組みとして、「育む（秋田で暮らす人々が手を動かしつくることを実践する場）」を形成してきました。この「育む」では、野菜栽培や調理研究など、食と結びつく様々な実践を行っています。イベント『誰かと共に育むこと』では、この「育む」で行われた活動と「第三の故郷を見つける農家民泊」の活動を報告し、農業や食、コミュニケーションをテーマに話し合いました。筆者は、2022年度の「第三の故郷を見つける農家民泊」については、異動のため参加することができませんでしたが、これまでの活動内容や活動の枠組、活動の中で見られた「仲介活動」について報告しました。農家民泊のコミュニケーションにおける仲介者としての役割が固定的なものではなく、流動的なものであったこと、また、必ずしも、日本語能力や外国語能力が高い者が仲介役を果たしていたわけではなく、母語話者、非母語話者というカテゴリーを超えた仲介活動が行われていたということ、活動後も継続的な関係性が継続していることを示しました。秋田大学職員の佐藤さん、留学生、日本人学生にも参加してもらい、それぞれの「仲介活動」についての経験や活動に参加して感じたことなどを語ってもらいました。

このイベントに参加することにより、新たなつながりが生まれました。イベント終了後、秋田市のイベント担当者、筆者、秋田大学の佐藤さん

---

9) 秋田市主催育む活動報告イベント『誰かと共に育むこと』は、秋田市文化創造館で実施された。詳細は以下を参照のこと。https://akitacc.jp/event-project/park_0311/

によって以下のようなメールのやりとりがなされました。それぞれメール本文の一部を抜粋[10]します。

> 市嶋先生のプレゼンテーションや「農家民泊」の参加者のみなさんからのお話からは、これまで「育む」で行ってきた活動や今後の事業展開に新しい切り口や視座を見いだすことができ、大変有意義な時間だったと感じております。引き続き、情報交換等をとおして関わりを持たせていただけますと幸いです。
> （イベント担当者：2023年3月11日）

> 先日は、ありがとうございました。いろいろなお話が聞けて、興味深かったです。佐藤さんや、学生のみなさんからも今年度の活動の様子が聞けて、良かったです。活動が縮小されても充実した交流が行われたようで、うれしく思いました。秋田はとても思い入れがある地なので、これからも末永く、関わりを持って行きたいと思っています。今後もどうぞよろしくお願いいたします。
> （市嶋：2023年3月13日）

> 市嶋先生のお話や、参加学生の声、「PARK」[11] の方からの視点で農家民泊の感想をうかがうことができて、考えを深める貴重な機会になりました。また、「育む」の活動についてのお話をうかがって、学生も気軽に参加できる雰囲気の活動だと感じました。来年度の参加者募集が決定しましたら、ぜひお知らせください。留学生への周知についてご協力できればと考えております。（お話をうかがったことで、個人的にも興味を持ちました。写真で拝見した料理がとても美味しそうでした！）今後ともどうぞよろしくお願いいたします。
> （佐藤：2023年3月16日）

---

10) メール本文については、許可を得て掲載しています。
11)「PARK」とは、秋田に暮らす人々やクリエイター、専門家が交わり多様な活動を展開するプロジェクト「PARK——いきるとつくるのにわ（Public, Arts and Research Kitchen）」の略書。https://akitacc.jp/event-project/park/　ここでは、このプロジェクトに参加した人を意味します。

このように、農業やコミュニケーションという共通のテーマで語り合い、テーマを共有することで、イベント担当者が記しているように、お互いに「活動や今後の事業展開に新しい切り口や視座」を見いだすことができました。さらに、留学生が「育む」の活動に参加するという新たな機会を得ることができました。異なるコミュニティの人々と農業や食、コミュニケーションというテーマを共有し、新たな公共空間を生む可能性をつくりあげていきました。公共性は既存のコミュニティの内部から形成されるだけでなく、外部のコミュニティや組織、機関と交わりながらも、派生的に形成されてもいくものであると言えます。

　また、2023年10月に、秋田大学国際課の佐藤さんから、再び、中島助成に採択されたといううれしい連絡をもらいました。予算が確保されたことにより、農家民泊がより一層、充実した活動になることを願っています。

5. 個から公への不断の循環

　ここまで本章で記してきた「第三の故郷を見つける農家民泊」再開への取り組みは、「コロナ禍によって失われた交流の場を取り戻したい」という筆者個人の思いから始まりました。その後、秋田大学の関係職員や受け入れ農家の方々と解決策を探りました。そして、秋田地域留学生等交流推進会議に提起した上で、活動再開の道へとつなげていきました。活動再開に向け、あらゆる局面で重ねた対話の根底には、筆者を含む一人一人の問題意識が色濃く反映されており、それは、「第三の故郷を見つける農家民泊」に関する各々の経験の語りとして立ち現れました。農家の方達は、実際に農作業してもらい、育てた野菜を食べてもらうということが自分達のことを理解してもらうためにも重要であると語り、実際に運営する佐藤さんは、人と直接ふれ合うことの大切さを語りました。筆者は、これらの語りに背中を押され、活動をオンラインではなく対面で実施することを決断することができました。

　また、秋田市のイベント『誰かと共に育むこと』での報告をとおして、「育む」という別の集団とつながることができました。お互いの経験を知り、共有する過程で知を構築し、その知を公共圏へと発展させること

によって、さらに別の公共圏へと接続する可能性を作り出していくことができました。

　個の問題意識を公へとつなぎ、その過程で深化した個の問題意識をさらに公へと還元させていく。この不断の循環によってこそ、豊かな公共性が生成されていくのではないでしょうか。この公共性は、権力や慣習によって強制されたものではなく、一人一人の問題意識から構成されたものである限り、消えることなく各々の心の中でも息吹き続けるものであると考えます。

　公共性は、コロナ禍という非常事態により、筆者が様々な課題に対処する中で見いだされていきました。この公共性は、活動に取り組む中で、派生的、関係的につくられていったものであり、意図してつくられていったものではありません。そう考えると、公共性とは、高所から考える概念や目指すべき理念などでなく、実は、私達の日常実践の中に、暗黙裏に存在しているものなのかもしれません。コロナ禍によって失われた交流の場を取り戻すために奔走した筆者自身の取り組みの軌跡を書くことで、自身の中に芽吹いた公共性を再認識することができました。そして、今もそれは静かに息吹き続けています。

　　謝　辞

　本研究の調査にも協力して下さった秋田県仙北市西木町の農家の皆様、秋田大学職員の佐藤茜さん、学生の皆様に心から感謝いたします。

参考文献

秋田地域留学生等交流推進会議（2018）「秋田地域留学生等交流推進会議要項」『あきた留学生交流』30，秋田地域留学生等交流推進会議事務局，p.28
市嶋典子（2014）「農業従事者と留学生の接触場面に関する一考察――農業体験活動における調整行動に注目して」『秋田大学国際交流センター紀要』3，1-13 http://hdl.handle.net/10295/2370（2024年7月1日閲覧）
市嶋典子（2015）「実践者による「実践研究」に内在する当事者性の問題――「共在者」としての教師と学習者への注目」舘岡洋子編『日本語教育のための質的研究入門――学習・教師・教室をいかに描くか』pp.71-91，ココ出版
市嶋典子（2019）「留学生農家民泊活動の意義と課題――秋田県仙北市西木町の「第三の故郷を見つける農家民泊」を事例として」『秋田大学国際交流センター紀要』

8，1-18　http://doi.org/10.20569/00003698（2024年7月1日閲覧）

市嶋典子（2022）「留学生交流事業において参加者はどのように「相互文化性」を生成したのか――秋田県農家民泊の事例を基に」『留学生交流・指導研究』24，7-19　https://doi.org/10.57511/coisan.24.0_7（2024年7月1日閲覧）

川上郁雄（2017）「公共日本語教育学を、どのように考えるか」川上郁雄編『公共日本語教育学――社会をつくる日本語教育』p.115，くろしお出版

齋藤純一（2000）『公共性』岩波書店

仙北市（2023）「仙北市の概要」https://www.city.semboku.akita.jp/outline/index.html（2023年10月7日閲覧）

髙村竜平，猪瀬浩平（2018）「地域固有の生活史から描く開発・被災・復興」中田英樹，髙村竜平編『復興に抗する――地域開発の経験と東日本大震災後の日本』pp.1-30，有志舎

田中望（1996）「地域社会における日本語教育」鎌田修，山内博之共編『日本語教育・異文化コミュニケーション――教室・ホームステイ・地域を結ぶもの』凡人社，pp.23-37

独立行政法人日本学生支援機構JASSO（2023）「留学生地域交流事業（公益財団法人中島記念国際交流財団助成）」https://www.jasso.go.jp/ryugaku/related/kouryujigyou/index.html（2023年10月7日閲覧）

森本郁代，服部圭子（2006）「地域の日本語支援活動の現場と社会をつなぐもの――地域の日本語支援をささえる戦略的使用のために」植田晃次，山下仁編『共生の内実――批判的社会言語学からの問いかけ』pp.127-155，三元社

山川智子（2018）「日本の言語文化教育における「複言語・複文化主義」の位置付け――ヨーロッパの事情をふまえ、日本での可能性を考えるために」『文教大学文学部紀要』31(2)，pp.1-25

ラッシュ，S（1997）「再帰性とその分身――構造、美的原理、共同体」ベック，U，ギデンズ，A，ラッシュ，S，松尾精文ほか訳『再帰的近代化――近現代における政治、伝統、美的原理』pp.203-315，而立書房

Council of Europe (2018) *Common European Framework of Reference for Languages: Learning, Teaching, Assessment.* Companion Volume with New Descriptors

OHRI Richa（2005）「「共生」を目指す地域の相互学習型活動の批判的再検討――母語話者の「日本人は」のディスコースから」『日本語教育』126，pp.134-143

3章 教室の外から大学におけるインクルージョンを考える
ヒューマンライブラリーを通じて自分や他者の「普通」に向き合う対話

中川正臣

キーワード：インクルージョン、ヒューマンライブラリー、「普通」に向き合う、ありのままの自分、教室の外

1. はじめに

　2018年春、私は現在勤務する大学に着任すると同時に、韓国にかかわる言語、文化、社会を学ぶ専攻の立ち上げ準備に入りました。当時の学科長と学生募集からカリキュラムづくり、学生間の交流の場づくり、留学制度の整備、教員の新規採用、地域との連携など、専攻の学びにかかわる、ありとあらゆることを整備していく慌ただしい日々を過ごしていました。

　しかし、いざ専攻が立ち上がり、新入生が入学してくると、様々な背景を持つ学生にどのように向き合い、解決していくかについてあまりにも自分が無力であることに気づきました。運動的・感覚的・認知的な多様性、言語的背景、外向性・内向性などの特性、うつ病やパニック障害など、学生一人ひとりの特性は多様で、何らかの生きづらさを感じている学生もいました。私は2016年ごろから、研究仲間と「言語教育におけるインクルージョンを考える」というサイトを立ち上げ[1]、研究を進めていたものの、浅い知識や経験では為す術もありませんでした。

　独立行政法人日本学生支援機構（2023）によると、日本の大学、短期大学高等専門学校において、身体障害者手帳、精神障害者保健福祉手帳及び療育手帳を有している学生、または健康診断等において障害があることが明らかになった学生は4万9672人です（2022年5月1日現在）。

---

1) 「言語教育におけるインクルージョンを考える」WEBサイト http://incl4lang.html.xdomain.jp/index.html

障害の種別は「精神障害」が1万5787人と最も多く、次いで「病弱・虚弱」が1万3529人、「発達障害」が1万288人となっています。しかし、ここで明らかになった数は教育機関が把握したものであり、実際にはさらに多くの学生が何らかの特性を持ち、生きづらさを感じながら生活していると思われます。中でも「精神障害」[2]は、大学生になって初めてその症状が現れたり、自分では認識していても医療機関等で診断を受けずに通学しているケースもあります。

私は、現在も日々、学生に向き合い、大学や専攻におけるインクルージョン（inclusion）を模索していますが、これまでに何か1つの形を築けたわけではなく、インクルージョンが意味する「誰も排除しない」には程遠い状況です。

私にとって、このインクルージョンを実現するための活動の1つが、ヒューマンライブラリー（以下、HL）[3]に学生と参加しながら対話をすることです。HLは、普段接する機会のない、様々な背景を持つ人々との対話を通じて、他者へのバリアに気づき、相互理解や多文化共生を促進することを目的にしています。このHLが開催される場所は必ずしも教室ではありません。私はむしろ教室の外という開かれた場で、教員と学生という固定的な関係を超え、共通の問題についての共に対話することでインクルージョンについて考えることができると考えます。

本章では、私とともにHLに参加し、対話を続けた大学生、はる（仮

---

[2] 日本学生支援機構の調査では次の5つの疾患に分類しその疾患が継続して医療または生活規制を必要とする程度のもので、医師の診断書がある者、または健康診断等において明らかになった者を精神障害のある学生としています。
　1. 統合失調症等
　2. 気分障害等
　3. 神経症性障害等
　4. 摂食障害、睡眠障害等
　5. 上記に当てはまらない精神障害（高次脳機能障害、依存症候群、人格障害、トゥレット症候群、緘黙症、知的障害、診断名が確定していない抑うつ状態等）
https://www.jasso.go.jp/faq/gakusei/tokubetsu_shien/kiso/seishin/1190767_2784.html

[3] ヒューマンライブラリーとは、話し手である「本」と参加者である「読者」で行う対話であり、「読者」は興味・関心に即して「本」を選び、対話をし、「本」の気持ちを尊重しながら「本」に質問ができるイベントで「人間図書館」とも呼ばれます（駒澤大学社会学科坪井ゼミ, 2012）。

名）との対話を取り上げます。はるは、中学時代から様々な悩みや生きづらさを抱えながらも、HLを通じて自分や他者の「普通」に向き合い、ありのままの自分を語り、自分を受け入れていきました。ここでは、HLを通じて「普通」と向き合うとはいかなることなのか、それはことばの公共性やことばの教育、さらにはインクルーシブな社会の実現とどのようにかかわるのかについて考えていきたいと思います。

2.「普通」ということばに潜むもの

　まず、私たちが普段使っている「普通」ということばについて取り上げます。私が「普通」ということばについて考えるようになったのは大学を卒業して、就職したばかりのころです。私の社会人としての第一歩は、警察官でした。警察学校を卒業し、現場と言われる外の世界で勤務しているころ、私は担当する地域の中で「問題を起こした人を取り締まること」と「問題が起きないようにすること」だけを考えていました。いつも誰かを疑い、何かに怯え、休日も含め常に窮屈さを感じていたことを覚えています。また、厳しい上下関係の中、「警察官には個性はいらない」ということを徹底的に叩き込まれました。同期の数名は「こんな自由のない世界はない」と不満を述べながら退職していきました。私自身も一人の人間として考える自由や個性が尊重されない窮屈さを先輩や同僚に打ち明けたことがありましたが、「また警察批判か？」と相手にしてもらえませんでした。こうした疑問や葛藤を抱えながらも、自分が入りたくて入った警察は社会に必要な職業であるという想いは揺るがず、仕事には意欲的に取り組んでいました。

　ある日、私は警察組織の中で韓国語を学ぶことになりました。警察組織で外国語教育を行う理由は、外国人犯罪の検挙や被害者のサポート、公安関連業務など、様々な理由があります。警察以外の人と出会う機会がなく、また新たな出会いを避けなければいけないと思っていた生活から一転、韓国語学習によっていろいろな人との交流が始まりました。日本人と結婚した韓国人女性、教会に通う敬虔な韓国人クリスチャン、日本の大学院に通う韓国人留学生、新大久保の韓国パブで働く韓国人従業員など、新しい言語を学ぶことでこんなに世界が広がるのかと驚いたこ

とを記憶しています。警察以外の人と交流することに対する一抹の不安はありましたが、警察官ではない、もう一人の自分がいることがなぜいけないのかという疑問のほうが大きかったように思います。私の韓国語による交流の世界は韓国語の教室の中ではなく、教室の外にありました。そのため、警察組織の中にある教室で韓国語を学ぶことは途絶えても、私の韓国語学習は終わりませんでした。私は徐々に自分が出会った韓国人が生まれ育った韓国の言語、文化、社会に惹きつけられていきました。

　韓国語を学び始めて2年ほどが経った時、私は当時の上司から「お前、新大久保に出入りしているみたいだな。これからは出入りするな」と言われました。あれから20年以上の時間が経ちますが、その元上司が放ったことばとその光景を忘れません。なぜ、その元上司は新大久保に出入りするなと言ったのか、その理由は定かではありませんが、その時は上司として部下を監視下に置き、問題が起きないようにするためだったのではないかと思いました。私はことばを通じて人と交流することや、自分が韓国や韓国人に惹きつけられたこと、そして私という個の自由を否定されたかのように感じました。警察官になって5年が過ぎようとする時、退職を決意しました。たまった有給休暇の消化を放棄して、一日も早く警察の世界を去り、韓国の大学院で韓国語学を研究することにしました（実際は韓国語教育学を研究することになります）。

　私は自分が韓国語と出会うきっかけを与えてくれた警察には感謝していますが、どんなに経済的に苦しい時期でも退職したことを後悔したことはありません。警察組織で「普通」とされていることに洗脳され、それが自分の「普通」となって定着し、その「普通」を無批判に受け入れ、いつの間にか自分の「普通」を他人に押し付けるような人間として生きていくのが怖かったのだと思います。しかし、その一方で、自分も「普通」という基準をどこかで設け、その「普通」を他者に押し付けていると思うことがあります。この「普通」に対する姿勢は、大学教員になった今も、常に自分に問い続けたいと思っています。

　「普通」ということばは、私たちの日常に溢れています。「普通、そういうこと言う？」「普通においしい」「普通の子と違う」「普通の生活がしたい」「普通席」「普通免許」のように、私たちは「普通」ということばを無意識に使っています。学校教育ですら「普通科」という用語を使

い、子どもたちに自分たちの所属が「普通」であること、あるいは「普通」でないことを認識させています。泉谷（2006, p.3）はこの「普通」を私たちは生まれた時から持っていたのではないと述べています。

　私たちはみんな、ほかの人とは違う「角」を持って生まれてきました。「角」とは、自分が自分であることのシンボルであり、自分が生まれ持った宝、つまり生来の資質のことです。この「角」は、何しろひときわ目立ちますから、他人は真っ先にその「角」のことを話題にしてきます。動物としての習性からでしょうか、集団の中で「角」のためにつつかれたり冷やかされたりして、周囲から格好の餌食にされてしまうこともあります。そんなことが繰り返されますと、いつの間にか「この「角」があるから生きづらいんだ」と思うようになる人も出てきます。自分が自分らしくあること、その大切な中心である「角」、それを自分自身で憎み、邪魔にして隠しながら生きるようになってしまうと、生きること自体が色あせ始め、無意味なものに感じられるようになってきます。生きるエネルギーは枯渇し、すべてが立ち行かなくなってしまいます。

「普通」ということばには、平均的、標準的、平凡、常識的、多数派などの価値観が含まれています。泉谷が述べるように、人間は生まれた時から「普通」を備えているわけではなく、「普通」の背後にある価値観も自分の中に存在しなかったのだと思います。しかし、成長過程で親や先生、友人、会社の上司や同僚など、自分を取り巻く人々から「普通」を教え込まれ、異質な部分が削がれていきます。こうして年を重ねるごとに、「普通」に縛られ、自らも「普通」を求めるようになるのだと言えます。泉谷（2006, p.44）は、人は「普通」ということばを一度獲得すると、「普通はいいことだ」「普通は幸せなことだ」という価値観に対して、疑問や問い直しをすることがなくなること、「自分で感じ、自分で考える」（泉谷, 2006, p.7）ことを放棄してしまうことについて痛烈に批判しています。ただし、この自分から見える「普通」は、あくまでも自分という個人のメガネを通して見える世界であることを細川（2019,

p.33）は以下のように指摘しています。

> あなたが見る世界は、あなた自身の眼によっているということもできるはずです。つまり、あなたのモノの見方は、すべて自身の個人メガネを通したものでしかありえないということです。あなたが、何を考えようが、感じようが、すべて「自分を通している」わけで、対象をいくら客観的に観察し、事実に即して述べようとしたところで、実際、それらはすべて自己を通した思考・記述でしかありえないということになります。

　私たちは「普通」という平均的で、標準的で、平凡であり、常識的で、多数派のものがどこかに存在すると考えがちです。そして、自分が「普通」に属する人間であることに安心を感じることもありますし、「普通」ということばを持ち出して自分の意見を述べたり、他者を説得したりすることもあります。しかし、その「普通」と感じている世界は、自分という個人を通して見えているものであり、自分の「普通」と他者の「普通」が一致するわけではないことを認識しなければならないことを細川は指摘しています。

　そして、この「普通」は他者から教え込まれるだけでなく、いつのまに自分から「普通」に近づこうともします。浦野（2018, pp.171-176）はエスノメソドロジー研究者であるSacksを引用しながら、私たちはそのつど「普通」であるということを自ら行うことによって、自分を「普通」の人につくりあげていると述べます。この自分を「普通」につくりあげる過程で、自分から見える「普通」という価値観を何らかの基準にしていきます。さらに、自分を「普通」につくりあげることは、他人にもその「普通」を押し付けることにもつながります。親であれば自分の子ども、教師であれば学生に、自分からしか見えない「普通」を強いることもあるでしょう。例えば、次のような表現は私が韓国語を学んでいた時、教師からよく聞いたことばです。

　　　보통 한국인은 이런 표현을 잘 안 써요．
　　　（普通、韓国人はこういう表現を使いません。）

こうした例文には教師の「普通」に対する価値観と、それを教えるべきだとする教育観が背後にあります。ここでいう「普通」とは何を指すのか、なぜ韓国語使用の標準や基準が韓国人なのか、韓国人とはどこにいる、誰を指すのか、なぜ韓国人の韓国語使用を学習者の韓国語使用に適用しようとするのか、学習者は韓国人が使う表現を使うべきなのか、それが望ましい教育であり、教師として目指す実践なのか、すべての学習者がそれを求めているのかといった疑問が湧いてきます。本質的なことに関する対話がなされることなく、ある価値観を無批判に受け入れてしまい、その価値観の再生産に自分が加担していること、あるいは何らかの違和感を感じたとしてもそれを本音で語り合う場が教師にも学習者にも不足しているのかもしれません。

　私たちはいくら「普通」を求めても、「普通」になることはできませんし、時に周囲の人が使う「普通」ということばによって押しつぶされそうになったり、生きづらさを感じたりすることもあります。私は、この自分と「普通」との間にある葛藤について開かれた場で、公平な立場に立ち、他者を尊重しながら語り合う活動がHLではないかと考えています。次節ではHLという対話の場の特性について述べていきます。

3. HLという対話の場

　HLは2000年にデンマークのNGOが北欧最大級の音楽祭であるロスキレ・フェスティバルの中のイベントの1つとして行い、日本では2008年、京都でヒューマンライブラリーの前身であるリビング・ライブラリーが開催されました。「読者」は「本」を選び、約30分間、「本」と対話できる活動です。HLは本来、障害やLGBTQ、うつ病、外国人などマイノリティに対する理解と偏見の低減を目的に始まったため、その目的は生きづらさを抱えた人々の語りに耳を傾けることに焦点が当てられてきました。しかし、近年では自分のマジョリティ性に気づくことを目的にしたものや（福村，本間，中川，2024）、多様な職業を持つ市民の交流機会や相互理解の場として活用する動きもあり（坪井，2020）、HLの目的を一言で語るのは難しいくらい多様化しています。

　このHLの形式について、工藤（2018, pp.274-275）は3つの類型に分け

て説明しています。1つ目は公共型HLです。公共型HLはHLの中でも最も一般的な運営形態であり、図書館や公民館、大学などで開催されています。読者は誰でも参加でき、偶然、HLの会場の前を通りかかった人でも参加可能な偶発性のある運営形態もあります。開かれた対話の場という意味では、公共型HLは公共性を持つHLだと言えます。2つ目はカスタマイズ型HLです。企業や学校など、HLを開催してほしいという要望に応えるため依頼者側（読者側）のニーズによってカスタマイズしながら運営していくHLです。3つ目はトレーニング型HLです。公務員や企業、学校教育の一環として行われる非公開のHLです。HLを主催する側は運営資金を得るため読者に対して実費負担を求めます。そのためHLの効果を短時間に最大限に上げる効率性を重視した運営をすることになります。

　HLを通じて得られる効果は、HLの目的や運営形態によって異なりますが、いかなるHLであれ、普段接することのない他者との対話を通じ、自己のバリアや価値観を振り返り、他者と共に明日を生きていくことを目的とする点では共通しています。では、なぜこのような対話の場が2000年以降、つくられてきたのでしょうか。

　ワトソン（2018）はビーチ、学校のカフェ、大学の教室のような空間を共に使っている場面でも、何らかの分類によって分かれて利用しており、空間も分断されていると言います。確かに1つの公園を見ても、砂遊びをする親子と、その公園に居住するホームレスのように、同じ公共的な空間にいても交わることのない、交わろうとしない境界線が人と人の間には存在するように思います。ワトソンは公共的な空間は多様な人々を物理的に近づけることはできるが、そこにいる人々の差異について調整したり、折り合いをつけたりしているわけではないと述べます。また、ワトソンは私たちが多くの時間を過ごす職場でも、様々な規範が働き、必ずしも個人的なアイデンティティについて深い対話が行われているわけではないと指摘します。これは教室でも同じことが言えるのではないでしょうか。例えば韓国語の教室の中で教師は学習者と学習者、あるいは学習者と社会の差異を埋めるため、自らのことを安心して語れる場をつくり出そうしますが、個人が特定された教室での自己開示に抵抗を持つ人もいるでしょう。また、そもそもセンシティブな話題に関す

る自己開示を言語教室に求めていない学習者や教員がいるようにも思います。HLは、こうした職場や教室といった様々なしがらみが存在する場では実現できない対話活動を人工的につくり出します。

ワトソンはこのようなHLには以下のような4つの機能があると述べています（ワトソン, 2018, p.347）。

- 自分の日常生活では出会ったり話したりできない人々と（差異の）折り合いをつける機会を提供する。
- 表面的でも錯覚でもなく、協力的で意味のある方法で他の人と出会える。
- （自分とは）異なる人々を避け続ける、交わらない生活を中断させる。
- 本当に自分らしくすることが歓迎され祝福される。

HLは普段、接する機会のない人と膝を突き合わせて語り合う場です。聞き手である「読者」は、語り手である「本」の「普通」が、自身の「普通」とは異なるものだとしても、その異なりを歓迎することになります。ここにアレントがいう「現われの空間」、つまり、私が所有しえないもの、私たちが共有しえないものへの関心（齋藤, 2000, p.44）との重なりを感じます。私たちは他者になることはできません。しかし、だからこそ、他者の声に耳を傾け、他者の世界に関心を持つというのは、HLの理念とも一致します。

この対話に参加するには、自己開示と他者を尊重する他者理解の姿勢が求められます。HLの対話に参加するのには、一定のルールがあり、他者を傷つける発言をしてはならない、HLを通じて得た個人の情報を流出してはならないなど、主催者側が定めたルールを守ることに同意した上で参加が可能になります。前述した公共型HLのように公共性の高いHLだとしても、他者から非難されたり、個人の情報が流れ出たりすることがなく、安心して参加者が自己開示できる対話の環境を整えているのも特徴の1つです。

4. はるにとってのHLという対話の場

4.1 はるの背景

　私がこのHLという活動を共に行ってきた仲間の一人が、大学生の「はる（仮名）」です。はるは韓国にかかわる言語、文化、社会を主専攻とする大学生です。私ははるが大学時代にHLに参加している間、対話したり、インタビュー[4]を実施したりしてきました。

　はるのHLに関する語りには何度も「普通」というキーワードが挙げられています。その背景には、はるが中学校の時に経験した不登校の記憶があります。はるは中学生のころ、体育館や講堂で行われる集会に参加できなくなり、段階的に教室、保健室に行けなくなり、最後は学校にも登校できなくなったと言います。その当時、周りの人々に自分が学校に行けないことを理解してもらえず、「どうか明日が来ないでほしい、学校に行くくらいなら消えてなくなりたい」「学校に行くか、死ぬかみたいな感じの中学時代」だったそうです。はるは当時、自分が考えていた「普通」について以下のように語っています。

> 　その時の「普通」は、やっぱり、お父さんにも言われていたことなんですけど、やるべきことをやる人、やる子、だから朝、起きたら学校の準備をして、学校行って、授業受けて、帰ってきたら宿題をやったりっていうのが当時の「普通」。

　中学時代のはるは、保護者や教師などとの不登校に関する意見が衝突する中で、「普通」になるべきだという他者からの抑圧と、「普通」になりたいのになれないという葛藤に苦しんでいました。中学3年生になり進路について考えるようになると、保護者の勧めもあり、心が安定する夕方以降に授業が受けられる定時制高校に通うことを決めました。その定時制高校にはフィリピンやタイ、中国など、外国から移住した生徒やはるとは年齢が異なる生徒が多く在籍していました。「自分は自分、あ

---

[4] インタビューははるが2年生の時に1回、3年生の時に1回、4年生の時に1回、すべて1時間程度行いました。本人に承諾を得た上で、本書のデータとして使用しています。

りのままでいいんだよ」と声をかけてくれるクラスメイトと接しながら、「普通とは当たり前のことをすること」という考えから、「普通って何だろう」という疑問を持つようになったと言います。一方、保護者からはいくら定時制高校で良い成績をとっても「よくやった。でも、全日制に比べたら底辺」と言われたり、高校の先生が学校行事の準備などで定時制のクラスより全日制のクラスを優遇したりすることを目の当たりにし、定時制高校に通う自分たちが日本社会において不平等に扱われていることを感じることもあったそうです。はるは高校や大学に通うという「普通」の生活ができるようになってからも劣等感から抜け出せないままでした。

4.2　はるがHLに参加した理由

　では、はるはなぜHLに参加することになったのでしょうか。私は専攻を立ち上げた初年度からはるを含めた1年生全員に、教室の外で開催されるHLの情報を流したり、教室の中で独自にHLを開催したりしていました。韓国にかかわる言語、文化、社会の専攻というのはある意味、入口でしかなく、「ことば」「文化」「社会」という広い概念について、様々な背景や特性を持つ当事者の声に耳を傾けながら考えてほしいと思っていたからです。大学の中だけで閉じ込めてしまいがちの専攻の学びを教室の外にも開きたい、社会にいる様々な当事者と学生たちをつなぎ、ことばの活動を通じて、誰かを排除しない社会、共に生きる社会について考えてほしいという想いがありました。その点、人間図書館と呼ばれるHLは「本」という何らかの当事者に出会い、直接対話をするため、学生たちにインパクトを与えることができるし、様々な悩みを抱える大学生も安心して参加できると考えました。

　はるは初めてHLに参加した動機について、「生きづらさに引っ張られたというか、直接（他者の話）を聞ける機会っていうのもないし」と述べています。HLの「本」と自分の生きづらさを重ねたいという想いがあったのだと思います。はるは大学4年間で計7回のHLに参加することになります。

4.3 個人から社会へと向かう視点

はるは2回目のHLに参加した時、衝撃的な出来事があったそうです。それは在日朝鮮人の「本」の語りを聞いた時でした。その時のことをはるは次のように語っています。

> 在日朝鮮人の方が同じ大学生だったんですけど、その人が言ってたのは、話の中で日本人でもないし、朝鮮人、韓国人でもないし、私って何なんだろうって。私の存在自体が何なんだかわからないっていうお話をされてたんですけど、自分自身がそういうことについて考えたことが一切なかったので固まっちゃいましたね。同じ大学生、育ってきた環境だったり、全く違ってたんですけど、でも、同じ世代の人が、そんなことばが出るんだって。そんな考えをしてきたんだっていうのは、本当に衝撃的でしたね。

はるは同じ大学生である在日朝鮮人の「本」の語りを聞き、在日コリアンの当事者が自分自身の存在について悩む姿を目の当たりにします。そして、自分はこれまで韓国という外国や韓国語という外国語に関心が向き、日本に在住する韓国や朝鮮にかかわる人々に目を向けていなかったことに気づいていきました。はるは今後、韓国にかかわる言語、文化、社会を専攻してしていく上でそれらの人々を除外できないものとして捉えていきます。

> 自分が韓国語を学んでて、韓国語自体に興味があったんですよ、自分は。その周りっていうか、他の文化、言語じゃなくて、それに目を向けていなかった。だけど、目を向けなきゃっていう意識はあったんですけど、実際には本当に言語だけに目を向けていたっていうことと。韓国語を学んでいく上で、そういう在日朝鮮人の方だったり、在日っていうのが付けられるというか、付けられている人たちの関連することを除外することはできないっていう考えが、韓国に対する考えの中には、結構な割合、占めてきて。その考え方が。

はるは在日コリアンの「本」の語りを聴いたことをきっかけに在日コリアンということばに目が向けられたことがわかります。また、1年生から2年生にかけて、HLを通じて全身タイツを好む人や、複数の人と恋愛関係を結ぶポリアモリーの人、難病を抱え人生の多くを病院で過ごす人などの声に耳を傾けていくことで、自分が知っている人やことばの世界がいかに狭いかを実感し、その視点は徐々に社会における相互承認の欠如へと向かっていきます。

　　差別とか偏見とかそういう話が出る時に、多数派とか少数派とか、そういう話も出てくると思うんですけど、そういう話ではなくて。個人個人、一人ひとりが持ってる要素とか意見が、その人の色を、尊重というか、知る、認めるっていう考えが、頭の隅っこにでも、みんながあればっていうのはあります。優劣とかの話じゃなくて。(中略) 社会にも足りないというか、足りないと思います。自分自身は、ようやく気がついてきたっていう感じですかね。

　はるはHLにおいて対話を重ねていく中で、自分が生きる社会では一人ひとりを尊重する意識が欠けていることに気づいていきました。それは、個人の努力とは無関係なことによって不平等に扱われることに対する問題意識とも言えます。齋藤 (2017, p.27) が述べるように、不平等は「各人の責任を問うことのできない諸事情によって、不利な立場に立たされる」ことであり、他の市民より劣位の者として扱われることが続くのであれば相互尊重が失われます (齋藤, 2017, p.25)。はるが感じた社会における相互尊重の欠如は自分が高校時代に経験した定時制と全日制の間に存在する不平等でもあります。ここで注目したいのは、はるが個人の生きづらさから徐々に学校社会や日本社会の不平等さへ視点を移していったことです。前述したようにHLは差別、偏見を受けるマイノリティ側にいる個人に目を向けることから始まり、発展してきました。しかし、HLを通じて、個人への同情や感情移入、あるいは差別、偏見を持っていた自己の反省にとどまらず、社会へと目線を変えていくということが読み取れます。

4.4 自分のマジョリティ性に対する認識と未来の行動

はるは3年生になりマジョリティ側の語りや、個人のマイノリティ性とマジョリティ性をテーマとしたHLに参加しました。その1つである「日本人のマジョリティ性」というテーマを掲げたHLに参加した時の気づきについて次のように述べています。

> （HLを通じて）前はマイノリティと私っていう感じで共感できるところと、違う体験だけど共感できるところを見つけることができたし、そこで自分に対する救いみたいなものがあったりもしたけど、今回、参加してみて、自分の中にマジョリティ性が入ってきて、私もマジョリティの要素もたくさん持ってるんだなっていう。いや、そうだよね、みたいに思って、すごい極端に自分はマイノリティのほうがとか、マジョリティのほうがではなくて、行き来が激しいなって、生きている感じだなっていうふうに感じられました。

はるはこのHLにおいて、定時制高校で外国にルーツを持つ生徒を支援する高校教師（国語科、日本語学習支援を担当）の「本」に出会いました。はるが通った定時制高校には、日本語能力により授業についていくことが困難な生徒がいました。はるはそんなクラスメイトと、1つひとつの課題を確認しながら、一緒に取り組んでいたと言います。日本の高校であるがために当然のように日本語で進められる授業を思い出し、はるは日本語母語話者としての特権とも言えるマジョリティ側に自分が立っていたことに気づいていったと言います。また、これまでも定時制高校の生徒を支援したいと思っていたようですが、今回のHLを通じてその想いがさらに強くなったと語っています。

はるはマジョリティ側の語りを聞くHLについて、無自覚になりがちなことを気づかせてくれる貴重な機会だと述べています。

> はる：例えば、自分のそのマイノリティ性って何ですかって聞かれたら、すぐ答えられるのがいくつかすぐ浮かぶんですよね。でも、マジョリティ性って何ですかって聞かれたら、マジョリ

ティの中で日常的に生活してるから、それが当たり前になっちゃって、何だろうってなっちゃうんですよ。でも実は本当にたくさん、たくさんある。日本で生まれて、ここ日本で生まれて日本で育って、マジョリティじゃないですか。ここでは。そういうことですら当たり前だから、当たり前になっちゃいすぎて、ぱっと思いつかないんですよね。それがマジョリティだっていうことに。

私：空気を吸ってるかのような、当然のことみたいな感じになってるわけですよね。

はる：そういうことが忘れちゃっていうか、そういうことをたまに改める必要はあるなって、すごい思いました。

私：どうしてそう思いました？

はる：「普通」とか「当たり前」とかがないっていうか、ないから、自分はないと思っている一方、瞬間的に忘れてしまうから、でも、それに気づくことで見えてくる、日常的に隠れている部分が、見えることができるようになると思うから、その隠れていることが実は重大なことだったりもするから、そういうことがあるから。そう思います。

　はるは長い間、自分はマイノリティの側にいると考えており、自分と「普通」の人の間に境界線を引いてきました。時にはその「普通」の領域に近づきたい、近づかなければいけないと考え、時には「普通」の領域からはみ出た自分を周囲の人や社会は認めるべきだと考えてきました。しかし、HLを通じて、実は自分も「普通」の領域に入っている面があることを認識していきます。ここで、隠れていた自分のマジョリティ性を浮かび上がらせたり、自分のマジョリティな面は何かを自問自答している様子がうかがえます。人は、自分にとって不自由でなく、不利益ではないことや、自分は「普通」だと思っていても他人の「普通」ではないことに、無自覚で、無関心になりがちです。マジョリティ側にいることは社会における不平等さを見えなくさせていると言えるのかもしれません。はるにとってHLは他者理解だけではなく、自己理解のためにつくり出される対話とも言えるのではないかと思います。

4.5 はるにとってHLという対話の場

はるは2か月後に卒業を控えた時、「私のマジョリティ性とマイノリティ性」というテーマのHLにおいて、初めて「本」に挑戦しました。はるの「本」のタイトルは『普通になりたい私と普通でない私〜ヒューマンライブラリーに魅了された大学生〜』でした。その際、はるは自分がこれまで参加してきたHLについて次のように語っています。

> 初めて参加した時に、ここはどんな人でも受け入れてくれるっていうふうに感じたこともそうなんですけど、これまで当たり前とか「普通」っていうのにきつく縛られてたのが、ヒューマンライブラリーに参加して全身タイツの方だったり、ポリアモリーの方と出会って、「普通」じゃなくてもいいとか、不登校でもいいし、周りの人と違ってもいいっていうことを教えてもらって、きつく縛られたのが、ぱって解放されて過去の自分を認めてあげられるみたいな感じで、ヒューマンライブラリーを通して心が楽になったり、自分を肯定するっていうことができるようになりました。

はるは自分が生きづらさに直面したことをきっかけにHLに参加し、様々な当事者の悩みや社会の矛盾について考えるようになりました。その際、自分の過去を思い起こし、自分なりに考え、解釈し、徐々にありのまま自分を受け入れていきました。はるの変化は一朝一夕で起きたものでありません。この4年間、HLに参加した後、アパートで自分が考えたことをノートにまとめ、心の中を整理したり、改めて考えたりしたそうです。そうでもしないと、様々な感情と共に涙が溢れてきて、自分の心の処理ができなくなることもあったと言います。それは自分がため込んできた過去の記憶に対する感情や、自分が生きる社会の不平等さ、理不尽さ、他者への自分の無力感というありとあらゆるものだったと言います。一方、HLはありのままの自分を受け入れてくれるため、これまでの自分や今の自分を受容できるようになり、安堵のような感覚を持てるようになったと述べています。これは泉谷（2006, p.105）が指摘するように、あるべき自分になるように足りないところを身につけるので

はなく、本当の自分を削り出すことであり、新しい自分をつくり出すことにつながるのだと思います。

はるは周りの友人にもHLに興味を持ってほしいと思った時期もありましたが、結局、大学4年間、HLにかかわり続けた学生は自分だけだったと言います。HLは社会におけるインクルージョンを実現するために誰にも効果のある特効薬ではありません。しかし、たった一人だとしてもHLが自分や社会の中で固定化された「普通」から解放させたこと、過去や現在の自分のありのままの姿を受け入れ、そこから今後、自分はどう変化していくかについて考える機会を提供したのは確かです。

こうした思考を巡らす活動を私は教室の内で行われる授業だけで展開することには限界があると考えます。むしろ、はるは教室の外の様々な人と出会い、安堵感の中で対話を重ねたことで自分に変化が起きたのではないでしょうか。はるのことばを借りるのであれば、HLは「学校だけじゃない、私の居場所」なのだと思います。

5. 教室の外から大学におけるインクルージョンを考える

はるが述べた「学校だけじゃない、私の居場所」ということばをもう少し深く考えてみたいと思います。私は警察組織に窮屈さを感じ、はるは不登校をきっかけに学校や家庭において不平等さや劣等感を感じていました。私とはるが生きづらさを感じた背景や経験は異なりますが、ある共同体で当然視されていることに対して疑問を持ったことは共通していました。そして、職場や家庭、教室といった普段、自分が過ごしている場から離れたところで、「普通」に対する疑問を持つようになりました。私たちは普段、自分が過ごしている場所では気づけないものが自分や他者の「普通」なのだと考えます。

私とはるが所属する大学のキャンパスは、留学生が約20％を占めます。この大学では、海外の協定校から行き来する交換留学や短期研修生と交流したり、自ら海外留学したりすることで、自分とは異なる人と出会い、対話をし、共に何かをつくり出していく中で、自分の「普通」を変化させていくことが教育目標だと私は考えています。しかし、こうした環境でも、大学という場所は同質な人が集まっていると言えます。同

じキャンパスで、同じ大学生という立場、同じ世代、同じような興味、関心のある人が集まる教室で、それぞれが気の合う仲間と共に大学生活を過ごします。大学に入る前の小学校、中学校、高校では大学以上に同質性の中での学校生活を送ってきたと言えるかもしれません。私たちは無意識的に同質性の中を生きていると言えるでしょう。

　同じ目標や目的を持った人々が集まる場は共同体と言えます。齋藤（2000, pp.5-6）は共同体と公共性の違いを論じる中で、公共性の特徴について4つを示しています。1つ目は、公共性は誰もがアクセスしうる空間であること、2つ目は人々のいだく価値が互いに異質であること、3つ目は人々の間にある事柄、人々の間に生起する出来事に関心があること、4つ目は一元的、排他的な帰属を求めないことです。この4つの特徴から、HLは共同体ではなく公共性に該当すると言えます。HLでは「本」も「読者」も、スタッフである「司書」も基本的に初対面であり、対話する相手がどのような背景を持っているのか、どのような考えを持っているのかがわかりません。だからこそ一旦自分の頭をクリアにし、「本」の語りに耳を傾け、可能な限り本音で対話することが尊重されます。頭をクリアにするとは、自分があるテーマに関して「普通」なのか「普通」ではないのか、マジョリティの側なのかマイノリティ側なのか、という二項対立を超え、その境界線に立ち、人と社会に向き合うことでもあります。このように、誰でも参加できる開かれた場で、対等な立場に立ち、共通のテーマについて誠実に対話できること、ここにHLが人々の居場所となり、対話の公共性が存在すると言えるのではないでしょうか。

　本章の冒頭で、私にとってHLは大学や専攻におけるインクルージョンを実現するための活動の1つだと述べました。インクルージョンを実現するためのインクルーシブ教育とはそもそも「プロセス」であり、終わりがないということ、「多様なニーズに対応できるより良い方法を模索し続けること」を指します（野口, 2018）。人の特性が多様である以上、1つの方法で、画一的かつ効率的にインクルージョンが成し遂げられることはありません。むしろ、何がより良いのか、何がその人にとって居場所なのかを模索し続ける姿勢や態度がインクルージョンの実現のための原動力になるのだと言えます。

私たち教師は日々、教室の中で対等な立場で、他者を認め、共通するテーマについて対話し、より良い社会をつくるためのことばの活動をしています。教室活動は教師の重要な職務の1つであり、目の前にある教室における活動の大切さは否定されるものではありません。ただ、教師が教室の中だけに目を向けることでインクルージョンが実現できるとは思えません。時にHLのように教室の外にある対話の場と学生をつなぎ、様々な人やその価値観に出会い、共通のテーマについて対話すること、つまり泉谷が述べる「自分で感じ、自分で考える（泉谷, 2006, p.7）」ことと、それを他者に表現し、語り合うことが大学におけるインクルージョン、ひいては社会におけるインクルージョンにつながるのではないかと考えます。

　繰り返しになりますが、HLは誰にでも効果のある万能な特効薬ではありません。しかし、誰かにとって意味があるのなら、自分で人や社会について考えること、そして他者と共に語り合うことを大切にしながら、大学と専攻におけるインクルージョンの実現を模索していきたいと思います。

謝　辞

　本章の執筆にあたり貴重なご意見、ご助言をくださった方々に感謝致します。何より本章の事例で取り上げた「はる」には執筆の段階から原稿について何度もご意見を頂戴しました。この場をお借りし、感謝を申し上げます。

付　記

　本稿は、JSPS科学研究費22K00656（代表　福村真紀子）の助成を受けたものです。

参考文献

泉谷閑示（2006）『「普通がいい」という病――「自分を取りもどす」10講』講談社
浦野茂（2018）「第5章 場面にふさわしいやりとりのルールってどんなもの？」綾屋紗月編著『ソーシャル・マジョリティ研究――コミュニケーション学の共同創

造』pp.170-211，金子書房

工藤和宏（2018）「ヒューマンライブラリーの多様化とアフォーダンス——「他者」との対話の効果はどこにあるのか」坪井健，横田雅弘，工藤和宏編著『ヒューマンライブラリー——多様性を育む「人を貸し出す図書館」の実践と研究』pp.272-293，明石書店

駒澤大学社会学科坪井ゼミ（編）（2012）『ココロのバリアを溶かす——ヒューマンライブラリー事始め』人間の科学新社

齋藤純一（2000）『公共性』岩波書店

齋藤純一（2017）『不平等を考える——政治理論入門』筑摩書房

坪井健（2020）『ヒューマンライブラリーへの招待——生きた「本」の語りがココロのバリアを溶かす』明石書店

独立行政法人日本学生支援機構（2023）『令和4年度（2022年度）　大学、短期大学及び高等専門学校における障害のある学生の修学支援に関する実態調査結果報告書』https://www.jasso.go.jp/statistics/gakusei_shogai_syugaku/__icsFiles/afieldfile/2023/09/13/2022_houkoku3.pdf（2024年8月4日閲覧）

野口晃菜（2018）「インクルーシブ教育を実践するための学校づくり・学級づくり」青山新吾編集代表『インクルーシブ教育ってどんな教育？』pp.14-28，学事出版

福村真紀子，本間祥子，中川正臣（2024）「インクルーシブな社会を実現するための言語教育実践——「日本人のマジョリティ性」をテーマにしたヒューマンライブラリーの試み」『日本語学研究』80　韓国日本語学会，pp.211-233

細川英雄（2019）『対話をデザインする——伝わるとはどういうことか』筑摩書房

ワトソン，グレック（橋本博子，工藤和宏訳）（2018）「日常空間を再構築する場としてのヒューマンライブラリー」坪井健，横田雅弘，工藤和宏編著『ヒューマンライブラリー——多様性を育む「人を貸し出す図書館」の実践と研究』pp.331-351，明石書店

第Ⅱ部　言語の自由と活動

4章 連句活動における公共性
文芸的公共圏としての座の文学

白石佳和

キーワード：文芸的公共圏、連句、座の文学、複数性、禅

1. 文芸的公共圏と座の文学

　中世の時代、文学や演劇・音楽などの芸術は王や貴族など上流階級の独占物でしたが、社会の変化により市民階級が生まれ文化が商業化されると、市民は本や雑誌を読み、演劇やクラシックのコンサートを鑑賞することができるようになりました。18〜19世紀にかけて、ヨーロッパではコーヒーハウスやティーサロンの文化が流行します。コーヒーハウスやティーサロンは、コーヒーや紅茶を飲みながら、文学や音楽などの批評から経済・政治など、さまざまな話題について人々が対等に語り合う社交場でした。その背景には、文化の商業化・市場化があります。

　コーヒーハウスやティーサロンは、ハーバーマスがその著『公共性の構造転換』で述べている「市民的公共圏」のモデルケースとして挙げている公共的な空間です。「市民的公共圏」とは、政治や経済、文学などさまざまな問題を、公権力のしがらみのない自由な場で市民が平等に論議し、公権力の意思決定に影響を与える世論を形成していく空間です。市民階級という新たな社会層が台頭する18世紀には、出版文化が盛んとなるとともに多様な言説が新聞・雑誌などのメディアを通じて広く流通し、集合的な雰囲気や意見が醸成されやすい環境が整いました。そのような「市民的公共圏」の歴史的変遷を社会学の観点から分析したのが先に挙げた『公共性の構造転換』です。

　しかし、すぐに政治的な役割を果たした市民的公共圏が出現したわけではありません。コーヒーハウスやサロンで最初に話題に取り上げられたのは文学や芸術でした。ハーバーマスは、公共性が政治的機能を引き

受けるようになる前に、非政治的形態の公共性である「文芸的公共圏」が生まれた、と言っています。文芸的公共圏とは、文学や芸術をめぐる言説の生成（特に読書行為）による自己啓蒙と公衆としての主体形成の場であり、公共論議の練習場です。(1) 社会的地位を度外視した対等な議論、平等性、(2) 哲学、文学、芸術における教会や国家の権威による解釈の独占権から解放され、相互理解によって自分たちの意味・解釈を生成する自律性、(3) 議論の対象である文化商品を市場から入手する財産と教養があれば誰でも公衆として参加できる公開性、この三つが文芸的公共圏に共通する制度的基準です（ハーバーマス, 1994, pp.56-57）。ハーバーマスは、このような文芸的公共圏の中から政治的な市民的公共圏が立ち現れてくるのだと述べています。

　これまで、教育学や社会学その他の分野における公共圏・公共性の議論において、ハーバーマスが『公共性の構造転換』で示した「文芸的公共圏」はほとんど注目されて来ませんでした。ですが、以上述べてきたように、公共圏の中で文学が果たす役割は決して小さくありません。社会の変化に伴い文化が商業化し書籍や定期刊行物（新聞・雑誌）の出版が盛んになることが近代の公共圏の成立につながった点ももちろん重要です。それ以上に重要なのは、読書行為をもとにして他者と議論を交わすことが、政治的な議論に加わるための市民・公衆としての主体性を省察的に身につける公共論議の練習場となっていることです。

　一方日本においては、和歌・俳句などの短詩型文学が「座の文学」とも呼ばれ、歌会や句会を文学活動の場としました。歌を創作し互いに披露した後、批評を行うのが歌会や句会です。これらは、日本における「文芸的公共圏」と言えるのではないでしょうか。その場で創作行為を行う点は文芸的公共圏と異なりますが、作品を読んで議論を交わす場（＝座）が設けられている点はコーヒーハウスやティーサロンに近いように思えます。

　私は座の文学の中で俳句と連句を研究対象としていますが、その研究方法について常に悩み続けてきました。なぜかと言うと、小説や詩と異なり、俳句や連句は作品そのものだけでなく集団で行う句会にこそ大きな魅力があったからです。文学作品を対象とした通常の文学の研究方法では俳句や連句の句会＝活動の側面が明らかになりません。書かれたも

の、完成した作品だけでなく、その作品が生成するプロセスや作品について語り合う空間にも重要な意味があります。そこで私はこれらの座の文学の活動の側面に注目するために座の文学を「活動型文学」と名づけ、活動面の魅力を解明しようと試みてきました（白石, 2021）。文学の活動の側面から捉えた言説空間である「文芸的公共圏」も、座の文学の活動面を照射するポテンシャルを多分に包含する概念として期待できます。本章では、座の文学の理念型、典型と言える連句という文芸およびその実践例における公共性について考察することを通じ、連句活動の新たな側面に光を当てたいと思います。

2. 連句とその公共性

最初に、あまりよく知られていない連句という文芸について、どのようなものか説明し、次に、連句の空間がどのような公共性を孕んでいるのかについて検討してみようと思います。

2.1 連句とは

　連句とは、複数の人が長句（5・7・5）、短句（7・7）を交互に詠み合いながら一つの作品を紡いでいく協働性の文学です。絵や詩を共同で作るのとは異なり、1句1句は個人が作りますので個人の独自性は保たれます。一方で、その句は1句のみで評価されるのではなく、他人が作った前句とのつながりや、前々句と前句の世界からの転じのダイナミックさ、あるいは全体の中で評価されます。連句は、統一的な一つの作品というよりは転じの集成であり、成果物よりもその場（「座」と呼ばれます）のプロセスやパフォーマンス、作品世界の多様性に価値が置かれることが多いです。一般的な文学のイメージ・価値観とは異なる文学と言えるでしょう。ハーバーマスが挙げた文芸的公共圏のサロンのような場は連句に近いと思います。

　　　　　　　　　（参考）連句作品の例　「大魚の巻」
　　　春霞や雑魚も大魚も浪の下　　　　信（大岡信）
　　　靴あたらしきすみれ野の径　　　　玩亭（丸谷才一）

雪しろに夜通し窯の火は映えて　　台水（高橋治）
　　　二十日ぶりなる市の地下街　　信
　　買収の苦心をそつと月にいふ　　玩亭
　　　どんじりといへまづは関取　　台水
　　　　　　　（『とくとく歌仙』p.61 より表6句のみ引用）

　上に掲げたのは、詩人の大岡信、作家の丸谷才一、高橋治という当代の文人が集って巻かれた（連句を作っていくことを連句を「巻く」と表現します）歌仙（後述）の最初の6句です。この歌仙が収載されている『とくとく歌仙』には連句作品だけでなく、作品についての後日座談会の記録も掲載されているので、その場の様子や雰囲気がある程度理解できます。句にはそれぞれ名前を付されていることからもわかるように、個人が1句ずつ作ります。前句に対して次の句を作ることを「付ける」と言いますが、前句を理解しそこから連想して次の句を作ります。上記の5句目に対する6句目の「付け」はつながりがわかりやすいですね。5句目の票集めの「買収の苦心」から、「関取」つまり相撲の勝ち星買収の話に転じています。相撲の話は4句目（前々句）の「市の地下街」の世界とは関係ないので、一続きの物語ではなく世界を転じたと言えます。このように、世界を転じながら進むのが連句です。

　1句を作る際も他の人の支援を受けて作ることがしばしばあります。つまり、連句の座においては、連衆（連句の参加者）の個人の人格や言葉の多様性が積極的に評価されると同時に協働的な営み、もっというとその巻の捌き（さばき、司会進行者）の作品と捉えられる側面もあります。

　現在、最も一般的な形式は「歌仙」と呼ばれる形式です。三十六歌仙に因んだ名称で、36句から構成されます。また、その半分の18句で終える半歌仙という形式もあります。

　図1は、歌仙季題表の一例を示したものです。自由に連想して句を続けるわけではなく、どこでどんな句を詠むかがある程度決まっています。発句（第1句）はその句会が催される当日の季節で始まり、春・秋の句は3～5句、夏・冬の句は1～3句続けて付けます。季節が変わる場合は、季節と季節の間に雑（無季）の句を挟みます。たとえば、季題

	句		新年	春	夏	秋	冬
初折の表（序）	一	発句	新年	春	夏	秋	冬
	二	脇	新年	春	夏	秋 月	冬
	三	第三		春		秋	
	四	四句目					
	五	月の定座	秋 月	秋 月	秋 月		秋 月
	六	折端（おりはし）	秋	秋	秋	夏・冬	秋
初折の裏（ウ）（破）	一	折立（おりたて）	秋	秋	秋	夏・冬	秋
	二						
	三						
	四						
	五						
	六						
	七		夏	夏	冬	冬	夏
	八	月の定座	夏 月	夏 月	冬 月	冬 月	夏 月
	九						
	十						
	十一	花の定座	春 花	春 花	春 花	春 花	春 花
	十二	折端	春	春	春	春	春
名残の表（ナオ）（破）	一	折立	春	春	春	春	春
	二						
	三						
	四						
	五		冬	冬	夏	夏	冬
	六		冬	冬	夏	夏	冬
	七						
	八						
	九						
	十						
	十一	月の定座	秋 月	秋 月	秋 月	秋 月	秋 月
	十二	折端	秋	秋	秋	秋	秋
名残の裏（ナウ）（急）	一	折立	秋	秋	秋	秋	秋
	二						
	三						
	四						
	五	花の定座	春 花	春 花	春 花	春 花	春 花
	六	挙句（あげく）	春	春	春	春	春

初折の裏：恋句には定座はないがおおよそこのあたり、前句次第で引き上げたり下げたりする。

名残の表：このあたり恋句を出してもよい

序（じょ）　破（は）　急（きゅう）

図 1　歌仙季題表

出典：東，丹下，佛渕編, 2007, pp.616-617

表の春の行を横に眺めていってください。発句から第3句までは春の句です。4句目は季節のない雑の句です。5句目から秋に季節が変わり、裏の第1句まで3句秋が続きます。少し離れますが、裏の7・8句目は夏の句です。2句だけ続けて9句目からは雑の句になります。花と月については、花の座・月の座という決まった場所で花の句、月の句をそれぞれ詠みます。たとえば、先に挙げた例の5句目は「買収の苦心をそつと月にいふ」と月が出てきます。これは、5句目が月の定座と決まっているので、月の句を詠んだわけです。「花を持たせる」という慣用句がありますが、これはもともと連句の用語です。花の座で花（桜）の句を詠むことは名誉なこととされ、花の座を任すことを「花を持たせる」と言ったのがこの慣用句の原義です。

また、歌仙36句は大きく4つに分けられます。表（1～6句）、裏（次の12句）、名残の表（次の12句）、名残の裏（最後の6句）です（**図1**参照）。昔は、2枚の懐紙をそれぞれ二つ折にし、第1枚目の表に6句、裏に12句、第2枚目の表に12句、裏に6句記載し、その2枚を綴じて冊子にしていました。これらの呼び方は、連歌を懐紙に書いていた時代のものです。

さらにその4つを「序破急」に当てはめます（**図1**参照）。序は表6句（1～6句目）、破は裏12句と名残の表12句（7～30句目）、急は名残の裏6句（31～36句目）です。能などの中世芸能における序破急と同じ考え方で、序の部分はおだやかに丈高く即ち格調高く、破の部分では起伏のある展開や転じなど自在に遊び、最後の6句はすばやく終息に向

かう、という構成を目指しています。

連句で重んじられている基本の考えは「転じ」です。「転じ」とは、同じような世界に足踏みせずどんどん新しい世界を提示することです。同じような趣向を避けるため、去嫌（さりぎらい）と言って、たとえば一度仏教に関する句が出たら、その後3句は仏教に関する句を出さない、などという細かいルールがあります（図2）。

図2　句数と去嫌のルール
出典：東，丹下，佛渕編，2007, p.557

以上、説明してきたことをまとめると、さまざまなルール（式目と呼びます）の下で、複数の人々が活動して一つの作品を作り上げるのが連句です。活動と創作が一体化している点は、まさに理想的な文芸公共圏と言えるのではないでしょうか。ハーバーマスが例に挙げたサロンは文学を批評しその作品の評価を議論する場です。一方連句は、複数の人々が前句に競って付句しますが、その付句は前句への批評であると同時に創作でもあります。それを連ねて一つの作品を生み出すのです。

2.2　連句の中にみる公共性

では改めて、公共性という視点で連句を眺めてみたいと思います。連句にみられる公共性は、次の3点に集約できます。公開性、複数性、共通世界としての公共的領域、の3点です。

まず、一つ目の公開性に注目して連句を説明します。公開性とは「誰に対しても開かれている（open）」（齋藤, 2000, p.ix）ことです。現代では連句は趣味の活動のようなものですから、関心を持ち希望すれば誰でも参加することができます。また、歴史的にみても、連句を行う「座」は自由な場でした。たとえば、室町後期から戦国時代にかけての連歌会は、貴族だけでなく武士や茶人、連歌師など貴族以外の地下（じげ）の身分の人が参加する場で、情報交換や交渉を行う貴重な機会が得られる所でした。また、江戸時代の松尾芭蕉は、地方を巡りその地方の有力者や俳人俳諧（連句）の座を催しました。地縁や血縁を超えた連帯の場が連歌・俳諧の座だったのです。

実際に筆者が連句を巻いた体験で言うと、連句の座には異質な他者を歓迎する気風があります。毎回同じメンバーで連句を巻く（作る）と、どうしても発想が似通ってしまいます。転じや変化をよしとする連句の価値観からすると、新しい人が異なる発想を持ち込むことが歓迎されるのです。この背景には、「一期一会」「主客一如」といった禅の思想があります。連句の元である連歌や、茶の湯、能は中世特有の文化であり、どれも日本の伝統文化の礎となっています。それらは共通して禅の思想を背景として持っています。亭主が座を持ち客を招き、お互い敬うことで心を通わせ楽しい時間を共有する、という考え方です。連句には、「客発句、脇亭主」という格言があります。その座のお客様が発句を詠み、脇＝第2句を亭主が付ける、という意味です。客は、その季節の季語を使い、亭主のもてなしへの感謝を発句に込め、挨拶します。脇は亭主による挨拶の返礼です。このように連句は他者と挨拶する世界観によって始まります。

　公開性と連句における禅の思想（「主客一如」やおもてなしの考え方）はもちろん一致しているわけではありませんが、他者を受け入れる点では重なります。ハーバーマスが文芸的公共圏の制度的基準として挙げた(1)社会的地位を度外視した平等性、(3)条件を満たせば誰でも参加できる公開性とも重なってきます。

　二つ目は、複数性です。複数性とは、アレントが『人間の条件』の中で人間活動の条件として挙げ、公共空間のあり方として注目されているものです。

> 　多数性（複数性）が人間活動の条件であるというのは、私たちが人間であるという点ですべて同一でありながら、だれ一人として、過去に生きた他人、現に生きている他人、将来生きるであろう他人と、けっして同一ではないからである。
>
> 　　　　　　　　　　　（アレント, 1994, p.18, 齋藤, 2000, p.6）

　つまり、一人一人の生をかけがえのないユニークなものとして捉える活動の場こそが公共的空間であり、「公共的空間は、共通世界に対する多元的なパースペクティブが存在するときにのみ、それらが互いに交わ

される空間としての意味を持」（齋藤, 2000, p.47）ちます。共同体との違いとして公共的空間を説明するならば、「価値の複数性を条件とし、共通の世界にそれぞれの仕方で関心をいだく人びとの間に生成する言説の空間」（齋藤, 2000, p.6）となります。

　このような公共的空間における複数性の考え方は、連句における複数性と非常に重なります。連句を説明するとき、「複数の人で一つの作品を作る」と述べると、どうしても絵画の共同制作のように、同じ方針のもとに統一された一つの作品を創作するイメージを持たれますが、先ほどの説明のように連句はそうではなく、個人の一つ一つの句は個人のものです。また、連句の理念の一つである「転じ」という考え方は、新たな世界つまりこれまでと異なるパースペクティブの提示を生み出す枠組みとなっている点で、価値の複数性を担保していると言えます。「去嫌」というルールも、なるべく多様な視点を提供するためのシステムとして機能しています。

　一方、複数性における公共的空間と連句の違いは、公共的空間における言説が意見の表出であるのに対し、連句の一つ一つの句の表現が芸術的創作であり、演劇的である点にあります。連句の付句は前句からの連想であり、仮構の世界を創作して作るので自分のことではないことがほとんどです。その点は異なるにしても、個人の世界観を尊重し多様な価値観を認める形での複数性を持つ点で、連句活動は公共的空間の性質を持っていると言えるでしょう。

　三つ目は、共通世界としての公共的領域です。これは、アレントが『人間の条件』で述べている「公的（public）という用語は、密接に関連してはいるが完全に同じではないある二つの現象を意味している」とある「二つの現象」のうちの後者です。アレントが言う後者の「共通世界としての公共的空間」とは次のように説明されています。「第二に、「公的」という用語は、世界そのものを意味している。なぜなら、世界とは、私たちすべての者に共通するものであり、私たちが私的に所有している場所とは異なるからである」「むしろ、ここでいう世界は、人間の工作物や人間の手が作った製作物に結びついており、さらに、この人工的な世界に共生している人びとの間で進行する事象に結びついている」（アレント, 1994）。これらのアレントの言説について、齋藤はそのような公

共的空間を「あくまでも自由のための——誰もが「行為への権利」、「意見への権利」を奪われない政治的な自由のための——場所」「自らの「行為」と「意見」に対して応答が返される空間」「あらゆる「功利主義」的思考はこの空間の中では失効する」(齋藤, 2000, pp.vi-vii) と解釈しています。これは、複数性とも関連してきますが、一人一人の生をかけがえのないものと考えるからこそ人間を有用かどうかで判断せず、行為や意見の自由が保障される場所、何かを制作するなどの活動を通じてその自由が保障される共通世界が公共的空間である、と説明できるのではないかと思います。連句を共通世界と考えると、連句は通常の文学のように個人の制作するもの・私的に所有するものではなく、「付ける」という行為・意見の活動が進行する自由な空間だと言えます。

すでにみたように連句の背景には禅の思想があり、「一期一会」という言葉に象徴されるように人と人との出会いをかけがえのないものとして捉える見方が内在しています。連句会はそのような人間関係の中での発言のやりとりを通じて進行します。一般に小説や詩を創作する行為は密室の中の個人によって行われますが、連句は議論しながら創作し、またできた句を批評しつつ議論し、合意形成の上で次の句を決めてから、さらに次の句に進みます。「捌き」と呼ばれる熟達者かつ司会進行役が牽引する部分もありますが、民主的に会が運営されているように思います。連句活動は、アレントが述べる「共通世界としての公共的空間」にも当てはまる点が多いです。

以上のように、連句活動およびその思想と公共性の考え方には多くの共通点がみられます。一方で、連句活動にはハーバーマスやアレントの近代的な公共性の考え方と異なる古代的・中世的な思想背景が感じられます。連句においては公開性や共通世界の背景に禅の主客一如・おもてなしの思想が見え隠れしています。また、日本詩歌の伝統的な考え方も連句の世界観に大きく影響しています。和歌は応答を基本としますから、連句の複数性は日本の和歌の伝統を受け継いでいます。連句活動にはさまざまな日本の文化が反映されていると言えるでしょう。

3. 連句における公共性の歴史的文脈

なぜ連句活動の場が公共的な空間と化しているのでしょうか。この点について歴史的な文脈の三つの視点から説明してみたいと思います。

一つ目は、連句の前段階である連歌が生まれた中世という時代の力です。中世という時代は、戦乱の中で人々が、農村の自治的組織「惣村」、自由特区「楽市楽座」、自治都市「堺」のように、どの権力にも属さず人々が主体的に自由と平和の空間を創り出した時代です。また、2節で指摘したように、能・茶の湯など禅の思想から発展し日本の伝統となっていく文化が花開いた時代でもあります。中世の時代に生まれた連歌にも、その時代独自の公共性、つまり自分たちで平和を作ろうとする民衆のパワーや禅の主客合一・おもてなしの精神が詰め込まれているのではないでしょうか。

二つ目に、古典的公共圏という考え方を取り上げたいと思います。日本文学研究の分野でハーバーマスの公共圏とからめて古典文学を論じた前田雅之は、著書『古典と日本人――「古典的公共圏」の栄光と没落』（2022）の中で、古典的書物（『古今集』『伊勢物語』『源氏物語』『和漢朗詠集』）の素養と和歌の知識・詠作能力によって社会の支配層が文化的に連結された「古典的公共圏」が成立していた、としています。その成立時期は、いくつかの書物が読み継がれる価値を認められ注釈書を持つようになる鎌倉時代とされています。ハーバーマスは、前近代の公共圏としての「代表具現的（示威的）公共圏」と近代市民社会の公共圏である「市民的公共圏」の二つを挙げていますが、古典的公共圏と関係しているのは前者の「代表具現的（示威的）公共圏」と前田は指摘しています。市民が主体的に参加し議論を行う近代の「市民的公共圏」に対し、「代表具現的（示威的）公共圏」は、公共圏にふさわしい貴族的行動様式が求められ、それが可能な人間のみが参加が許される空間です。前田によれば、「非正統的な性格が強く、和歌を詠む合間の遊びの要素が強かった連歌などは、南北朝には、式目（＝規則）が整備され、二条良基編の『筑波集』は準勅撰集になって、古典的公共圏の仲間入りを果たした」とあり、連歌も古典的公共圏の一つと言えます。

三つ目は、「俳諧」に内在する批評性です。連句は近代に入ってから

の名前で、もともとは連歌、そこから発展した俳諧の連歌を略して「俳諧」というようになり、その俳諧は近代になって、俳諧の発句を「俳句」と呼ぶようになり、その連歌の部分を「連句」というようになりました。俳諧の原義は滑稽、諧謔、おかしみです。平安時代の『古今集』の中には「誹諧歌」というのがあり、正統的な和歌から外れた歌です。そういう意味では、鎌倉時代の連歌は非正統的な和歌と分類される俳諧の性質を持ったものでした。しかし連歌が和歌独特の雅語を用いた正統的性質を帯びてくると、今度は俳諧の連歌、つまり卑俗な言葉を使った連歌が生まれ、略して俳諧と呼ばれるようになります。連歌、連句は権威的なものを批評する形でそのジャンルが続いてきた歴史があります。また、その詩の形は複数の人々で前の人の句に付ける方法で続きますが、その「付ける」という行為は前句へのコメントという点で批評的です。また、江戸時代には多くの古典的書物が出版されたため一般の人々でも教養を身につけることができるようになり、俗語（＝俳諧的な言葉、俳言）を用いることで一般の人々にも参加が開かれました。俳諧という連歌のあり方が公共性に通ずるものであるように思えます。

このように、その成立した中世の性質を持つこと、古典的公共圏の一つであること、俳諧性と公共性の関連の深さから、連句における公共性の源泉を探ってみました。連句の公共性はいろいろな歴史的な背景が重なって生じたものだと思われます。

4．連句活動の実践例

ここからは、実際の連句活動例を紹介しながら、その公共性について検討してみたいと思います。今回紹介する連句の実践例は、日本のA大学で学ぶ留学生に対する連句ワークショップです。留学生の日本文化体験の一環として行いました。授業の一部ではなく、留学生から文化体験として連句会体験をしたい人を募り、ビデオ撮影と終了後のアンケート回答を条件に参加してもらいました。この連句ワークショップの趣旨として、現実の連句会に近づける形での活動を行うことを目的としました。そのため、授業として行うのではなく希望者を募り、教育としての評価を行わないことを前提としています。

連句会は個人宅で行いました。その理由は、現実の連句会に近づけた場所を選んだためです。一般に、連句会が行われる場所はさまざまです。公民館などの公共施設の教室や貸し会議室、または居酒屋・料亭などの一室、あるいは今回の場合のように参加者の個人宅で行うこともあります。

　筆者が捌きを担当し、留学生7名で連句会を行いました。日本語レベルはOPI（Oral Proficiency Interview）で言う中級下〜超級で、国籍は、アジア、欧米、南米と多国籍でした。大学での専門も人文系、自然科学系とさまざまです。半歌仙（18句）の形式で行いました。まず連句と俳句の違いについてスライドを用いて説明し、その後発句（第1句）を作成しました。そして句会同様、無記名投票して第1句を選んだ後、出勝ち（早く句を提出した人から採用すること）方式で18句巻きました。時々、1句も採用されない参加者がいた場合、調整のため、その参加者に優先的に句を詠んでもらいました。このような政治的配慮は連句会でよく見受けられる光景です。機会をなるべく均等に与えようとする考え方は、一種の公共性と言えるかもしれません。7句目（裏の句）に入ったところで飲食を開始しました。通常、連句会は飲食を伴うため、今回の実践も同様の形態で行いました。1節で説明したように、連句は他の伝統芸能と同じく序破急の型を重視する文芸です。6句目までの「序」の部分は品よく続け、7句目からやや乱れた大きく転じる雰囲気の「破」となります。現実の場の雰囲気も、序の堅苦しさから料理や酒が入ることでややリラックスしたものになります。参加者の半分以上が飲酒を伴う食事を行いました。終了まで6時間を要しましたが最後まで完成しました。その作品が以下に掲げる「しょうが」の巻です。

　しょうがの巻
　オ1　新年　初晴にこたつとこねこ幸せな　　　　　学生A
　　2　新年　家族で囲む七草の粥　　　　　　　　　捌き
　　3　春　　春潮に巡り合うときをもとめて　　　　学生B
　　4　春　　甘がる雨水しずかに大地へ　　　　　　学生C
　　5　春月　のどけし夜灯火みたい満月だ　　　　　学生D
　　6　雑　　この儚い日大切にする　　　　　　　　学生E

ウ7	雑	仏像は千歳を経たが座り込む	学生F
8	恋	遭うのはえにしちぎるはかたし	学生G
9	恋	ねえあなた愛夫弁当どうですか	学生A＋C
10	雑	男女平等よくすすんでた	学生F
11	夏	くものすにつかまった虫いつ死ぬか	学生B
12	雑	あいしょうがいい納豆と米	学生A
13	秋月	たんぼにて黄金の月降るごとく	学生B
14	秋	紅葉で飾って道路を歩む	学生E
15	秋	秋の蚊にさされた私しょうがない	学生F
16	雑	生姜なければチャイ作れない	学生B
17	春花	花吹雪白い流れに浅野川	学生A
18	春	たれさがる柳美人の姿	学生G

　この「しょうが」の巻の形式は、表6句裏12句の半歌仙です。外国人留学生8名と日本人の捌きからなる座です。1句目7句目にそれぞれ「オ」「ウ」とあるのは、それぞれ「おもて（表）」「うら（裏）」を示します。進行は、連句会当日が1月だったため、新年からスタートしました。新年を2句、春を3句続けて6〜10句が雑の句です。5句目は月の定座でおもての月の定座は秋の月を詠むのですが、新年から始まる場合、春の月になります。その代わりに、次の13句目の月の定座は秋となりました。8、9句目が恋の句、11句目に夏の句を1句挟んで12句目が雑、13〜15句目が秋の句、16句目に雑を挟み、17が花の定座で季節は春、挙句（最後の句）も続いて春の句で終わりました。

　それぞれの句と付合を簡単に解説していきます。発句「初晴にこたつとこねこ幸せな」は「初晴」を季語として日本的な団らんを句に詠みました。会場にいた猫を入れた、亭主への挨拶句となっています。脇（第2句）は、捌き、亭主が詠むことが多いです。連句は禅や茶の湯の精神と同じく挨拶を重視します。主（あるじ）と客という関係がゆるやかに反映されることが多いです。一般的な連句会では、初めて来た人や招待者の発句を挨拶句として優先的に採用する例がしばしばみられます。挨拶の内容はさまざまです。時候の挨拶や、その場所に因んだ挨拶がなされます。脇句はなるべく発句に寄り添い、同場所・同時刻になるように

詠みます。ここでの脇（第2句）は「家族で囲む七草の粥」です。前句の発句を正月に家族が集まっていると解釈し、家族で七草粥を食べる風景としました。季語は「七草粥」です。

　第三と呼ばれる3句目は、「春潮に巡り合うときをもとめて」という句です。「春潮」という季語を使って家の中から外の世界に転じました。第三は歌仙の変化の始まりであり、〈発句－脇〉の世界から大きく転じることが求められます。動詞の「て」留めが昔からよく使われ、本巻でも「て」留めを用いています。家族で渦潮にでかけ巡り合う運命について思いをめぐらせている哲学的な句です。作者（学生B）は、プルーストの『失われた時をもとめて』から着想を得た、と話していました。蘊蓄を披露するなど雑談を交えなごやかに進むのが連句の楽しみの一つです。

　4句目「甘がる雨水しずかに大地へ」は「雨水」が季語です。「甘がる」は聞きなれない日本語ですが、留学生が辞書で懸命に調べた言葉なので尊重しました。人情の句（人が登場する句）が続いていたので、人情なしの場の句に転じた点が評価できます。5句目「のどけしや夜灯火みたい満月だ」は4句目の時分を夜に定め雨が止んだ後の満月の明るさを詠みました。6句目「この儚い日大切にする」は4・5句目の奥深い森の世界を過去に相対化した句です。いい転じですが、表6句には無常感を詠んではいけないというルールに「儚い」が抵触するという見方もあります。上で触れたように、表6句は序破急の「序」の部分にあたり、品よく丈高いことが求められます。具体的には、神祇釈教などの宗教や恋・無常などの強い感情の句を避けることになっています。

　裏は、序破急の「破」にあたる部分です。「序」の部分の制約から解放され、思うまま変化を楽しむ場所です。たとえば7句目「仏像は千歳を経たが座り込む」は、仏像が千年間座り込んでいる、という少しユーモラスさが感じられる句です。前句の儚さの無常感をはっきり仏教として受け止めました。5・6句の世界から6・7句の世界では仏教的世界に転じています。これまでの大人しい感じから雰囲気が変わりました。8句目「遭うのはえにしちぎるはかたし」は恋の句です。作者は「遭う」の漢字にこだわっていました。そして「えにし」「かたし」と「し」が繰り返され語呂がいいです。9句目「ねえあなた愛夫弁当どうですか」

は、二人の学生の合作です。最初は通常よく使われる「愛妻」の字を当てていましたが、参加者の会話の盛り上がりから夫が弁当を作るカップルもいるのではないかという現代の世相を反映しているのではとの意見があり、「愛夫」という漢字を当てました。10句目は恋離れの句です。連句では付合がある程度離れていることも必要ですが、「夫」に「男女」と内容が近く、付き過ぎにも感じられます。しかし、「愛夫」を社会問題として相対化しうまく恋から離れました。11句目「くものすにつかまった虫いつ死ぬか」は逆に付合が離れていて、どのように付いているのかわかりにくいです。作者は南米出身の学生で、女性から蜘蛛を連想したとのことでした。ここで、蜘蛛のイメージについて、いろいろな国におけるイメージの違いの文化談義になりました。12句目「あいしょうがいい納豆と米」は蜘蛛の巣からの連想で納豆を詠んでいます。13句目「たんぼにて黄金の月降るごとく」は「米」に対して「たんぼ」で受けた句です。たんぼからの帰り道の光景として14句目「紅葉で飾って道路を歩む」が詠まれ、15句目「秋の蚊にさされた私しょうがない」はそこで蚊にさされたと詠みました。このあたり、短い散文のような句が続いています。16句目「生姜なければチャイ作れない」は、前句の「しょうがない」をダジャレのように受けた句です。本来はダジャレのような句を採用しませんが、連衆がここで盛り上がったのでこのまま採用しました。巻のタイトルの「しょうが」はここからとったものです。18句まですべて巻き終えた後に、全員に、印象に残った句の言葉からタイトルを選んでほしいとお願いしたところ、合議の結果、「しょうが」の巻となりました。17句目「花吹雪白い流れに浅野川」は、川辺のカフェから川の花吹雪を眺めた景です。挙句（最後の句）「たれさがる柳美人の姿」は、川辺の柳から日本の美人画的な構図の句を詠みました。

　半歌仙のすべての句を、前句とのつながり方を中心に解説してきました。すべての句が物語的につながるのではなく、次々と世界が転じていくのが連句です。1句1句は個人の句と言えますが協力して作ることもあり、また前句からインスピレーションを得て詠むことを考慮すれば個人の句と言い難い面もあるかと思います。

　次の句を決定する際に、参加者同士のやりとりや議論が大きな影響を与えています。特に印象的だったのは、11句目ができるときのやりと

りです。先に挙げたように、ここでは前句の「女」から虫の蜘蛛を連想し「くものすにつかまった虫いつ死ぬか」と詠んでいます。南米の学生が作った句です。この句について、最初みんなどうしてこのような内容を詠んだのか、私も含めてわかりませんでした。そこで本人に訊くと、彼の出身国では女性から蜘蛛を想起するという文化的背景があることがわかりました。それを聞いていた他の国からの参加者たちは、それぞれ「自分の国では蜘蛛は〜」と語り出し、蜘蛛のイメージの違いの文化談義が盛り上がりました。自分と文化が異なり理解できないからこの句はだめ、ではなく、互いを尊重し異文化を学ぶ姿勢が自然と醸成されていました。ある学習者は、事後のアンケートでこのように述べています。

> 言葉の裏にある日本文学や日本の歴史人物など知識を共有できなければ、他の国の人が出来上がった連句をうまく理解できない。それに、異文化の比較にも役に立つ。同じ物事でも、国によってイメージが異なる。たとえば、蜘蛛と虫。

　この学習者は日本語を使った活動であったので、連句活動にはどうしても共通の知識として文学、歴史などの日本文化の知識が必要であることを痛感する一方、11句目のやりとりを念頭に「異文化の比較にも役に立つ」とコメントしています。個人を尊重し多様な価値観を認める形での複数性を持った、連句の公共性の一端がうかがえる場面です。一般に公共圏の議論では、共通の基盤が前提とされていて、それを満たさない人の参加が想定されていないことがあります。たとえば、日本文化や日本語が十分に理解できていなければ議論への参加が認められない、というような場合です。しかし連句の活動では、日本文化や日本文化の知識という共通基盤がまだ満たされていないことを自覚しながらも、個人の世界観をお互い尊重する空間が形成されています。連歌という共通世界が、参加者たちを関係づけまた切り離す、複数性を含む場所となっています。
　複数の人が対話しながら活動することで個人を超えた詩的世界が生成されたのだとすれば、連句という公共圏が芸術生成の貴重な場、新しい文学創作の場として評価できるのではないでしょうか。

5. おわりに

　和歌・短歌、連歌・連句・俳句のような日本の短詩型文学は、「座の文学」とも呼ばれます。「座」というのは、活動を行う場所、という意味です。たとえば、歌舞伎を行う場所は歌舞伎座、銀の取引を行う場所は銀座、と言っていました。日本の短詩型文学は、ある場所に集まって詩を詠み、詠まれたものを読む活動をわいわいがやがや行っていました。それが「座の文学」と言われるゆえんです。ハーバーマスの著書では「公共性」という言葉がしばしば「公共圏」と訳されますが、「座」のニュアンスも「公共圏」に近いのではないでしょうか。

　連句は、現代における実作人口は数千人と言われ、「絶滅危惧種」的な文芸です。連句はルールが複雑で指導者が少ないため、なかなか普及していません。それに対し俳句は実作人口500〜600万人とも言われ、盛んに行われています。教育においても、近代以降の連句が国語教科書に掲載されず研究もほとんど進んでいないのに対し、俳句は小中高の国語教科書に必ず掲載され、近年はアクティブ・ラーニングの推進を受け授業の一環として句会を行うことが推奨されています。

　「俳句」「連句」という言葉は3節で説明したようにどちらも近代に入ってできました。公共圏、ということで言えば、俳句の方が近代的な民主的公共圏と言えるかもしれません。なぜなら、俳句の句会は、完成された各人の句について句会で批評し合うので読書会の形式、つまり創作された作品を読んだ読者が議論し合う形式と類似しており、ヨーロッパ市民社会に登場した文芸サロンに近いからです。江戸時代の俳諧や明治以降の連句では、特権階級の示威的公共圏ではなく市民的公共圏と言ってよいと思われますが、連句の句会は議論・批評の中に創作活動も同時に行う点に特徴があります。その部分には、日本の中世以来の独自性が受け継がれています。

　教育に公共性を生かすことは大いに意義があることですが、近代的なものがすべてとはかぎりません。冒頭にも述べたように文芸サロンは公共論議の練習場ですので、公共性のための教育の方法として容易に連想されうるのは、読書会でしょう。一方、日本の伝統を受け継いだ連句活動は、公共性の性質を持ちつつ批評と創作を対話の中で行う、授業向き

の活動です。単なる議論ではなく詩の創作の要素が加わり、連句という共通世界のプロセスを味わいます。前近代の文化遺産を再利用して公共性を志向した言葉の活動を開発するのも悪くないのではないでしょうか。

付　記

この章の内容は、JSPS科研費（23K00284, 23K20458）の助成を受けています。

参考文献

アレント，ハンナ，志水速雄訳（1994）『人間の条件』筑摩書房［Arendt, H.（1958）. *The Human Conditions*. Chicago: University of Chicago Press］
齋藤純一（2000）『公共性』岩波書店
白石佳和（2021）「言語文化教育としての活動型文学——「座の文学」の系譜をめぐって」『言語文化教育研究』19, pp.220-238
西尾宇広（2020）「特集「文芸公共圏」への導入」『ドイツ文学』160, pp.1-10.
ハーバーマス，ユルゲン（1994）『公共性の構造転換——市民社会の一カテゴリーについての研究　第2版』未來社［Habermas, J.（1990）. *Strukturwandel der Öffentlichkeit: Untersuchungen zu einer Kategorie der bürgerlichen Gesellschaft*, Suhrkamp: Verlag］
東明雅，丹下博之，佛渕健悟編（2007）『連句・俳句季語辞典 十七季 第二版』三省堂
前田雅之（2022）『古典と日本人——「古典的公共圏」の栄光と没落』光文社
丸谷才一，大岡信，井上ひさし，高橋治（1991）『とくとく歌仙』文藝春秋

ダイアローグ 04（p.334）

5章 英語と私と公共性
批判的応用言語学の視点から[1]

田嶋美砂子

キーワード：英語帝国主義論、World Englishes論、English as a Lingua Franca論、状況に即した実践／活動、突き離しと深い付き合い

1. はじめに——英語と私

「英語は世界の共通語」。世の中でよく耳にするフレーズです。私は英語教員ではありますが、英語という大言語の政治性を思うと、この考えに完全に賛同することはできません。一方で、この考えに断固として抵抗し、英語を教える・学ぶ・使うことから距離を置くという決断にも与しません。数年前、私は日本における英語の存在について博士論文を書きました。その論文は "English. What is it? I have pondered this question ever since I became aware of this thing called English"（Tajima, 2018a, p.1）という文章で始まります。日本語で書くとすれば、「英語。英語って何？　私は英語と呼ばれるものの存在を意識して以来、この問いについて考えてきた」といった内容になるでしょうか。まさにこの文章で表したように、私は中学校で科目の一つとして英語を学び始めてからずっと、この言語に対して二律背反とも言える気持ちを抱いてきました。英語が好き／嫌い、英語が得意／苦手、英語を使いたい／使いたくない、英語は人をつなぐ／つながない……。本書のテーマである公共性との関連においても同様です。齋藤（2000）は、公共性という概念が有する主要な意味として (1)「公的な（official）」、(2)「共通の（common）」、(3)「開かれている（open）」を挙げています。これらの語を用いるとす

---

[1] 本章は、2023年8月20日に全国英語教育学会第48回香川研究大会で行なった口頭発表（「World Englishes論、English as a Lingua Franca論、英語帝国主義論を再考する——批判的応用言語学の視点から」）をもとに、執筆したものです。

れば、私が長年英語に対して感じている矛盾した思いは、以下のように表現することもできます。英語は公的である／公的ではない、英語は共通語である／共通語ではない、英語はみなに開かれている／開かれていない、と。

　こうした気持ちは、教育学を学びたいと思っていたものの、志望校に合格できず、いわゆるすべり止めの大学の英文学科に進学したことで、一気に加速していきます。英語そのものや英語圏の文化へのあこがれを何のためらいもなく表明したり、就職活動を見据えて毎月のようにTOEICを受験したりするクラスメイトを目の当たりにし、「私の周りはなぜこんなにも英語、英語と言っているのだ」という悶々とした感情を育てていったのです（Tajima, 2010）。今、振り返ってみれば、英文学科の学生が英語好きで、その力を伸ばしたいと思ったり、英語が話せれば世界中の人々と交流できると考えたり、英語を使う仕事に就きたいと願ったりするのは、至極当然のことであったと理解できます。また、高校時代に興味を持ったシェイクスピアの授業を受けたり、のちに検定教科書の編集を長年ご一緒することになる恩師と出会ったり、その恩師の授業やゼミを通じて英語教育学や社会言語学への関心が高まったりと、非常に充実した4年間であったことも事実です。しかし、当時の私は、「英語＝自らの意思で選択した言語」という納得感がなかなか持てず、自分自身への失望の念も上手に昇華できないまま、生活していました。

　学校という空間が好きだったため、別の大学院での学びを経て（ここでもよき恩師との出会いに恵まれました）、中学校・高等学校の英語教員として働き始めましたが、英語への二律背反な気持ちが変わることはありませんでした。中学校・高等学校の現場では（特に私学の場合）、「実践的コミュニケーション能力の育成」「充実した海外語学研修」「ネイティブ・スピーカー[2]による生きた英語の指導」といった文言とともに、英語教育を「売り」の一つとして打ち出すことが多々あります（田嶋, 2014）。その前提にあるのは、本章の冒頭で言及した「英語＝世界の共通語」言説です。私は、英語を極めたいという生徒であれ、単位のために仕方なく学んでいる生徒であれ、彼女たちと接する時間をとても愛お

---

[2] 以降、ネイティブ・スピーカーをNS、ノン・ネイティブ・スピーカーをNNSと表記します。

しく思う一方で、こうした学校の動向や世の中の言説には素直に賛同することができませんでした。例えば「NSによる生きた英語の指導」と聞くたびに、「私の教える英語は死んでいるのか」と感じたものです。日本では実際、NSの権力性を巧みに利用した学習本が数多く市販されており、中には「日本人の英語は［…］死語だらけ」（セイン, 2012, p.15）と主張するマンガ本も存在しています。このマンガ本は、"How are you?" という質問に "Fine, thank you." と応答することや、"My name is Hanako Suzuki." と自己紹介することを笑い飛ばし、日本の英語教育がいかに時代遅れであるのかを強調しています（Tajima, 2018b）。ちなみに、著者によると、"Fine, thank you." ではなく "Really good." が、"My name is Hanako Suzuki." ではなく "I'm Hanako. Hanako Suzuki." が「NSらしい」英語だそうです（本当でしょうか）。

　NS／NNSにまつわる諸問題は、「言説の空間」（齋藤, 2000, p.6）としての公共性にも関係があります。齋藤（2000）によると、「公共性への実質的なアクセスを根本から左右する」（p.10）のは、「言説の資源」の有無、それも、質的に優れている（と見なされる）資源の有無であるとのことです。これは、たとえ話す内容が同じであったとしても、その語り口によってコミュニケーションのなりゆきには大きな違いが生まれることに起因しており、公共性は「支配的なコード」（齋藤, 2000, p.11）から逃れられないことを意味しています。英語にまつわる言説や知、英語使用に関する規範を例にとってみれば、その産出や維持に寄与してきたのは主にグローバル・ノースのNSと称される人々であり、NNSはそうした言説や規範に従う者として位置付けられることが一般的[3]です。既存の規範に従えない／従わない場合、「知を有さない者」、もしくは「作法を知らない者」というラベルを貼られることが多いのではないでしょうか。「問題を論じるための適切な語彙に乏しいとすれば、そうした言説は周辺に追いやられることになる」（齋藤, 2000, p.11）というわけです。上記の身近な表現を再び例にとってみましょう。齋藤の主張は、"Really

---

3)「NS＝権力を有する者」「NNS＝権力を有さない者」という発想は単純化し過ぎているとの批判もあることを追記しておきます（大川, 田嶋, 吉田, 2017）。また、批判的応用言語学（Pennycook, 2021）が依拠するフーコーの権力概念では、権力は誰かが所有するものではなく、社会を通じて作用するものであると理解されています。

good." や "I'm Hanako. Hanako Suzuki." が規範である（と見なされる）空間において、"Fine, thank you." や "My name is Hanako Suzuki." と述べたときに、「自然な英語を知らない者」という烙印を押される可能性があることを示唆しています（実際は、こうした挨拶には地域差や個人差があり、「正しさ」の幅は極めて広いと考えられますが）。ちなみに、英語教育に従事する私にとって、この「正しさ」という概念は、「支配的なコード」とともに非常に悩ましい存在です。例えば学生が提出した課題に向き合うとき、ある一定の「正しさ」の下、添削していることは否定できません。「何でもあり（Anything goes.）」で学生を世に送り出すことにより、彼ら／彼女たちが周辺に追いやられる可能性を生むのだとしたら（後述の「2-2-2. ELF論」を参照してください）、それは教員として不誠実な振る舞いになるのではないかと思ってしまうからです。とは言え、添削や採点を通じて学生を評価する行為は、私自身がミクロ・レベルで「支配的なコード」を産出することと背中合わせでもあります。このように一筋縄ではいかない教育実践において私が現段階で心がけているのは、自らの「正しさ」に固執せず、「常に交渉／対話可能」である旨を学生に伝えることです。

　「支配的なコード」が研究面で問題となるのは、英語での論文執筆時です。英語圏では「正統的」とされる論文構成が存在する一方で、そうした規範を打ち破ろうとする動きも見られます。このような状況下で、例えばNSの著名な学者が新しいスタイルで論文を発表した場合、「画期的」「斬新」「脱構築」と称賛されますが、NNSの駆け出しの研究者が同じことをすると、「論文の書き方を熟知していない者」と捉えられる傾向があるように思います。このことは、日本の学術界にもあてはまるのではないでしょうか。私は海外の大学院で学んでいた頃、日本で出版される予定の書籍に論考を投稿したことがあります。その論考内で自分自身を「私」と表記したのですが、査読者から「論文では「筆者」を使うべきである」とのコメントが寄せられました（逡巡の末、意志を貫かせてもらいましたが、査読者には作法を知らない学生として映ったことでしょう）。一般社会でも同じかもしれません。例えば地位を確立した日本語母語話者（作家や詩人など）が規範から外れた言い回しを用いたときは「創造的」と受け止め、非母語話者（留学生や技能実習生など）が同

じ表現を使った場合は「誤り」と見なしてしまうようなことはないでしょうか。

「支配的なコード」に異議を唱えようと、英語教育学、応用言語学、社会言語学といった分野の一部において、英語の多様性に関する議論が数十年前から始まっています。1970年代のEnglish as an International [Auxiliary] Language（EIL/EIAL）論（Smith, 1976）、1980年代のWorld Englishes（WE）論（Kachru, 1985）が幕開けとなり、2000年代にはEnglish as a Lingua Franca（ELF）論（Jenkins, 2002）、2010年代にはGlobal Englishes（GE）論（Galloway & Rose, 2015）が提唱されるようになりました。また、英語の世界的拡散そのものを問題視する英語帝国主義論（Phillipson, 1992）も存在しています。いずれの理論的枠組みも、「NS規範」に疑問を呈し、そこからの脱却を試みている点において、日本の英語教育及び日本で英語を学習／使用する人々への示唆に富んでいます。しかし、これらの理論的枠組み（特に英語帝国主義論、WE論、ELF論）に関しては、さまざまな角度から、その弱点が指摘されていることも否定できません（Pennycook, 2021）。

本章では、英語の多様性に関する上記の理論的枠組みが確立され、これらの枠組みへの批判も深まってきている動向を受け、英語という言語の公共性について考察してみたいと思います。齋藤（2000）が述べているように、「言説の空間」としての公共性がたとえ「支配的なコード」から逃れられないとしても、それに対して常に異議を申し立てていくことが重要であると考えるからです。これは、批判的応用言語学で提唱されている「問題化していく実践／活動（problematizing practices）」（Pennycook, 2021）の一環であるとも言えます。ここでは、齋藤（2000）が挙げた（1）「公的な」、（2）「共通の」、（3）「開かれている」のうち、（2）と（3）に着目し、「英語に公共性はあるのか」という問いと向き合います。つまり、「英語はみながアクセスし得る、みなに開かれた共通語なのか」を探究するということです。この探究は、私自身の英語に対する二律背反な気持ちを振り返る試みでもあります。言い換えるならば、「英語＝世界の共通語」言説に関して、「確かにそうした現状は否定できないし……」という方向に転がりそうなときは、その問題点に思いを馳せる契機に、「英語は他言語を駆逐しているのだから、使うのを控える

べきなのでは……」という方向に転がりそうなときは、英語偏重にならない使用を模索する契機にしたいということです。この探求にあたっては、先達の理論的枠組みを参考にします。①英語に公共性はないという考えについては英語帝国主義論を、②英語に公共性はあるという考えについてはWE論及びELF論を基盤として話を進めます。そして最後に、英語教育に必要なこと、英語学習者／使用者にとっても重要なことは、まったき①でもまったき②でもなく、「状況に即した実践／活動（situated practices）」（Pennycook, 2021）であるという点を詳述していきます。

2. 英語の多様性を巡って

2.1　英語に公共性はない？——英語帝国主義論

　上述したように、私は嬉々として英語を使うことにためらいを持っていました。今でもそうです。そのためらいを学術的に説明してくれていたのがRobert Phillipson[4]という学者でした。彼が提唱した英語帝国主義論（Phillipson, 1992, 2008）は、英語（言語）と構造的な権力の問題に真正面から切り込んだ理論的枠組みです。この枠組みでは、英語が他の言語よりも優位な地位にある現状、それによって英語を話す人々と話さない人々との間に、あるいはNSとNNSとの間に、歴然たる不平等が存在している現状、そしてそれがその他のさまざまな形態の不平等へとつながっている現状が分析されています。Phillipsonはこの分析を踏まえ、「英語の地位を受け入れたり、英語が中立的であると想定したりすることは、［…］支配的な世界秩序を無批判に堅持することを意味する」[5]（2008, p.38）と主張しています。彼はさらに、「国際語としての英語」言説は、英語の覇権性が生み出され、維持される過程を覆い隠し、英語の礼讃とその他の言語の差別・排除を助長する可能性があるとも論じています（Phillipson, 1992）。「国際語としての英語」言説は、本章のテーマ

---

4) コペンハーゲン・ビジネススクール名誉教授。英国出身。ブリティッシュ・カウンシルで教員養成に従事した後、デンマークの複数の大学で教鞭をとりました。英語帝国主義論の他、言語政策や言語権に関する著作が豊富です。
5) 英語の文献は、私が日本語に翻訳しました。その際、必要に応じて語句を補った箇所もあります。

にあてはめれば、「英語はみながアクセスし得る、みなに開かれた共通語」言説です。この言説の危険性を指摘する英語帝国主義論は、「英語＝公共性」という発想には否定的であると考えることができそうです。私が英語使用に対して消極的になってしまうときの理由もここにあります。つまり、「もともと英語ができる人々と学んで身に付けなければならない人々との間には不平等があるのに、それを見ないふりしていてよいのだろうか」「英語を使い続けることで、この言語への一極集中状況に加担してしまっているのではないか」という疑問です。

英語帝国主義論は、英語の世界的拡散の背後にブリティッシュ・カウンシルという組織が存在しており、決して自然に広まったわけではないことを看破しました。それに加え、英語教育界には「NS信仰」や「早期英語教育効果論」などのドグマが蔓延していることを明らかにしたという功績も有しています（Pennycook, 2021）。例えば日本では現在、幼児を育てている保護者をターゲットとした「おうち英語」が人気を博しています（塩入, 2023）。「おうち英語」は家庭で学べることを「売り」にしているため、自宅で簡単に活用できる学習教材が日々開発され、販売されているわけですが、こうした早期英語教育の効果は眉唾物であるというのがPhillipsonの見解です。

英語帝国主義論はこのように、英語がグローバルなレベルでの不平等に深く結びついている現状や世の中に流布する言説を、この言語に関与する人々が振り返る契機をもたらしました（Pennycook, 2021）。「何の疑問も抱かずに、英語を使っていてよいものか」と逡巡する私も、Phillipsonの主張によって改めて内省の機会を得た一人です。しかし、英語帝国主義論を突き詰めていくと、「英語＝公共性」という幻想の助長を退けるために、「英語を使用しない」という結論に辿り着いてしまう弱点も存在しています。

Phillipson（1992）が出版された前後で、日本においても英語帝国主義論に関する研究が進みました（大石, 1990, 津田, 1990, 津田編, 1993, 中村, 1989, 1993, 2004）。その過程で、例えば中村（2004）は、英語の一極集中状況に抗う一手段として母語主義[6]を挙げています。これは、「すべて

---

6) 中村（2004）は、英語の一極集中状況への向き合い方として「対抗理論／戦略」と「空洞

の（異文化間の）コミュニケーションは母語によるという提案であり、[…] 通訳や〔音声付きの〕自動翻訳機の使用を前提とする」(p.68) 戦略です。端的に言えば、「英語は使用しない」と決断することにより、この言語の一極集中状況への加担を回避するということです。しかし、中村自身が母語主義を「もっとも過激な提案」(p.68) と表現していることからもわかるように、この戦略には乗り越えるべき課題があります。それは、「国家主義あるいは一国主義 (nationalism) と結びつく危険性をはらんでいる」(p.70) という点です。このことは、「母語とは何か」との問いにどのように向き合えばよいのかという課題とも密接に関係しています。中村 (2004) が出版されてから20年が経過した現在、英語教育や日本語教育の世界では、母語のみならず、言語に関するさまざまな概念（第一言語、第二言語、継承語など）が問い直されています。そうした中、英語の覇権性に抗う際にそのカウンター言語として母語を掲げることは、出自・生育環境・民族性・文化・言語間の関係を固定化してしまう可能性があるのではないでしょうか。また、もし「日本人」の母語として暗に「日本語」を想定しているのだとしたら（中村 (2004) には「日本人にとっての母語である日本語」(p.176) という記述があります）、母語主義は英語にまつわるイデオロギーに抗う過程で、別のイデオロギー（中村が言う「国家主義あるいは一国主義 (nationalism)」）を強化してしまうことにつながりかねません。

　英語帝国主義論のもう一つの弱点は、構造的な権力を過度に重視することにより、決定論の陥穽にはまり、人々の選択という視点を欠いてしまっている点です (Pennycook, 2021)。この指摘は、人々の意思決定（「英語を使用する」という選択、「英語を使用したい」という願望）が構造やイデオロギーの影響を強く受けており（受けていないとは決して言えま

化理論／戦略」を提唱しています。母語主義は「対抗理論／戦略」の一つです。英語の一極集中状況に徹底して抗う「対抗理論／戦略」に対し、「空洞化理論／戦略」は「英語問題を真正面から批判するのではなく別の回路で英語の力（権力）を相対化し無力化あるいは削ぐゲリラ的方法」(p.69) であると説明されています。具体的には、NS概念や「標準とされる英語」概念の問い直しです。これらは、WE論及びELF論と極めて近しい議論ではありますが、中村自身は両論の推進者ではないため、この後で提示するWE論及びELF論の概観に「空洞化理論／戦略」は含めません。

せんが)、そうした意思決定はグローバルな秩序の反映に過ぎないと見なす行為を自重する必要があるということを意味しています。つまり、英語の政治性を論じる際には(本章のテーマである英語の公共性を考察するときも同様です)、この言語がそれぞれの文脈でどのように採り上げられているのか、人々はなぜこの言語を選択し、どのように使用しているのかという視点を持たなければならないということです(Pennycook, 2021)。Pennycook(2021)がCanagarajah(1999)を引用して主張しているように、私たちに必要なのは、「英語を拒絶することではなく、より包括的・倫理的・民主主義的な視点から再構築すること」(1999, p.2, 強調は原文通り)であると言えます。

2.2 英語に公共性はある？──WE論及びELF論

英語を拒絶することなく、とは言え、「NS規範」にも絡めとられない道には、どのようなものがあるのでしょうか。以前から主張されているのは、「その人なりの英語」を使うという選択です。このことを説明する先達の理論的枠組みとして、WE論とELF論が挙げられます。前項で触れた英語帝国主義論と異なり、WE論及びELF論は、「国際語としての英語」言説を疑問視していません。代わりに両論が焦点をあてているのは、NNSが使用する諸英語の地位向上です。具体的には、英語が「国際語」(「みながアクセスし得る、みなに開かれた共通語」)として機能するために、「NS規範」からの脱却を目指し、それぞれの国で話されている諸英語を「イギリス英語」や「アメリカ英語」などと同等の言語として確立させ、世の中での承認を得る必要があるという主張です(WE論)(Hino, 2018, Kachru, 1985)。また、さまざまな言語的・文化的背景を持つ英語話者間のコミュニケーションが増えてきている昨今、その特徴を捉え、そうしたコミュニケーションを成功裏に収めるための方略を探究すべきであるという主張もあります(ELF論)(Ishikawa, 2022, Jenkins, 2015)。まとめると、英語帝国主義論では「英語 ≠ 公共性」と捉えられる傾向があるのに対し、WE論及びELF論では「英語 = 公共性」、すなわち「英語はみながアクセスし得る、みなに開かれた共通語」という認識の下、研究が進められていると言えます。以下では、WE論及びELF論に触れながら、「英語 = 公共性」の立場を見ていきます。

2-2-1. WE論

　WE論は、インド出身のBraj Kachruによって考案されました。WE論が主な対象としていたのは、英国の旧植民地で暮らす人々です。例えばインドやシンガポールなどの人々が国内で使用している英語の特徴（現地語からの影響など）をあぶり出し、それを記述し、「イギリス英語」や「アメリカ英語」と同等の価値を有する「インド英語」「シンガポール英語」として確立させることを目指しました。WE論の最大の功績は、Englishesの概念を提唱することにより、世界にはさまざまな英語の変種（varieties）が存在している実態を明らかにし、その正統性を主張したことにあります。この点に鑑みると、WE論は、英語の複数性や多元性を標榜した理論的枠組みであると言えます。特にWE論が世に出始めた1980年代は、「NS信仰」が現在よりもはるかに強力であった時代です。そうした中、既存の規範（「標準語イデオロギー」と言ってもよいでしょう）に異議を申し立て、NNSとしての自らの英語に市民権を与えるための知を構築したWE論は、極めて革新的でした。WE論はまた、「複数の価値や意見の〈間〉に生成する空間」（齋藤, 2000, p.5）とされる公共性の概念とも親和性があると考えられます。一方で、上記の功績と同時に注意を払わなければならない点がWE論には存在します。それは、「国家単位の分類」「標準語イデオロギーの再生産」という問題です（田嶋, 2016, Canagarajah, 1999, Pennycook, 2007）。

　「国家単位の分類」とは、さまざまな英語の変種に国家名を付してカテゴリー化する慣習です。よく知られたものとして上記の「インド英語」「シンガポール英語」が挙げられます。ときにはHinglishやSinglishとも称され、Hinglishでは「/θ/の発音が/t/になる」「/r/がrhoticと呼ばれる巻き舌で発音される」、Singlishでは「文末に"lah"を付けて同調を表す」「主語のない"Can, can!"で「できる、できる！」を意味する」などと描写されます。英語の多様なあり方をこのように記述し、その特徴を肯定する潮流を作り、世の中の承認を得ることは、「標準語イデオロギー」を乗り越える一助となるでしょう。一方で、「インドでインド人が使用するインド英語」「シンガポールでシンガポール人が使用するシンガポール英語」と分類する行為は、国家超越的な言語使用が一般的となってきている現代社会にはもはや適さず、国家・民族性・文

化・言語間の関係を固定化させてしまっているという批判が多方面から寄せられています（田嶋, 2016, Canagarajah, 1999, Pennycook, 2007）。このことは、インターネットが発達した現在、また、人々の物理的な移動が顕著になっている現在、各国に住む人々の英語使用に影響を与えているのはその国の現地語だけではないという点からも理解できるのではないでしょうか。

　もう一つの問題である「標準語イデオロギーの再生産」には、さらなる注意を向けなければなりません。確かに、「イギリス英語」「アメリカ英語」に抗う一手段として「インド英語」「シンガポール英語」を確立させ、それに対して世の中の承認を得ようとする行為には、ある一定の有効性が窺えます。しかし、インド国内とシンガポール国内には、「インド英語」「シンガポール英語」として記述されない英語使用もあるはずです。この点に鑑みると、「インド英語」「シンガポール英語」を打ち出していく学術運動は、そこから「あぶれた複数の変種に「非標準的な英語」というラベルを貼り、批判の対象としていた従来の言語学者の轍を踏んでしま（う）」（田嶋, 2016, p.23, 強調は原文通り）可能性を有していると言えます。複数性や多元性を重視していることから、公共性との親和性が高いと考えられるWE論ですが、「みながアクセスし得る、みなに開かれた共通語」と述べるときの「みな」からこぼれ落ちる人々がいるという点を認識しなければならないように思うのです。

　Pennycook（2021）は、WE論のこうした性質を「自由放任主義と自由主義に基づく理想主義」（p.67）の発露であると批判しています。「すべての英語変種は平等である」という考えは理想的ではありますが、そうした理想主義は、それぞれの地域内における差異、権力、階級、不平等、アクセスの問題、そして英語変種の政治的・経済的・社会的・歴史的・文化的な側面を見逃す傾向があるということです。例えば「インド英語」「シンガポール英語」を記述していくために集められたデータには、性別や教育歴という観点から見て、偏りがなかったと言えるのでしょうか。WE論に関してはKubota（2015）も、「人種、ジェンダー、階級などに関連する不平等や不公正を充分に問いただすことなく、それぞれの地域における言語使用の多元性を夢物語風に描写」（p.33）していると指摘しています。

WE論はこのように、理想主義の下、英語を国家単位で分類し、その結果として「標準語イデオロギー」を再生産しているという側面があります。つまり、英語変種の規範を国ごとに新しく確立させようとする行為それ自体が「抜け出そうとしていた従来の言語イデオロギーの焼き直し」(田嶋, 2016, p.24)に陥ってしまっている可能性があるということです。それでは、英語を国家単位で考えず、規範の確立も目指さなければ、問題解決となるのでしょうか。英語の公共性は担保されるのでしょうか。次項では、WE論と同様に、英語に公共性はあると考えていると思われるELF論を概観します。

2-2-2. ELF論

　WE論が英国の旧植民地（それゆえに、英語が主に公用語として使用される国々）に焦点をあてているのに対し、ELF論の守備範囲はより広範です。具体的には、NNSと称されるすべての話者に着目しているため、日本のように外国語[7]として英語を学習／使用する人々もELF話者と捉えられています。つまり、WE論には国家という地理的な要素を重視する傾向があるのに対し、ELF論はビジネス界での英語使用、学術界での英語使用、高等教育機関での英語使用など、領域／場面におけるNNS同士のコミュニケーションに関心を寄せていると言えます。こうした学術的動向と連動し、日本の英語教育／学習の分野でも、英語でのやり取りの相手としてNNSを想定することが多くなってきました。20年ほど前に興隆したオンライン英会話産業において、最近ではビジネス英語に特化したフィリピン系のプロバイダーが誕生していることは、そのよい例であると考えられます。

　さて、「ELF論はNNSと称されるすべての話者に着目している」と書くと、WE論の弱点を克服したものがELF論であるとの印象を与えるかもしれません。lingua franca（リンガフランカ）という用語が示す通り、「みながアクセスし得る、みなに開かれた共通語」として英語が機

---

[7] 2-1の項でも述べたように、現在、言語にまつわるさまざまな概念が問い直されています。「外国語」という用語や、それに付随した概念である「第二言語／外国語としての英語」も再考が必要です（Tajima, 2018a, 2018b）。

能する道をELF論は切り拓いていくのではないかという印象です。実際のところ、学術上の議論を離れた一般社会では、lingua francaという用語に言及するかどうかは抜きにして、「英語＝世界の共通語」言説は広く流布していると言えます。ここで、あるエピソードを紹介したいと思います。

私は現在、所属先で複数の英語科目を担当していますが、そのうちの一つで、次の英文が含まれたテクストの読解を授業外学習として課しています。

> Because the use of English as a global communication tool is likely to continue for a while, most of us will need to have a certain English ability now and in the future.
> （グローバルなコミュニケーション手段としての英語使用はしばらく続きそうなので、私たちの多くは今も将来的にも一定の英語力を必要とするであろう。）

（谷口, 2016, p.4）

この課題では、内容理解に関する質問に加え、「この筆者の主張に賛成か否か」という問いも用意しているのですが、毎年実に95％以上の学生が「賛成」と答えます（ある年度のあるクラスでは、課題を提出した30名ほどの学生全員の回答が「賛成」でした）。理由として挙げられるのも、「英語は世界の共通語だから」というものであり、結びにはたいてい、「英語を頑張りたい」と書かれてあります。学生のこうした反応を受け、私は先日インターネット上で、「英語」「世界の共通語」と入力してみました。すると、「なぜ英語が世界の共通語になったのか」を説明するウェブサイトが検索結果の上位に現れました。このようなサイトでは、英語は歴史的な要因（主に英国、米国の勢力）によって世界的に拡散し、共通語になったと述べられていましたが、「英語＝世界の共通語」という発想自体を疑問視するような動向は見られませんでした。むしろ、「世界の共通語である英語」の学習を鼓舞する記述が大半を占めていました。「英語＝世界の共通語」はこのように、世の中で根強く信じられているようです。そしてELF論は、その発想を学術的な視座から支持

していることになります。これは、ELF論の研究者が「ビジネス、学業、通商、社交、観光の分野において英語は現在、真の意味で国際語である」(Cogo, 2012, p.97) などと語ることからも理解できるでしょう。しかし、ELF論にも注意すべき点があります。それは、「エリート主義の可能性」です (田嶋, 2016, Park & Wee, 2011, Pennycook, 2021)。この問題を詳述する前に、ELF論に依拠した研究の特徴について述べます。

　ELF論に依拠したかつての研究は、NNSの英語をデータとして収集し、発音や文法の特徴を見出そうとする試みが主流でした (Jenkins, 2002, Seidlhofer, 2004)。このような研究の目的は、「通じやすさ (intelligibility)」という概念の下、容認可能な特徴とそうではない特徴を明確に分け、コミュニケーションに重大な影響を及ぼすと考えられるものを抽出することでした。特に発音に関しては、Lingua Franca Core (Jenkins, 2002) と称される特徴がまとめられ、教育現場で力を注ぐ対象とすることが提唱されていたわけです。例えば/θ/や/ð/は、Lingua Franca Coreとは見なされません。その背後には、これらがたとえ「正しく」発音されなくとも、「通じやすさ」に多大な支障は出ないため、習得に必要以上の時間と労力を費やさなくてもよいという理念が存在します。ELF論のこうした理念は、自らの英語が標準よりも「劣っている」と感じたり、他者からそのように見なされたりしたことのあるNNSにとって、大きな励みとなります。

　しかし、上述したように、こうした研究には「エリート主義の可能性」があると主張する研究者もいます (Park & Wee, 2011, Pennycook, 2021)。なぜならば、ELF論に依拠した研究で使用されていた英語は、NNSの中でも、「高度に経験を積み、運用能力があり、流暢で、熟達した英語の使い手」(田嶋, 2016, p.29) によるものであったからです。Park and Wee (2011) は、こうした使い手、すなわち「他と比較して高い社会的地位と教育上の資格を保持している」(p.368) と見なされる話者は、「正しくない」英語を話していたとしても、「それを相殺できる可能性がより高い」(p.368) と論じています。これに倣えば、「経験や運用能力が豊富ではなく、流暢でもない使い手」が仮に「正しくない」英語を使用した場合、本章の冒頭で言及した「知を有さない者」「作法を知らない者」というラベル付けが強化されることになるかもしれません。また、

「言説の空間」としての公共性へのアクセスを可能にする資源が乏しいことから、周辺に追いやられる可能性も秘めていると言えます。

　ELF論に依拠した昨今の研究においては、NNSが使用する英語の特徴を拾い上げ、記述するということは少なくなってきました。多種多様なNNSが話す英語は一枚岩ではないため、共通した特徴を見出すことが容易ではないからです。また、ELF論の研究者が「規範」を設定するという目的を有していない点も、この学術上の変化を推し進める一因となっています。ELF論に関係する研究は現在、さまざまな英語を使用するNNS同士のコミュニケーションを円滑にするための方略探究に舵を切ったと考えられます。しかし、「エリート主義の可能性」が皆無になったわけではありません。NNS同士のコミュニケーションが起こる領域／場面として注視されるのは、依然としてビジネス界、学術界、高等教育機関であることが多いと言えるからです（Business English as a Lingua Franca（BELF）という略語もしばしば用いられます）。この点についてPennycook（2021）は、ELF論の研究では「下からの英語（English from below）」（p.68）と呼ばれるものに対して充分な意識が向けられていないと批判しています。

　このような批判がPennycook（2021）で展開されているのは、理にかなっていると言えます。それは、Pennycook and Otsuji（2015）の基盤となった研究プロジェクトにおいては、ビジネス界、学術界、高等教育機関といった組織的な領域／場面ではなく、建築現場、市場、レストランのキッチン、カフェなど、日常生活との関連がより深い場所での言語使用を理解しようとしているからです。「使えるものは何でも使って物事を成し遂げる」（Pennycook & Otsuji, 2015, pp.89-90）ことの多いこうした場所で用いられるのは、英語だけではありません。英語以外の複数の言語[8]に加え、人々が持ち寄るさまざまなモノ、そしてその場所自体も、資源として機能します（本書9章を参照してください）。また、ここで見られる多様な言語の使用は、官製の多言語主義によるものではなく、そ

---

8) Pennycook and Otsuji（2015）は、このように言語を分別的に捉えることに否定的です。とは言え、多様性に満ちた言語資源が実際に用いられている状況を言語名抜きで語ることも困難です。このジレンマは、Pennycook and Otsuji（2015）の第2章で触れられています。

の場所で出現するものです。英語の価値も、マクロ的・構造的な理由によってではなく、「言語、モノ、人々が小規模な商売の日常業務において互いに擦れ合う」(p.167)過程で決定されます。つまり、英語が「グローバル社会で必要な言語だから」「世界の共通語だから」使うというよりも、ある建築現場、市場、レストランのキッチン、カフェにおいてそのときに必要となったから使うのであり、そのやり取りを通じて他の資源とともに共通語となるのです。

こうした発想は、Canagarajah（2007）のLingua Franca English（LFE）と軌を一にします。以下に、Canagarajah自身による説明を記します。

> [...] LFEは、交流が起こるたびにそれぞれの文脈で話者間の互いの同意の下、構築される。この英語の形態は、それぞれの対話者同士によって自分たちの目的のために、交渉される。話者は、理解を保証することになる適切な文法、音韻組織、語彙の幅、語用論的慣例を互いに決定するために、相手の言語の力を推し測ることができる。従って、この言語を先駆的に記述することは難しい。[...] LFEは、[文脈の]外側に体系として存在しているのではない。それは、コミュニケーションが起こるそれぞれの文脈で絶えず生み出されるものである。 (2007, p.91)

上記の抜粋で着目したいのは、LFEを「先駆的に記述することは難しい」と描写している点です（田嶋, 2016）。ここでも、英語が「グローバル社会で必要な言語だから」「世界の共通語だから」使うという「所与性」が退けられており、英語の特徴（文法、音韻、語彙、語用に関する慣例）ですら、やり取りが起こるそれぞれの文脈において出現するという「事後性」が重視されていることがわかります。Pennycook and Otsuji（2015）は、この議論、すなわち「言語はやり取り以前に先駆的には存在しない」という議論を、lingua francaの元来の意味合いを振り返りながら、さらに深めています。

Pennycook and Otsuji（2015）はまず、Ostler（2005, 2010）に依拠し、元来のlingua francaが「アラビア語、フランス語、ギリシャ語、イタ

リア語、スペイン語、トルコ語[9]の語彙をもとに、地中海全域における貿易を目的として自然発生した言語」(Pennycook & Otsuji, 2015, p.174)を表していたと説明しています。次に、lingua francaという表記自体はFrankish tongue(フランク王国の言語)を意味するイタリア語に由来しているものの、その発想は「すべてのヨーロッパ人＝フランク人(Faranji/farengi)」と捉えていたアラブの視点を基盤としているとも述べています。さらに、元来の意味合いにおけるlingua francaの特筆すべき点として、「使用者が互いに相手側の言語であると思っていた」(Walter, 1988, p.216)という特徴に言及しています。つまり、lingua francaはもともと、予め記述された所与の言語ではなく、やり取りが交わされるたびに出現するもの、しかも、(商取引を首尾よく成立させるためという実利的な目的はあったにせよ)「自分側の言語ではなく、相手側の言語を使っている」という感覚の下で生み出されていたわけです。Pennycook and Otsuji (2015) はこのことを「常に相手側の言語を話していると思い込んでしまうほど柔軟性に富んでいた」(p.177)と説明しています。私はこの「柔軟性」案に賛同するとともに、「相手側の言語を使っている」という感覚を「コミュニケーションにおける歩み寄り」であるとも捉えたいと思います。こうした歩み寄りにより、コミュニケーションの起こっているまさにその場が「共通かつ開かれた」空間として機能する一助となると考えるからです。

　上述したように、Canagarajah (2007) のLFE概念及び元来のlingua franca概念がELF論と異なっているのは、言語の「所与性」を退けている点です。これに加え、さらに重要な側面として、もともとのlingua francaが複数の言語、もしくはその混淆を意味していたのに対し、ELF論のlingua francaは主に英語を想定している点が挙げられます。もちろん、この傾向は特にELF論の黎明期によく見られたもので、昨今では、例えばJenkins (2015) が多言語状況下の英語使用も視野に入れる必要性があることを主張し、「マルチ・リンガフランカとしての英語

---

9) 原文では、「名付けられた存在であるという限りにおいては」(Pennycook & Otsuji, 2015, p.174) という但し書きが付けられています。ここからも、「名付けられた存在としての言語」観を疑問視していることがわかります。

(English as a Multilingua Franca, EMF)」を提唱しています。Ishikawa (2022) によると、EMFは「英語を多言語主義の中で捉え直した」(p.2) 概念であるとのことです。ELF論の研究者はこのように、時勢や学術的潮流を敏感に捉え、自らの理論的枠組みを常に軌道修正しています。そうした誠実さがELF論をさらに進化／深化させる基盤となっていると言えます。一方で、ELF論に関する研究の多くは、「共通語としての英語」概念を手放していないようにも思われます。この点についてPennycook (2020) は、以下のように述べています。

> [...] マルチ・リンガフランカとしての英語（EMF）という発想を導入することにより、英語はその一部に過ぎない多言語状況に目を向けることになるが、この発想は、マルチ・リンガフランカを出発点としているというよりは「共通語としての英語」観を維持するものである。 (p.223)

　ELF論は結局のところ、現代社会における多言語状況に目を向けつつも、Makoni and Pennycook (2012) などで提唱されている「混沌的で、変化に富む言語使用が通常であると考えるマルチ・リンガフランカ (multilingua francas)」(Pennycook & Otsuji, 2015, p.177) の複数性や多元性とは、いまだ距離があると言えるのかもしれません。ELF論の主な焦点が英語である限り、「英語はみながアクセスし得る、みなに開かれた共通語なのか」という問いへのこの理論的枠組みの回答は、おそらく肯定的です。そしてELF論は、「NS規範」には抗いながらも、NNSと称される人々の間に横たわる階級などのさまざまな差異への関心は比較的低いままです。その意味においてELF論は、WE論と同じ問題、すなわち「みな」からこぼれ落ちる者がいるという問題を抱えていると言えます。

3. 状況に即した実践／活動

　ここまで「英語に公共性はあるのか」という問いと向き合うにあたり、英語帝国主義論とWE論及びELF論について概観してきました。批判

的応用言語学を提唱するPennycook（2021）は、英語帝国主義論を「ディストピア的な想定」（p.74）、WE論及びELF論を「多様性というユートピア的な見解」（p.73）と表現しています。英語帝国主義論は、マクロな社会構造への関心が高く、構造的な権力への批判に終始する傾向があります。そうした性質を有するこの理論的枠組みが想定しているのは、「英語の一極集中状況を拒絶しなければ、現在の支配的な世界秩序が永久に続く」という悲観的な未来です。それゆえに、「ディストピア的」と描写しているのです。一方で、WE論及びELF論は、「すべての英語変種は平等である」という理想主義の下、NNSのエンパワメントに邁進します。こうした性質を有するWE論及びELF論は、言語の政治的・経済的・社会的・歴史的・文化的な側面への注視に欠け、英語の多様性を楽観的に礼讃する傾向があります。「ユートピア的」と表されるゆえんです。Pennycook（2021）は、英語にまつわる批判的研究に不可欠なのは、ディストピア的な想定でもユートピア的な見解でもなく、「状況に即した実践／活動」であると主張しています。この主張は、英語がそれぞれの文脈にどのように埋め込まれているのかを探究していくことの必要性を示唆しています。

　日本における英語教育／学習で考えてみると、どうなるでしょうか。例えば世界における英語の一極集中状況を悲観し、「英語に公共性はない」と捉え、この言語を教える・学ぶ・使う行為を止めることは、可能でしょうか。実行面の難しさもさることながら、人々の意思決定（「英語を使用する」という選択、「英語を使用したい」という願望）を否定すべきではないという理由で、現実的ではありません（仮に公教育で英語教育を止めたとしても、学習を続ける人々は一定数、存在することでしょう）。「英語の脱中心言語化／脱権力語化」（中村, 2004, p.70）を目指すには、英語を拒絶するのではなく、例えば中等教育の外国語教育において現在よりも多くの言語を用意し、生徒に選択させるような制度の導入（森住, 古石, 杉谷, 長谷川, 2016, Tajima, 2018a）に向け、働きかけることが重要であると考えます。「英語≠公共性」と捉えるのではなく、「英語同様、他の言語も公共性を持ち得る」という発想です。同時に、既存の英語教育においては、この言語にまつわるさまざまな言説（「英語能力＝高収入」など）を取り除く試み（寺沢, 2015）が必要です。こうした変革は、

一般社会全体において英語以外の言語への興味・関心を高める一助となるはずです。

「英語＝公共性」を信奉するWE論及びELF論の理念を英語教育に導入し、その効果を楽観視する姿勢にも注意しなければなりません。これらの理論的枠組みは、英語やその話者の多様性には敏感ですが、いとも簡単に「英語一極集中状況の助長や〈露払い〉的役割」(中村, 2004, p.70) も担ってしまうからです。例を一つ、紹介します。私は長年検定教科書の編集に携わってきました。編集委員会には、英語教育に従事しながらも、「NS規範」などに自覚的、もしくは批判的である委員も多く、題材としてWE論やELF論を採り上げるという提案がしばしば出されます。実際に教材化されたこともあります。例えば2023年4月から使用が開始された「英語コミュニケーションⅡ」の教科書には、"Englishes" in the Worldという課があり、WEとELFの概念を紹介しています。課の結びは、以下の通りです。

> As we have seen, there are many varieties of English. Each of them is equally important. With this concept kept in mind, be confident when you speak English. Let's communicate actively with people around the world.
>
> （これまで見てきたように、英語にはさまざまな変種が存在する。それぞれは等しく重要である。このことを心に留め、英語を話すときには自信を持ってください。世界中の人々と積極的にコミュニケーションをとろう。）
>
> （飯野, 田嶋, 稲垣他, 2023, p.112）

私はこの結びを思い出すたびに、「「多様性というユートピア的見解」を再生産しているのではないか」という自己内省へと向かいます。そしてあれやこれやと考えるうちに、その自己内省は、「高校生に英語の複数性 (Englishes) を伝えたこと自体に価値があるはずだ」という落としどころに辿り着くのです。それはさらに、英語の複数性に触れた高校生が英語以外の言語にも興味・関心を持ってくれたらという願いにもつながっていきます。

ささやかながら、こうした願いを自分自身の実践にも反映させようとしています。その一つが勤務校の学生と豪州の大学の学生をオンラインでつなぐ試みです。豪州の学生は日本語学習者で、アジアからの留学生も多い点が特徴的です。日本側の学生は、豪州で生まれ育った学生の英語とともに、中国や韓国、マレーシアなどで英語教育を受けてから豪州に留学してきた学生の英語にも接することになります。交流後のアンケート調査結果を見ると、このようにさまざまな英語に触れる経験は、日本側の学生にとって大きな学びとなるようです。また、こうしたオンライン交流の場合、例えば1時間の交流中、前半30分は日本語で、後半30分は英語で話すという指示が一般的ですが、この実践では、そのような制限は設けません。学生が好きなように言語を選択します。すると、留学生がいるグループでは、日本語と英語だけではなく、片言ながら中国語なども活用する場面が出現するそうです。このような言語使用は、上述した本来のlingua franca観（「自分側の言語ではなく、相手側の言語を使っている」という感覚）を思い起こさせます。

　英語教育に従事する者が悲観的にも楽観的にもならずに、英語の政治性について語るのは、極めて苦しい道のりです。しかし、Motha (2020) は、このように投げかけています。「自問しよう。自分たちの仕事がどのように白人至上主義や植民地化に加担しているのかについて考えるのを厭うとき、私たちは真に影響力のある応用言語学者でいられるのであろうか、と」（p.132）。この投げかけは、思考し続けることの重要性を示してくれています。それは、「所与の事柄をしつこく問題化し、応用言語学における前提やその他の前提に対して常に異議を申し立てる」（Pennycook, 2021, p.162）実践／活動の意義深さでもあります。

4. おわりに──「突き離し」と「深い付き合い」を通じて

　本章では、公共性という視点から、「英語はみながアクセスし得る、みなに開かれた共通語なのか」という問いを探究してきました。その探究は、「英語≠公共性」と考えていると思われる英語帝国主義論、「英語＝公共性」と考えていると思われるWE論及びELF論を基盤として進めてきました。英語という大言語の政治的・経済的・社会的・歴史的・

文化的な側面に鑑みれば、「英語＝国際語」言説や「英語＝世界の共通語」言説を手放しで受け入れることに対して、私はいまだにためらいを覚えます。その意味では、WE論及びELF論が網羅できていない点にこれからも向き合っていく必要があります。しかし、英語を教える・学ぶ・使うことからも逃避してはならないと考えます（田嶋, 2022）。理由として二つのことが挙げられます。第一に、「英語を通じて英語問題を語る」という道筋にも活路を見出したいからです（Tajima, 2010）。例えば英語の覇権性や「NS規範」に関する諸問題を日本語で執筆した場合、「英語がわかれば、こと足りる」という思考の下、英語以外の言語で書かれた情報に関心すら示さない人々に届かない可能性があります。そうした人々に向け、その状況こそが問題であることを伝えるために、あえて英語を使用する戦略です。第二に、上記のオンライン交流のように、学生自らが英語を使うことにより、その多様性に気づいたり、結果として英語以外の言語も活用したりする契機になると思うからです。

　中村（2004）が論じているように、「国家（国家語）主義や自民族優先主義に陥らずなおかつ英語中心主義のお先棒をかつぐ結果ともならないで、目の前の英語一極集中状況が生み出している問題を解決するのには、結局ときに英語を突き離し（対抗理論）、ときに英語と深く付き合いつつ（空洞化理論）、英語（帝国主義／一極集中状況）を飼い慣らして」（p.70）いくことが求められているのかもしれません。英語という言語は、この「突き離し」と「深い付き合い」を通じて公共性を有していくのではないでしょうか。英語をみなに開かれた言語として活用できるか否かは、私たち次第と言えそうです。そして私自身はこれからも、「英語は好きだけれど、嫌い。英語は得意だけれど、苦手。英語を使いたいときもあるけれど、使いたくないときもある。英語は人をつなぐ役割を果たすけれど、疎外するときもある」という思いを抱えながら、言説空間に身を投じ、「支配的なコード」や「正しさ」と格闘していくのでしょう。また、「英語＝世界の共通語」言説に対しても、ときに戦略的に英語を使いながら、異議を唱え続けていくつもりです。こうした行為が、英語への二律背反な気持ちからどうしても抜け出すことのできない私にとって、重要なことばの活動となるからです。

参考文献

飯野厚，田嶋美砂子，稲垣善律他（2023）『MY WAY English Communication II』三省堂

大石俊一（1990）『「英語」イデオロギーを問う——西欧精神との格闘』開文社出版

大川裕司，田嶋美砂子，吉田真樹（2017）「「ネイティブネス＝権力性」再考——言語教育的文脈による「ネイティブネス」の多様的様相」『言語文化教育研究学会第3回年次大会「言語文化教育のポリティクス」予稿集』183-194

齋藤純一（2000）『公共性』岩波書店

塩入彩（2023）「「おうち英語」は言語学の定説破り？　研究で見えてきた効果と実態」『朝日新聞』デジタル版 https://www.asahi.com/articles/ASR9861JWR95UTIL00X.html（2024年7月30日閲覧）

セイン，デイビッド（2012）『日本人のちょっとヘンな英語——セイン先生が目撃したおかしな英語』アスコム

田嶋美砂子（2014）「中学校・高等学校における The Extremely Short Story Competition への取り組み——教師の自己内省と生徒の声を通じて」『アジア英語研究』16，17-36

田嶋美砂子（2016）「「実践としての言語」観が WE 論・ELF 論にもたらす示唆——教科書分析へのささやかな提言とともに」『アジア英語研究』18，18-42

田嶋美砂子（2022）「翻訳のプロではない研究者／言語教育実践者が学術書を翻訳するということ——コモンズとしての共有知を目指して」『言語文化教育研究』20，357-375

谷口真理（2016）『サイエンス・コミュニケーション』朝日出版社

津田幸男（1990）『英語支配の構造——日本人と異文化コミュニケーション』第三書館

津田幸男編（1993）『英語支配への異論——異文化コミュニケーションと言語問題』第三書館

寺沢拓敬（2015）『「日本人と英語」の社会学——なぜ英語教育論は誤解だらけなのか』研究社

中村敬（1989）『英語はどんな言語か——英語の社会的特性』三省堂

中村敬（1993）『外国語教育とイデオロギー——反＝英語教育論』近代文藝社

中村敬（2004）『なぜ、「英語」が問題なのか？——英語の政治・社会論』三元社

森住衛，古石篤子，杉谷眞佐子，長谷川由起子（2016）『外国語教育は英語だけでいいのか——グローバル社会は多言語だ！』くろしお出版

Canagarajah, A. S.（1999）*Resisting linguistic imperialism in English teaching.* Oxford University Press

Canagarajah, A. S.（2007）The ecology of global English. *International Multilingual Research Journal,* 1(2), 89-100

Cogo, A.（2012）English as a lingua franca: Concepts, use, and implications. *ELT Journal,* 66(1), 97-105

Galloway, N., & Rose, H. (2015) *Introducing global Englishes*. Routledge

Hino, N. (2018) *EIL education for the expanding circle: A Japanese model*. Routledge

Ishikawa, T. (2022) English as a multilingua franca and 'trans-' theories. *Englishes in Practice*, 5(1), 1-27

Jenkins, J. (2002) A sociolinguistically based, empirically researched pronunciation syllabus for English as an international language. *Applied Linguistics*, 23(1), 83–103

Jenkins, J. (2015) Repositioning English and multilingualism in English as a lingua franca. *Englishes in Practice*, 2(3), 49-85

Kachru, B. (1985) Standards, codification and sociolinguistic realism: The English language in the outer circle. In R. Quirk & H. G. Widdowson (Eds.), *English in the world: Teaching and learning the language and literatures* (pp. 11-30). Cambridge University Press

Kubota, R. (2015) Inequalities of Englishes, English speakers, and languages: A critical perspective on pluralist approaches to English. In R. Tupas (Ed.), *Unequal Englishes: The politics of Englishes today* (pp. 21-42). Palgrave Macmillan

Makoni, S., & Pennycook, A. (2012) Disinventing multilingualism: From monological multilingualism to multilingua francas. In M. Martin-Jones, A. Blackledge, & A. Creese (Eds.). *The Routledge handbook of multilingualism* (pp. 439-453). Routledge

Motha, S. (2020) Is an antiracist and decolonizing applied linguistics possible? *Annual Review of Applied Linguistics*, 40, 128-133

Ostler, N. (2005) *Empires of the word: A language history of the world*. Harper Perennial

Ostler, N. (2010) *The last lingua franca: English until the return of Babel*. Walker & Co.

Park, J. S-Y., & Wee, L. (2011) A practice-based critique of English as a lingua franca. *World Englishes*, 30(3), 360-374

Pennycook, A. (2007) *Global Englishes and transcultural flows*. Routledge

Pennycook, A. (2020) Translingual entanglements of English. *World Englishes*, 39(2), 222-235

Pennycook, A. (2021) *Critical applied linguistics: A critical re-introduction*. Routledge

Pennycook, A., & Otsuji, E. (2015) *Metrolingualism: Talking in the city*. Routledge

Phillipson, R. (1992) *Linguistic imperialism*. Oxford University Press

Phillipson, R. (2008) The linguistic imperialism of neoliberal empire. *Critical Inquiry in Language Studies*, 5(1), 1-43

Seidlhofer, B. (2004) Research perspectives on teaching English as a lingua franca. *Annual Review of Applied Linguistics*, 24, 209-239

Smith, L. E. (1976) English as an international auxiliary language. *RELC Journal*, 7 (2), 38-42

Tajima, M. (2010) Critical self-reflection: A performative act. *The Language Teacher*, 34(4), 49-52

Tajima, M. (2018a) Engagements with English in Japan: Ideological constitutions of the language and its speakers. [Doctoral dissertation]. The University of Technology Sydney, Australia

Tajima, M. (2018b) "Weird English from an American"?: Folk engagements with language ideologies surrounding a self-help ELL comic book published in Japan. *Asian Englishes*, 20(1), 65-80

Walter, H. (1988) *Le français dans tous les sens*. Robert Laffont

第Ⅲ部　公助の視点の意味

6章 差別や偏見の「壁」を越える
ベトナム人留学生による技能実習生支援の実際から[1]

秋田美帆・牛窪隆太・徳田淳子

キーワード：技能実習生、三つの壁、親密圏、自分事

1. はじめに

「ベトナム人は人間じゃない」

これは、本章で取り上げるベトナム人女性（まるこ・仮名）が、アルバイト先のコンビニの店長から言われたということばです。本章の著者の一人である秋田は、あるイベントでまるこさんの口からこのことばを聞き、大きなショックを受けました。

出入国在留管理庁（2023）の調査によれば、現在、日本社会には320万人を超える在留外国人が暮らしています。この数は、日本の総人口の約3%です。在留外国人は今後も増えていき、職場や学校、自分が暮らす地域に外国人がいるという状況は、今後ますます当たり前になってくると予想されます。「多文化共生」[2]ということばも当たり前に使われるようになり、地方自治体などが「多文化共生」に向けたさまざまな取り組みを行っています。しかし、冒頭で述べたような差別や偏見[3]は、まだまだ日本社会に残っているのです。

このような、在留外国人に対する差別や偏見は、「壁」と表現される

---

1) 本章は、2023年に日本語教育学会秋季大会で行ったポスター発表（秋田ほか，2023）をもとに執筆したものです。
2) 総務省（2006）の定義によれば、多文化共生とは、「国籍や民族などの異なる人々が、互いの文化的ちがいを認め合い、対等な関係を築こうとしながら、地域社会の構成員として共に生きていくこと」です。
3) 本章において、「差別」は、実際に外国人に対して行う差別行為という意味で使用しています。また、「偏見」は人々が外国人に対して持つネガティブな意識という意味で使用します。

ことがあります。外国人支援に長年携わってきた田村は、著書『多民族共生社会ニッポンとボランティア活動』(田村, 2000) の中で、在留外国人が直面する三つの壁 (「ことばの壁」「制度の壁」「心の壁」) について言及しています。「ことばの壁」とは文字通り、ことば＝日本語がわからないことにより生じる困難です。例えば、文字が読めない外国人が日本語で書かれた公的書類を送られた場合、何をしなければならないのか理解することはできません。二つ目は「制度の壁」です。これは、「在留資格」や「国籍」による制限や差別です。例えば、日本では外国人 (＝日本国籍を持たない者) の参政権が認められていません。最後は、「心の壁」です。冒頭のまるこさんが言われたという「ベトナム人は人間じゃない」という発言のように、文化や見た目、出自の違いによる差別や偏見がこれにあたります。先に挙げた田村の著書が書かれてから既に20年以上が過ぎていますが、これらの「壁」は未だに日本社会に存在しています。

　本章では、この「壁」を乗り越えるべく日本社会で奮闘しているベトナム人女性まるこさんの「ことばの活動」を取り上げます。まるこさんは、現在日本の大学院の博士課程に在籍し研究に打ち込む傍ら、ベトナム人技能実習生を支援する団体を立ち上げ、彼らに対する日本語教育や地域住民との交流活動を行っています。本章の著者3名は、海外と日本で日本語教師経験があるという共通点がありますが、もともと技能実習生に強い関心を持っていたわけではありません。しかし、まるこさんと出会い、技能実習生について調べていくうちに、私たちに見えないところで、さまざまな問題が起きているということを知りました。そして、まるこさんの活動を応援したいと考えるようになりました。

　では、まるこさんの活動と本書のテーマである「公共性」はどのような関係があるでしょうか。齋藤 (2000) は著書『公共性』の「はじめに」で、公共性を以下の三つに大別できるとしています。それは、「公的な (official) もの」「すべての人びとに関係する共通のもの (common)」「誰に対しても開かれている (open)」(pp.viii-ix) です。まるこさんの活動は、「公的な (official) もの」ではなく、個人が行う「私的なもの」です。また、まるこさんはベトナム国籍を持つベトナム人で、彼女が支援の対象としているのは日本で働くベトナム人です。「誰に対し

ても開かれている（open）」わけではなく、参加者は限定されています。「公的な（official）もの」ではなく、特定の国籍の者に向けた支援を行っているという点で、まるこさんの活動は「公共性」と対極にあると思われるかもしれません。しかし、私たちは、まるこさんの団体が「親密圏」としての機能を果たしているという点で「公共性」にヒラかれている（＝ある問題を「すべての人びとに関係する共通のもの（common）」としている）と考えています。

　「親密圏」とは、「具体的な他者の生／生命への配慮・関心によって形成・維持される」（齋藤, 2000, p.92）ものです。つまり、相手の生に寄り添う場です。まるこさんの活動には、在日ベトナム人が、在日ベトナム人を助けるという「セルフヘルプ・グループ（自助グループ）」の側面があります。厚生労働省「健康用語辞典」によれば、「セルフヘルプ・グループ（自助グループ）」とは、同じ問題を抱える人たちが集まり、相互理解や支援をし合うグループを意味します。事件や事故の被害者、アルコールや薬物などの依存症の人たちなど、同じ問題を抱える人たちが自発的に集まり、問題を理解し合い、問題を乗り越えるために支え合うことを目的としています。前掲の齋藤（2000）は、「セルフヘルプ・グループ（自助グループ）」が「情報や意見の交換を通じて直面する問題への認識を深め、外に向かって問題を提起していくという公共圏の側面をあわせもつこともある」（p.94）としています。まるこさんは、日本語教室や交流活動の中で、技能実習生と信頼関係を構築し、技能実習生が困ったら、すぐにまるこさんに相談ができる環境を作っています。この環境は、「排斥されてはいない」という人々の感情を中心として成り立つ、「感情の空間」[4]であると考えることができます。まるこさんは、自らの手で、日本社会の中に、ベトナム人が排斥されない、安心して過ごせる場を創り出しているのです。

　では、なぜまるこさんは技能実習生の支援活動を始めたのでしょうか。先の定義によれば、「セルフ・ヘルプグループ（自助グループ）」は「同じ問題を抱える人たち」によって形成されるものです。まるこさんは技

4）齋藤（2000）は、「親密圏」を「言説の空間であるとともに感情の空間でもある」（p.98）と述べています。ここで言う感情とは「排斥されてはいないという感情」（p.99）です。

能実習生だった経験はありません。一人の留学生であるまるこさんはなぜ、技能実習生の問題を自らが解決すべき問題（＝自分事）にでき、問題解決に向けた行動を起こすことができたのでしょうか。それがわかれば、私たちも技能実習生の問題を自分事として捉えることができるようになり、何らかの一歩を踏み出すことができるはずです。本章では、この問いについて、まるこさんの語りを検討しながら考えていきたいと思います。

2. 技能実習生とはどのような人たちなのか

まるこさんの語りを紹介する前に、まるこさんが支援している技能実習生がどのような人たちなのか、簡単に確認しておきます。

技能実習生とは、「技能実習制度」を利用して日本に在留する外国人のことを指します。2023年10月末の時点の「外国人雇用状況」の届出状況の取りまとめ（厚生労働省）によれば、41万2501人の技能実習生が日本に滞在しています。「外国人の技能実習の適正な実施及び技能実習生の保護に関する法律」（厚生労働省, 2016）には「人材育成を通じた開発途上地域等への技術又は知識の移転による国際協力を推進することを目的とする」（第一条）とあります。法律上は国際貢献を目的とした制度ですが、実態は日本の労働力不足を補うためとなっていることも少なくないようです[5]。農業や建築業など人手不足の業種で、できるだけ安く人員を確保するため、劣悪な環境で働かされるということが度々メディアにも取り上げられています。しかし、現状の制度においては、職場変更が認められていないため、職場環境に問題があった場合でも、我慢してその職場で働き続けるか帰国するかしかないのです[6]。その結果、「失踪」してしまう人たちが出てきます。出入国管理庁によれば、2022年の失踪者は9006人であり、これは、2018年の9052人に次いで過去2番目の多さだったということです。

---

5) 日本の技術力を海外に移転するという建前のもと、日本国内の労働力不足の解決方法として一時的に海外の若者を利用しているとも言えます。

6) この点については既に技能実習制度の問題点として指摘されています。2024年度以降、技能実習制度は新制度に変更され、転籍制度が緩和される見込みです。

労働環境の他に問題点として指摘されているのが、彼らに対する日本語教育の保障についてです。入国前と入国後に日本語や日本での生活などについての知識に関する講習を受ける必要がありますが、介護職以外では日本語能力の要件はありません。また、在留中に日本語教育を受ける権利が保障されていないという点が問題の大元にあるということが真嶋編（2021）によって指摘されています。齋藤（2000）は、公共性とは「言説の空間」であると述べています。また、「言説の資源」が「公共性への実質的なアクセスを根本から左右する」（p.10）と指摘しています。つまり、自身の考えや意見を表明するためのことばを持たなければ、公共性にアクセスすることができないということです。技能実習生に対する日本語教育が保障されていないということは、彼らが公共性にアクセスする機会を意図的に閉じ、問題があっても明るみに出ないよう、隠していると疑われてもしかたがないことなのです。このことは、日本の外国人受け入れ体制の不備として問題視されてきました。2023年11月24日に技能実習制度に代わる新制度の最終報告書案が示され、技能実習制度が廃止されることが決まりました。2024年6月14日に国会で可決された新制度（「育成就労制度」）では、受け入れ前の時点で日本語能力A1レベル（日本語能力試験N5程度）が求められる予定です。

　技能実習生制度自体は、これから変わろうとしています。しかし、制度が変わっても、問題の根本が改善されなければ、彼らの職場環境や言語環境の問題は解決しないでしょう。彼らの周りには引き続き「壁」が存在するという状況に変わりはありません。問題解決のためには、彼らの問題を「すべての人びとに関係する共通のもの（common）」として、解決していくべき社会問題として扱う必要があります。読者の中には、彼らの問題は、自分とは関係がないと考える方もいるかもしれません。しかし、私たちの「当たり前」の生活は、既に彼らに支えられているのです。

　技能実習生たちは日本社会が機能するために大きな貢献をしています。コンビニやスーパーには彼らが作った弁当、総菜、野菜、缶詰などが並んでいます。彼らが建てたビルや、彼らが作った服も我々の周りにあふれています。彼らを取り巻く問題に無関心でいることはできません。

　技能実習生の問題を日常と関係がない、自分とは違う世界の話として

しまうことは簡単ですが、実は、無関心のツケを払うことになるのも私たちです。犯罪などの事件が起こった場合、社会に不安が広がり、新たな「壁」が生まれ、技能実習生たちに対する差別や偏見が増えていく可能性があります。その結果、技能実習生が実習先として日本を選ばなくなるかもしれません。

3. 技能実習生の問題を自分事へ

技能実習生の問題に限らず、私たちは自分の身近にない問題を、自分とは違う世界の話として受け流してしまいがちです。頭ではわかっていても、自分と直接関係のない人たちに対して、積極的に関わろうとすることは難しいでしょう。しかしながら、そのような社会の無関心が、結果として「壁」を温存することにつながり、負のスパイラルを生み出してしまうのではないでしょうか。

留学生であるまるこさんは、技能実習生たちと日常的に接点を持っていたわけではありません。自分とは違う世界の話として、受け流してしまうことは簡単にできたでしょう。彼女は、なぜ技能実習生という異なった立場の人たちに積極的に関わろうと思えたのでしょうか。また、「壁」を壊すためにどのような活動をしているのでしょうか。

次節では、著者の一人である秋田とまるこさんの出会いから、インタビュー調査を開始するまでのエピソードを示し、まるこさんが現在どのような活動を行っているのか、その概要を紹介していきます。

4. インタビューデータの概要

4.1 調査協力者（まるこさん）と執筆者（秋田）の関係性

まず、執筆者の一人である秋田とまるこさんの関係性について説明します。まるこさんと秋田は、共通の知人（Sさん）を通じて知り合いました。Sさんは企業向けに研修を行う会社の代表であり、出会った当時は、業務の一環として技能実習生の入国後講習を行う教育センターの運営をしていました。秋田は、Sさんと仲良くなるまで、技能実習生ということばは知っていましたが、どんな人たちなのかということを深く知

ろうとは思っていませんでした。これを機に技能実習生のことを知りたいと思い、Sさんに相談すると、あるベトナム人女性を紹介されました。それが本章で取り上げるまるこさんです。

　秋田がまるこさんと初めて話したのは、オンライン会議システムZoomでのオンラインミーティングでした。共通の友人であるSさん、まるこさん、秋田の3人で1時間程度、3人がどのような活動をしているのか、どのようなことに関心を持っているのか自己紹介を兼ねて話しました。まるこさんは初め、とても緊張しているようでした。時々考え、ことばを選びながら、自分の活動について語ってくれました。その様子から、まるこさんが自分の活動を大切に思っていることが伝わりました。情熱を持った活動家であり、聡明な研究者というのが、まるこさんに対する秋田の第一印象でした。まるこさんの話を聞いて、技能実習生の問題に無関心であったことを恥ずかしく思うと同時に、私も何かさせてほしいと思い、連絡を取り続けました。

　対面で初めて会ったのは、2023年4月です。まるこさんから、活動の一環としてお花見イベントをするから来ないかと誘われたため、行ってみることにしました。まるこさんの活動拠点と秋田の住んでいる地域は少し離れていました。新幹線に乗って、まるこさんとSさん、そしてベトナム人技能実習生たちに会いに行きました。秋田を見つけると、まるこさんは駆け寄ってきて「今日はわざわざ来てくださってありがとうございます！」と笑顔で挨拶してくれました。集合場所に急いで来たのか、まるこさんの長い髪は乱れていました。まるこさんより年上と見られる技能実習生に、しょうがないな……という感じで髪を整えられている様子を見ると、まるこさんが彼らと「教師」「学生」ではなく、家族のような関係性を築いていることが伺えました。

4.2　まるこさんの活動

　まるこさんはベトナムの中部出身の20代半ばのベトナム人女性で、現在は日本の大学の博士後期課程に在籍している留学生です。彼女のもう一つの肩書は、ベトナム人技能実習生支援者です。自らベトナム人技能実習生の支援団体を立ち上げ、技能実習生に対するボランティア日本語教室と、ベトナム人と日本人との交流活動を行っています。まるこ

さんは、日本において技能実習生が日本語を学ぶ場が十分に提供されていないという問題の解決に向け、ボランティア日本語教室を開設しました。また、それだけでなく、技能実習生と地域住民をつなげるための交流活動やイベントを定期的に開催しています。現在は土日のほとんどをボランティア日本語教室の準備と実施に費やしているそうです。まるこさんはなぜそこまで技能実習生のために頑張れるのでしょうか。

　本章の執筆者である秋田、牛窪、徳田は、日本での就業を希望する非母語話者日本語教師の支援を目的とした共同研究をしています。まるこさんは、自ら地域日本語教室を立ち上げ同国の人に日本語を教える非母語話者日本語教師です。まるこさんとの出会いを牛窪、徳田に話したところ、二人も関心を持ってくれたので、研究協力の打診をしました。留学生である彼女をベトナム人技能実習生支援へと向かわせるものは何なのかを知ることを目的とし、インタビュー調査を開始しました。

4.3　インタビュー調査概要

　本章で用いるのは、秋田がまるこさんに対して行った3回のインタビュー（2023年2月21日、5月10日、9月12日）計4時間52分の文字化記録です。インタビューは、2月21日、5月10日はオンライン会議システムZoomを用いて行い、9月12日は対面で実施しました。インタビューはすべて日本語で行っています。1回目のインタビューの前に研究目的を説明した上で、個人情報の保護およびデータの取り扱いに関する説明を行い、データ使用に関する同意を得ました。また、本章の原稿は、出版前にまるこさんに読んでもらい、内容を確認してもらっています。

　インタビューでは、まるこさんがどのような経緯を経てベトナム人技能実習生のための日本語教室を立ち上げることになったのかを中心に語ってもらいました。データ分析の過程で、牛窪、徳田も参加し、まるこさんがなぜ、技能実習生の問題を自らが解決すべき問題（＝自分事）にできたのかという問いの答えを検討していきました。

5. まるこさんが地域日本語教室を立ち上げ、続けることを決意するまで

以下では、まるこさんがベトナム人技能実習生に出会い、支援活動を始めるまでを時系列で整理します。その上で、まるこさんが、なぜ技能実習生の問題を自分事にできたのかを考えていきます。

5.1 日本語との出会い

まるこさんは中学1年生のときに、出身地であるベトナムのA市で日本語学習を始めました。ベトナムでは、中学1年生から任意で第二外国語としてフランス語、中国語、日本語などを学ぶことができる学校があるそうです。友達に誘われ、中学校の日本語クラスを選択します。日本語を勉強したかったのは友達のほうで、まるこさん自身は日本語に強い興味は持っていませんでした。そのときの日本のイメージはドラえもんなどのアニメの国だったそうです。

日本語学習を始めた当初は、あまり面白いと思えず、時々やめようと思っていました。第一外国語である英語と比べて、文字の種類が多く難しいと感じていたからです。日本語学習をやめたいと両親に話したところ、両親が家庭教師をつけてくれました。両親には、日本語ができると就職に有利だという考えがあり、まるこさんに日本語学習を続けてもらいたかったそうです。この家庭教師のおかげで、まるこさんは日本文化や日本語に興味を持つようになります。その家庭教師は、動機づけがとても上手だったそうです。例えば、問題に正解すると日本の小物をくれ、日本について色々なことを教えてくれました。そのときのことを「自分もまだ中学生なので、日本のプレゼントをもらったら、すごく喜びました」と笑いながら振り返っていました。

成績も上がり、日本語は自分に自信をくれるものへと変わっていきます。中学校では日本語を専攻する人が多かったわけでないので、日本語を話すと友達に褒められました。まるこさんはそのことを「かっこいい」と考えていました。自分は日本語学習に向いていると考え、高校では第一外国語を英語から日本語に変更し、勉強を続けました。

高校3年生になり、本格的に進路を考えるときがきました。高校卒業

後の進路としては、二つの選択肢がありました。日本の四年制大学に進学するか、ベトナムの医学部を受験するかです。医学部進学は両親の希望でしたが、医学部を目指す優秀なクラスメイトと自分を比較し、「自分は、その人たちとはどのように異なるのかというようなことも考え」始めます。

医学部受験を目指していたまるこさんは、暗記中心の勉強ばかりしていました。化学や数学の本を読み、学校や塾の課題をこなしていましたが、そのような勉強を「つまらない」と感じていました。しかし、日本語を勉強しているときは違いました。スピーチコンテストに参加し人前で話したり、日本から来た高校生と交流したり、日本語を使って「社会とのつながりを持つ」経験をしてきました。それらの経験から、日本語を使って人と関わることは、「自分の生活を楽しくする」と考えるようになります。優秀なクラスメイトと自分の違いを、日本語を使って色々な人と関われるというところに見出し、日本の四年制大学に留学することを決めます。

5.2 「日本人に認めてもらえない」留学生

まるこさんは日本に行けば、日本人の友達がたくさんできると考えていました。しかし、彼女を待っていたのは、さまざまな「壁」でした。

例えば、来日してすぐのころ、駅や階段で日本人に警戒されるという経験をしたそうです。その当時は技能実習生が関わった犯罪のニュースがたくさん報道された時期でした。駅のエスカレーターで友達とベトナム語で話していると、前に立っていた人に警戒され、かばんや財布を前に動かされるということがあったそうです。まるこさんはこの経験から、ベトナム人技能実習生に関する報道を見た日本人が、「ベトナム人全体に対して悪いイメージ」を持っているのかもしれないと考えました。これは、まるこさんが体験した「心の壁」の一例です。

読者の中には、それはまるこさんの考えすぎではないかと思う人もいるかもしれません。もちろん、前にいた人がたまたま自分のかばんを前に移動させたという可能性もあります。しかし、秋田自身がまるこさんの活動に参加した際にも同様のことがありました。お花見イベントに参加したときのことです。この日の待ち合わせ場所は駅前にある広場でし

た。秋田が到着したときには15人くらいのベトナム人が円になって、他の参加者の到着を待っていました。秋田もその円に入れてもらい日本語が話せる技能実習生と話しながら待っていると、なんとなく周りの視線を感じるのです。たくさんの人が集まっているので、何だろうと見ていただけかもしれません。しかし、その視線の中に、自分とは違う異質なものへの警戒を感じました。そのときに、日本社会に存在する「心の壁」の存在を、彼らとともに経験しました。当事者になってみないと気づきにくいですが、「心の壁」は日常の些細な場面に散らばっているのです。

　話をまるこさんが経験した「壁」に戻します。彼女は、アルバイト先のコンビニでも「壁」を経験します。まるこさんは、コンビニでアルバイトをしていたときのことを「そのときは一番ショックでした。自信なくなったとき」と語っています。「お客さんが買い物をしたときに話した日本語とか、こういうものが欲しいといったときに聞き取れなかったので、そのときは、よく怒られた」と言います。また、「自分が仕事ができないときとかミスが起こったときは同僚の人が結構悪口をしていて、聞こえるように言ってた」そうです。お客さんとも同僚とも人間関係をうまく築けず、アルバイトを辞めたいと考えます。同僚が悪口をまるこさんに聞こえるように言っていたのは、自分たちの日本語がまるこさんには理解できないと考えたからかもしれません。あるいは、本人に聞こえてもいいと思って言っていたのかもしれません。いずれにせよ、相手に聞こえるように相手を蔑む行為は、一種の差別です。まるこさんは、「ことばの壁」からくる「心の壁」に直面したのです。

　母親に相談すると、「日本人はちょっとベトナム人と違う考え方持っているから、そういう偏見とか持つことが普通だから自分のほうが努力しなければならな」いと、もう少し頑張ってみるようアドバイスをされます。まるこさんの母は自営業で、従業員を雇用する事業者の立場として、また、多くの取引先との交渉を行う立場として、さまざまな人と関わっています。その経験から、異文化環境において、偏見を持つことは普通だとした上で、その偏見は自分の努力で変えられると、まるこさんを励ましました。まるこさんの母は、まるこさん自身が変わることで、日本社会に受け入れてもらえる余地はあると伝えたのです。その後、ま

るこさんは、「ことばの壁」を乗り越えるべく、日本語の勉強を必死に頑張ります。お客さんや同僚と人間関係をうまく築けない原因は、自分の日本語力にあると考えていたからです。

　日本語学習を頑張った結果、日本語能力試験の一番高いレベルであるN1に合格します。しかし、まるこさんの日本語力が上がっても、「壁」がなくなることはありませんでした。日本語の聞き取りに不安がなくなり、仕事内容にも慣れてきたため、「あんまり困っていたことはない」状態になりますが、シフト変更をめぐってトラブルが発生しました。大学の行事に参加するため、1ヶ月前にシフトの変更を申し出ましたが、店長には代わりの人を探すようにと言われます。代わってくれる人が見つからず、もう一度店長に相談に行くと、代わりがいないのに休むのは勝手だと怒られ、「ベトナム人は人間じゃない」と言われたそうです。日本人の同僚が同じ状況になっても、こんなに怒られることはありません[7]。日本人とベトナム人の差を痛感します。まるこさんは結局、コンビニのアルバイトを辞めてしまいました。

　3回目のインタビューで、「ベトナム人は人間じゃない」と言われたことは大きな転機となったかと尋ねると、まるこさんはすぐに「大きいですね」と答えた後、次のように語りました。

> 例えば最初は日本語を頑張る、日本語の勉強、頑張ったら日本人に認めてもらうって思って。でも、その後、頑張っても仕事のとき、頑張っても仕事を頑張っても、やっぱり日本人側はベトナム人に対する偏見はあんまりなくなってない。だから日本語だけでは……
> 　　　　　　　　　　　　　　　（2023年9月12日インタビューより）

　まるこさんは「日本人に認めてもらう」という表現を使っていますが、これはつまり、日本人の店長や同僚たちに自分と「共通の部分common」を見つけてもらい、自分を一人の人間として見てほしかったとい

---

7) 仕事を休む場合に代わりの人を探すことを強要することは、業務命令権の濫用の可能性があります。しかし、日本の制度について詳しくない留学生にとっては、「日本のルール」として受け取ってしまう可能性があります。

うことだと考えられます。

　先に述べたように、まるこさんは、お客さんや同僚と人間関係をうまく築けない原因は、自分の日本語力にあると考えていました。そして、日本語の勉強を頑張り、日本語能力を証明する資格も取得しました。しかし、日本語力をつけ、仕事を頑張っても、「ベトナム人＝労働力」として見られ続けること、そして「ベトナム人」のイメージには偏見が混じっているということに気づき、日本語の勉強を頑張るだけでは「日本人に認めてもらう」ことはできないという考えに至ります。

　この経験は、まるこさんにとって辛いものでしたが、のちに技能実習生とまるこさんをつなぐ「共通の部分（common）」となっていきます。

5.3　技能実習生に共感する司法通訳者

　コンビニのアルバイトを辞めたまるこさんに、司法通訳のアルバイトをしないかと声がかかりました。ベトナムで日本語を勉強していたときにお世話になった日本語の先生と、日本で食事をしたときのことです。食事会には中国語の先生も同席していました。その中国語の先生は、司法通訳をしており、ちょうどベトナム語の司法通訳ができる人を探していたのです。

　司法通訳とは、刑事事件の捜査や弁護士との接見、公判手続き、裁判所での手続きなどの際、日本語がわからない外国人の通訳をする仕事です。「語学力を生かせるような仕事」だと考え、やってみることにしました。司法通訳のアルバイトを始めた結果、まるこさんは多くのベトナム人技能実習生と出会いました。彼らとの出会いが、日本語教室を立ち上げるという行動につながっていきます。

　まるこさんが日本語教室を立ち上げたいと考えるようになった理由は、インタビューから考えると、大きく三つに整理できます。

　一つ目は、技能実習生と出会うことで、自分の立場を客観的に見られるようになったためです。自分と技能実習生は在留資格が違うため、単純に比較することは良くないとしつつ、自分は彼らよりも「恵まれる存在」として日本に滞在しているということに気づいたのです。留学生であれば、資格外活動許可があれば1週間28時間以内のアルバイトが可能です。また、まるこさんの例のように、アルバイトを辞めることは個

人の自由です。しかし、当時の制度では、技能実習生は職場を変えることができませんでした。自分と異なる在留資格のベトナム人と出会うことで、自分は、日本社会で優遇されていると考えたのです。

　二つ目は、技能実習生にとっての日本語学習の意義を知ったためです。大学4年生になったまるこさんは、卒業論文を書く必要があり、テーマとして、技能実習生を選びます。卒業論文のための調査で明らかになったことは、「日本語の学習はちゃんと保障されていない」ことや、「日本語能力は普通仕事で学んだ技能とか知識よりも自分にとっては役立った」ということでした。大学で日本語教師の資格を取得していたまるこさんは、「日本語のボランティアで教えたら技能実習生に役立つ」と考えたそうです。

　なお、まるこさんがベトナム人技能実習生を卒業論文の対象に選んだ理由は二つあると言います。一つ目の理由は、彼らを「もっと知りたい」と考えたことです。逮捕・勾留中のベトナム人と弁護士の接見は30分程度です。接見中、質問をするのは弁護士で、まるこさんの仕事は弁護士の質問をベトナム語にし、逮捕・勾留中のベトナム人の答えを日本語にすることです。自分が知りたいと思っても、質問をすることはできません。卒業論文を書くという理由を得ることで、その機会を生かして、ベトナム人技能実習生のことをより深く理解しようと考えたのです。

　二つ目の理由は、彼らに共感したことです。

　　司法通訳の仕事関わって、最初は失踪。なんか捕まった人は悪い人だというイメージも自分も持っていました。でも実際話を聞いたら、その人のせいじゃなくて、例えば会社とかであんまり給料を支払ってくれなかったから逃げた人も多いし、暴力受けたからその職場で不満があったから逃げた人も結構いるから。やっぱり自分も最初日本に来たとき、さっきの日本人に対する差別とか、またはコンビニで働いたときに、同僚とのあまりよくない関係があったっていう経験から、技能実習生の抱えている問題を詳しく聞いたときに、その技能実習生に対する共感も持つようになって。

　　　　　　　　　　　（2023年5月10日インタビューより）

まるこさん自身も逮捕・勾留中のベトナム人と直接接するまで、彼らに対してネガティブな印象を持っていました。しかし、司法通訳の経験を通して、彼らと直接対峙することで、彼らの人となりを知り、悪い人ばかりではないということに気づいたのです。
　話をまるこさんが日本語教室を立ち上げたいと考えるようになった理由に戻します。三つ目の理由は日本社会が持つ技能実習生のイメージを変えるためです。

> 　技能実習生は日本社会に大きく貢献しているのに、でも逆にその日本の会社とかはあんまり彼ら彼女らを、よく待遇していない。社会からもあんまり技能実習生に入って支援すらなされていないし。後はオーバーステイとかの事件とかは、そのニュースも多分多かったです。オーバーステイはほとんど技能実習生。だから日本の普通の日本人は技能実習生はあんまり安い労働とか安い労働者の方を見ている。だから技能実習生のイメージ、そのイメージを変えたいとのこともあるし。多分技能実習生のことをもっと多くの人に知ってもらう。彼らが頑張っていることを多くの人に知ってもらいたい。　　　　　（2023年9月12日インタビューより）

　司法通訳のアルバイトや卒業論文での調査を通して技能実習生のことを知っていく中で、まるこさんは、技能実習生が日本社会に貢献しているということを知ります。現在、技能実習生は農業、漁業、建築業、食品製造業などさまざまな分野で働いています。私たちが普段口にするものや、手にするものは、技能実習生が作っているかもしれません。しかし、日本で暮らす多くの人は、そのことを知りません。技能実習生はさまざまな分野で、日本社会に貢献しているにもかかわらず、「安い労働者」という見方でしか見てもらえません。そのような見方は、彼らが抱える問題を「すべての人びとに関係する共通のもの（common）」ではなく、技能実習生自身が解決すべき問題であると、放置することにつながるのです。まるこさんは、ベトナム人技能実習生たちと自分に「共通の部分（common）」を見出しました。そして、彼らが置かれた状況を自分事として解決しなければならない問題であると認識したのです。

大学を卒業したまるこさんは、ベトナム人技能実習生の研究を続けるため、県内にある別の大学の研究生になります。その大学のゼミで、日本人のNPO運営者と出会います。このNPO運営者はまるこさんを「認めてくれた」人物です。まるこさんは、この出会いを次のように語っています。

　　自分が持っている関心とか問題を彼、その人と一緒に話し合うと、一緒にやろうとか、ボランティア日本語教室を開くためのなんかこういう財団から支援金からもらえるとか。または、場所はこちらで提供しますよというような提案勧められたから、実際やるのは多分その日本人に。最初の1歩の行動は、多分その日本人に出会ったからだと思います。

（2023年5月10日インタビューより）

　NPO運営者は、まるこさんの問題意識に共感し、日本語教室を開くための手助けを申し出てくれたそうです。コンビニでアルバイトをしていたとき、日本語の勉強を頑張った理由を「頑張ったら日本人に認めてもらうって思って」と話していたまるこさんですが、ここにきてようやく、自分を認めてくれる日本人と出会うことができたのです。
　日本人のNPO運営者から申請のサポートも受け、財団から助成金を得ることもできました。大学院修士課程に入学したまるこさんは、技能実習生支援団体を立ち上げます。

5.4　ベトナム人技能実習生と日本人をつなげるリーダー

　日本語教室を立ち上げ、活動を軌道に乗せるまでには、何度も「ここまででやめよう」と思ったそうです。しかし、日本語教室に参加する技能実習生の「ほんとに参加してよかった」「生活が楽しくなった」「ぜひ継続してほしい」という声や、交流活動に参加していた日本人からの「これをぜひ継続してほしい」という声を受け、まるこさんは、現在まで日本語教室や交流活動を続けています。日本語教室に参加する技能実

習生の中には、日本語能力試験N2[8]に合格した人もおり、「もし一人で教えることが困ったら私たちも一緒に教えることを支援する。もう既にN2を持っているから、教えることも支援する」と手伝いを申し出てくれる人も出てきているそうです。

まるこさんは修士課程を修了し、現在は博士課程の学生として研究を続けています。学内外のコンテストで研究や活動が表彰されたり、交流活動に参加してくれる日本人から応援の声をもらったりすることを、日本社会からのポジティブな評価と捉え、自分の研究に対しても自信を持つようになったそうです。

現在の自身の役割について尋ねると、まるこさんは「リーダー」であると答えました。このリーダーには二つの意味があります。一つは、技能実習生にとってのリーダーです。技能実習生にとってのリーダーとは、「技能実習生に、置かれている状況とか制度には問題があるということを、まず意識させ」「技能実習生のことも引っ張っていく」人物だそうです。もう一つは、マジョリティである日本社会に働きかけを行うリーダーです。「技能実習制度の問題は、例えばマイノリティとか弱者側のだけでは解決できない問題」だとした上で、「お互いのことを理解し合うという機会をつくる」人物であると述べています。これらのことから、まるこさんは現在、技能実習生に対しては、ベトナム人というマイノリティ性を共有しながら、問題を解決するための支援を行い、日本人に対しては、技能実習生の問題を「すべての人びとに関係する共通のもの（common）」にするための取り組みを行なっていると言えます。秋田が参加した交流会では、「技能実習生が安心して暮らせる社会とはどのような社会か」をテーマに小グループでディスカッションをしました。「技能実習生が安心して暮らせる社会」について話すためには、技能実習生が置かれている状況を知る必要があります。どのような仕事をしていて、どのような生活を送っているのかを技能実習生たちに共有してもらい、そこでどのような問題があるのか、どのように解決していけばいいのかを話し合いました。まるこさんは、こういった活動を通し、技能

---

[8] N1の次に高いレベルです。外国人留学生の就職活動においては、社内でのコミュニケーションに支障がないレベルとして、N2以上を求められることが多いです。

実習生と日本人をつなぐというところに自身の存在意義を見出しています。

6. まるこさんはなぜ技能実習生の問題を公共性にヒラくことができたのか

　ここまで、まるこさんがベトナム人技能実習生に出会い、支援活動を始め、活動を軌道に乗せるまでの経験を、まるこさんの語りをもとに見てきました。まるこさん自身は技能実習生として来日したわけではありません。しかし、技能実習生との交流を通して、まるこさんは、自分と技能実習生との間に「共通の部分（common）」を見出し、技能実習生の問題を自分事として受け止めていったのです。

　まるこさんが司法通訳のアルバイトを始めた当初は、勾留中のベトナム人技能実習生に対して、良い印象は持っていませんでした。しかし、卒業論文を書くためのインタビュー調査を通し、ベトナム人技能実習生たちもそれぞれに「ことばの壁」「制度の壁」「心の壁」を感じていることを知ります。そして、技能実習生の場合、それらの「壁」が失踪や犯罪の要因となる可能性があるということ、彼らが起こす犯罪が報道されることで、新たな「心の壁」が生まれるという悪循環が生じていることも知ります。まるこさんは、自分と技能実習生にとっての共通の問題が、日本社会が持つ、ベトナム人に対する差別や偏見（＝「心の壁」）であるということに気づいたことで、技能実習生の問題を自分事とすることができたのです。このように考えると、まるこさんは彼らの支援を通して、コンビニのアルバイト先の店長や同僚に認めてもらえなかった過去の自分を支援しているとも言えます。

　第1節で、まるこさんの団体は「親密圏」としての機能を果たしていると述べました。まるこさんは、自らの手で、日本社会の中に、ベトナム人が排斥されない、安心して過ごせる場を創り出しました。その上で、ベトナム人技能実習生の抱える問題を外（日本社会）へと提起していく中で、日本社会からも認められたという実感を持つに至ったのです。

　まるこさんと秋田は、まるこさんが自身の活動を発信していたからこそ、出会うことができました。秋田が牛窪、徳田にまるこさんの活動を

伝えることで、本章の執筆にもつながりました。しかし、考えてみると、私たちは決して「公的（official）」なものとして（法律や制度をめぐる社会問題として）、まるこさんの話や活動に共感したわけではありません。まるこさんは技能実習生たちを理解したいと考えました。私たちもそれと同様に、自身の海外経験などをもとに、齋藤（2000）の指摘する「親密圏」における「感情」の問題として、まるこさんの境遇や活動を理解したいと考えたのです。その結果、ベトナム人技能実習生の抱える問題が「共通の問題」となっていったのだと考えます。つまり、まるこさんの活動の理由を理解したいと、話を聞くことによって、まるこさんや技能実習生の置かれた状況を自分事として受け止めるようになったのです。

7. おわりに

本章では、ベトナム人技能実習生に対する支援を行うベトナム人女性まるこさんの語りから公共性について考えてきました。

在留外国人の問題は、彼らの日本語の問題（＝ことばの壁）に集約されがちです。しかし、実は、法律（＝制度の壁）や受け入れ側の偏見（＝心の壁）の問題でもあります。これらの問題は、受け入れ先である日本社会に暮らす私たちの無関心によって維持されています。

在留外国人の問題を、自分の日常とは関係がない違う世界の話、としてしまうことは簡単ですが、無関心の結果として起こったことを背負わなければならないのは、実は日本社会で暮らす私たちです。制度のひずみや課題を解決しようと、一人ひとりができることを意識することで、社会は少しずつ変わっていくと思います。

そのために、私たちにできることは、在留外国人の問題を「技能実習生の問題」「留学生の問題」「ベトナム人の問題」として考えるのではなく、日本に来ることを決意し、自国を旅立った一人の人間の物語として理解することであると考えます。自分の日常生活の延長線上にある、自分と関係のある問題として、まずは彼らと「共通の部分（common）」を見出すことが重要です。そうすれば、一部の「ベトナム人」の問題、海外から来た「技能実習生」「留学生」の問題ではなく、日本社会の一員が抱える問題として、協力して解決すべき問題となっていきます。一見

自分とは無関係に思える「ベトナム人」「技能実習生」の問題も、まるこさんの語りを通して、まるこさんと読者の間に何らかの「感情の共有」ができたとしたら、そのことにより、結果的に「心の壁」や「ことばの壁」を壊していくことは可能であると私たちは考えています。

　その一方で、まるこさんの活動を別の角度から見ておく必要もあります。彼女の活動からは、日本社会の問題点が浮かび上がってきます。本章で扱った技能実習生が、日本語ができないために、あるいは日本社会で十分な認知がされていないために、差別的待遇を受けているという現実があるということです。また、その対応を、受け入れ側である日本人ではなく、一留学生であるベトナム人が担わざるを得ない状況も生じています。まるこさんは「研究」という形で問題を公共性にヒラクことができましたが、外に向かって問題を提起していくことが難しいという場合もあるでしょう。私たちが知らないだけで、同胞同士が助け合うセルフ・ヘルプグループ（自助グループ）が、日本社会には数多くあるのかもしれません。このような状況が、技能実習制度という公的な制度を使って来日した結果として起こっているということも、私たちは知っておかなければならないでしょう。

　冒頭で述べたように、日本社会は「多文化共生」を掲げ、異なる国籍や民族の人々と共に生きていくことを目指しています。しかし、実際にはさまざまな「壁」による差別や偏見が存在しており、対等な関係を築きながら共に生きるということができていません。日本社会で暮らす外国人を取り巻く問題に関して、関係者が声をあげ、制度のあり方の根本を議論していくことが求められます。

　今後も多くの外国人が日本社会に参入することが予想されます。私たちは、「ベトナム人は人間じゃない」という発言が簡単にできる社会を変えなければならないのです。

謝　辞

　本研究はJSPS科研費JP21K00639の助成を受けたものです。インタビュー調査にご協力くださったまるこさんに心より感謝申し上げます。

参考文献

秋田美帆，牛窪隆太，徳田淳子（2023）「日本でベトナム人技能実習生支援を行うベトナム人女性のキャリア形成のプロセス――なぜ彼女は支援を続けるのか」『2023年度日本語教育学会秋季大会予稿集』pp.316-320

厚生労働省（2016）「外国人の技能実習の適正な実施及び技能実習生の保護に関する法律」https://www.mhlw.go.jp/content/000661731.pdf（2024 年 1 月 14 日閲覧）

厚生労働省（2024）「「外国人雇用状況」の提出状況まとめ（令和 5 年 10 月末時点）」https://www.mhlw.go.jp/stf/newpage_37084.html（2024 年 7 月 10 日閲覧）

厚生労働省 e-ヘルスネット健康用語辞典「自助グループ」https://www.e-healthnet.mhlw.go.jp/information/dictionary/heart/yk-020.html（2024 年 9 月 3 日閲覧）

齋藤純一（2000）『公共性』岩波書店

出入国在留管理庁（2023）『令和 5 年 6 月末現在における在留外国人数について』https://www.moj.go.jp/isa/publications/press/13_00036.html（2024 年 1 月 14 日閲覧）

総務省（2006）『多文化共生の推進に関する研究会 報告書――地域における多文化共生の推進に向けて』

田村太郎（2000）『多民族共生社会ニッポンとボランティア活動』明石書店

真嶋潤子編著（2021）『技能実習生と日本語教育』大阪大学出版会

ダイアローグ 06（p.344）

7章 移動家族が弱さと信頼の親密圏を育てる
日本で育つ移動家族の子どもの語りから見えるもの

松田真希子

キーワード：親密圏、移動家族、子ども、弱さ、教育

1. 旅するように生きる──移動基盤社会へ

　新型コロナウイルスの流行は、私たちの世界に対する前提を大きく揺さぶり、変化させました。毎朝同じ時間に起きて、時間をかけて仕事場や学校に通うというライフスタイルは、リモートワーク、オンライン授業という形態によって覆されました。生活と仕事や学びの場は一つであり、旅と生活の場は別だという前提も、マイクロツーリズムやワーケーション、多拠点居住というライフスタイルによって覆されました。100年前は、大きな荷物を持って移民船に乗り、集団移住する光景が世界中で見られましたが、今は単身者はもちろん、家族すらも、数ヶ月〜数年単位で居住先を変えています。生まれてから死ぬまでその土地で生きている人を探す方が難しいでしょう。
　かくいう私自身も最近住みなれた金沢から東京に拠点を移し、東京と金沢の2拠点で生活しています。住民票も家族も金沢のままで、東京で小さいアパートを借りて住んでいます。実は1ヶ月8万円で泊まり放題というホテルのサブスクサービスや、最大2週間単位で暮らせるアパートのサブスクサービスの利用も考えました。しかし、定住先がないと交通費が支給されないので諦めました。もし交通費が一定額支払われるのであれば、アパートのサブスクサービスを利用し、旅行気分でいろいろな街に暮らしてみるかもしれません。
　私たちの社会システムは長期間にわたり働き・学ぶところ、暮らすところを共有する人たちを前提に形成されてきました。それを定住基盤社会と呼ぶならば、寝るところ、働き・学ぶところ、暮らすところがバラ

バラで定まらない社会は移動基盤社会と呼ぶことができるように思います。鉄道や交通網が発達したあたりから、都市部についてはずっと働き・学ぶところと暮らすところが分離傾向にありました。しかしここ数年は分離されただけでなく、それぞれの活動拠点が中長期的に安定しない傾向にあります。住民票は形式的なものになり、本拠地もありません。移動を前提にするライフスタイルは、これまでは基本的に単身者のものでした。しかし最近は家族単位でも行われています。「旅するように生きる人」は世界中で無視できない存在感を示しているのです。

では、移動基盤社会というものが現実になってきているということは、社会にどのような影響を与えているのでしょうか。この章では特に子どもの教育について議論したいと思います。

2. 移動家族の子どもの教育の課題

移動家族の子どもの教育はとても多くの課題がありますが、ここでは大きく三点について触れたいと思います。一つ目は教育の責任範囲の問題、二つ目はことばのアクセシビリティや教科学習内容、学校文化のずれの問題、三つ目はコミュニティ帰属の問題です。

一つ目は教育の責任範囲の問題です。教育の保障は基本的には国籍を有する国、および住民登録されている自治体の責任とされています。自治体を離れると責任は発生しません。大学ではエラスムス・ムンドスなど国家を超えた教育プログラムの共有が進んでいますが、義務教育のプログラムの共有は国家間では行われない傾向にあります。そうなると養育の第一責任者である親に大きな養育・教育の比重がかかります。移動する家族は常に自分の子どもの「教育の責任」を意識させられることになります。移動すると、移動先、移動元との間に生じる教育のずれ（言語面、知識面）の補完は通常家族の責任となります。しかし、移動する子どもの教育に十分なケアをするには相当な経済的・文化的資本が必要になります。多くの場合、移動先の学校では特殊なケースとして問題への対応がされず、放置されるからです。

二つ目はことばのアクセシビリティなどの問題です。子どもの教育の困難さはことばのアクセシビリティや教科学習内容、学校文化のずれに

よってたち現れてきます。現在移住者によって行われている「ずれ」への一般的な対応としては、(1) インターナショナルスクールや外国学校に通わせ、言語や文化のずれを最小化する、ということになりますが、それは少数派の対応です。2021年の文部科学省の調査によると、(1) は5.7%に過ぎません。通常は (2) 現地校に就学 (84.6%) します。日本では、不就学の可能性があると考えられる外国人の子どもの数は1万46人 (8%) と、とても多くなっています。不就学児童生徒の多くは (3) 無教育状態です。最近はオンラインの通信教育、ホームスクール、第三国への全寮制学校への留学という選択肢も増えていますが、このことに対する調査は行われていません。

　三つ目の問題はコミュニティ帰属の問題です。長期間定住しないため、学校の同級生の友人ネットワーク、その土地で行われている町内会や子ども会などのコミュニティ活動、習い事などでのネットワークが形成されにくい傾向があります。ネットワークが形成されないと、家族や子どもが孤立し、子どもが経験する社会が狭くなります。そして子どもの養育環境も限定的になる傾向にあります。

　そのため、義務教育期間において、途中で国家間を移動することを前提に、子どもの教育をどうデザインするか、誰が責任主体となって教育を実施するかについての包括的な議論が必要です。

3．親密圏という観点

　さらに近代家族の限界が指摘されています。近代家族の指標となる核家族は減少し、2019年時点での全世帯に占める割合は2割に過ぎません（内閣府、令和3年版高齢社会白書）。そのため、子どもの教育を親が担うという前提から議論されなければなりません。

　近年、血縁や婚姻によらない親しい関係である「親密圏」の重要性が議論されています（齋藤，2000，岡野編，2010）。親密圏というのは、具体的な他者の生／生命への一定の配慮や関心のある関係です（齋藤編，2003，齋藤，2000）。例えば折に触れて訪ね合う友人たちの関係や、アルコールや薬物依存といった苦境を打開するためのセルフヘルプグループなどは親密圏の一つの形にあたります（齋藤，2000）。この親密圏をどう

やって社会に構築していくかが、近代家族の限界を超えていくために必要です。

　これまでの外国につながる子どもの（日本語）教育の議論においては、親密圏の観点から議論された文献はあまりないように思います。

　そこで、この章では、外国につながる移動家族の子どもの教育を親密圏の観点から議論します。そして外国の子どものことばの教育に責任を持つ主体についての見解を述べます。

　検討にあたっては、移動家庭の中で生育され、日本または海外の大学に進学した4人のケースを紹介します。大学という高等教育機関に進学したということは、移動による教育の困難を克服したケースと考えるからです。4人は、言語的文化的に多様な（Culturally and Linguistically Diverse、以下CLDと言います）若者の学びや生き方について交流するオンラインコミュニティであるCLD-Onlineで語ってくれた人たちです。なお、この原稿での「移動家族」とは、5年以上同一箇所に住まず複数都市で暮らす家族とし、2拠点生活も含むこととします。4人の語りはYouTubeの@jhlvoices6282で見ることができます。

4. ケース1　太平洋通学
──二つの国・二つの学校に8年間通い続ける

　Akitoさんはアメリカと日本を行き来して小学校時代を過ごした人です。Akitoさんはアメリカのニューヨークで生まれて育ちました。現在はアメリカで昆虫学の研究者をしています。ご両親は日本生まれ日本育ちで、大人になってアメリカに移住しました。家庭内言語は日本語です。ご両親は子ども（Akitoさんと妹さん）には日本語と日本の文化の両方の知識を身につけてもらいたいという方針を持っていました。そこでお父さんが佐藤（1981）で知った「太平洋通学」という形で子どもを教育させることにしました。つまり、6歳から13歳まで、毎年3月から8月まではご両親の実家のある東京都の小学校に、8月から3月までニューヨークの学校に通わせたのです。13歳の時に太平洋通学をやめた理由は、お父さんが日本の教育制度に疑問を抱いていたことが原因だそうです。特に、日本の教育では暗記することが重要視され、自分で考える能

力を身につけることができないと考えていました。

　東京で過ごした夏の間は、都会であるニューヨークとは異なり、自然に触れる機会があったそうです。また、アメリカにはない、日本の豊富な昆虫文化に触れることもありました。例えば、日本のデパートではクワガタや昆虫採取グッズを売っていて、昆虫関連のビデオゲームもあったとのこと。これらのことから、Akitoさんも蝶々などの昆虫を採取するようになり、昆虫学者になったそうです。

　Akitoさんがその当時のことを振り返ると、文化の違いに戸惑うことや、日本の学校には3学期中1学期しか通えないため残りは自学で補わないといけないことなど、大変なことがいろいろあり、なぜそのように教育を受けないといけないのか疑問に思っていたそうです。しかし、今、大人になって振り返ると、8年間、2カ国で教育を受けることができたのは、恵まれていたと思っているようです。

　このケース1は金銭面でも文化面でも資産のある家庭が、家庭の力によって最善を尽くしたケースと言えるかもしれません。家族で2拠点間を往還することにより、学校の友人のネットワークや記憶や言語が維持できています。通常は、移住先にある補習校や日本人学校に通わせますが、Akitoさんの家は2拠点居住を選択し、補習校を利用しませんでした。これは、親密圏ではなく、強い子どもと強い親のモデルと言えるかもしれません。家族が高頻度で移動する場合は、子どもの教育は親の財力や資本力、家庭内での言語教育政策などが必要となります。

5. ケース2　ゼロからやりなおし、1年かけて適応する

　Yukiさんはパラグアイで生まれました。お母さんはチリ人、お父さんは日本人です。3人兄弟の真ん中で、お父さんは日本の外交官、お母さんは庭園デザインを仕事としていました。パラグアイで生まれた後もお父さんの転勤で、2年おきに移住先が代わり、ボリビア、エクアドル、エルサルバドル、日本、スリナムと各国を移動します。高校3年生でお父さんが退職したことを機にチリに移住してからはチリで高等教育を受け、数年前から日本で働いています。チリでは日本文化協会でいろいろな文化交流活動をコーディネートしていました。

Yukiさんの家庭内言語は当初はスペイン語でしたが、小学校の時、エクアドルのキト日本人学校に入学し、初めて日本語に接しました。その時は全部0点で、ことばがわからずにトイレにもいけなかったそうです。次に移動したエルサルバドルはインターナショナルスクールで使用言語は英語でした。昔は英語を覚えていましたが、すっかり忘れてしまい、また覚えなおしたそうです。しばらくして英語ができるようになると、兄弟の間では英語でのやりとりになったそうです。そしてお父さんは日本語、お母さんはスペイン語、ご兄弟は英語という3言語生活になったそうです。中学校は日本の東京の公立中学校に入りました。ここでもまたことばの壁に悩まされましたが、「Competitiveな（競争心のある）性格」のおかげで、最初はすごく成績が悪くてもその後は成績がよくなったそうです。東京都の最初の中学校では、いろいろと文化的な摩擦なども体験したそうですが、その後お台場の新設中学校に移動した時、クラスメートも15人と少なく、カンボジアやインドネシアなどさまざまな国からの同級生もいて、とても楽しかったそうです。次のスリナムでは英語で教育を受け、初めてスペイン語で公教育を受けたのは高校3年生の時だったそうです。「スペイン語は母語だしできる」、と思っていたのに、チリのスペイン語は癖が強く、わからなくて苦労したそうです。しかし時間が経つにつれ、成績も回復したそうです。

　Yukiさんは外交官の家庭というある種特権性がある家族の中で育ちましたが、多くの言語文化圏の中で適応のための苦労を強いられてきました。いろいろな学校に移動する幼少期を送り、なかなか溶け込めなくて苦労したと言います。溶け込めなくなる理由の一つはことばの壁です。当時のことを次のように言っていました。

　　新しい学校に慣れるまで1年くらいかかるから嫌だった。兄弟は性格は結構似ているが違う。弟はすぐに溶け込む。兄もそう。<u>自分は人を信頼するのに時間がかかった。でも、いろんな文化の人に出会う経験をつうじて今はすぐに人を信用する人になった。自分から話さないと友達になれないと思うようになった。</u>行くところ行くところいい人がいっぱいいる。日本では、今ふりかえればいじめだったかも？と思うが、幸いとても悪い経験はなかった。

人と溶け込むのは大変。ことばによって溶け込むのも大変だった。母のスペイン語はチリのスペイン語なのに、チリのスペイン語は特に難しかった。同じスペイン語なのになんであのクラスメートの言ってることがわかんないんだろうって思ってた。同じ共通のことばで話せるようになるのに苦戦した。その時は大変だったけど、将来はそれがよかったと思うようになる。

そうした苦労の積み重ねから、まず、自分から話さないとだめ、自分から信用しないとだめ、という学びを得られたようです。

　自分の家では両方の文化が大事にされてきた。他のいろんなラテンアメリカの国に住んでいた。あまり人の国籍にこだわらなくみんな同じ人間だよね、って家で教わって育った。自分はなんなのだ、っていうのは小さい時時々あったけど、「みんな人だから」となった。

　ケース2は、ケース1と比べると空間、言語、教育などさまざまな点で移動を繰り返しています。国ではボリビア、エクアドル、エルサルバドル、日本、スリナム、チリの6カ国、言語間の移動も、スペイン語、英語、日本語、スペイン語のバリエーションなど数多くあります。教育も、公立現地校やインターナショナルスクールなど、いろいろなタイプの学校を体験しています。その都度約1年間の移行適応期間がかかったと言っています。しかし、いつかは適応できるという成功体験があったからか、諦めずに挑戦している様子が印象的です。
　そして「自分から話す」「自分から信用する」ことが適応において非常に重要であるという指摘をしています。このことはこの章でも特に中心に扱いたいことなので、後でもう一度指摘したいと思います。
　ともあれ、このケース2も、強い個人と家族の組み合わせのケースかと思います。しかし、お台場の公立中学校は、親密圏の形成が感じられます。

6. ケース3 「弱い自分が学校で役割を担う」ことの力

　ダニエリさんはブラジル生まれの日系3世で、現在は日本で会社員をしています。3歳まではブラジルのパラナ州で過ごしましたが、3歳から8歳まで日本の埼玉県にご両親のデカセギ移住に随行します。9歳から12歳まではブラジルの日系移住地の親戚（祖父母）のもとで過ごし、12歳から18歳まで再度日本（静岡県）で暮らします。大学はイギリスの大学に進みました。大学3年生の時はポルトガルで1年間インターンもしています。

　ダニエリさんの家庭内言語はポルトガル語でしたが、日本の小学校に通ううちに、日本語が優勢になったそうです。その時、ご両親の方針でブラジルの親戚の家に預けられ、ポルトガル語の再教育がされることになりました。しかし12歳で再度日本のご家族のもとに戻った時は日本語を忘れてしまっており、また再度覚えなおしだったそうです。その頃英語の楽しさに目覚め、また英語は自分にとって強い言語だと感じたダニエリさんは英語の勉強に励み、イギリスの大学に進学します。

　ダニエリさんにとって、ことばのわからない日本の中学校での適応はとても難しいものでした。しかし、学校で美化委員、購買委員や生徒会役員に任命されたりしたことがとても自信になったそうです。ことばがあまりできないことで、居場所のない思いをしがちな時に、「掃除が上手だから」ということで役割を与えられたことで、「こんな自分」、と思っていたのが変化した、というような話が何度も出てきました。

　ダニエリさんは数年に1回「全くわからない」という言語文化環境に自らが放り込まれるのですが「聞き続けていれば慣れてくるだろう」と常に思っていたそうです。わからない言語環境の中に自分を没入させ続けられることはレジリエンスの強さだろうと思います。

　また、ブラジルでのおじいさん、おばあさんをはじめとする日系コミュニティの暖かい愛情に囲まれて育ったこともダニエリさんにとってよかったことだそうです。

　ケース3はダニエリさんがとても努力家であったこと、ブラジルや日本の学校内で、本人の居場所があったことなどが、重要だったケースではないかと思います。また、英語という自分を強くしてくれる第三のこ

とばとの出会いも、教育を続けられる大きな原動力となってように思います。ブラジルに戻す判断をしたり、イギリスの大学に進学させることができたのはご両親の意識の高さや経済力もあると思いますので、ご両親も努力をされたように思います。ダニエリさんのケースは、家族の力もありつつ、ブラジルの日系コミュニティや日本の学校の中で親密圏が形成されたケースだと思います。

7. ケース4 「地域の日本語教室」という第三の居場所

　最後のケースは、ブラジル出身のミシェリさんのケースです。最初の三つのケースと比べるとあまり高頻度に移動していませんが、重要な視点を含んでいるので紹介したいと思います。ミシェリさんは、現在は神奈川県に住んで、ブラジルにルーツを持つ子どもたちの先生をしています。大学院でCLD児のための教科支援を研究し、将来は大学の先生になりたいそうです。

　ミシェリさんはブラジルで日系三世として生まれました。ご両親はミシェリさんが生まれてすぐに日本にデカセギに行き、ミシェリさんは10歳までブラジルで祖父母と一緒に過ごしました。その後ご両親がミシェリさんを呼び寄せ、神奈川県の小学校の5年生に編入し、その後はずっと日本です。ですが、工場勤務のご両親はとても忙しく、朝起きると家に誰もいない日々を過ごします。学校にも適応できず、ご両親にも相談できず、長く居場所のない思いをしました。しかし地域の日本語教室でのよい出会いに恵まれ、地元の高校、大学、大学院と進学することができました。

　家庭内言語はポルトガル語です。日本に来た時、日本語は全くできませんでした。当時はミシェリさんの学校に外国につながる子どもはおらず、取り出し授業もありません。ミシェリさんは授業の内容もわからず、毎日時計を眺める日々を過ごしました。そして教室に自分がいない方がいいと思い、ずっと保健室で過ごしていました。

　そんな時、工場勤務だったご両親の会社の通訳担当の方が、ご両親にミシェリさんを地域日本語教室に通わせることを提案します。そこで日本語を勉強することが始まりました。ミシェリさんは最初は無理やり行

かされていて、なぜ日本語をがんばらないといけないのかわからなかったそうです。しかし、日本語教室に通うようになって初めて同じ境遇の人に会い、自分だけじゃないことを知ります。そして、次第に日本語教室が自分の居場所になり、日本語の勉強もがんばって取り組むようになったそうです。

中学校では見た目、ことばの問題やいろいろな文化的な摩擦でいじめに遭い、不登校になったそうです。相談しようにも、相談できるほど日本語ができないことも解決に時間がかかった原因と振り返っていました。

中学校二年生の時に、担任の先生から進学先が夜間か私立しかないと言われました。しかし、その時日本語教室の先生が進学情報を提供してくれて、外国人としての措置を受けられる入試を受け、公立高校に進学できました。そして大学に進学し、大学院も終了し、今はポルトガル語と日本語力を活かして、子どもたちの教育に従事しています。

ミシェリさんのストーリーには、現在日本で起こっている外国ルーツの子どもとの共通点が多くあります。出稼ぎ労働者として海外で働くご家庭の多くは、学歴や資金などが十分ではなく、子どもの教育に時間をかける余裕がありません。言語や文化の壁により、子どもは学校で疎外された状況におかれたり、不就学になるケースもあります。

ミシェリさんは自分が元気になったのは、地域の日本語教室であると言います。そこで自分と同じような立場の子どもたちに会ったこと、そしてそこは何も否定されない、受容的な場であったことが大きかったようです。同じような生き方の人がおらず、自分の生き方が否定されたり、自分の能力を否定されたりした時、自己否定に陥りやすくなります。そんな時に力になるのが、同じような生き方をしている人であり、そして、自分を受け入れてくれる大人なのだと思います。

そして、子どもに頼られることで、自分の居場所を感じる大人も多いと思われます。私もそうでした。私は2005～2010年まで新潟県の国際交流協会でブラジル人を中心とする外国人への日本語支援の活動に参加していました。いつも小さな自分の子どもを連れての参加でしたが、新潟に地縁や血縁のいない自分にとって、温かく迎え、抱きしめてくれるブラジル人参加者の存在にとても癒されました。地域の日本語教室はまさに参加者相互にとっての親密圏なのだと思います。

8. 考察

これまで4人のケースを見てきました。4人のケースを表に整理してみます。ここで「強さ」と「弱さ」ということばを使って説明をしています。「強い」というのは自力で解決ができるだけの資産と権限を持っているという意味です。勉強がよくできるのも資産があるとみなします。「弱い」というのは自力では解決ができない、資産も権限もないということです。ヴァルネラビリティ（Vulnerability、脆弱さ）という語とも近いです。

	Akitoさん	Yukiさん	ダニエリさん	ミシェリさん
子どもの力	強い	強い	強い	弱い
親・兄弟の力	強い	やや強い	弱い	弱い
親密圏	どちらもない	一部あり	日本はややあり ブラジルはあり	日本にあり ブラジルは不明
公共性	弱い	弱い	弱い	弱い

多くの場合、移動によって生じる教育の問題を「子ども自身の尋常でない努力」や家族の資本やサポート、本人のレジリエンスによって克服していることがわかります。ケース1、2のように「強い家族」のもとで、移動先で葛藤しながらも複言語複文化環境に適応することもあるでしょう。しかし、こうしたケースをモデルとして子どもや家族に努力を強いることの先にあるのは「子どもを持つことの放棄」や家族の自立化ではないでしょうか。移動する家族は両親にお金や学識があり、教育に手間暇がかけられ、子どもは努力家でなければなりません。それらの条件に適合しない家族の子どもたちは、教育環境で努力のできなかった脱落者として挫折感を持って生きることになります。このような「個の力」による解決任せの状況は変えなければならないと思います。

また、逆に、強い「公助」によるトップダウンの解決が本当に望ましいのでしょうか。子どもの教育の責任を行政や世界全体の責任と捉え、どこにいても最低限の教育が保障されるようになることも望ましいことです。CEFRのポートフォリオのような形で個人の個票がオンラインプラットフォーム上で世界中で共有され、引き継がれるようになることに

よるメリットは大いにあるかもしれません。教育カリキュラムの共有や言語のアクセシビリティを高め、財政的な支援で多様な教育の機会を保障していく、そうした政策も重要だと思います。しかし、そうした強い組織による支援とガイドラインで一元管理をされていくことは強い非対称性を生み、世界中の成員の思考停止を招く可能性があると思います。つまり世界の共通言語である英語で、地域性を排除した標準化カリキュラムによって教育が商品として無批判に共有されていく恐れがあるのです。ケース１のAkitoさんが昆虫学者になったのは、幼少期の昆虫とのふれあいの経験は日本でしかできなかったことだからだと思います。そこに地域の持つ固有性があります。

9. 子どもの教育の社会的分有を

「ケアの社会的分有」ということばがあります。介護などで使われますが、社会全体でケアすることをわけあうという考え方です。ケアの社会的分有を実現可能なものにしていくにはケアリング関係の特性に配慮し、親密圏が孕む危険性を軽減する仕組み作りが必要であると言われています（中根, 2005）。

　これから大切にしたい方向性は、閉じた家族が強さと資本を持って、私的な空間で教育を行うことでなく、行政主導で子どもの教育を一元的に提供・保障することでもなく、従来の教育の責任論から自由になり、ひとりひとりが弱さと信頼によって、外に拓かれていき、周囲が全体として子どもの教育に自由に参画できるようになる「教育の社会的分有」をいかに実現するかではないかと思います。

　言い換えれば、「公的な部分で保護し、責任を課すのではなく、ある意味無責任に、その場その場で自発的に活動する共助の輪が広がっていくこと」です。そして、子どもも大人も含めて、他者によって認められる親密圏を形成することだと思います。

　地域の日本語教室は、「そこに行けば誰かがいる」という状況を形成できていることで無人状態を回避することに成功しています。しかし、理想は、そうした組織化がされなくても、近所同士で緩やかに助け合う環境が形成されることです。筆者は外国につながる子どもとその家族だ

けでなく、全員が何かしら有する弱さを晒していくことで、親密圏の形成は進むのではないかと考えています。介護、障がい、病気、経済的困窮など、それぞれが（社会的に強いられた）困りごとを抱えています。にもかかわらず、日本の社会は「他人に迷惑をかけないこと」「自立していること」「がんばって自分で解決しようとすること」を美徳としています。こうした社会に必要なのは、実は「迷惑をかけあってもいい」という前提の共有ではないでしょうか。楽しいことはInstagramなどのSNSでいくらでも共有しますが、悩みや困りごとの共有が非常に難しくなっているのが社会の問題ではないかと思います。

　ケース3、4はまさに社会的分有の重要性を示唆していると思います。ダニエリさんとミシェリさんの家族はどちらも子どもの教育のための文化資本（教育資本）は豊かではなかったようです。そして親の経済的な都合で2国間を行き来しています。ダニエリさんの場合はブラジルの祖父母を含む日系コミュニティという共助の強い親密圏が養育を推し進め、また日本の学校での委員会活動が自信の源になりました。ミシェリさんは親の同僚の勧めから地域の日本語教室へとつながり、そこが居場所になりました。このケースは「弱い親」と「弱い子ども」、すなわち、文化資本も経済資本も社会関係資本も豊かとは言えない親子が、自らの弱さを他者に拓いたことで、「私がこの人（子）の大切な人となり、人生を応援したい」という意識、つまり「ケアの社会的分有」を実現することができたケースではないかと思います。

　また、子どもの側も心を閉ざすのではなく、自分の味方だと信用したことも重要です。ケース2でYukiさんが語っていたように、適応するためには「自分から信用しないといけない」のだと思います。そして、ミシェリさんが語ってくれたように、地域の教室で心を開けたのは、学校のような教師と生徒の権力関係がなく、参加者との間に、家族のような感覚を持ち、親密圏が形成されたことによるのではないでしょうか。つまり、努力して強くなることではなく、弱いままでいること、そして信用してよりかかれる「身近な人」となることが大事なのだと思います。

10. 弱さを共有できることは強いこと

　ここまでいろいろなことを書いてきましたが、実は、他者に対して、自分の弱さを晒し、相互に分有していくことは簡単なことではありません。他者を信用して預けることは、実は騙されたり、裏切られたりするという大きな不安とリスクを負います。そのため、ケース3やケース4、途中から人を信用するようになったケース2も、むしろ強いのかもしれません。誰かを頼るしか生きていけないという必要性に迫られていたのかもしれませんが、勇気を出した成果であると感じます。

11. おわりに

　弱さの暴露と共有ができるようになるために、安心して信頼関係を形成できる場が必要です。何気ない挨拶や交流が生じる場を多く持つことが大事だと思います。海外と日本を行き来する生活の中で、日本の中に欠けているのが、ちょっとした挨拶や何気ない他者とのインタラクションだと感じます。見知らぬ人に話しかけられたら犯罪者を想定する社会では、親密圏の形成は難しいでしょう。どうやって日本で弱さの親密圏を育てていけばいいでしょうか。

　すでに日本国内では、地域の日本語教室、子ども食堂、子育てサークルなど、悩み事の共有を主目的とする、弱さでつながる親密圏が育まれている場はいくつもあります。学校や職場というのがこれまでの中心的な場であったとすると、これからは上にあげたような場が移動基盤社会の親密圏として活性化していくとよいように思います。さらに、「旅するように暮らす」ライフスタイルからは、シェアハウス、コリビングやコワーキングスペースなど、社会的分有や拡張的な家族関係を形成しやすい環境の提案が日々生まれています。そこでは、責任者があいまいで、各自が「責任」から自由になり、弱さの共有を前提としながら、自発的に信頼・承認しながら活動する親密圏が形成されていくように思います。そして、こうした弱さの分かち合いがもたらす親密圏こそ、これから私たちが育てていくべき公共性なのではないかと思います。

　そして、そうした親密圏で定住者の知見を共有していくことができれ

ば、地域のコミュニティ活動は決して衰退しないと思います。地域活動の維持・活性化を、その場にとどまる人の責任として考えるのではなく、観光客や出張・駐在者、留学生、移動家族のような、一時的な滞在者にも担ってもらいます。移動する人々が入れ替わり立ち替わり携わることで常時つながれるように、社会が変わっていくといいと思います。祭りなどの地域活動も、一時滞在者が企画・参画できるように社会が変わればよいと思います。公共性を、公的な責任からは自由な親密圏において構想してはどうでしょう。その際は、全員がそのように考えることが重要です。全員が責任の範囲を開放し、さまざまな土地で、さまざまなつながりを意識しながら生きます。「旅するように暮らす」移動家族やその子どもたちが街に増えてくることは、公共性が育まれるよいチャンスなのではないでしょうか。

付 記

CLD-Onlineに登壇してくださったAkitoさん、Yukiさん、ダニエリさん、ミシェリさんに心から感謝します。

この章の内容はJSPS科研費（20H01271, 24H00090）の助成を受けています。

参考文献

岡野八代編（2019）『自由への問い 7 家族――新しい「親密圏」を求めて』岩波書店
齋藤純一（2000）『公共性』岩波書店
齋藤純一編（2003）『親密圏のポリティクス』ナカニシヤ出版
佐藤隆, 佐藤季支恵（1981）『日米ダブル教育体験記――太平洋を通学したわが家の子供たち』ダイヤモンド社
中根成寿（2005）「障害者家族におけるケアの特性とその限界――「ケアの社会的分有」にむけた検討課題」『立命館産業社会論集』40(4), 51-70

第IV部　個と社会を超える

8章 日本語教育の鏡に映る「多文化共生」の姿から学ぶこと

福永由佳

キーワード：多文化共生、日本語教育、「生活者としての外国人」に対する日本語教育の標準的なカリキュラム案、社会的弱者、社会参加

1. はじめに——私の日常生活の一コマから

　先日病院で出会った看護師さんのことばに、かすかな外国語なまりがあることに気が付きました。私は久しぶりの注射にびくびくしていたのですが、看護師さんはやさしく話しかけてくれたので、すっかり緊張がほぐれて、無事に予防接種を受けることができました。

　私たちの生活になくてはならないコンビニですが、私や私の家族がよく利用する店舗では、毎回"エキゾチック"な民族衣装を着た女性たちが会計をしてくれます。彼女たちの姿は、娘が小学校で同級生だった男の子のお母さんの姿と重なり、会計の合間に、出身地を聞いたり、ちょっとしたおしゃべりをすることが私の楽しみです。そう言えば、駅で見かけたコンビニのアルバイト募集のポスターには、日本人の若い男女と一緒に、外国にルーツのあると思われる男性の写真があったことを思い出しました。

　最近、近所に外国にルーツのある方が経営されていると思われる会社を見つけました。従業員の皆さんが休憩時間にコーヒーを片手に韓国語でおしゃべりをしている光景をよく見かけます。にぎやかでとても楽しそうです。同じ地域の住民として、挨拶ぐらいするような関係になりたいものです。

　このように振り返ると、私たちの日常生活には、今や外国にルーツのある人たちとの接触が自然に織り込まれているのではないでしょうか。私が子どもの頃と比べると、外国にルーツのある人たちとの接触の機会

は各段に増え、学校の保護者や自治会のメンバーのように、単なる行きずり以上の関係性にある場合も少なくありません。接触の機会が増え、関係が深くなると、彼ら／彼女らを「外国人」と一括りにするのではなく、同じ地域、社会で暮らし、それぞれの人生を歩んでいる人間なのだと感じるようになります。

統計[1]によると、令和4（2022）年末現在、外国にルーツのある人たちの人口は約300万人と報告されています。2008年のリーマンショックから2011年の東日本大震災後にかけては減少しましたが、その後増加し続け、過去最高を更新しています。総人口に占める割合も2.5％までに上昇しています。人口の増加だけではなく、外国にルーツのある人たちは日本社会において、もはや欠かすことのできない存在です。データ[2]によると、「外国人労働者」数は約200万人で、前年比で約9万5000人増加し、届出が義務化された平成19（2007）年以降、過去最高を更新しています。超高齢社会において喫緊の課題である介護や看護の分野から、日常生活を支える業種に至るまで、外国にルーツのある人たちの力を借りなければ、私たちの生活は成り立たない状況にあるのです。

こうしたデータは日本が事実上の移民国家であることを示していますが、日本政府はこれまで移民政策をとらないという主張をたびたび唱えてきました。長年にわたり、政府が移民を認めず、定住化阻止の方針をとってきても、外国から日本に移住してきた人々の一定数は、就職や結婚などによって生活の基盤ができると定住しているのです（髙谷, 2020）。日本の現実は、日本、日本以外の地域といったルーツの違いを超えて人々が暮らしを営み共存をしつつあると言えるでしょう。

多様な背景を持つ人たちとの共存を意味する「多文化共生」ということばを最近よく見聞きします。多文化共生というと、外国にルーツのある人たちとの共生を意味するように理解されることが多いかもしれませんが、日本人と外国ルーツのある人たちという国籍の違いだけではなく、

---
1) 出入国在留管理庁「令和4年末現在における在留外国人数について」https://www.moj.go.jp/isa/publications/press/13_00033.html（2023年8月8日閲覧）
2) 厚生労働省「「外国人雇用状況」の届出状況まとめ（令和4年10月末現在）」https://www.mhlw.go.jp/stf/newpage_30367.html（2023年8月8日閲覧）

ことば（日本語内の違いも含め）、年齢、障害、信条などのさまざまな観点からの差異や個性を尊重し共生することこそが本来の多文化共生だと私自身は捉えています。近年、ビジネスの分野を中心に注目を集めている「ダイバーシティ（多様性）＆インクルージョン（包括、受容）」[3]の概念と近いように思います。

このように多文化共生は決して外国にルーツのある人たちとの関係だけではないのですが、多文化共生あるいは共生ということばは外国にルーツのある人たちの文脈で使われてきたという経緯があります。このことばが使われてきた経緯や文脈を検討していくことで、日本社会の多様性の捉え方の一端を理解することができると思うのです。このような意図から、本章では多文化共生が重視する多様性を考える一つの手がかりとして、外国にルーツのある人たちとの共存を日本語教育政策を資料にして議論していきます。

2. 現代社会のスローガンとしての「多文化共生」の実際

日本では、外国にルーツのある人たちへの支援は「国際化」の一環として進められてきました。「国際化」を引き継ぎ、新たなスローガンとなったのが「多文化共生」です。ただし、「多文化共生」ということばが突然登場したわけではありません。在日コリアンやアイヌ民族を支援する活動において、「共生」（あるいは「共に生きる」）ということばは1990年以前から用いられていたと言われています（金, 2007, 花崎, 2002, 加藤, 2008）。それがニューカマー[4]の支援へと広がり、外国にルーツのある人々を支援する人たち、研究者、自治体関係者、日本語教育関係者にスローガンとして浸透したのは1990年半ば以降であると言われています（塩原, 2012）。

では、多文化共生とはどのように定義されているのでしょうか。総務

---

3) 朝日新聞デジタル「D&I（ダイバーシティー＆インクルージョン）とは　意味や推進事例を紹介」https://www.asahi.com/sdgs/article/14680034（2024年2月29日閲覧）
4) ニューカマーとは新参者の意味ですが、外国にルーツのある人たちへの支援では、1980年代以降に来日し長期滞在する人たちを指します。在日コリアンと呼ばれる在日韓国・朝鮮の人たちを意味するオールドカマーと区別する概念です。

省が2005年に設置した「多文化共生の推進に関する研究会」は、地方公共団体が地域における多文化共生を推進するうえでの課題と取り組みについて初めて本格的に検討が行われた場として知られています。同研究会における議論をまとめた報告書では、「多文化共生」を「国籍や民族などの異なる人々が、互いの文化的ちがいを認め合い、対等な関係を築こうとしながら、地域社会の構成員として共に生きていくこと」（総務省, 2006, p.5）と定義しています。この定義によると、対等な関係性、地域の構成員が多文化共生の核であると読み取れます。これ以降、対等な関係性と地域の構成員ということばは、日本語教育をはじめとする外国にルーツのある人たちに対する支援の文脈に頻繁に現れます。

　しかし、気を付けたいのは、多様性を包摂する「共生」ということばは本来の意味を離れて独り歩きしてきたという歴史です。第二次世界大戦下の満州国における日本語教育政策を例に考えてみましょう。満州国の民族政策では「和（日）・韓・満・蒙・漢（支）」の五民族が協調（＝共生）することを謳っていましたが、実際には日本語は最上位に位置づけられ、共生とは謳い文句に過ぎなかったのです。（関, 2012）。このような事例から学ぶのは、「多文化共生」ということばは、時代によってどのようにもことばの意味が変わり、場合によっては共生の意味と相反する同化的な意味にもなりうる可能性があるということです。

　ここまでの話を整理すると、冒頭で述べたような日常生活の一コマからも、日本の現実は、日本、日本以外の地域といったルーツだけではなく、日本語、日本語以外の言語といった言語の違いをも超えて人々が暮らしを営み共存を進めています。この現実を公共性（齋藤, 2000）という概念で考えると、公共性の3つの側面（Official（国家）、Common（共通）、Open（公開））のうち、日本社会はそこに生きる人たちによって成立する共通のもの（Common）という状況にあると言えるでしょう。共通のものであるならば、相手を受け止める開かれた態度（Open）を持続することが必要なります。しかし、CommonやOpenがOfficial（国、そして「国民」とされるマジョリティの意識）と共存できるのかは、戦時中に植民地政策を強要した日本の歴史を顧みると簡単なことではありません。ですから、スローガンが持つ表面的なイメージに惑わされることなく、「多文化共生」の実際（多文化共生のスローガンの下で何が起こって

3. 日本語教育の「鏡」に映る「多文化共生」の姿

　ものごとの実際を知ることは、実はそれほど簡単ではありません。人間は自分自身を客観的に認識するために、鏡を利用します。鏡に映る姿が自分であると認識できる能力は「自己鏡映像認知能力」と呼ばれ、その有無は知能を測るための目安となります。多文化共生は概念ですから、その実際のありようは、なんらかの「鏡」に映してこそ具体的に理解できると言えるでしょう。

　本章では、政府によって作成された日本語教育政策を「鏡」として活用することを試みます。その理由は、日本語教育政策には社会の価値観、特に異なる言語や文化を持つ外国にルーツのある人たちとどのように共存するかという国（Official）の考えがカリキュラムという形で具体的に示されているからです。もちろん日本語教育の実際は、教育に関わる人たち（教師、ボランティア、学習者など）の考え方に大きく左右されるのだから、政府の日本語教育政策は枠組み、建前に過ぎず関係ないんだと考える日本語教育関係者もいるでしょう。

　しかし、社会全体の根幹に関わる巨大な装置として発展してきた教育そのものについても、今や目的や目標を行政に任せ、教育関係者は政策によって設定された目標や目的をひたすら達成することだけに奔走しているという批判があります（広田, 2017）。ここで「行政の下請け屋」[5]（p.115）という刺激的な言い方で非難されている現在の教育のあり方に、日本語教育政策に影響を受ける日本語教育が全く無関係とは言えません（なお、序章の細川論文においても、日本語教育の「実践」が効果・効率性のみを重視してきたことに対する議論がなされています）。

　そもそも「国なんて関係ないんだ！」と言ったところで、国に暮らす私たちは国から完全に切り離して生きることはできないのです。社会学者の本田由紀氏は、私たちの普段の暮らしは「すべて国や自治体が定め

---

[5] 教育学者の広田照幸氏は、教育の目的や目標の設定を政策レベルに一任し、ひたすら目的や目標の遂行だけにまい進するという傾向を「行政の下請け屋」として問題視しています。

た法律、条例、行政として行う諸事業にまみれています」とし、「どの「国」に住もうが、そうした枠組みから自分を切り離して生きることは不可能」(2022, p.230) と述べ、だからこそ「国」のあり方を見直すことが重要だと指摘しています。日本語教育も日本という国の枠組みのなかにあるのですから、その影響は無視することはできません。

日本語教育史を振り返ると、日本語教育の創成期と言われる18世紀のロシアでは日本語教育は南下政策の一環でしたし、第二次世界大戦下のアジア各地における日本語教育は軍部の進める同化政策の根幹とされました。こうした日本語教育に対する反省からも、日本語教育政策に埋め込まれたOfficialの持つ価値観を意識して見極めることが重要なのです。

3.1 文化庁「「生活者としての外国人」に対する日本語教育の標準的なカリキュラム案」に見る多文化共生の姿

ここで利用する「鏡」は、「「生活者としての外国人」に対する日本語教育の標準的なカリキュラム案」(以下、カリキュラム案) です。これは、2007年7月に文化庁[6]が設置した文化審議会国語分科会日本語教育小委員会が「生活者としての外国人」に対する日本語教育について審議した内容をまとめたもので、2010年5月に報告書として公開されています (文化庁, 2010)。この報告書の冒頭には、カリキュラム案が各地の日本語教育の参考資料として活用されることが期待されると書かれています。文化庁委託事業「生活者としての外国人のための日本語教育事業」において、カリキュラム案を利用した日本語教育実践が行われていることからも、カリキュラム案が日本語教育政策として日本語教育の現場に大きな影響力があることが窺えます。

カリキュラム案の大きな特徴は、目標の一つに「日本語を使って、相互理解を図り、社会の一員として生活を送ることができるようにすること」(文化庁, 2010, p.2) を掲げていることです。この目標は「国籍や民

---

[6] 文化庁は文部科学省の外局で、国語の改善及び普及、国内に定住している外国人に対する日本語教育の推進を担当しています。本稿で取り上げた「「生活者としての外国人」に対する日本語教育の標準的なカリキュラム案」も文化庁が主導する日本語教育政策の一環です。

表 1　大分類「社会の一員となる」の構成

```
□地域・社会のルール・マナーを守る
○住民としての手続きをする
☆各種手続きの種類や内容を理解する
・役所の受付で外国人登録の場所を尋ねる
・支払い方法を確認する（各種税金）
・必要性を確認する（確定申告、還付申告）

○住民としてのマナーを守る
・居住地域のゴミ出しについて地域の公的機関で発行している生活情報パンフレット等
　で確認し理解する
・居住地域のゴミ出しについて隣人に質問する
・マナーについて人に相談する

□地域社会に参加する
○地域社会に参加する
・居住地域の自治会について隣人に尋ねる
・自治会の会員になる
```

出典：文化庁, 2010, p.13 をもとに筆者が作成
□は中分類、○は小分類。☆は基本的な生活の基盤を形成するため、または安全にかかわる緊急性があるために重要な情報とされている項目。

族などの異なる人々が、互いの文化的ちがいを認め合い、対等な関係を築こうとしながら、地域社会の構成員として共に生きていくこと」という多文化共生の実現を目指し、そのために日本語が必要だとしています。カリキュラム案はこの目標の具体化を示しているので、この章ではカリキュラム案をOfficialの多文化共生観を理解する「鏡」として使うことにしました。

　カリキュラム案は「基本的な生活基盤の形成に不可欠な生活上の行為の事例」を基軸とし、それらを大分類、中分類、小分類に整理し示しています。多文化共生に関係が強い「社会の一員となる」は、8つの大分類の一つとして位置づけられていることから、この項目が重視されていることがわかります。表1に「社会の一員となる」の構成を示します。

　正直を言うと、表1の項目を見たとき私はとても息苦しく感じました。なぜそう感じたのかを考えてみると——そこに並んだ項目（「守る」「手続きをする」「理解する」「確認する」「マナーを守る」「参加する」など）の多くが義務的な項目です。それに対して、権利を主張したり、制度そのものに疑問を持つという項目は見られないので、表1の「社会の一員となる」項目から閉鎖的で同化を強いているような雰囲気（ルールを

守らないと受け入れないゾというような) を感じたのかもしれません。

　これらの項目が想定する「社会の一員」とは、各種の手続きや自治会に関する既存の制度を疑問なく受け入れ、自治会や行事に参加し日本人と仲良くなる人のことのようです。そうしたホスト社会の日本が期待するような行動を望む価値観がカリキュラム案の鏡には映っています。その反面、日本社会のマジョリティ集団が作り上げた制度のあり方に疑問を持って、制度を作った日本人と議論し、新たな社会を作り上げようというような能動的な行動をとる人物像は鏡には現れていません。

3.2　アメリカの「「将来のための備え」スタンダード案カリキュラム案」に見る「社会の一員」像

　同じ国の一員であれば、同じ制度の利用者であるわけですから、制度を理解することが求められます。しかし、社会の構成員であれば、制度の担い手でもあるわけですから、制度について疑問を感じたり、議論することは同様に必要だと言えるでしょう。そう考えるときに参考になるのは、日本以外の諸外国における「社会の一員」像です。

　私は移民に対する自国語教育の調査に携わり、アメリカにおける移民に対する英語教育について資料を収集した経験があります。その際に収集した資料の一つに、国立識字研究所が開発した「将来のための備え (Equipped for the Future、以下、EFF)」[7] スタンダードがあります。ここからは、このスタンダードに見る「社会の一員」像を紹介します。

　EFFでは学習目的として、「①アクセス (自分自身が世界に適応できるように、情報や資源にアクセスすること)、②ボイス (傾聴され考慮されるように、自信を持って、自分の考えや意見に声を与えること)、③独立の行動 (自分の家族、地域社会、国の善のために、親、市民、労働者として、独立して行動しながら、自分自身で問題を解決し意思を決定すること)、④未来への橋渡し (急速に変化する社会に対応するために学習を続けること)」を設定しています (松尾, 2010, p.133)。

　これらの学習目的をもとにして、「市民」「働き手」「親」のための役割マップが開発され、役割マップでは、①その役割を果たす責任の領域、

---

7) EFFの詳細については、Stein (2000) を参照。

表2 EFF 市民としての役割マップ

責任の領域			
広い見聞を持つ	意見を表明する	一緒に活動する	地域のために、活動を起こす
問題を解決し、地域に貢献することができるために必要な情報を見出し、利用する。	個人の意見を持ち、個人的に、あるいはグループとして意見を述べる。	共通の目的のために、他の人と交流する。	世界をよりよくするために、個人として、また、グループのメンバーとしての権利と責任を行使する。
代表的な行動			
・問題、地域のニーズ、強さとリソースを確認し、モニターし、予測する。 ・人間として、法的に、国民としての権利と責任を理解する。 ・システムがどのように問題に対して影響を与えているのかを理解する。 ・個人がどのように違いを生み出すことができるのかを確認する。 ・個人的な経験を含む、多様なリソースを発見、解釈、分析、利用する。	・大きな地域における個人の歴史、価値、信念、役割を反映する個性の自覚を強化し、表明する。 ・他者の経験やアイディアから学ぶ。 ・他者が理解できるようにコミュニケーションをする。 ・自分自身の意見とアイディアを省察し、再評価する	・地域に参加し、他者を巻き込む。 ・他者を尊敬し、差別や偏見をなくすことに取り組む ・共通の価値観、ビジョン、ゴールを定める。 ・対立を管理し、解決する。 ・グループプロセスと意思決定に参加する。	・自分自身と他者を助ける。 ・他者を教育する。 ・意思決定者に影響を及ぼし、彼らに責任を持たせる。 ・地域でリーダーシップを発揮する。

出典：Stein, 2000, p.9 をもとに筆者が作成

②それぞれの領域の定義、③それぞれの領域において代表的な行動が示されています。表2は、そのうちの「市民」としての役割マップです。

表2の役割マップの責任の領域を見ると、個人の行動だけではなく、「一緒に活動する」「地域のために、活動を起こす」のように集団での行動も含まれています。集団で行動するために、「個人の意見を持ち、個人的に、あるいはグループとして意見を述べる」ことをまず行い、「共通の目的のために、他の人と交流する」のように、意見の異なる他者との合意形成や協調が必要な活動へと展開します。これらの記述からは、社会の一員としての成人とは、一人ひとりが自分の価値観や信念から形

成された意見を述べ、異なる価値観や信念を持つ他者と相互交渉を通じてコミュニティや社会の諸問題を解決し、自分たちが求める新たな社会を作り上げる能動的な存在であるという理念が読み取れます（福永, 2014, 2020a）。このような能動的に活動し、新しい社会を他者と作り上げていくことために行動する人間像は、上に述べた文化庁のカリキュラム案が望む人間像とかけ離れているのは明らかです。

　最後に述べたいのは、日本のカリキュラム案が外国にルーツのある外国人を対象としているのに対し、アメリカのEFFはアメリカの成人全体を対象としているという両者の設定の違いです。日本のカリキュラム案が求める「社会の一員」はあくまで外国にルーツのある人たちに求められるもので、ルーツの違いにかかわらず成人全体に求められる「社会の一員」のあり方とどのように違うのかは説明されていません。そうした設定があるために、カリキュラム案の「社会の一員」項目はなおさら同化的に感じられるのかもしれません。

4. 社会的弱者として位置づけられる日本語学習者

　アメリカのEFFと日本のカリキュラム案を比較してみると、根本的に異なるのは、成人学習者を新しい社会を作り上げようとする能動的な存在として捉えているか否かにあります。カリキュラム案にもとづく日本語教育では、学習者を受動的な存在とみなし、ホスト社会に同化することを求めています。それに対して、EFFが示すアメリカの成人教育では、学習者は能動的な存在です。社会の課題に対して、声を上げ、他者と議論し、課題解決を目指すことが期待されています。

　日本における外国人支援に関わる運動の歴史を振り返ると、1990年代以降に急増するニューカマーに対する支援では、ニューカマーは日本語能力や必要な生活情報へのアクセスが不足し、多様な生活課題を自力で解決することが困難な社会的弱者として位置づけられてきたことがわかります（福永, 2020a）。日本語教育では、日本語能力が不十分である外国人は日本語が多数派言語であるホスト社会で社会的弱者化するのだから、日本語を教えてあげることは彼ら／彼女らのためなのだと考える

パターナリズム[8]が学習者−教授者という関係性を一方的に固定化し、その場に働く政治性や力関係を無力化してしまうことに関係者が無自覚であることが指摘されています（春原, 1999）。日本語教育には潜在的に日本語学習者を社会的弱者としてみなすまなざしが埋め込まれています。

5. 日本語学習者の実際——在日パキスタン人コミュニティの調査結果からの示唆

ホスト社会側によって、社会的弱者というカテゴリー化がなされると、弱者としてのネガティブな側面だけ強調されてしまい、その結果として彼ら／彼女らの実際が見えにくくなります。では、外国ルーツの人たちは日本で社会的弱者として生活しているのでしょうか。ここからは私が行った在日パキスタン人コミュニティの調査結果（福永, 2020a）から、彼ら／彼女らの実際の一端を紹介します。

　表3は、日本に暮らすパキスタン人が8種類の社会的な活動にどのくらい参加しているのかを参加率で示したものです（福永, 2020b）。

　これらの参加率を解釈するために、日本人の社会的な活動への参加率（国民生活選好度調査[9]のデータ）と比較してみましょう。「家族・地域・職場とのつながり」に関する平成18年度調査（15歳以上80歳未満の男女3383人）では、「町内会・自治会」48.7％、「婦人会・老人会・子ども会等」25.1％、「スポーツ・趣味・娯楽活動」32.8％、「ボランティアや市民活動（まちづくり、子育て、美化、防犯・防災等）」19.3％、「その他の団体・活動（商工会、業種組合、宗教等）」16.1％でした。これらの質問項目は、在日パキスタン人の調査項目と完全に一致していないので単

---

8) パターナリズム（paternalism）とは、父親的温情主義、温情的干渉主義とも呼ばれる専門用語で、経営、介護、看護、教育などの広い分野で用いられています。強い立場にある私が言う通りにしていれば間違いないのだから、弱い立場のあなたはすべて私に任せなさいというような考え方を指します。

9) 国民生活選好度調査とは、国民の生活意識、ニーズ、生活の諸領域における満足度等の意識を把握することを目的として、経済企画庁（現内閣府）国民生活局が1972年から実施する調査です。各年度の調査概要は、以下のサイトで閲覧できます。https://warp.da.ndl.go.jp/info:ndljp/pid/10361265/www5.cao.go.jp/seikatsu/senkoudo/senkoudo.html（2019年8月7日閲覧）

表3 社会的な活動への在日パキスタン人の参加率

番号	質問項目	参加率
1	パキスタンの文化紹介や国際交流	79.1%
2	スポーツや趣味の活動	73.6%
3	学校のPTAや子ども会の活動	44.0%
4	地域の消防団や防犯活動	46.2%
5	自治会や町内会の活動	48.4%
6	災害や難民の支援活動	52.7%
7	自治体や地域の委員会や会議の活動	40.7%
8	同業者組合等の職業に関する活動	45.1%

出典：福永, 2020b

純な比較はできませんが、全体として在日パキスタン人の参加率の方が日本人よりも高いことが示唆されます。

なかでも災害・難民支援活動への参加については、平成23年度調査（15歳以上80歳未満の男女2802人）の「災害救援・復旧・復興・国際支援」項目の日本人回答では3.6%と低調でした。東日本大震災の影響から過去の調査よりも数値が大幅に上昇したと言われているのですが、在日パキスタン人の参加率52.7%とは大きな開きがあります。

これらの結果からは、日本に暮らすパキスタン人は社会的な活動に消極的ではなく、むしろ積極的だと言えそうです。町内会、PTA、消防団等の地域の自治や親睦等に関わる諸活動には、外国にルーツのある人たちの参加が少ないという指摘が多く、カリキュラム案でも「標準的なカリキュラム案で扱う生活上の行為の事例」(p.12)として、居住地の自治会について尋ねたり、入会することが挙げられています。しかし、在日パキスタン人の町内会・自治会への参加率は、日本人とさほど差が見られませんでした。

質問紙調査と併せて行ったインタビュー調査では、町内会や自治会の活動に携わることに関しては、次のような話を聞きました。

（事例1）パキスタン人の夫を持つ日本女性の語り
　　防犯とか、自治体、町内会とかの活動には、我が家は全部出ています。パキスタン人の夫も町内会は当たり前と考えています。《中略》みんな（＝地域の日本人住民）が助けてくれるから参加す

るのは当たり前と、夫は考えています。

（事例2）町内会の委員を以前務めたパキスタン人の男性の語り
　（今は町内会の委員ではないけれど）いまでも町内の人と一緒に掃除したり、水を撒いたりしています。前に町内会で一緒だった人たちとは、サウナに行ったり、毎月お金を集めて温泉にも行きました。みんなと仲良くして、ご飯食べて、カラオケを歌って、温泉行ったり食べたりしています。《中略》（町内会の日本人にとって、外国人である）私のイメージも良くなりました。日本人は、外国人って可哀想で貧乏と、そんな感じに思っていました。だから、私が（町内会に）入って、（日本人メンバーの）みんなに言ったのは、「私は（皆さんと同じように）税金を払ってます」ということ。そう言えば、町内会の人たちは、（私の気持ちを）わかってくれました。

　事例1の日本人女性の語りからは、このご夫婦が自治会などの活動に参加するのは特別のことではなくて、当たり前のこととして自然に受け止めている様子が窺えます。事例2のパキスタン人の男性は、町内会の活動に積極的に参加し、今でも美化活動を率先して続けていると楽しそうに話してくれました。そして、なによりも印象的だったのは、この男性が町内会に参加することで外国から移住した人たちに対する偏見や誤解を解消し、日本人と同じ義務を果たしている市民であることを理解してほしかったと話してくれたことです。実際、この地域に住む日本人男性の一人は、この事例2の男性と出会う前は外国人にはあまりいい印象を持っていなかったけれど、この男性と直接話したことがきっかけとなって偏見がなくなったと、私に話してくれました。

　次に災害時や難民に対する支援活動への参加率についても見てみましょう。調査では、調査対象の在日パキスタン人の参加率は日本人の10倍以上であることがわかりました。在日パキスタン人の多くはムスリム（イスラーム教徒）で、貧者、困窮者等に対する喜捨が宗教的な義務とされていることに関係があるかもしれませんが、調査の過程で、災害地に物資を運ぶ車の側面に「○○県の住民からです」と大きく書かれ

た幕が貼ってあるのを見つけました。この幕からは、車を運転する在日パキスタン人の人たちが、自分たちが地域住民であるという意識で物資を運んでいるのだという気持ちが伝わってきました。

　これらの在日パキスタン人の調査データから示唆されるのは、日本語学習者は決して受け身の社会的弱者ではないということです。在日パキスタン人は一万人程度の少数派のコミュニティなので、この結果をもって外国にルーツのある人たちの姿を一般化することはできません。しかし、彼ら／彼女らはビジネスや宗教活動といった社会的な活動に積極的に取り組む活力のあるエスニック集団であることが文化人類学の先行研究では報告されています（福田, 2012）。データは、これまで社会的な弱者として一括りにされがちだった外国にルーツのある人たちの多様な姿を理解する一つの手がかりとなります。

　パキスタン人以外の外国にルーツのある人たちの社会的な活動に関し、長谷川（2016）は、神奈川県の県立住宅で活動する「多文化まちづくり工房」の活動に外国にルーツのある若者たちが積極的に参加していることを報告しています。彼ら／彼女らは、日本語で話すことが得意でなくとも、日本人住民と共に自治会運営などの社会的な活動を行っているそうです。『団地と共生──芝園団地自治会事務局二〇〇〇日の記録』（岡﨑, 2022）には、外国人住民の増加がメディアで報道される川口芝園団地の多国籍自治会の活動軌跡がまとめられています。また、東日本大震災や西日本豪雨などの災害において、外国にルーツのある人たちが積極的に募金活動を行ったり、被災地で炊き出しをする様子がメディアやインターネットで報道されるようになりました。

6. まとめ

　日本人は社会的な活動に積極的で、他者に対して思いやりがあるという声をしばしば聞きますが、果たしてそうなのでしょうか。政治学・国際関係論の研究者である田中世紀氏は、「世界人助け指数（World Giving Index）」（イギリスのチャリティーズ・エイド財団（Charities Aid Foundation）作成）のランキングにおいて、日本が120カ国中107位、先進国では最下位という結果を引用し、日本人は本当に人助けをしない、他人

に「やさしい」国民なのかという疑問を持ったそうです。この問題について、田中（2022）は社会科学の研究を参考にしながら論じ、その考察のなかで、歴史を顧みると、社会は協力のうえに成り立ってきたが、「多くの日本人は社会なるもの、あるいは公共への意識が低下しており、そのせいで社会とのつながりが保てなくなり、社会参加への意欲も失われている」（p.70）と述べています。

そして、前述の本田由紀氏は日本がどんな国なのかを統計などのデータをもとに描くことを試みています（本田, 2021）。そのなかで、NHK放送文化研究所がほぼ10年おきに実施している「日本人の意識」調査を取り上げ、2010年代後半以降の世の中の雰囲気が「愛国的」な意識、さらには「排外的な」意識（近隣国に対する差別的な意識）が高まっていることを、社会学者の松谷満氏の論文（2019）をもとに論じています。本田氏は、家族、ジェンダー、友人、経済、政治などの面から日本の状況を示すことを試みているのですが、日本の姿が「相当やばい国」（p.19）であると書いています。

日本語教育政策の鏡に映った多文化共生の姿（日本の社会への同化）やその根底にある日本語学習者を社会的弱者とみなすまなざしは、田中氏や本田氏の指摘に重なるように思われます。社会参加の意欲が低く、近隣国に対する差別的な意識が強くなりつつある日本社会の価値観を社会参加に意欲的な外国にルーツのある人たちに強いることはできるのでしょうか。むしろ外国にルーツのある人たちの経験や意識から日本人が学ぶことが多いのではないでしょうか。

公共性のCommonとOpenとOfficial（国、そして「国民」とされるマジョリティの意識）の共存は歴史的に極めて難しいと繰り返し述べました。ここまでの議論で論じたように、社会が多文化共生を謳うようになっても、Officialである文化庁のカリキュラム案には外国にルーツのある人に対する差別的な意識が潜んでいます。そして、Officialは、公共性の担い手である個人の意見の違いを覆い隠してしまうような影響力を有しています。歴史は、気が付かないうちに個人の総体がOfficialと置き換えられる危険性を教えてくれています。

従来はOfficialの担い手はマジョリティ集団だけでしたが、多文化共生ではこの社会に暮らすすべての人に開き、差異を受け入れることだと

考えます。そのためには、これまで外国にルーツのある人たちを新しい社会を作るための仲間として受け入れること（イ, 2017）が大きな第一歩だと考えます。受け入れるためには、ともに社会を生きている外国にルーツのある人たち（冒頭の「私の日常生活の一コマから」にあるような）を見て話して、それぞれの人たちのストーリーに触れてほしいのです。

外国にルーツのある人たちとの接触の最前線にある日本語教育が多文化共生実現の役割を果たすためには、国の日本語政策の「鏡」に映った日本語学習者のあり方や社会参加への期待を当たり前のものとして受け入れるのではなく、その従来の価値観を解体して考えることが求められます。「行政の下請け屋」（広田, 2017, p.115）ではなく、自分自身も社会的存在（social agent）の一人として多文化共生社会の実現にコミットしていくことが重要だと日本語教育に携わる者として私は思うのです。

参考文献

イ・ヨンスク（2017）「日本語教育は誰のものなのか——自己実現のための日本語教育を目指して」川上郁雄編『公共日本語教育学——社会をつくる日本語教育』pp.67-86, くろしお出版

岡﨑広樹（2022）『団地と共生——芝園団地自治会事務局長 二〇〇〇日の記録』議創社

加藤千香子（2008）「コメント　日本社会と「共生」の再定義へ」崔勝久, 加藤千香子編『日本における多文化共生とは何か——在日の経験から』pp.242-251, 新曜社

金侖貞（2007）『多文化共生教育とアイデンティティ』明石書店

齋藤純一（2000）『公共性』岩波書店

塩原良和（2012）『共に生きる——多民族・多文化社会における対話』弘文堂

関正昭（2012）『日本語教育史研究序説』スリーエーネットワーク

総務省（2006）『多文化共生の推進に関する研究会 報告書——地域における多文化共生の推進に向けて』

髙谷幸（2020）「序章——移民社会の現実をふまえて」髙谷幸編『移民政策とは何か——日本の現実から考える』pp.7-22, 人文書院

田中世紀（2022）『やさしくない国ニッポンの政治経済学——日本人は困っている人を助けないのか』講談社

長谷川美佳（2016）「エスニック・コミュニティと行政の役割——外国籍住民が「主体」になるために」小泉康一, 川村千鶴子編『多文化「共創」社会入門——移民・難民とともに暮らし、お互いが学ぶ社会へ』pp.46-55, 慶応義塾大学出版会

花崎皋平（2002）『「共生」への触発——脱植民地・多文化・倫理をめぐって』みす

ず書店
春原憲一郎（1999）「学習者を支援するネットワークとはなにか」『JALT日本語教育論集』4，pp.52-55
広田照幸（2009）『ヒューマニティーズ　教育学』岩波書店
福田友子（2012）『トランスナショナルなパキスタン人移民の社会的世界——移住労働者から移民企業家へ』福村出版
福永由佳（2014）「ひと、ことばの多様化と共生の実現への挑戦——アメリカの移民言語教育政策から学ぶこと」富谷玲子，彭国躍，堤正典編『グローバリズムに伴う社会変容と言語政策』pp.193-223，ひつじ書房
福永由佳（2020a）『成人教育（adult education）としての日本語教育——在日パキスタン人コミュニティの言語使用・言語学習のリアリティから考える』ココ出版
福永由佳（2020b）「日本語能力は社会参加の資格なのか——在日パキスタン人言語調査の分析から」2020年度日本語教育学会春季大会
文化庁文化審議会国語分科会（2010）『「生活者としての外国人」に対する日本語教育の標準的カリキュラム案について』
本田由紀（2021）『「日本」ってどんな国？——国際比較データで社会が見えてくる』筑摩書房
松尾知明（2010）『アメリカの現代教育改革——スタンダードとアカウンタビリティの光と影』東信堂
松谷満（2019）「若者——「右傾化」の内実はどのようなものか」田辺俊介編『日本人は右傾化したのか』pp.227-246，勁草書房
Stein, S.（2000）*Equipped for the Future Content Standards: What Adults Needs to Know and Be Able to Do in the 21st Century.* Washington, DC.: NIFL

9章 店の「カウンター」が引き寄せるコンヴィヴィアリティと公共性
言説の空間を超えて

尾辻恵美

キーワード：コンヴィヴィアリティ、メトロリンガリズム、カウンター、人工物、日常の多言語主義

　世界の中に共生するというのは、本質的には、ちょうど、テーブルがその周りに坐っている人びととの真中（ビトウイーン）に位置しているように、事物の世界がそれを共有している人々の真中（ビトウイーン）にあるということを意味する。つまり、世界は、すべての介在者（イン・ビトウイーン）と同じように、人々を結びつけると同時に人々を分離させている。　　　（アレント, 1994, p.79）

1. カウンター 1 ── *Yeah, yashou yashou [jaʃu]*

　メトロリンガリズム（街における日常の多言語主義）の研究のデータ収集のため、シドニーのマリックビルという地域の交差点の近くでバスを降りると、まずパクチーの独特な匂いが鼻をくすぐります。匂いをたどって視点を道の向かいに移すと、ベトナム系のレストランや八百屋が視界に入ってきます。そして、目的地に向かって数歩歩き始めると、今度はギリシャ・トルコ系の雑貨店からオリーブとコーヒー豆の混ざった匂いや、そのとなりにあるバングラデシュ系の店からスパイスの匂いが放たれています。このような匂いの景観（Pennycook & Otsuji, 2015a）が象徴するように、マリックビルは、豪州の移民の歴史のパターンを表象しており、さまざまな文化、ことば、習慣が混ざりあっている地域です。街を闊歩する人々や住人、店の経営者・雇用者・顧客なども昔はイタリア系やポルトガル系が多かったのが、今やギリシャ系、ベトナム系、中国系、パシフィックアイランド系へと時代とともに移り変わり、街の景

イメージ1　マリックビルの街並み

観がレイヤー化（重層化）する中、住民、労働ネットワークが複雑に絡みあっています（**イメージ1**）。

　2021年の豪州の国勢調査のデータによると、シドニー在住者のうち52％が両親ともに海外で生まれており、さらに父親だけが海外生まれの人は6.5％、母親だけが海外生まれの人が4.7％となっています。つまり、60％以上の人が両親もしくは、親の片方が海外生まれであることより、豪州以外の国にルーツを持っていることになります（Australian Bureau of Statistics, 2021）。マリックビルはそのようなシドニーの中でも多様性が際立っている地域で、さまざまな背景の人、ことば、モノが引き寄せられたり通り過ぎたりする中で、習慣、文化、言語が日常の活動を通して交渉されてきました。そのプロセスで、「コンヴィヴィアリティ（Conviviality：ともに生きる様相・態度・活動）」[1]が生まれ、公共空間が保障されてきているといっても過言ではないかもしれません。このような多様性に充ちたマリックビルにある店でのやりとりを紹介してこの章を始めたいと思います。

　マリックビルの商業活動は、2本の主要な通りに集中しています。さまざまな言語や色やイメージを盛り込んだ看板を掲げた、バングラデシュ系やラオス系の移民が経営する雑貨店、ギリシャ系のデリカテッセン、ベトナム系のベーカリー、トルコ系のコーヒーショップ、ベトナム系のビューティサロン、中華系の歯科医、ギリシャ／中華／ベトナム／日本／イタリア系のレストラン、多言語対応を謳う法律事務所や薬局が、互いに寄り添うように並んでいます。ここで紹介するやりとり（**やりと**

---

[1] コンヴィヴィアリティという概念については、2016年に出版した『市民性形成とことばの教育』（細川ほか編、2016）の中でも議論したのですが、その時は、コンヴィヴィアリティを「協調的な生活」と訳しました（尾辻、2016）。しかし、今ではコンヴィヴィアリティということばも定着しているので、本章でもコンヴィヴィアリティという表現を使います。

り1）は、筆者がバスを降りてむかったディスカウント・ストアで起きたものです。この店はソングというラオスからの中国系移民の女性とタイからの中国系移民である彼女の夫が経営しています。

店に足を踏み入れると、さまざまな品々で溢れてい

イメージ2　ソングの店内の商品棚

て圧倒されます。このディスカウント・ストアは文化と言語の「寄せ集め」の場です。ヒンドゥー教の神々の小さな像、聖母マリアの置物、豪州のコアラなどの土産品、プラスチックの花、藁で出来た赤いプラスチックの柄のついた箒、タイ語で書かれた健康と繁栄を願う木製の壁掛けといった、ありとあらゆるものが共存しています（**イメージ2**）。そして、30年近く（データを取った時点では22年）、カウンター越しにさまざまなやりとりがおこなわれ、多様な商品が売られてきました。つい最近2023年の9月に再び訪れた時も、8年前と同じような商品（昔、筆者が買った赤い柄の箒もザルもまだ売っていました）が所狭しと陳列してあり、このような店特有のプラスチックの匂いも、ソングの笑い声も健在で、店の中の作りやカウンターの位置も変わっていませんでした。

やりとり1は2010年代の中頃に採録したものですが、その日はギリシャ系の常連客の中年の女性がカウンターでソングと大声で笑いながら長々と話していました。筆者が二人に近づいて、どのくらいお互いを知っているのか尋ねると、彼らは笑いながら冗談っぽく次のように答えました。

やりとり1（G：ギリシャ系の常連客、S：ソング）
英語：常体（日本語訳）[非言語の説明]

[両方とも大声で笑いながら]
  1.　S：20 years（20年）[笑い]

2. G：More! More! More!（もっと！ もっと！ もっと！）
3. S：More than 20 years!（20年以上！）

やりとり1では、ソングが「20 years（20年）」と答えると、ギリシャ系の常連客は大声で笑いながら「More! More! More!（もっと！ もっと！ もっと！）」と「More!」を3回繰り返してリズミカルに追い打ちをかけます。それに応えて、ソングも「More than 20 years!（20年以上！）」と続け、二人で掛け合っています。そのあと、筆者も交えて雑談をし、ギリシャ系の常連客はカウンターで支払いをすませ、別れ際にお互いをからかいながら次のようなやりとりを交わして店をあとにしました。

やりとり2（G：ギリシャ系の常連客、S：ソング、E：筆者）
ギリシャ語：太字、英語：通常（括弧内は翻訳）＊国際音声記号

1. G：She know **Greco. Greco** forget?（彼女は**ギリシャ語**を知っているよ。**ギリシャ語**を忘れた？）
2. S：Yeah, **yashou yashou** ＊[jaʃu]（そう、**こんにちは、こんにちは**）
3. E：You can speak Greek（ギリシャ語を話せるんですね）
4. G：**Yassou, kala, afharistro**（**こんにちは、良い、ありがとう**）
5. S：**Yashou** ＊[jaʃu]（**こんにちは**）
［全員笑う］
6. G：See you tomorrow!（また明日ね！）
7. S：Yeah, see you!（うん、またね！）

このギリシャ系の常連客は店の近所の養護施設で働いており、20年余り、ほぼ毎日施設の入居者のために、何か小さくて安いお土産を買いに店を訪れます。その日も彼らはカウンター越しで話したあと、常連客は小さなプラスチック袋をソングから受け取り、笑い、抱擁して「See you tomorrow!（また明日ね！）」といって店を出ました。**やりとり2**か

ら、単語レベルではあるものの、遊び心のある言語知識を駆使して二人が会話を楽しんでいる様相が見られると思います。このような言語遊びやユーモアに溢れたやりとりは実はそれほどめずらしくなく、フィールドワークの他の現場でも見られました（例えば、建設現場などでセルビア系の移民が「ウラ」と、ブラというフィジーの挨拶をひねった表現を使って親愛の情を込めて話しかけていました）。

　ギリシャ系の常連客との毎日のやりとりから、ソングは「Yassou」（こんにちは）などのいくつかの「ギリシャ語」の「小片」を学んだようです（ソングによるYashouの発音は［jasu］ではなく「［jaʃu］」です）。また、やりとり2の行4で常連客は、何年もの付き合いの間に「kala」（良い）、「afharistro」（ありがとう）などいくつかのことばをソングに教えたと披露しています。ソングが自分の数少ないギリシャ語の表現「Yashou [jaʃu]」を繰り返すことで、二人の間で笑いが生まれていますが、このような懇親的なやりとりは二人の間で培われてきた長年の関係があってこそ成り立っているといえるでしょう。

　ソングは主にタイ語、ラオス語、潮州語[2]、中国語、英語を使って仕事をします。彼女によると、この店で22年間働いている間に広東語、ベトナム語、ギリシャ語、フィジー語なども常連客や顧客とのやりとりを通して、「ちょっとした」表現を拾ってわかるようになったとのことです。かといって、それらの「ちょっとした」知識は、軽いやりとりには役に立つものの、必ずしも仕事内容に役立つ程度のものではないようです。例えばベトナム系の客に対して「……お客さんは英語を少しは話すけど、ここではベトナム語で買い物をするの。だから、覚えられる単語は覚えるようにしないといけなくて。でも、私、ときどきお客さんにいうの「自分で（商品を）探して」って（…）ベトナム語でいっていることがわからない時、「あ、いいよ、自分で探しなさい」というしかないんだよね（they speak a little bit of English, but when they come in here to buy they speak Vietnamese. That's why I have to try to learn — some words I can learn. Sometimes I say to people, 'you look yourself'（…）if I not

---

[2] 中国南東部の広東省潮州地方で話されている言語。東南アジアの華僑のコミュニティでもよく話されています。

understand some Vietnam — I have to say, 'Oh, OK, you have to look yourself)」と彼女がいうように、ベトナム語においても**やりとり2**と同じように「小片」の知識しか持っていないようです。それでも、ソングは異なる言語資源の「小片」を学んだりちょっと使ったりすることにとても興味を持っており、彼女は自分の能力に誇りを持っています。店の運営に、さらに、顧客との関係を大切にするのにとても必要だと考えています。

　ここで紹介したやりとりは多文化社会の日常生活における他者との出会いの場面の一例ですが、他者との日常のやりとりや出会いを通して、ことばやモノを共有したり、交わしたり、またことばをミックスすることへの喜びが会話ややりとりの端々に、そしてジェスチャーや笑いの中ににじみ出ていました。このような、とりとめのなく些細と思われがちな多言語的なやりとりを、Blommaert & Varis (2015, p.8) は「社会レベルのものにあまり影響を及ぼさず、一見表面的なものに思えるが……社会的な結束、コミュニティへの所属感、社会的な安心感を保証するために重要な」コンヴィヴィアルな（ともに生きる）行為であり、このような表向き「重要でないこと」も重要だと述べています。また、このような軽いやりとりやコンヴィヴィアルな様相を持つやりとりは、アイデンティティや社会的示唆に富んでいるのにもかかわらず、見落とされがちであるとBlommaert (2013) は懸念を示しています。ソングと彼女の長年の顧客とのやりとり、またはソングが「ちょっとだけフィジー語（A little bit of Fijian）」というような他者のちょっとした部分に馴染むような多文化のやりとりが、コンヴィヴィアリティの形成要因となっているといえるのではないでしょうか。

　ディスカウント・ストアのカウンター越しで、この常連客に限らず色々な人と冗談めいた会話を始め、さまざまなやりとりが長年おこなわれてきたことでしょう。ちょっとした摩擦があったこともあるはずです。ソングの多言語のレパートリーであるタイ語、ラオス語、潮州語、ギリシャ語、フィジー語の「小片的」な言語資源、そして彼女のオープンな姿勢は、このようなコンヴィヴィアルな場の形成に貢献しているといえると思います。

　しかし、本章では、そのようなコンヴィヴィアルな場の形成を語るに

あたって、ソングを始めとする人間の持つ言語資源にだけ注目するのではありません。お店の中に蓄積されたさまざまな言語・物質・文化資源の総体である「場所のレパートリー」(Pennycook & Otsuji, 2014)、特にソングとギリシャ系の常連客のやりとりが交わされた「カウンター」に注目します。

アレントは「公的という用語は世界そのものを意味している」、そして世界とは「人間の工作物や人間の手が作った製作物に結びついており、さらにはその人工的な世界に共生している人々の間で遡行する事象に結びついている」(1994, p.78) と説明しています。具体的には、テーブルとその周りに座っている人を例に挙げ、テーブルが人の真中にあるという事象がそれを共有している人々を介在し、惹きつけたり突き放したりすると述べ、テーブルと人の関係から共通世界・公的領域についての論考を紐解いています。本章では、アレントのテーブルの比喩にヒントを得、いかにカウンターを含めた人工物、物質などが人やことば、文化、習慣などを惹きつけ、そこに公共性が生まれるかという議論をメトロリンガリズム (Otsuji & Pennycook, 2016, Pennycook & Otsuji, 2015b) のアプローチで取り扱われている「コンヴィヴィアリティ (ともに生きる)」という概念を援用して展開します。つまり、人間だけではなく、場所の力、モノの力 (エージェンシー) というものにも目をむけて、公共性とコンヴィヴィアリティの議論の展開を試みます。

2. コンヴィヴィアリティの両義性とメトロリンガル・コンヴィヴィアリティ

この章で公共性の議論をするため、その礎となっている概念であるコンヴィヴィアリティとメトロリンガリズム (Otsuji & Pennycook, 2016, Pennycook & Otsuji, 2015b, 尾辻, 2020) についてまず少し説明したいと思います。

この20年ほど、イギリスや豪州などの多様性が顕在化している社会において、「多様性の日常性」や「コンヴィヴィアリティ」を取り上げた研究が多くなされています。コンヴィヴィアリティの研究でよく引き合いに出される社会学者であるGilroy (2004, p.xi) は、「イギリスの都市

地域や他の国のポストコロニアル都市において、多文化主義を日常的なものに仕立てた共生や、その交流のプロセス」をコンヴィヴィアリティと定義し、街や都市の日常生活において差異のある人たちの間で折り合いをつけて共生することの重要性を示しています。しかし、その共生はコミュニティとは違います。Neal et al.（2013, 2019）はコンヴィヴィアリティとコミュニティの違いを指摘し、コミュニティは信頼や、記憶、家族などのサスティナブルなつながりに依拠している一方、コンヴィヴィアリティは道、学校、店、公共交通機関などルーティン、非ルーティーンの両方を含むことより、コミュニティより「オープンで、規制が少なく、しかしそのため、保持しにくく、一時的な様相も持つ。最も瞬間的な出会いも、持続的な社会的関係」（p.316）も両方を含有すると主張しています。ソングのディスカウントショップ内でのさまざまな顧客とのやりとりも「最も瞬間的な出会いも、持続的な社会的関係」も含有することより、コミュニティというより、コンヴィヴィアリティの顕れと見なすほうが、ふさわしいかと思われます。

　また、豪州の社会学者であるWise & Noble（2016）は、「コンヴィヴィアリティ」のテーマのもとに組んだ学術誌の特集号の中で、コンヴィヴィアリティということばが含む二面性・両義性を指摘し、コスモポリタニズムが抱きがちな「楽しい」「まつり」的な肯定的な側面と、政府の政策と日常の実体験との間で生じる緊張、差別、交渉、妥協などの側面の両方に焦点を当てています。また特集号のイントロダクションの章で日常のコンヴィヴィアリティ（Everyday conviviality）は日常的な人種差別（Everyday racism）と対極にあるものとして捉えられるものではなく、複雑に絡みあい、織り込まれていると主張しています。Gilroy（2004）も、コンヴィヴィアリティは決して軋轢や人種差別などという問題に目をつぶって議論するものではないと論をはっています。つまり、ここで大切なのはコンヴィヴィアリティを語る際、無批判に多文化主義を称賛したり批難したりせず、その両義性を念頭に置きながら、議論を進めることです。

　本章で取り扱うメトロリンガリズムの根幹にある概念のひとつとしても、コンヴィヴィアリティは取り上げられています。メトロリンガリズムは、（街などにおける）特定の場所での多様性に富んだ日常の言語活動、

そして、ことばと街・空間の相互構築関係に焦点を当てた社会言語学のアプローチです。また、メトロリンガリズムは、「日常の多言語主義（Everyday multilingualism）」と要約されますが、このアプローチは「日常の多文化主義（Everyday multiculturalism）」（Wise & Velayutham, 2009）の概念に触発されています。「日常の多文化主義」は、「特定の状況下の出会いの場所における実際のデータに基づいて、日常的な活動や経験にまつわる多様性を探るアプローチ」（p.3）とされていますが、「日常の多言語主義」はそのようなアプローチの特に言語面に焦点を当てたものです。

人とことばの関係だけではなく、ことばと場所やそこでおこなわれている活動（プラクティス）、その場所にある意味生成に関与するモノなどの資源にも焦点を当てていることにより、メトロリンガリズムは「場所のレパートリー（spatial repertoires）」「コメンサリティ（ともに食することcommensality）」「コンヴィヴィアリティ（conviviality）」、そしてより最近のものとして、のちに本章でも紹介する「求心力のあるモノ（assembling artifacts）」「セミオティック・アセンブレッジ（semiotic assemblage）」などという概念を提唱し、日常言語活動のさまざまな側面を紐解いています。よって、上記の社会学者による研究が、社会や文化的な側面に焦点を当てている一方、メトロリンガリズムが提唱するコンヴィヴィアリティは、前節で紹介したソングとギリシャ系の常連客の例のように言語的側面にも目をむけています。

＊＊＊

さて、さきほど話題にしていたコンヴィヴィアリティの一側面である両義性の話に戻りましょう。メトロリンガリズムの議論でもコンヴィヴィアリティの特徴として両義性を取り上げているので、ここで実際どういうことを指しているのか具体例を紹介します。ソングのディスカウントストアから交差点に戻り、そこを左折するとレバノン系のワフィークが経営している食品雑貨店があります。多種多様な食材が売られており、コーヒー豆の匂いの他、スパイスなどの匂いもブレンドされて店の中を漂っています。店頭にはコーヒー豆やスパイスを始め、さまざまな

イメージ3　ワフィークの店

豆類の缶詰が陳列されており、出来合いのフンムス(ひよこ豆と胡麻のペーストのディップ)やタブーレ(パセリとブルグールという穀物のサラダ)などもガラスのショーケースの中に入って売られています(イメージ3)。そして客層も、ギリシャ系、レバノン系、そしてアングロ系のオーストラリア人と幅広く、まさしく多様な匂い、食材、ことば、人種のコンヴィヴィアルな場所です。

　ワフィークは、マリックビルは「色々な店があり、みんな違うことばを話す。だから、とてもおもしろいし、マルチカルチュラルだ。それに、いろんな食べ物、いろんなバラエティの、いろんなものがあるんだよ(…)すごく良くて、とても気に入っているよ。(different shops and everyone speak different language. And I find it very interesting, it's multicultural. And you've got different food, different variety, different stuff.(…) And it's really nice. I like it.)」と話してくれました。そして、ソングが顧客のやりとりからことばの「小片」を拾ったように、彼自身もギリシャ系の顧客が多い彼の店でのやりとりを通して、ギリシャ語の表現を自然といくつか身につけたようです。ワフィークは道で常連客に出会った時に、ギリシャ語で挨拶をすると、喜ばれるし、自分も嬉しくなるからだそうです。しかし、その一方、店に来るギリシャ系年配の客がしばしば英語が話せないため、そのことに、多少の憤りをも感じており、「(年配のギリシャ系の顧客は)ギリシャ語を使うんだよ!　そして、実際、私は店のオーナーとして、彼らを理解すべきだと思う。そして、一部の人々は(私がギリシャ語がわからないと)不機嫌になることがあるけど、それは私が悪いんじゃない。でしょ?　わからないけど、彼らは年配だけど、…ここに40年も住んでいるんだよ。(In Greek! And I should you know, as a shop owner, understand them. And some people get upset you know, but it's not my problem you know, I don't know. They're old people … and they've been here for

40 years)」という調子でオーナーという立場も考えて多少譲ったとしても、40年経っても彼らがまだ英語が話せないことに対してやや批判的でもあります。この両義性は、前に紹介したソングが、「ベトナム語でいっていることがわからない時、「あ、いいよ、自分で探して」というしかないんだよね」といっていたように、遊び心のある多言語使用を楽しんでいる一方、「いうしかないんだよね」というような多少あきらめている態度も見られます。つまり、コンヴィヴィアリティにまつわる言説は単純なものではありません。

Millington（2011, p.205）は街や都市は「移民の定着、人種とアイデンティティの政治性、そしてコンヴィヴィアリティが顕著に表れる場所である」と主張しています。さきほど紹介した例の他にも、メトロリンガリズムのデータには、ちょっとした軋轢、冗談めいた表現の裏に差別的な表現も見え隠れしていました。例えば、「I'll fix you up, ya Lebs!（覚えておきなよ、レバ公！）」「ここにはありとあらゆる奴がいるよ。耳が聞こえない奴、口が利けない奴、目が見えない奴、バカな奴……。いろんな人種……。ここには何でもあるよ。多分、世界で一番完璧な場所なんじゃないかな。（We've got them all. Deaf, dumb, blind, stupid … Different races…You'll find everything here. It's probably the most perfect place to be in the world.）」など、日常のさりげない会話にそれらが見られました。このように、ともに生きる、コンヴィヴィアリティの内実には色々な信念、思い、歴史、人種、宗教、政治が複雑に絡みあっているといえます。本章では、それらの要素に加え、モノ、人工物、場所がコンヴィヴィアリティ形成に果たす貢献というものも今回取り扱ってみたいと思っています。実際のデータを参照しながら、場所やモノにも目をむけるメトロリンガル・コンヴィヴィアリティの切り口で、この章の頭に引用したアレントが述べるテーブルの代わりに、カウンターに注目して語りたいと思います。

3. カウンター 2 ── *Allah know everything*

場面を東京の都心、新大久保にあるイスラム横丁として知られている地域に移しましょう。その地域は住人だけではなく、そこに通勤する人、

イメージ4　交差点　　　　イメージ5　2つに分かれたカウンター

　訪れる人も考慮にいれると（店で働いている人は決してその地域に住んでおらず、郊外に住んでいる人が多いのです）統計で表れているデータより、多様性が極まっている場所といえるでしょう。そのような公共の場はまさしく多様性の「るつぼ」で、コンヴィヴィアリティを探る絶好の場所といえます。

　ここで紹介するやりとりは、イスラム横丁にある交差点から（ここも交差点の近くです。**イメージ4**）、数件離れたところにあるバングラデシュ系の雑貨店で交わされたものです。データを取った当時[3]は、店の中に入ると入り口の右側にカウンターが縦に長く2つ並んであり、二人の店員が別々にカウンターで接客をすることができるスペースになっていました（**イメージ5**）。カウンターとカウンターの間にはギャップがあり、そこから出入りできるようになっています。カウンターの後ろには、携帯電話やコンピュータ、カメラなどの貴重品が棚に陳列されており、カウンターの内側についている引き出しにはSIMカードや、電話のカードなどが収められています。入り口から離れているほうのカウンターにはレジが置かれていて、その横の壁の棚には噛みタバコの小さなパッケージが詰まっている箱がちょうど手の届くところに置かれています（レジに直接行って、噛みタバコだけを求めに来る客も多いです）。レジ側のカウンターの上には、モスクの寄付のためのコインをいれる

3）2018年12月30日から2019年1月5日の数日にわたって収集しました。2023年の6月に訪れた時にはカウンターは少し小さくなっていたものの場所は変わらず、入り口の横にありました。パンデミックが落ち着くまで日本には帰国ができず、2020〜2022年はフィールドワークができなかったこともここに特記しておきます。

「Donation Please ／ MASJID (Mosque) in Bangladesh ／ Donation Box（寄付お願いします／バングラデシュのモスク／寄付箱）」と4行にわたって書かれている赤い缶も置いてあります（イメージ6）。

イメージ6　モスクの募金の缶

日本に限らず、香港の重慶マンションやコペンハーゲンのNørrebroなど移民が多く買い物に来る店を訪れましたが、それらの店に共通しているのは、携帯電話にSIMカードや契約が紐づけされていないSIM freeの携帯電話、電話のバッテリー、SIMカードなどが店のカウンター先で売られていることです。このバングラデシュ系の雑貨店も例外ではなく、電話やSIMカードを買い求めに客がひっきりなしに店に訪れていました。入り口のドア側のカウンターはそのような客の接待に使われています。買い物の支払いをするのはレジ側で、携帯電話やSIMカードの購入や購入の相談は入り口側でおこなわれるというようになっているわけです。やりとり3はそのような入り口側で、店長とSIM freeの携帯電話とSIMを購入に来たアフリカ系の客の間でカウンター越しに、正面を向き合って交わされた会話です。この会話の前にすでに5分ほど店長は、客の携帯電話とSIMのセットアップをしていました。店には他にスリランカ系の客が二人（ルームメート）、パキスタンのラホール出身の男性とタイ出身の妻（常連客で大きなスーツケースを持ってきていました）がおり、カウンターの後ろにある棚に置いてあるラジオからは、日没直後のお祈り（Maghrib）が流れていました。

やりとり3（SO：店長、C：客）
日本語：**太字**、英語：常体（日本語訳）［非言語の説明］

1. C：**Well…thank you…**［不明］…**okay, its 100 percent charged, right?**（100％チャージできているんですよね？）［カウンター

においてある携帯電話を見る］

2. SO：Hmmm … our battery is only one week guarantee, okay, Brother?［柔らかい口調］（うーん…私達のバッテリーの保証は1週間だけなんだけど、いいよね、友よ？）［客の携帯電話にバッテリーをいれる］

3. C：Why?［少し強い口調でそのあと和らげて］Okay…okay…it's okay.（どうして？オーケー…オーケー…ま、いいよ）

4. SO：It's okay, Brother?（いいよね、友よ？）

5. C：［お金を渡す］Hope that is cool…hope it's okay?（問題ないといいけど…大丈夫だよね？）

6. SO：Hmm? Yeah…maybe it's okay…no problem.［少し、しかめっ面をする］（うーん？　うん…多分大丈夫…問題ない）

7. C：［少し苛ついて強い口調で］Maybe okay? Or okay?（多分大丈夫？　それとも大丈夫？）

8. SO：Okay maybe … of course, maybe … you know, confirm is nothing in the world（大丈夫多分…もちろん、多分ってことだよ…というのも、世の中に確実なことってないから）［視線を上げて、カウンターを挟んで、目の前にいるCにむけながら、ちょっと笑みを浮かべて空中で右手を横にむけて切るジェスチャー］
［目をあわせて、笑いながら続ける］… maybe … all maybe … I am working … it's all maybe … after what I am doing, I don't know … Allah … Allah know everything … God know everything … so we are people … maybe.（…多分…すべて多分…私は仕事している…っていうこれも全部多分…このあと何をするか、それも私はわからない…アッラー…アッラーがすべて知っているから…神がすべて知っている…私達は人間だから…多分）［目をあわせて、笑みを浮かべる］

9. C：［静かに笑う］んんん

10. SO：［横をむいて嬉しそうに］Okay, am I right?（いいかい、私正しいよね？）［咳払いをする］**Dakara** … maybe（だから多分なんだよ）

　　　　［SOは電話を取って、電話をかける。同時にカウンター越しに
　　　　購入した携帯電話をCに渡す］
　　　　You renting this one?（これ借りているの？）［Cが手にしてい
　　　　た、もうひとつの携帯を指して］
11:　C：Yes, Thank you.（そう。ありがとう）
　　　　［SOは日本語で仕入先と電話で話し始める］

　カウンターは、会計をおこなうだけではなく、商品を渡したり、交渉したり、サービスを提供したり（ここでは購入した携帯電話にバッテリーをいれています）、雑談したりと、さまざまなやりとりがおこなわれる場所で、多様な人（色々な人種、階級、客、店員、年齢）、モノ・人工物、文化、ことば、宗教、ジェンダー、習慣・考え方などが集まってくる求心力のあるところです。**やりとり3**でも同様で、まず、店長が客が購入する電話についてくるバッテリーの保証が1週間しかないけど大丈夫だよねと客に念をおすのですが（行2、行4）、それに対して、客がそんなに短くて大丈夫かと戸惑っている様子が（行3、行5）窺われます。そのような懸念に対して、店長は行6で「Hmm? Yeah … maybe it's okay … no problem.（うーん？　うん…多分大丈夫…問題ない）」といったように、はっきりしない対応をしています。その応対に満足ができず、行7で少し苛立った客は再び「Maybe okay? Or okay?（多分大丈夫？それとも大丈夫ってこと？）」と念をおすように強い口調で聞きなおしますが、その努力もどうして「多分（Maybe）」であるのかという長い哲学的・宗教的な、そしてどこまで本気でいっているのかわからない（店長の笑いを見ると）、でもそれなりに説得力のある説明で煙に巻かれてしまいます。

　詳しく見てみると、行8で店長は、まずカウンター越しに前に立っているCに視線をあわせ、笑みを浮かべ、ジェスチャーも混ぜながら世の中に確実なものはないと強調します。そのあと、イスラム教のアッラーの神だけしか物事の確実性を保証することができないという宗教的な言説を援用しながら、人間である自分は今仕事しているということも、仕事のあと何をするのかというのも、わからない。すべて神のみぞ知るAllah know everything…God know everything（アッラーがすべて知って

いるから…神がすべて知っている）と繰り返すことによって、「人間である自分は限界のある存在で、だからバッテリーがどのくらい持つかもわからない存在なんだ。だから1週間しか保証はできないんだ」ということを暗に伝えるレトリックを使って、一通り説明すると、最後また笑みを浮かべます。これにはさすがに、非ムスリムであるアフリカ系の客は、戸惑いと同時にアッラーが出てきたからには認めるしかないというような、あきらめの表情を顔に浮かべ、静かに笑うしかなかったようです。今まで携帯電話は借りていたので、やっと自分の携帯を手に入れることを心に決めていたものの、Maybeという表現に少し苛立ち、保証期間が短いことの交渉をしたかったのでしょうが、最後は「静かな笑い」と、店長の「Dakara…maybe」という最後の押しの強い表現で1週間の保証の話は終結し、行11では、客も機嫌よくお礼をいって、店を出ます。このやりとりは、カウンター越しにおこなわれ、正面に向き合って立っていた二人の間にはカウンターがあり、カウンターの上には携帯電話、そして店長の携帯電話も置いてありました。また、ここでは、今まで携帯を借りていたけどSIM freeの携帯電話を買うというCの日本における滞在の重みの変化、イスラム教（ラジオからのお祈りや、アッラーの神の絶対性やイスラムの信条）、携帯電話、バッテリー、その店の商品のレパートリー、言語資源などが、そのカウンターという場所に集まっていました。

　もう一つこの同じカウンターで6分後に起きたやりとりも紹介しましょう。当時は在日ウズベキスタン人が急増していたころです。3人のウズベキスタン系の若者が店にやってきました（イメージ7）。**やりとり4**は3人が入り口から入って、カウンターを通っていくところで交わされたものです。

やりとり4（SA：店員、C1：客1［一番後ろに連なっていた人］、C2：客2［先頭を歩いていた一番年配と思われる人］、C3：客3）
ウズベク語：斜体、日本語：太字、英語：常体（括弧内は翻訳）［非言語の説明］

　　［店に入りながら、カウンターの近くで］

イメージ7　3人のウズベキスタン系の客　　イメージ8　500スム紙幣

1. C2：*Bu qorachalar kim? Hintlar ekanu*（この浅黒い肌の人達は誰だろう？　インド人みたいだね）
   ［C1 が立ち止まってカウンターを見る。C2 と C3 もカウンターに戻り、3人でカウンターの前で紙幣を見る］
   ［SA が C1〜3 に気づいてカウンターのほうに歩いていく］
2. SA：Hello brother. What do you want? Please tell me（友よ、何がほしいの？　いってごらんよ）［SA は C1 の肩をたたく］
3. **C1：これは私達の**［カウンターの上にあるものを指さしながら］
4. **SA：ウズベキスタンでしょ**

　3人は「*Bu qorachalar kim? Hintlar ekanu*（この浅黒い肌の人達は誰だろう？　インド人みたいだね）」といいながら連なって入ってきます。最後に入ってきた一番若めの男性（20代前半と思われる）が、カウンターの上の透明なビニールクロスの下にあるさまざまな国の紙幣を目にして立ち止まります。カウンターの上には、韓国、インド、ベトナム、パキスタンとこの店に来る人たちが置いていった紙幣が重なりあって、「共生」しています。先に進んでカウンターの横にある棚を見ていた2人も、立ち止まった若者に促され、カウンターに戻って3人でカウンターを囲んで話し始めました。その様相を見た、長年ここで働いている店員は「Hello brother. What do you want? Please tell me（友よ、何がほしいの？　いってごらんよ）」といいながら、カウンターの表面を見入っている彼らに近づき、一番若い人の肩をたたきながらカウンターの

中に入ります。カウンター越しに向き合うと一番年上だと思われる人が、カウンターのテーブルクロスの下にあるウズベキスタンの500スムの紙幣を指さして「これは私達の」と店員にいいます（**イメージ8**）。店員は「ウズベキスタンでしょ」と答え、3人はその質問に頷き、店の奥のほうへと進みます。店員は初めて来店した3人について行き、英語、日本語資源[4]を駆使して、色々説明をします。15分後に3人はブラジル産のハラール・チキンを2つカゴにいれ再びカウンターへと現れます。支払いをすませたあと、今度はベトナムの紙幣を店長に指さし、ここに行ったといい、3人は連なって店を出ます。

　やりとり3と**4**ともに、両義的な瞬間が垣間見られます。**やりとり3**では、バッテリーが1週間の保証しかないことに対しての苟つきに加え、宗教的な長い説明は、客にとっては決して期待していた答えではなかったと思われます。しかし、そこで客が怒っていい返していたらどうなっていたでしょう。売買が成立しないだけではなく、二人の間での軋轢が生まれ、店のおだやかな雰囲気が損なわれ、ひいては宗教を冒涜したということで、大きな摩擦が起きていたかもしれません（アフリカ系の客にはイスラム教徒、キリスト教徒の客がいます。日曜日は近くにあるアフリカ系の教会の礼拝の帰りにこの店による客も多いそうです。Cはキリスト教の背景の客でした）。でも、このやりとりが、なんとか決裂せずにすんだのは、店長のおちゃめな、でも、哲学的、宗教的な内容でもある説明や、そして、自分の携帯電話を入手するという目的を達成する（get things done）ことが客にとっては最優先だったことなどが関係していたと思われます。また、そこにあったバッテリーという物質的なモノもニュートラルな仲介者として一役買っていたかもしれません。

　また、**やりとり4**においても、「*Bu qorachalar kim? Hintlar ekanu*（こ

---

[4] このようなさまざまな言語や文化背景を持った人が集まる場所では必ずしもひとつの言語がリンガフランカ（共通語）として働くわけではありません。それぞれの人が持ち寄った言語資源の「小片」を駆使してやりとりをします。そのような言語資源がミックスしたものが共通語となる様相を「メトロリンガ・フランカ（Metrolingua Francas）」（Pennycook & Otsuji, 2015b）、「マルチリンガ・フランカ（Multilingua Francas）」（Makoni & Pennycook, 2012）、もしくは「エマージェンシー リンガ・フランカ（Emergency Lingua Francas）」（Blommaert, 2010）と呼んだりします。

の浅黒い肌の人達は誰だろう？　インド人みたいだね）」という、内容を聞かれたらちょっとまずいのではないかと思われるやりとりが店に入るやいなや交わされています。もちろん、人にわからないように自分の国のことばを使って、内容を隠すということはよく多言語状況では起きます。それと同時に、初めてきた店で、自分の国の紙幣を見つけた喜び、それを自分達のだよと自慢げに伝えるやりとり、さらには肩をたたく、色々な言語資源を駆使して初めてきた客を接待している店員の歩み寄り、などというところにコンヴィヴィアルな場の形成が見られます。さらには、紙幣がそこにあるということもコンヴィヴィアリティに関係していたといえるでしょう。この2つの例からも、コンヴィヴィアリティには、ちょっとした無意識の差別意識、日本の外国人の移住のパターンや政治性、宗教、民族、言語資源、商売、自国へのノスタルジア、場所、時空間、モノなどが複雑に絡まっていることがわかります。それらの絡まりの舞台となっているのがアレントのいうテーブルと似た役割を持つカウンターで、そこに（共通）世界があり「人々を結びつけると同時に人々を分離させている」（アレント, 1994, p.79）といえるのではないでしょうか。この結びつけたり、分離したりするその瀬戸際に両義性が存在するといえるかもしれません。その点を次節でもう少し掘り下げたいと思います。

4. 場所の力、モノの力
——コンヴィヴィアリティと公共性を生むカウンター

ここで、この章の冒頭に載せたアレントの引用に戻ってみましょう。

> 世界の中に共生するというのは、本質的には、ちょうど、テーブルがその周りに坐っている人びとの真中（ビトウイーン）に位置しているように、事物の世界がそれを共有している人々の真中（ビトウイーン）にあるということを意味する。つまり、世界は、すべての介在者（イン・ビトウイーン）と同じように、人々を結びつけると同時に人々を分離させている。　　（アレント, 1994, p.79）

アレントは公的なものは世界そのもので、すべての人に共通する対象であると述べています（p.78）。ここでいうテーブルがその共通世界に相当するわけで、それがある時は人を結びつけ、ある時は人を分離させながらも公的な空間を現しているのです。しかし、そのテーブルが取り除かれると、公共空間は消滅します。

　また、齋藤（2000）は彼の「公共性」の著書でルネー・シャールを引用しながら、テーブルがある限り、そこへのアクセスのための椅子は存在していると述べています。つまり、テーブルは誰にでも開かれた空間だということを強調しています。

　もう一歩踏み込んで解釈すると、その空間は誰にでもアクセスできるということより、人々は必ずしも同じ価値観、意見を持っている必要はないということになります。その差異をも含有するところに開かれた公共性があるのです。本書の12章で福村は上記のアレントの引用の解釈として、そのような世界は「バラバラの個人を惹きつけるのが共通の世界であり、「公共性」とは価値観や立場が違う人びとが、誰かを見下したり誹謗中傷したりすることなく、しかし口論になることを厭わず、自由に意見や考えを表現し交換できる状態だ」と述べています。こういう点でも、齋藤（2000）がいうように、公共性は均質な価値に充たされた閉じた領域である共同体とは異なり、「誰に対しても開かれている（open）」空間であるといえます。この公共性と共同体の違いは、先述のコンヴィヴィアリティとコミュニティの関係について述べたNeal et al（2013）の、コミュニティはメンバー間の縛りがあるのに対し、コンヴィヴィアリティはより流動的でよりオープンであるという主張と軌を一にしています。Gilroy（2004）も同様に、コンヴィヴィアリティの特性としてオープンという点を強調しており、コンヴィヴィアリティと公共性には「ともに生きる」空間という意味合いだけではなく、その場所がオープンであると理解している点でも重なっているといえます。

　メトロリンガル・コンヴィヴィアリティも、「違いとともに日常生活を共にする（living with difference）」を前提に、都市・場所とことばの関係性に焦点を当て、異なる価値観、習慣、宗教、服装、ことば、地政的・歴史的背景を抱えた人がいかに折り合いをつけ、日々の活動に従事しているかという様相を探ります。ことばや人はもとより、やりとりが

おこなわれている場所、モノ、匂いなどの感覚、広くは政治、歴史、宗教などがいかに「その時、その場所」に相まっているか、そしてその相まった場所での意味やコンヴィヴィアリティの形成に目をむけます。しかし、ここで注意を喚起したいのは、メトロリンガル・コンヴィヴィアリティは「ことば」「言説」「社会・文化的要素」などの多大な影響を認めながらも、物質的、物理的な空間などにも多大な関心を寄せていることです。そこに、齋藤（2000）の公共性の議論と違いがあると考えます。

　アレント（1994, p.86）は、人の間にある共通世界、「イン・ビトウイーン」にあるテーブルを、共通の関心である「同一の対象」であると解くわけですが、それは「立場の相違やそれに伴う多様な遠近法の相違にもかかわらず、すべての人がいつも同一の対象に係わっているという事実である」と述べています。それを齋藤は「差異を条件とする言説の空間である」と述べ、「複数の価値や意見の（間）に生成する空間」（p.5）で言説的なものだと論をはっています。たしかにテーブル（同一対象・共通世界）は開かれた言説空間でもあるでしょう。しかし、アレントは、共通世界を紐解く時「ここでいう世界は、人間の工作物や人間の手が作った製作物に結びついており、さらに、この人工的な世界に共生している人びととの間で進行する事象に結びついている」（p.78）と述べています。アレントが人々は誰一人として、同じ椅子に座ることができないことより、それぞれ違う立場にいるが、人間がぶつからずに生きていけるのは「同一の対象に関わっている」からだという時の、その座る対象である「テーブル」には、言説の息吹がかかっているでしょう。とはいえ、公共性を考える際にその「人間の工作物」や「人工的な世界」に政治、歴史、権力はもちろんのこと、そこに物質的な空間、物質そのものも含めた要素が入る余地はないのかと私は考えるわけです。つまり、そこには言説だけでは片付けられない（言説を持った人間が作ったとはいえ）、物質的な要素も含有している可能性もあるのではないでしょうか。権（2017, p.17）はその点において、「アーレントは、公共性には活動のみならず、仕事によって生まれる物（＝城壁など）や物理的な場所（＝アゴラなど）が必要であると考えてもいた。公共性は、ある種の物象化（reification）を、その生成条件とする」と記しているように、言説だけではなく、物の世界、物理的な場所などの貢献も説いています。テーブ

ルのそのような物質的な側面をもアレントは認めていたように思われます。

2021年におこなわれたヨーロッパ日本語教師会の学会のテーマは「公共の場に市民としての責任や他者への尊敬を持って参加する姿勢や行動の基盤となる「民主的文化のための能力：Competences for Democratic Culture、CDC」」でした。私は基調講演で、「場所のレパートリー」と「分散化されたエージェンシー」という概念を紹介し、人間だけではなく、場所の力、モノの力（エージェンシー）というものにも目をむけることを提案しました（尾辻, 2022）。個人のさまざまなレパートリーを駆使する能力と同時に、その場所に紐づけされた意味生成に関与しうる資源（ことば、感覚、ジェンダー、モノ・人工物、歴史、政治）が持っている力にも目をむけ、人間以外の要素をも加味した包括的な相互活動から公共性は生まれると提言しました。その時の議論に則り、また、アレントが「世界は、人間の工作物や人間の手が作った製作物に結びついており」(1994, p.78)というように、カウンター、SIM freeの携帯電話、500ソムの紙幣、そして言語資源の一片も公共性形成に、あるいは公共性の形成を妨げるのに一役買っているといえると思うのです。また、アレントが、テーブルが人を引き寄せたり、放ったりすると提唱したように、カウンターや携帯電話もそのように、人を引き寄せる力があると理解できるのではないでしょうか。つまり、介在者（イン・ビトウィーン）というとそれ以外の「介在されている」人が主役のように見えますが、しかし、「イン・ビトウイーン」に引き寄せる力があるからこそ、そこに公共性が生まれるわけだといえます。つまり、「言説」より広げて共通世界の力を解釈できると思うのです。

Pennycook & Otsuji (2017)は東京にあるバングラデシュ系の雑貨店で繰り広げられた日常の買い物の場面を考察するにあたり、「Assembling Artifact（求心力のあるモノ）」という概念を提唱しました。ハラルフードや、携帯電話のカード、冷凍の淡水魚、噛みタバコ、匂い、色彩などというものが、さまざまな言語、文化（服装）、宗教、階級、人種、（食）習慣、商品、ジェンダー、など多様な要素を引き寄せているという議論です。「Assembling」というのは組み立てると訳が出てきますが、組み立てるために何かをより集めるという意味もあります。そ

して「Artifact」は人工物です。Pennycook & Otsuji（2017）では、そのような人工物が色々な要素を引き寄せる力に目をむけ、そこから生まれる意味生成力に注目しています。本章でも、アレントのテーブルではないですが、このカウンターで起きている色々なやりとりを考えるにあたり、そのカウンターというところが、さまざまな人、モノ（携帯電話、紙幣、そして客が会計のために持ってくる買い物カゴの中身）、ことば、やりとりを引き寄せ、そこにコンヴィヴィアルな場、公共性が生まれると考えると、カウンターや携帯電話にも公共性の種が埋まっていると考えてもいいのではないでしょうか。それはさきほど紹介した権（2017, p.17）がいっていた「公共性は、ある種の物象化（reification）を、その生成条件とする」と軌を一にする考えかもしれません。Amin（2015, p.239）は「公共の場における人間と非人間の相互作用の複合的な生態系が社会と政治に影響を与える」と述べ、Wise & Velayutham（2014）もコンヴィヴィアリティは対人関係以上のものであり、構造的、場所、文化的、国家的な環境が多文化の共存の質と性質を形作ると主張しています。そして物理的な場所にも注視しています。

本章で取り扱った例でも、もちろん宗教的な言説も会話に見られましたが、それと同時にバッテリーがそこにあったからこそ、そして、カウンターの透明なビニールクロスの下に置かれていたさまざまな国の紙幣があったからこそ（紙幣はそのお店が引き寄せる人の多様性をも象徴しています）、ソングの店では、毎日買っても懐が苦しくならないちょっとしたギフトになるような安価な商品があったからこそ（そしてその商品の売買を通したやりとりがソングとギリシャ系の客だけではなく、その商品自体が養護施設での公共性形成にも一役を買っているでしょう）コンヴィヴィアリティが生まれてきたといえます。そして、カウンターはそれらの（たまには軋轢もですが）両義性を含有するコンヴィヴィアルなやりとりを引き起こす開かれた場所であるといえるのです。

よって、テーブルの比喩に加え、カウンターの比喩を使って、言説以上の空間をも含む公共性、特に場所とモノが持つエージェンシーについて考えることができると本章では提案します。また、テクノロジーの発展の影響もあると思いますが、昨今、公共領域と私的領域の境界もぼやけてきているように思われます。店員がカウンターで携帯電話を使って

クリケットゲームを見ていたり、バングラデシュのテレビ番組を見ていたりしているところも遭遇しました。また、店だけに限らず、パンデミックの影響で時空間が複雑に絡みあうようになり、人工物を通して、公共領域と私的領域が交差する中、共通世界、公共性、公共領域の内実は何かということも将来考える必要があるでしょう。これからの第4次産業革命の最中、「差異を条件とする開かれた空間」をさらに開くためには、空間を「言説」だけに留めず、物質性をも含む、日々の草の根的なプラクティスを包括的に考えることが大切になってくるのではないかと思われます。

5. おわりに

「日常の多文化主義」(Wise & Velayutham, 2009) の論考の中で、シドニーの郊外の移民が多く居住している地域にある住宅地の裏庭で自分の育てた野菜や果物を隣人同士が垣根越しに交換している様相を例に挙げ、そのような日常の物々交換ややりとりがいかに「他者を認めたり、その存在をありがたく思ったりする資質を生み出す」(p.35) かという論を展開しています。メトロリンガリズムの議論では、そのようなやりとりからコンヴィヴィアリティが生まれ、さらにはその野菜そのものがコンヴィヴィアリティの構築に果たす役割を強調しています。メトロリンガリズムのデータにも、日常の些細のやりとりが、コンヴィヴィアリティを現している場面がありました。シドニーにある地域にあるパブは火曜日にビール管の掃除をします。その時に大量のビールが放出されるのですが、その日には、お向かいにあるピザ屋で働いているポーランド系の若者が、ピザを片手に勇み足でパブに向かいます。そこでのやりとり、ピザとビールの交換がコンヴィヴィアリティを表象しているのですが、公共性というのはそういう些細な日常のコンヴィヴィアリティの積み重ねではないかと思うのです。

本章では、アレントのテーブルの比喩を援用し、そのような日常のやりとりを惹きつけるカウンターに公共性の種が埋まっているところに目をつけました。ここでの、カウンターもテーブルも、そしてディスカウントショップで売っている小さな商品もビールもバッテリーもソムの紙

幣も単なる媒介的な介在者ではなく、それらそのものが共通世界であり、公共性の種が埋まっている主体的な「介在者（イン・ビトウイーン）」なのです。介在者（イン・ビトウイーン）というと、何か2つの存在に対して、2次的に存在する仲介者的に聞こえてしまいますが、そうではなく、介在者つまり公共性というものが人をつなぎ、社会をつなぎ、公正な社会や市民性を育む主体的な物質であり空間であるという認識を持つことが大切かと思われます。そして、日々その公共性のテーブルの舞台に、人、モノ、歴史、政治、ことばなどが色々な役者として登場するのです。ある時は舞台から振り落とされ、ある時は葛藤し、ある時は共にさまざまなスタイルで踊る中で（決して同じダンスではなくとも）、公共性の舞台は広がったり、強化されたり、そして時には劣化したりするのではないでしょうか。

　テクノロジーが発展し、バーチャルな空間が日常生活で占める時空間は増えています。またグローバル化やパンデミックの副産物でもある分断化など、今世界はまさに激動の渦中にあります。特にテクノロジーの発展により、人間と非人間（ウィルスやAIなど）の能力関係を考えることも多くなったかと思います。ヘイトスピーチ、社会断絶なども、SNS（アルゴリズムなども含め）などさまざまなモードを通して、拡大・強化される中、民主性、公共性がますます大切になっています。そのような激動の世界の中で、言説的なものだけではなく、物質性、空間性などをもひっくるめた公共性の種を活性化させ、育むことが、よりよい世の中を形成するために重要だといえるでしょう。

参考文献

アレント，ハンナ，志水速雄訳（1994）『人間の条件』筑摩書房

尾辻恵美（2016）「生態的なことばの市民性形成とスペーシャル・レパートリー」細川英雄，尾辻恵美，マリオッティ，マルチェッラ編『市民性形成とことばの教育――母語・第二言語・外国語を超えて』pp.209-230，くろしお出版

尾辻恵美（2020）「多文化共生と「多」言語共生時代――メトロリンガリズムの視点からの社会統合の内実」福永由佳編，庄司博史監修『顕在化する多言語社会――日本多言語状況の的確な把握と理解のために』pp.81-112，三元社

尾辻恵美（2022）「メトロリンガリズムに基づいた言語教育イデオロギー――個から

場所の公共性へ」『第 24 回ヨーロッパ日本語教育シンポジウム報告・発表論文集』Vol. 24, ヨーロッパ日本語教師会

権安理（2017）「共通世界としての公共性――アーレントの共通世界と 21 世紀における公共性の可能」『経済社会学会年報』39, 14-23

齋藤純一（2000）『公共性』岩波書店

細川英雄, 尾辻恵美, マリオッティ, マルチェラ編（2016）『市民性形成とことばの教育――母語・第二言語・外国語を超えて』くろしお出版

Amin, A. (2015) Animated space. *Public Culture*, 27(2), 239-258

Australian Bureau of Statistics (2021) Greater Sydney, 2021 Census All persons QuickStats https://abs.gov.au/census/find-census-data/quickstats/2021/1GSYD （2024 年 1 月 2 日閲覧）

Blommaert, J. (2010) *The sociolinguistics of globalization*. Cambridge University Press

Blommaert, J. (2013) Complexity, accent, and conviviality: Concluding comments. *Applied Linguistics*, 34(5), 613-622

Blommaert, J., & Varis, P. (2015) The importance of unimportant language. *Multilingual Margins: A Journal of Multilingualism from the Periphery*, 2(1), 4-4

Gilroy, P. (1993) *The black Atlantic: Modernity and double consciousness*. Harvard University Press

Gilroy, P. (2004) *After empire: Melancholia or convivial culture?* Routledge

Makoni, S., & Pennycook, A. (2012) Disinventing multilingualism: From monological multilingualism to multilingua francas. In M. Martin-Jones, A. Blackledge, & A. Creese (Eds.). *The Routledge handbook of multilingualism* (pp. 439-453). Routledge

Millington, G. (2011) *Race', culture and the right to the city: Centres, peripheries and margins*. Palgrave Macmillan

Neal, S., Bennett, K., Cochrane, A., & Mohan, G. (2013) Living multiculture: Understanding the new spatial and social relations of ethnicity and multiculture in England. *Environment and Planning C: Government and Policy*, 31(2), 308-323

Neal, S., Bennett, K., Cochrane, A., & Mohan, G. (2019) Community and conviviality? Informal social life in multicultural places. *Sociology*, 53(1), 69-86

Otsuji, E., & Pennycook, A. (2016) 8. Cities, conviviality and double-edged language play. In *Multiple perspectives on language play* (pp. 199-218). De Gruyter Mouton

Pennycook, A., & Otsuji, E. (2014) Metrolingual multitasking and spatial repertoires: 'Pizza mo two minutes coming.' *Journal of Sociolinguistics*, 18(2), 161-184

Pennycook, A., & Otsuji, E. (2015a) Making scents of the landscape. *Linguistic Landscape*, 1(3), 191-212

Pennycook, A., & Otsuji, E. (2015b) *Metrolingualism: Language in the city*. Routledge

Pennycook, A., & Otsuji, E. (2017) Fish, phone cards and semiotic assemblages in two Bangladeshi shops in Sydney and Tokyo. *Social Semiotics*, 27(4), 434-450

Wise, A., & Noble, G. (2016) Convivialities: An Orientation. *Journal of Intercultural Studies*, 37(5), 423-431

Wise, A., & Velayutham, S. (2009) Introduction: Multiculturalism and everyday life. In A. Wise & S. Velayutham (Eds.), *Everyday multiculturalism* (pp. 1-17). Springer

Wise, A., & Velayutham, S. (2014) Conviviality in everyday multiculturalism: Some brief comparisons between Singapore and Sydney. *European Journal of Cultural Studies*, 17(4), 406-430

・・・・・・・・・・・・・・▶ ダイアローグ 09 (p.360)

第Ⅴ部 忘れられた存在が「現われ」るとき

10章 公共性から考えるサハリン残留日本人
帰国者支援の変遷と永住帰国者の語りから

佐藤正則・三代純平

キーワード：忘却の穴、言説の資源、対抗的公共圏、複言語・複文化、社会参加

1. はじめに

　ある風景から始めたいと思います。筆者らは2023年5月、北海道札幌市の公民館で開かれたNPO法人日本サハリン協会の総会に会員として参加しました。その日は、サハリンからの永住帰国者の植松キクエさんが間もなく100歳の誕生日を迎えるため、子や孫世代が準備した長寿の祝いを兼ねたパーティーも開かれました。総会の後、それぞれが持ち寄った料理を食べながら日本やロシアの歌、ダンスで盛り上がりました。会場では日本語とロシア語が飛び交っていました。参加者は約60名、90代から10歳未満の子どもまでいます。構成員には永住帰国者以外に、一時帰国者、サハリン出身者ではない人、ジャーナリスト、研究者、アーティスト等様々な人びとがいます。協会の役員も、会長の斎藤弘美氏をはじめ、大半が樺太（現サハリン）出身者ではなく、なんらかの「縁」でサハリンと関わりを持った人たちだそうです。このように日本サハリン協会は、「サハリンという縁」によって結びついた団体だと言うことができます。筆者らも「サハリンという縁」で、この協会と結びつき、永住帰国者やその家族の方々にことばの経験という観点から、ライフストーリー・インタビューを続けています。

　この日本サハリン協会の前身は、日本サハリン同胞交流協会と言い、民間団体でありながら1990年代の初めから現在まで、サハリン残留日本人の一時帰国・永住帰国の支援を担ってきました。30年にわたって民間の一団体がこうした活動を続けているのは、ほんとうに驚くべきことです。

本章の目的は、サハリン残留日本人の帰国支援運動の変遷、および帰国者の複言語・複文化的な生活の物語を公共性という側面から見ていくことです。そのことによって、多様性に開かれた公共的な社会のあり方について、考えてみたいと思います。

　戦後長い間、サハリン残留日本人の存在は日本社会から忘れ去られていました。その存在が知られるようになった背景には、冷戦の終結とソビエト社会主義共和国連邦（以下、ソ連）の崩壊があります。日本とサハリン間で民間人の行き来が可能になると、研究者、ジャーナリスト、戦前の〈樺太〉を故郷とする人びとなどがサハリンに赴きました。その地で、彼らはサハリンに生きる「棄てられた日本人」と出会います。蘭（2007）は、中国残留日本人は長い間「忘却の穴」[1]に封じ込められてきたと述べていますが、サハリン残留日本人も同様に、1980年代後半までは、「忘却の穴」に封じ込められていたと言うことができるでしょう。

　サハリン残留日本人の帰国事業が中国残留日本人のそれと大きく異なる点は、中国残留日本人の帰国事業が国の事業として始められたのに対して、一民間団体によって始められたということです。1988年9月、自身もサハリンからの引揚げ者である小川峡一（おがわよういち）氏は、故郷の大泊（現コルサコフ）が戦後初めて外国人に開放されることを知り「サハリン平和交流の船」に乗船します。その旅で小川氏はサハリンに置き去りにされた女性たちに出会います。同じく引揚げ者の笹原茂氏ら6人と共に「樺太（サハリン）同胞一時帰国促進の会」（1992年「日本サハリン同胞交流協会」に名称変更）を結成し、1990年5月、ついに戦後初の集団一時帰国を実現させました。そのときの様子が多くのメディアでとり上げられたことによって、サハリン残留日本人の存在が日本社会に知られるようになりました。それから33年経った現在、2024年6月までに2355名（家族を含むと3476名）が一時帰国し、107世帯280名が

[1) 『全体主義の起原』におけるハンナ・アーレントの用語。人びとが一度そこに捕らえられると、かつてこの世に存在したことがなかったかのように生者の世界から抹殺されてしまうことから、全体主義体制における秘密警察や収容所などの存在を「忘却の穴」と呼びました。本論では、歴史から存在を抹消され、あたかも存在したことがなかったかのような状態に陥ることを「忘却の穴」に喩えました。

永住帰国を実現しました[2]。この間、一民間団体である「日本サハリン同胞交流協会」は 2013 年「NPO 法人日本サハリン協会」（会長斎藤弘美）に名称を変更しました。また、永住帰国者も戦前の樺太時代の記憶を留めている人びとから、すでに樺太時代の記憶がない人びと中心に変わっていきました。

　当初、サハリンからの引揚げ経験者とサハリン残留日本人の関係者に限定され、親密性、また閉じた共同体としての要素も強かった協会は、時代の変遷とともに多様な参加者に開かれた公共圏としてのコミュニティになっていったと考えられます。そして、「日本人」としてのアイデンティティを拠り所にした支援から多様なアイデンティティのあり方を肯定した支援のあり方へと徐々に変わっていきます。一方で、サハリン帰国者もまた複数の言語と文化をアイデンティティとすることで、地域社会に参加しつながっていきます。「現われ」ること、つまり「他者にその姿を見られ、その声を聞かれること」と同時に「自分でも自分の姿を見、自分の声を聞く」（福村, 2023, pp.53-54）ことによって公共性を実現していきます。

　次節からは、サハリン残留日本人の支援および言語観の変遷をいくつかの資料と日本サハリン協会会長斎藤氏へのインタビューから、そして帰国者の複言語・複文化的な生活を 2 名の方のインタビューから見ていきます。最後に多様性に開かれた公共的な社会のあり方について考えます。

2. 公共性（圏）と親密性（圏）、共同体

　サハリン残留日本人の支援活動は、活動内容、メンバーシップという点で、公共性だけではなく、親密性、共同体としての要素も孕みつつ変化してきました。また、サハリン帰国者も複数の言語を使って地域社会に「現われ」、小さな公共性を実現していきます。以下では公共性、共同体、対抗的な公共圏、親密性について簡単に説明を加えます。

2）厚生労働省ホームページ　https://www.mhlw.go.jp/stf/seisakunitsuite/bunya/bunya/engo/seido02/kojitoukei.html（2024 年 8 月 3 日閲覧）

齋藤（2000）によると、まず公共性は「誰もがアクセスしうる空間」です。それは「複数の価値や意見の〈間〉に生成する空間」でもあります。また、公共性では「人びとの間にある事柄、人びとの間に生起する出来事への関心」が人びとを結びつけます。そして「公共性の空間においては、人びとは複数の集団や組織に多元的に関わることが可能」になります（pp.5-6）。このように、公共性の条件は、開かれていること、価値の複数性、複数の価値の間での言説の空間と言うことができます。

　それに対して共同体は、閉ざされており、「等質な価値に充たされた空間」です。そして、「成員が内面にいだく情念（愛国心・同胞愛・愛社精神等々）」（p.5）が人びとを結びつけています。

　ところで、公共性では「開かれているにもかかわらず、そこにはつねに排除と周辺化の力」（p.9）も働いています。中でも問題なのは「言説の資源」における排除の問題です。なぜなら公共性におけるコミュニケーションはことばによって行われるからです。公共圏では「言説の資源」に恵まれたものたちが主導権を握りがちです。同じ内容が語られるにしても、語彙の多寡、専門知と非専門知の非対称性、発話の明瞭性や言説のトーン（語り方・書き方）等で周辺化が容易に起こることがあるのです。さらに、日本のような日本語母語話者が圧倒的多数を占める社会では、「公共性からのインフォーマルな排除」は、日本語という「言説の資源」が大きく関わってくることが考えられます。

　以上のような排除の問題に対し、齋藤（2000）はナンシー・フレイザーの「対抗的な公共圏」の存在を挙げています。「対抗的な公共圏」では「支配的な公共圏」とは異なった「言説の資源」が形成されています。そこでは、マイノリティの人たちが自分たちに外から与えられたニーズ解釈を問題化し、自分たちに貼り付けられた「アイデンティティ」を疑問に付します。そして、「異常である」「劣っている」「後れている」といった仕方で貶められてきた自分たちの生のあり方を「肯定的なもの」として捉え返すことが試みられます。さらに、対抗的な公共圏の多くは、それを形成する人びとの具体的な生／生命に配慮する「親密圏」という側面も備えていると言います。そこでは「自らが語る意見に耳が傾けられるという経験」「自分の存在が無視されないという経験」が可能となります。このような「対抗的な公共圏」においてこそ「忘却

の穴」に封じ込められていた人びとの「現われ」が可能になると思われます。

　親密圏を齋藤（2020）は「具体的な他者の生への配慮／関心を媒体とするある程度持続的な関係である」（p.221）と定義しています。具体的な他者とは、固有の名前で呼びかけることができる他者であり、そのような他者との関係は、代替不可能性を含んでいます。また、生への配慮／関心を媒体とするということは、身体性・物質姓を持った他者の身体や生を気遣うことでもあります。そのことによって、他者の生の欲望や困難に否応なく曝されることにもなります。このように、親密圏とは、衣・食・住はもとより、産・育・老・病・死に関わるケアの活動領域と言うことができます（齋藤, 2020）。

3. サハリン（樺太）略史

　サハリン（樺太）の歴史について概観しておきます。サハリンは、日本とロシアの間で、帰属が何度も変更されてきた島です。1875年の樺太・千島交換条約によりロシア領になりましたが、1905年のポーツマス条約では北緯50度線から下は日本領樺太になりました。そして第二次世界大戦後から現在に至るまではソ連（現在はロシア）が領有しています。

　1945年の日本の統治下時代、総人口は約38万人、原住者人口が少なく、移民した日本人が総人口の95％を占めていました。漁業・林業・農業・炭鉱・製紙業で働く人が多く、戦時動員以前から朝鮮人も多く来島し、これらの産業に従事したと言われています。さらに1939年以降、朝鮮半島からの募集、斡旋による戦時動員が本格化し、1945年には朝鮮人の数は約2万3000人にまでなりました。当時は日本人コミュニティと朝鮮人コミュニティの間で、婚姻関係を結ぶ他、朝鮮人の家庭に日本人の子どもが養子に出されることもめずらしくありませんでした。1945年8月9日にソ連が日本に宣戦布告しサハリンも戦場になり、ソ連軍の攻撃は8月22日の停戦合意まで続きました。朝鮮人を含む約30万人がサハリンに残留しましたが、その後1946年12月から1949年7月までの「前期集団引揚げ」で、約28万人の日本人が内地へ引揚げま

した。しかし、1949年最後の引揚げ船に乗ることができない日本人も存在しました。その理由は様々でしたが、一番多かったのは、婚姻や養子縁組などで朝鮮人の家族となった女性およびその子どもでした。前期引揚げでは、朝鮮人はソ連・日本政府によって引揚げの対象とされなかったため[3]、朝鮮人コミュニティに包摂された日本人は、帰国することができず、全く新しい言語的・文化的空間で生活することになったのです（冨成，パイチャゼ，2019）。

　サハリンは、戦前は日本人が圧倒的なマジョリティであり、朝鮮人はマイノリティでした。戦後は、この関係が大きく変わります。日本語が主な使用言語であった社会から、戦後のある時期まで朝鮮語、ロシア語、日本語の混在する社会になりました。朝鮮語で教える民族学校もつくられました。ごく少数の残留日本人が日本語を使う機会は減っていきました。ソ連の教育や支配が浸透してくると、ロシア語が中心の社会になります。その間、残留日本人と朝鮮人やロシア人との間に生まれた子どもも増加し、家庭で使われる言語も日本語から朝鮮語、やがてロシア語へと変化していきました（冨成，パイチャゼ，2019）。このような境界変動による言語使用の変化の中で、サハリン残留朝鮮人や日本人は複数の言語が混在する社会で生きることになります。ある帰国者は「ロシア人もいたし、韓国の人もいたし、そっちはまたサハリンに、モルドバの人、タタールの人いっぱいいたんですよ。したから、私の小さいとき、出てったら、このことばしゃべったり、このことばしゃべったり、小さいときは何でもしゃべってた」（筆者らが行った帰国者へのインタビューから）と語っています。

　その後、日ソ共同宣言（1956年）が結ばれ、「後期集団引揚げ」が始まりました。日本人女性と婚姻した朝鮮人男性や子どもも帰れるとされ

---

[3] 日本人が次々と引揚げる中、韓国朝鮮人の多くは、サハリンに残されることになりました。1946年12月、米ソ間に交わされた「ソ連地区引揚げ米ソ協定」で、引揚げ者の対象が、①日本人捕虜②一般日本人③北朝鮮へ引揚げを希望する在日韓国朝鮮人のうち、北緯38度以北に居住しかつ同地域で出生したもの、と限定されました。サハリンの韓国朝鮮人の多くが38度以南（韓国）出身者であり、かつ、終戦後、日本国籍を外されたために、引揚げ対象とならずに放置されることになったのです（日本サハリン協会ホームページ http://sakhalin-kyoukai.com/history/index.html （2024年8月3日閲覧））。

ました。その結果、残留日本人819名と朝鮮人家族（夫、子ども）1471名が日本に永住帰国を果たしました（中山，2013）。しかし、その際にもほとんどの朝鮮人は帰ることができませんでした。日本人の中にも、再度の一家離散のおそれ、行政の妨害や怠慢、伴侶（主に男性）の妨害等から帰ることができない人びとがいました。1970年代の時点で日本政府は、サハリン残留者の多くは帰国を希望していると公表していましたが、冷戦期における帰国希望者の減少、引揚者団体や残留家族の関心の低下、残留問題を終結させたい日ソ両政府の思惑の一致等の理由で、1977年以降はポスト冷戦期帰国が始まる1990年まで永住帰国者は途絶え、帰国者が皆無の状態が続くことになります（中山，2013）。

　サハリン残留日本人の存在は冷戦以降、日本社会から忘れ去られていきます。もちろん冷戦期にも、わずかながら一時帰国もありましたし、日本社会党の墓参団等の交流もありました。しかし、残留日本人が知られることはほとんどありませんでした。そして日本政府は、サハリン残留日本人を、日本国籍を棄て「自己意思」で残った人びととみなすようになっていったのです。

　しかし、ソ連のゴルバチョフ大統領によるペレストロイカやグラスノスチ[4]の改革で日本から民間人のサハリン渡航が可能になると、サハリン残留日本人の存在が改めて見いだされるようになります。そして、民間の団体「樺太（サハリン）同胞一時帰国促進の会」（1992年「日本サハリン同胞交流協会」に名称変更）の尽力によって、1990年5月サハリン残留日本人の第1次集団一時帰国が実現しました。

4.「日本サハリン同胞交流協会」から「日本サハリン協会」へ

4.1　日本サハリン同胞交流協会

　帰国支援運動の流れを見ておきます。それは一民間団体によってなしえた希有の運動と言うことができます。ペレストロイカにより、ソ連の出入国管理規制が緩和され、1989年サハリン州の外国人立入禁止区域

4）ソ連において、当時のゴルバチョフ大統領によって推し進められた改革。ペレストロイカはロシア語で「立て直し」、グラスノスチは「情報公開」「公開性」の意味があります。

指定が解除されました。それ以降、元・島民やジャーナリストらがサハリンへ渡り、残留日本人と接触するようになります。大泊出身でソ連が侵攻する前の幼少期に日本へ引揚げた小川岬一氏は、1988年に第4回サハリン平和の船でサハリン訪問を行い、コルサコフ、ユジノサハリンスク、ホルムスクを回りました。その訪問で、小川氏は多くの残留日本人女性と遭遇し、たくさんの日本人が一度は帰りたいと切望していることを知らされました（石村, 2017）。小川氏は「何で誰も助けようとしない？　だからその場で約束してしまったんだよ。よし、俺が帰してやる」（石村, 2017, p.194）と決意します。このように、1988年の訪問で小川氏は残留日本人と出会い、サハリン残留日本人問題に向き合うことになったのです。そして、1989年にはサハリン引揚げ者の6人で「樺太（サハリン）同胞一時帰国促進の会」を結成しました。会の名前に「同胞」としたのは、「民族の谷間にあってどう主張してよいのか分からなくて苦労している人もいることを考え」（中山, 2019）ての上だったそうです。

　この会の目的は、肉親が判明した人、肉親が不明であっても手掛かりを求める人たちを、一人でも多く、一日でも早く、命あるうちに急いで帰国させることでした。サハリンの残留日本人を捜し出すこと、同胞の一時帰国または永住帰国を実現すること以外は、メンバーを縛りつける規約はありませんでした。サハリン残留日本人の帰国運動は小川氏を中心に樺太からの引揚者たちが始めた市民運動とも呼ぶべきものだったのです。

　1990年5月の第一次帰国は、12名を招待、多数のメディアにとり上げられ、全国的に大きな反響を呼びました。1991年5月の第3次帰国からは帰国者滞在費の国費支給も適用されるようになり、航路もコルサコフ〜稚内間が利用されるようになりました。1992年12月には会を解散することになっていましたが、継続を望む声を背景に、新たに「日本サハリン同胞交流協会」を発足させました。そして、サハリンに結成された日本人会と協力しながら、永住帰国も実現させていくようになります。1995年、政府より引揚げ業務の委託を受け、1996年には永住帰国者の身元引受人として団体引き受けを開始します。1999年、特定非営利活動法人（NPO法人）の認証を受け、厚生労働省より樺太等残留邦人

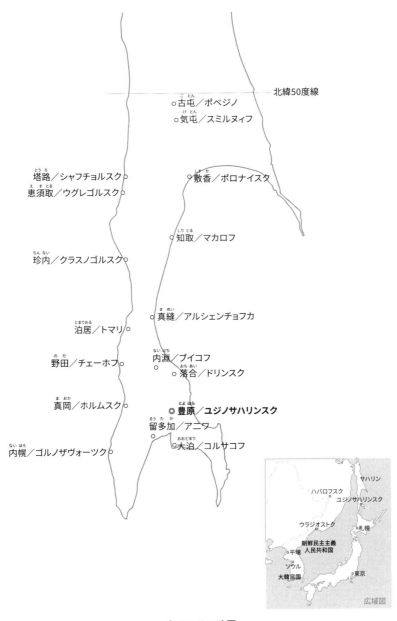

南サハリン略図
出典：筆者作成

の集団一時帰国に関する事業を受託しました。2013年、役員たちの高齢化を理由に会長をしていた小川峽一氏らが引退すると同時に日本サハリン同胞協会は日本サハリン協会へと改称、事業は斎藤弘美氏らに引き継がれていきます。

4.2 帰国運動の公共性とはどのようなものか

日本サハリン同胞交流協会が展開してきた帰国運動を公共性、共同性、親密性という点から見ていきます。まず、帰国運動は「忘却の穴」に封じ込められていた残留日本人の「現われ」を実現したという意味で、公共性を帯びていました。いないことになっていた女性たちが、帰国運動の実践を通し、日本社会に日本の戦争責任という問題を投げかけたのです。彼女たちの「現われ」を支えたのが日本サハリン同胞交流協会でした。

次に協会のメンバーシップを見ると、共同体的な性質を帯びていました。帰国支援運動は残留を強いられた1世の帰国を支援する運動でした。支援する側の日本サハリン同胞交流協会のメンバーも、その核にいるメンバーは、樺太の時代と記憶を共有する引揚者でした。また「支援する」人びとによって設立されたため、支援される側の永住帰国者は会員ではありませんでした。「入るも出るも自由」と言いながらも、会はサハリンの共同的記憶を共有する同胞愛の強いメンバーによって構成されていたのです。しかし、そのような共同的記憶を共有していたからこそ、一民間団体だけで、サハリン残留日本人の一時帰国が実現できたと言うこともできるでしょう。

帰国支援運動の理念は親密性の強いものでもありました。当時の日本サハリン同胞交流協会の運動を支えていたのは、国によって置き去りにされてしまった人びとをせめて一度でも日本に帰国させてあげたいという意思でした。つまり支援の対象は宛名の分からない他者ではなく、サハリンで残留日本人と判明した、名前のある具体的な人びとだったのです。

小川氏らにとって、帰国支援運動は公共圏における「見知らぬ一般的な他者、抽象的な他者」ではありませんでした。サハリンで見知った日本人を「命あるうちにと急いで帰国させる」ことが目的でした。従って

帰国支援運動は親密性としての「具体的な他者の生／生命への配慮・関心によって形成・維持」(齋藤, 2000, p.92) されていました。小川氏らは、実際にサハリンに赴き、彼女ら一人ひとりに会い、名前を確かめ、保証人となり、親族とつなげ、日本という故郷への一時帰国を実現していきました。サハリン残留日本人は「人称性を欠いた」存在ではないのです[5)]。

このように、小川氏を中心とする日本サハリン同胞交流協会の運動は「現われ」の公共性を志向するものでもある一方で親密性に支えられた帰国支援運動だったのです。齋藤 (2000) は1990年代の市民運動の形を例として挙げ、「新しい価値判断を公共的空間に投げかける問題提起は、マジョリティとは異なった価値観（生命観・自然観・人間観）を維持・再形成してきた親密圏から生じることが多い」と述べ、「新たに創出される公共圏のほとんどは親密圏が転化する形で生まれる」(p.96) と論じています。日本サハリン同胞交流協会の運動も、1990年代の市民運動の一つと位置づけることが可能でしょう。改革によってソ連が大きく変わる一方で、日本社会は「もはや戦後ではない」と謳われた高度経済成長期を経て、バブル経済を謳歌していました。アジア近隣諸国に対する戦後責任も論じられ始めたばかりで、多くの国民は無関心でした。サハリン残留日本人の帰国運動は、当時の日本社会という空間に、戦後責任という問題提起を投げかけているのです。

4.3　ことばの問題、適応という問題

以上のように、1990年代から始まるサハリン残留日本人の帰国運動は、組織の中に共同体としての要素を持ちつつも、残留日本人の「現われの空間」＝公共圏の創出、新しい価値判断を生み出す親密圏の役割も果たしていたと考えることができます。では、日本サハリン同胞交流協会は「言語の資源」について、どのような意識を持っていたのでしょうか。

---

5) 小川 (2005) や近藤, 笹原, 小川 (2015) には、小川氏らの運動の特徴——固有名を尊重する思想が滲み出ています。著作で対談の参加者は様々なテーマの中で、サハリンに残留した人びとの名前（固有名）を一人ひとり挙げていきます。読者の記憶に一人ひとりの名前を残し、すべての残留日本人を歴史上に留めようという意思を読みとることができます。

一言で言えば、サハリン残留日本人の帰国支援の背景には「日本語を特権的な単一言語」(佐藤, 三代, 2021) とする言語観がありました。例えば、島田 (1999) には、「日本サハリン同胞交流協会」の会合の議論の様子が書かれていますが、そこには当時のロシア経済の低迷から、「生活の悪化を嫌って帰国者が今後増えること」、サハリンで開催されている日本語講座の「受講生の日本語習得への熱意が経済の混迷で損なわれていること」を残念がる会員の声が記述されています。その上で、日本サハリン同胞交流協会大角氏の「サハリンで食べていくのが大変で日本に行けばなんとかなるというのなら、協会としては困る。帰国したその日から完全な日本人になろうと努力する人だけに戻ってきてほしい。私たちが支援するのはそんな意欲のある人だけです」(p.47) という覚悟を促した談話を載せています。ここからは、当時の協会が、帰国希望者に「日本人になろうという覚悟」を問い、もし帰国を希望するならば、日本語の習得、日本社会への適応を強く促していたことが分かります。しかし、樺太世代にとっては帰国でも、高齢者となった彼／彼女らに同行してくるのは、子や孫の世代なのです。吉武 (2005) は次のように書いています。

　　(前略)「日本サハリン同胞交流協会」の会員のボランティアの女性たちに迎えられた一行が集まったロビーには、ロシア語があふれかえっていた。
　　サハリンからの一時帰国58人のうち、残留日本人の1世は30人そこそこ、後は2世、付き添いとして参加した人たちは、母国語をロシア語とする孫世代の3世たちであったからである。
(p.36)

　　日本語を一言も解さない娘の夫や息子の妻、そして孫たち。日本語が片言になってしまっている1世の方たちに聞き書きをさせてもらっていると、その存在を国からも忘れ去られてきた半世紀余にわたる人生のただごととならない重みがずっしりと胸に応える。
(p.287)

このような記述に対し、冨成・パイチャゼ（2019）は吉武が「日本語が話せることに高い価値を置き、残留1世だけでなく2世や3世、ロシア人でさえも人物の評価基準に日本語能力を含める」（p.16）と批判しています。子や孫の世代はむしろサハリンが故郷であり、ロシア語や朝鮮語の複言語話者なのです。複数の言語使用は帰国運動が始まった当初からありました。ですが日本語でのコミュニケーションが前提とされ、日本語の習得、日本への適応が奨励されていました。当時の帰国支援運動からは「言説の資源」、つまりサハリン帰国者の複言語を肯定的に捉えていない姿が見てとれます。

このように、顔が見える関係性＝親密性を帯びていた帰国支援運動でしたが、日本語が話せることに高い価値を置いていた当時の日本サハリン同胞交流協会にとって、多様な文化的背景を持つ子や孫の世代の複言語・複文化を肯定的に捉えることは難しいものでした。しかし、永住帰国者が増え、親世代に同伴する形で子世代や孫世代が日本社会に定住していくことによって、協会が残留日本人とその家族の言語やアイデンティティの問題に正面からとり組む必要が出てきます。メンバーの中心が「樺太」という共同的記憶を共有する日本サハリン同胞交流協会から、開かれたメンバーシップを持つ日本サハリン協会への組織変更はそのような課題の変化にも重なっているように思われます。

4.4　出会ってしまった人たちが関わる団体へ

2012年、日本サハリン同胞交流協会の高齢化が進んだことから、新会長を斎藤弘美氏、その他の役員を一新して、「特定非営利活動法人日本サハリン協会」と改称し事業を継続することになりました。これは、単に名称を変更しただけのものではありませんでした。日本サハリン協会は親密性を維持しつつ、複数の言語資本を排除しない複言語・複文化を肯定する公共性を志向するようになっていきます。本項では、日本サハリン協会会長の斎藤氏へのインタビューから、帰国支援運動の変容について考えてみたいと思います。

斎藤氏は会の名称変更の意味について次のように語っています。

斎藤：同胞交流協会は12月の8日が設立記念日なんですね。あ

れは開戦記念日だから。で、まあ、やっぱりあり方が違うので、私たちは12月12日って分かりやすいねって言って決めたんですけど。それで、名前も私の中では同胞交流協会の時代、つまり同胞だったわけですね。小川さんたちは同胞だったんですよ。でも、私たちはもう同胞ではない。その世代ではないので。で、私と一緒に働く人たちは、基本、誰もサハリンと関係ない人たちだったんですね。樺太出身者でも何でもない人たち。たまたまいろんな理由で出会ってしまった人たちが関わる。でも、この出会ってしまうことがすごく大事なのね。みんな、関わって。だから、同胞交流の形ではないというのが前提だったので、私は同胞を落とそうと思ったんですね。

　「同胞」とは本来「同じ国土で生まれた人びと。同じ国民」を強く表します。斎藤氏は「小川さんたちと一緒にやった人たちはみんな、ほとんどの人が樺太出身者なわけですよ。そうすると自分事になる人たちなのね」と言います。しかし「私たちはもう同胞ではない」のです。日本サハリン協会で一緒に働く人たちは「樺太出身者でも何でもない人たち」「たまたまいろんな理由で出会ってしまった人たち」です。斎藤氏にとって、サハリンにルーツがあるかどうかよりも、サハリン（残留日本人）と「出会ってしまったこと」「自分事になった」ことが重要なのです。これは協会の大きな転換を表していると思われます。吉武（2005）は「望郷の念をいだきながら死んでいった同胞の無念さを晴らすために、なんとかして一人でもたくさんのサハリンの同胞を一時帰国させたい」（pp.232-233）と小川氏の意思を斟酌して書いています。同胞たちの無念を晴らす、これは言ってみれば過去に向けての責任、贖罪と言うことができるでしょう。

　一方日本サハリン協会の「出会ってしまったこと」「自分事」はいわば未来に向けての責任です。このように、協会の公共性は、同胞に対する過去への責任ではなく、未来への志向に基づく応答責任に変わっていきます。実際、日本サハリン協会には、永住帰国した当事者であるサハリン出身者に加え、サハリンに関心を持つアーティスト、ジャーナリスト、研究者等も会員として参加し、自分たちの専門から「出会ってし

まったこと」への応答責任を果たしています。

　また、斎藤氏は、協会の課題も小川氏の時代とは大きく変わったと語ります。まずは、永住帰国者の福祉的、言語的な支援です。前述したように日本サハリン同胞交流協会の仕事はサハリンに住む残留日本人の一時帰国、永住帰国そのものが主な仕事でした。もちろん現在でもその仕事は重要な柱ですが、同時に近年では地域に定住した永住帰国者の高齢化に対する支援が重要な問題になっています。そこではことばの支援が大きく関わります。一見日本語が流暢に話せるように見えても役所の通知が読めない人、病院で自分の症状が話せない人が多いと斎藤氏は言います。つまり、日本語だけでは不可能なのです。斎藤氏は、永住帰国者の問題を理解し、かつロシア語の通訳ができる人が必要だと語っています。この課題に対しては、後述するAさんのように、永住帰国し日本語とロシア語を使いこなせる会員が複言語話者として支えています。さらに、日本やサハリンで生活する残留日本人の孫世代の若者たちが、自らのアイデンティティをどのようにすれば自分の生き方とつなげることができるようになるかを斎藤氏は課題にしています。

> 斎藤：……彼らが日本ルーツに対して、自分は意識があるし、認識があるし、ある程度、やっぱりいいと思っている、肯定的に見ている。向こうにいる人も、こっちにいる人もね。ところが、それぞれ、それを自分の生き方とつなげる方法を持っていないのね。（中略）そこに自分との関わりを感じて、魅力を感じる。彼らが、せっかく日本ルーツを意識しているんだから、そのルーツを意識した彼らの生き方ができるようなサポートが、どこかでできないかなっていうことをすごく思うんですよ。

　そして、日本に永住帰国して、日本人として育っているロシアルーツの人びとが、ロシア人として育っているサハリンの人びとと関わりを持つことが大切だと述べた後で次のように語ります。

> 斎藤：（前略）【日本・サハリン双方の】自分たちが、ある意味、共通した問題を抱えているし、共通した面白い人生を生きている

ということを認識してもらって、そこに関わりをつくっていく。……そしたら、次の世代に引き継がれていって、日本とサハリンは、もっとお互いが近い存在になると思うのね。(中略) そういう機会をつくってあげられないかな。

　このように、斎藤氏は、協会の役割に、サハリン帰国者の子世代以降のアイデンティティの支援も加えています。そして相互のことばと文化を学び合うことを提案しています。サハリンと日本で生活する若い世代が、サハリンというユニークな多文化社会にルーツを持つことを自覚し、自分の生き方につなげてほしい。そのために、共通した問題、共通した面白い人生を生きているということを認識してもらい、そこに関わりをつくっていく。それが、次の世代に引き継がれていき、日本とサハリンを近づけ、平和な世界の一歩になる。

　このサハリンと日本にまたがる若い世代に向けてのプロジェクトは、新型コロナウイルスの世界的蔓延とその後の戦争等の影響でいまだ実現には至っていません。ですが、斎藤氏がこのような企画を持ちえたのは、日本サハリン協会の支援対象が樺太時代の記憶を持つ世代から子や孫の世代に変わってきたこと、サハリン帰国者の持つ複言語・複文化能力への敬意、残留日本人に対する責任の変化（贖罪から未来志向へ）という、公共性意識の変化があったからではないでしょうか。

4.5　帰国者支援の公共性はどのように変わってきたのか

　以上、サハリン残留日本人の帰国運動について記述してきました。日本サハリン協会の会員のメンバーシップは、故郷を共有する「同胞」から「出会ってしまったもの」に変わっていきました。それに伴い、「人びとの間にある事柄、人びとの間に生起する出来事への関心」があれば誰にでも開かれているという意味で公開性、多様性を持った「公共圏」としての要素を持つようになりました。斎藤氏は、永住帰国者のケアの問題と同時に、永住帰国した子や孫世代の若い人たちへの未来志向的な課題を挙げました。前者のケアという面では「具体的な他者の生／生命への配慮・関心」が重視される親密性であるのに対し、後者はまだ見ぬ複数の人びとへの興味関心が重視される公共的なものでもありました。

言語という面では、日本サハリン同胞交流協会の支援は戦前、樺太を生きていた世代を中心に考えた帰国支援であり、日本社会への適応を促すものでしたが、日本サハリン協会は子や孫の世代の支援が中心であり、彼／彼女らのことばや文化は複言語・複文化的なアイデンティティを前提に考えなければ成り立たないものだったのです。

5. 複言語・複文化話者としてのサハリン帰国者の語り

ではそのような活動の変遷の中で、個々の帰国者はどのような言語生活を生きていたのでしょうか。本節では、サハリン帰国者として「公共圏」としての日本サハリン協会に参加しながら、同時に、複数の言語と文化を資本とし、既存の社会に参加し、社会行為主体として「現われる」ことによって、他者と「共に生きる」、公共的な空間を創出している2名の帰国者のライフストーリーを紹介したいと思います。

5.1 「それが私の宝物なの」——Aさんのライフストーリー

現在北海道X市で暮らすAさんは、1944年に樺太で生まれました。Aさんの実父は、炭鉱の仕事で内地に赴いたまま音信が途絶えました。1945年8月、Aさんの母は樺太にいましたが、幼少であったAさんの病気のため引揚げることができませんでした。その後母はAさんの世話をしてくれた朝鮮人の男性と結婚、子どもが生まれたことで帰国を諦め夫の朝鮮姓を名乗るようになりました。Aさんは朝鮮民族学校に入学、そこで朝鮮語を覚えました。朝鮮学校が閉校してからは通常のロシア学校に編入。教師を目指し師範学校に進学したものの、年の離れた妹の面倒を見るために退学、就職しました。本格的にロシア語を覚えたのは、仕事を通じてだとAさんは語ります。幼少期、母と話していた日本語は次第に忘れ、朝鮮語とロシア語が生活の中心となっていきます。

その後、朝鮮にルーツのある夫と結婚しサハリンで暮らしていましたが、2000年に、小川氏らの日本サハリン同胞交流協会の支援のもと、夫とともに永住帰国しました。当初は、日本語を話せない自分には日本人として帰国する資格がないと永住帰国に消極的でしたが、亡き母の望郷の思いと夫の後押しがあり、永住帰国を決断しました。

所沢の中国帰国者定着促進センターで4ヶ月間の研修を受けた後、北海道のX市に定着し現在に至ります。長く使用していなかった日本語は、学び直す必要がありました。比較的自由に日本語で話すことができるようになるまで4年かかったとAさんは言います。X市に定住後は、1週間に2度、地域の日本語教室に通いながら勉強しました。また、日本語を学ぶために、ロシア語教室のアシスタントをしたりしました。Aさんは、帰国を躊躇した際に、日本語を話せない自分は日本人と言えないと感じていました。だから、「1日でも早く日本人の仲間に入って日本人になろう」と思い、懸命に日本語を勉強したのでした。

　日本語でコミュニケーションがとれるようになったAさんは、自身が役員を務める日本サハリン協会の総会や一時帰国訪問団の通訳を担当するようになります。また、通訳の場は広がり、サハリンから来た民族舞踊団、サハリン代表団とX市の市長の通訳などもボランティアで行っています。Aさんは、ボランティアとして通訳をする気持ちを以下のように語ります。

> A：私がサハリン住んでたとき、朝鮮語ができなくて苦労した。ロシア語できなくて苦労した。いろんな、その何か寂しい思いしたのね。ロシア人に何か電話したら、そっちが発音が悪いから聞きとれないからさ、どこの出身かって聞かれたのね。だから私、日本人、韓国人と言ったらさ、韓国人のくせにロシア人の生活したいのかって言われたの。(中略) だからことば分からなくて困っている人いたら、一言で分かったら、私が分かってること、手伝ってあげたい。死ぬ前に。私、いろんな人に手伝ってあげたら、これが私のためになるし私の子どもたちのためになる。その気持ち。私が助けてもらったみたいに私も誰かに助けてあげたい。その気持ち。

　このように、Aさんの通訳ボランティアの根底には、自身が複数の言語を学ぶ過程での苦労があります。朝鮮学校では、朝鮮語ができずに教員の指示が分からず、自分だけとり残されたこともありました。ロシア語のアクセントのせいで嫌な思いもしました。そして母語である日本語

を学び直す過程で、バスの運転手に自身の日本語を叱責されるような辛い思いもしました。同時に、日本サハリン協会の人びとのように、そんな苦労をしている自分を助けてくれた人もいました。だからこそ、自分もことばで困っている人を助けたい。ことばを通して、サハリンと日本をつないで、自分の子どもたちにとってよりよい社会を残したいとAさんは考えています。

　Aさんは、サハリンにおいても、日本においても、「言説の資源」を持たなかったが故に排除されることを経験しています。だからこそ、ことばとアイデンティティを強く関係づけて捉えていました。サハリンにいるときは、日本語も朝鮮語もロシア語も完璧に話すことができない自分は何人でもないと感じていたと話します。しかし、複数の言語を用いることで、サハリンと日本という社会をつなぎながら、子どもたちにとってよりよい社会、つまり、多様な言語や文化に開かれた、複数の言語と文化を尊重した社会の実現に貢献したいというように考えるようになりました。Aさんは以下のように語ります。

> A：50年以上、そこに住んでて、何か日本人だけど文化は韓国文化を持ってたりロシア文化を持ってたりと。そこで当たり前のことが、どこが駄目だ。ここが当たり前のこと、そっちは駄目だとか。だからさ、真ん中に挟まれて、どこにどうしたらいいか分からないでしょう。(中略) なぜ、日本まで来て、日本の自分の国まで、お前、日本人、あなた日本人なんだか分からないと言われたらさ、私は何人かなと (笑)。サハリンいるときは、あんまり、あなたはさ、ロシア人じゃないから分からないと言われたりとか、韓国人じゃないから分からない。今、来たらさ、日本に来たら、自分の国に来たらさ、あんた日本人じゃないから。…でも今、考えてみたらそれが勉強なの。一つの。
>
> 佐藤：でも考えてみたら、いろんなものを持ってますよね。
>
> A：うん。だから、それが私の宝物なの。だから、なくても心の中では私はね、お金持ちなの。あした食べるもの困ってない。困ったら助けてくれる。

Aさんは、複数のことばとアイデンティティの間で葛藤を続けていました。おそらくその葛藤は今も続いているでしょう。しかし、今のAさんは「今、考えてみたらそれが勉強」であり、複数の言語や文化を持つことは「私の宝物」だと思えるようになっています。ことばとことばの真ん中に挟まれて、どこにどうしたらいいか分からない自己が、宝物としての自己として、否定的なものから肯定的、能動的に捉えられるようになっているのです。

　日本サハリン協会に関わり、そこで人びとに助けられながら、複数のことばによって自身も人を助ける立場になり、自身の持つ複言語・複文化を肯定することができたと言えます。そして、自らが複言語・複文化を糧に社会に参加することで、そこに小さな公共性の萌芽を見せています。そして、Aさんは自身の苦労をふりかえりながら、未来の社会では、複数の言語と文化に開かれた社会、公共性を持った社会が実現されることを願いながら、通訳ボランティアを続けているのです。

5.2　「ちゃんと市民税払いながら」——Bさんのライフストーリー

　Bさんは、朝鮮人の父と日本人の母の間に1944年にサハリンで生まれました。朝鮮人の父親の兄弟の夫婦に子どもがいなかったため、養子として迎えられました。朝鮮人の夫婦の元で育てられましたが、二人は早くからサハリンに移住しており、家庭内言語は日本語であったと言います。6歳のときから朝鮮学校で学び、朝鮮語を身につけました。その頃、後期引揚げが始まり、実の両親はBさんの実の妹たちと日本へ渡りました。叔父叔母、従姉妹だと思っていた彼らが実の家族であることは後で知らされたそうです。

　やがて、朝鮮学校が廃止になるとBさんは、ロシア学校に転校、卒業後2年程働いた後に大学へ進学し、物理と数学を専攻しました。大学に入る頃には、ロシア語が生活の中心となっていました。幼少期に使用していた日本語もほとんど忘れてしまいました。しかし、Bさんの中には、自分は日本人だという意識がどこかにあったと言います。朝鮮人が多く暮らす社会で、日本人は朝鮮コミュニティに包摂されることで、戦後のサハリンを生きました。Bさんも他人に自分が日本人であることを決して言いませんでした。多くの残留日本人はそのように暮らしていたとB

さんは語ります。Bさん自身にもなぜ自分が日本人だと感じるのかは分からないそうです。家庭内言語が日本語であったこと、そして、実の両親が日本で暮らしているということなどがそうさせるのかもしれません。大学に在学中は、日本語を勉強したいと思い、日本語のサークルにも入りました。

1968年に大学を卒業すると、専攻を活かして、自動車関係の仕事に就き、そこで1990年代まで働きました。大学時代に友人の結婚式で出会った朝鮮人男性と結婚し、長女を授かり、やがて、離婚を経て、日本人の男性と再婚し、2000年にその男性に同伴する形で日本に永住帰国しました。日本サハリン同胞交流協会の勧めでサハリンから近く、サハリンとの交流も盛んだった北海道Y市に定住を決めました。

大学生のとき、日本語を勉強して以来、数十年、ほとんど日本語を使ってこなかったBさんもまた、Aさん同様に日本語を学び直す必要がありました。所沢のセンターからY市に移った後も独学で勉強を続けました。知り合いからもらったという露日辞書にはびっしりと書き込みがされています。20年以上経った今もその辞書は捨てられないとBさんは語ります。

少し話は逸れますが、Bさんの実のご両親はすでに他界しており、再会はかないませんでした。しかし、一番年の近かった妹とは再会することができ、今でも交流が続いています。

Bさんは、持ち前の勤勉さと積極さで、日本語が上達すると、すぐに仕事を探します。ソ連時代の専門を活かすことができ、ロシア語と日本語を活かせるということで、自動車の部品販売会社で通訳の仕事を得ました。

B：うんうん。会社も勤めて、ずっと72歳まで働いてたからね。
三代：どこで働いてたんですか。
B：○○○って車屋さんで、車の部品、販売店で働きました。
佐藤：じゃあロシアでも車関係だったから、ちょうど同じような関係の仕事だったんですね。
B：うんうん。それで良かったの。そういう仕事を見つけたらいなと思ってたんだけど、そうやってなりました。

三代：どうやって見つけたんですか。
B：偶然です。何でも偶然ね。(中略) Ｙ市では毎年サハリンの夕べとかサハリンから来た人の会のパーティーがあったよね、年に１回８月に。そういうパーティーにも、私たちもサハリンから来たからずっと呼ばれてたんですよ。そのときに○○さんって、もう亡くなったけども、あの人が○○商会っていう会社でちょっと通訳したみたいですね。車の通訳。あいさつぐらいしかできない人が車の部品って、独特な部品の名前なんか難しいですね。そういう話が出たの。だから私が自分、先に、「私がそのプロだから紹介してください」って言ったの、自分で。

このようにＢさんは専門的な知識とロシア語、日本語を活かし、自分から積極的に働きかけることで仕事を得ます。Ｂさんの専門性、言語力、そして行動力が就職を可能にしたと言えるでしょう。一方で、Ｙ市という環境も大きく働いています。Ｙ市は、サハリンと深い関係にあり、以前は、定期運行便も出ていました。2000年代は、ロシアの船が次々と停泊し、海産物を売る一方で、自動車の部品や家電製品を買っていきました。Ｙ市においてはロシア語が経済的にも重要な位置にある言語であったと言えます。また樺太から引揚げた経験のある人も多く暮らし、市自体も樺太、サハリンをルーツに持つ人に対して親近感を持っていることが推測されます。市役所の職員のサポートも丁寧で、樺太からの引揚げ経験を持つ日本サハリン協会の会員からの親身な支援もありました。

それでも、仕事として通訳をすることは容易ではなかったと言います。専門用語は、カタカナが多く、漢字の単語よりも辞書等で調べることが容易なこと、そして、自動車の専門用語は一般の人にとっては難しいが、自分にとっては馴染みがあることから、Ｂさんは自分が通訳としてやっていく自信がありました。しかし、働く上で、日本語の不足を感じる部分も多くあり、61歳で通信制の高校に通うことを決意します。

B：日本に来て、私、会社勤めたでしょう、すぐ。それで自分が日本語不足、分かったから。それから、会社で一緒に働くんだったら日本人に負けないようにって思って。みんな誰も、う

ちの会社なんか大学卒業した人なんかいなかったし、ただ、みんな高校だけ卒業したから、私、ロシアで大学卒業してたので、日本に来て高校ぐらいはできるんじゃない？って自分で自信持って。

　若い日本人の同僚に日本語を理由に軽く見られると感じることもあったと言います。そこで、Bさんは、日本語や日本のことをより深く学ぶために高校に通うことを決意しました。働きながらの勉強はほんとうに大変で、4年間はほとんど寝られなかったそうです。特に国語と歴史は、漢字も多く難しかったとふりかえります。それでもBさんは、最後までやり遂げ、高校を卒業します。
　Bさんは、72歳まで仕事を続けました。退職後は、Y市の観光ガイドの資格をとり、観光ボランティアとして活躍しています。観光ボランティアは、Bさんにとって交流の場にもなっています。現在、一番親しくしている友人は、観光ボランティアの仲間だと言います。また、コロナ禍で中断していましたが、趣味の社交ダンスも続けています。コロナ禍でY市の社交ダンスサークルは解散してしまったため、機会があれば、旭川市までダンスのために通うこともあるそうです。
　Bさんは、複数の言語を資本として、仕事を見つけ、それを中心としながら、持ち前の行動力で精力的に社会に参加しています。そんな彼女は、「ちゃんと市民税払いながら」ここまでやってきたと誇らしく笑います。そこには、一人の自立した市民として、Y市で生きてきたことへの自負が感じられます。Bさんは、日本サハリン協会のメンバーであり、協会のサポートを得ながら、Y市の市民として社会参加してきました。それを可能にしたのは、Bさんの持つ複言語能力であると同時に、Y市が複言語に価値を置いた社会であったということがあります。換言するならば、Y市が持っていた公共性が、Bさんの社会参加を支えていた側面もあると言えるでしょう。

6. まとめ——多様性に開かれた公共的な社会のあり方

　本章では、サハリン残留日本人の帰国支援運動の変容と、複言語・複

文化的な生活を送るサハリン帰国者のライフストーリーを公共性という観点から見てきました。東西冷戦による政治問題から家族離散問題まで、様々な理由で「忘却の穴」に封じ込められていたサハリン残留日本人が、日本社会に「現われ」ることを可能にしたのは、小川岟一氏を中心とする一民間団体でした。会は当初、樺太が故郷である「同胞」をメンバーとし、サハリンに残された同胞が一時帰国できるように支援する共同体的なメンバーでしたが、時代の変遷、支援対象の変化とともに、サハリンと「出会ってしまった」多様な参加者に開かれた公共圏に変わっていきました。そして、「日本人」としてのアイデンティティを拠り所にした支援から、多様なアイデンティティのあり方を肯定した支援へと変わっていきます。一方で、個々の帰国者とその家族は複言語複文化的な生活を日本で送っています。本章では、複数の言語と文化を資本とし、既存の地域に社会行為主体として「現われる」ことによって、他者と「共に生きる」空間、公共性を創出する二人の帰国者の例を紹介し、二人の社会参加を支えるのは地域の公共性だと述べました。「複数性を弱みにせず強みとする」（12章参照）ためには、複言語話者として社会参加を支える地域の公共性が必要だと考えられます。

　以上の点から多様性に開かれた公共的な社会のあり方を考えるとき、サハリン残留日本人支援の変遷は私たちに示唆を与えてくれます。私たちは、様々な次元において、様々な関係性、コミュニティの中で生きています。これまでの議論から見えてきたことは、それらの関係性やコミュニティが、公共性、親密性、共同体的といった様々な側面を帯びていることです。ですから、それらの関係性やコミュニティの中で、問題点や居心地の悪さ、生きにくさを感じているとき、私たち一人ひとりがそのあり方に自覚的になることで、解決の糸口を見いだすことができるのではないでしょうか。共同体的な要素があれば、その何が問題なのか、それをどうすれば公共性として捉え直すことができるのか。親密性としてのあり方に拘るばかりに、公共性としての側面が損なわれ共同体的なものになっていないだろうか。逆に公共性として捉えてきたものが、マイノリティを排除する「支配的な公共圏」を形成し、他者の複数性を排除してはいないだろうか等。私たちをとり巻く関係性やコミュニティのかたちを意識化し、動態的なものとして捉え直すこと、他者と協働し変

革していくこと、私たちの一人ひとりが社会行為主体として、そのような実践をしていくことが多様性に開かれた社会につながるのではないでしょうか。

　冒頭で紹介した「なんらかの縁」で結ばれた日本サハリン協会の姿は、これからの社会のあり方を示唆しているのではないかと思うのです。

参考文献

アーレント，ハンナ（2017）大久保和郎，大島かおり訳『全体主義の起原3──全体主義【新版】』みすず書房

蘭信三（2007）「中国「残留」日本人の記憶の語り──語りの変化と「語りの磁場」をめぐって」山本有造編『「満洲」記憶と歴史』pp.212-251，京都大学学術出版会

石村博子（2017）「サハリン・シベリアで生きぬいた日本人──一時帰国の道を拓いた小川岟一と仲間たち」『世界』pp.192-205，岩波書店

小川岟一（2005）『樺太・シベリアに生きる【戦後60年の証言】』社会評論社

近藤孝子，笹原茂，小川岟一（2015）『樺太（サハリン）の残照──戦後70年近藤タカちゃんの覚書』NPO法人日本サハリン協会

齋藤純一（2000）『公共性』岩波書店

齋藤純一（2020）『政治と複数性──民主的な公共性にむけて』岩波現代文庫

佐藤正則，三代純平（2021）「戦後サハリンを家族と共に生きたある帰国日本人女性の語り──複言語・複文化主義の観点から」『語りの地平』VOL.6, pp.3-28

島田博（1999）「帰国を始めた「サハリン残留邦人」──自立と生活安定の道を探る」『朝日総研リポート朝日新聞社総合研究本部編（137）』pp.45-59

冨成絢子，パイチャゼ，スヴェトラナ（2019）「『置き去り──サハリン残留日本女性たちの60年』（吉武輝子著）にみる民族とジェンダー」『国際広報メディア・観光学ジャーナル』28, 3-20

中山大将（2013）「サハリン残留日本人──樺太・サハリンからみる東アジアの国民帝国と国民国家そして家族」蘭信三編『帝国以後の人の移動──ポストコロニアリズムとグローバリズムの交錯点』pp.733-781, 勉誠出版

中山大将（2019）『サハリン残留日本人と戦後日本』国際書院

福村真紀子（2023）『結婚移住女性のエスノグラフィー──地域日本語教育の新しい在り方』早稲田大学出版部

吉武輝子（2005）『置き去り──サハリン残留日本女性たちの六十年』海竜社

11章 閉じられたスキー宿に公共性の風が吹く

福村真紀子

キーワード：現われ、コミュニティ、新参者、権力、抑圧の力

1. 逃げ場がないという問題

1.1 アメリカのキャンパスにて

本章は長野県に位置する1軒のスキー宿を舞台としています。まずは本章の構想に至った経緯として、アメリカの片田舎における私の個人的な経験について述べたいと思います。

私は、大学を卒業してすぐに一般企業に就職しました。しかし、配属された部署での仕事に全く興味が持てず、好きになれませんでした。有給休暇の多さに惹かれて就職したのに、実際は休日出勤をせざるを得ないほど忙しく、会社にとことん嫌気が差して3年半で退職しました。それは20代後半に差しかかった頃でした。会社を辞めるやいなや、アメリカ東海岸の片田舎に行き、1年間一人暮らしをしながら小さなカレッジで日本語を教えました。なぜ日本語教師という仕事を選んだのか、今ではすっかりその理由を忘れてしまいました。会社辞めたさに、とにかくどこか遠くへ逃げたかったのだと思います。

渡米直後の私は英語でのコミュニケーションに問題を抱えていました。初めての土地、初めての教員の仕事というだけでも緊張していたのに、言語の壁や習慣の違いによって周りの人たちとの関係づくりがうまくできませんでした。私が所属していた領域には10人程度の教員がいましたが、英語以外の言語を母語とする教員は中国語を教えている中国系の教員と私の二人だったと記憶しています。中国語の教員は私よりずっと前からその領域にいたらしく、詳しいことはわかりませんが、もしかするとアメリカで生まれ育ったのかもしれません。とにかく、彼はすっか

り職場や地域に溶け込んでいるように見えました。私だけが領域で浮いていて、渡米当初は教員とも事務員とも良い関係をつくって働けるとは到底思えませんでした。

　その時、私が暮らしていたのはキャンパス内にある教員寮で、20室以上あるその寮に住んでいたのは私一人だけでした。同僚たちは、キャンパス付近の街に住み、車で通勤していました。田舎なので夜になると静まりかえり、車を持っていなかった私は外へ出かけることもできませんでした。あてがわれた部屋は広かったのですが、天井には大きな穴が開いていて、ベッドは使い始めた時ダニだらけでした。夜中に、誰もいないはずの廊下を歩く数人の男性の声が聞こえ、部屋で音を立てないように硬直していたこともあります。カフェテリアの食事は油っぽくて味が濃く、好きになれませんでした。相談相手もそばにおらずストレスが蓄積されてついに体調を崩し、近所のクリニックに一人で行きました。ところが、病気を治してもらうどころか、クリニックへ行くことにより、さらに私のメンタルはバランスを崩しました。医師の話す英語がよくわからず、ほとんど何も答えられない私に、医師は「次回の診察の時は、英語ネイティブを連れておいで」と言い放ったのです。この言葉で、私の自尊心はズタズタになりました。どこに行っても満足なコミュニケーションができず、赴任してからの1、2ヶ月は不安だらけの新米教師生活でした。

　ただ、キャンパスは広く、大きな湖もあって、日中は学生たちが広い空の下で講義を受けたりスポーツをしたり、時には馬鹿げたお祭り騒ぎをしたりして開放的な雰囲気でした。日本人留学生も数人いて、当時は年齢も近かったので、私は日本人留学生たちと仲良くなりました。そのつながりでほかの国の留学生とも食事をしたり、週末に出かけたりしました。徐々に孤立感から解放され、新しい生活に馴染んでいきました。

　ある時、地域の新聞に、「我が街にネイティブ日本語教師がやって来た」という見出しとともに、私の顔写真と簡単なプロフィールが載りました。その記事を見た近隣の住人からカレッジに電話がかかってきて、私に日本語のプライベートレッスンの依頼がありました。その人は子どもの頃、山口県岩国の米軍基地に父親が赴任していたため日本に住んでいたそうで、懐かしくなって日本語を習いたくなったということでした。

週に一度、その人に私のオフィスに来てもらい日本語を教えることになりました。

またある時は、学生たちに剣道を教えました。私は、日本の文化の紹介のために、高校時代に使っていた剣道着と竹刀を日本から持って来ていました。アメリカ人の学生の一人が剣道の経験があり、一緒にやろうと誘ってくれたのです。その学生と一緒に、剣道に興味を持ってくれたほかの学生数人にキャンパス内のジムを借りて数回教えました。道着姿の私を見かけた同僚が "gorgeous!" と言ってくれたこともあります。

さらに、こんなこともありました。1995年1月17日阪神・淡路大震災が起こった時、「あなたの国がWorld War IIのようになってるよ!」と知らせてくれたのは、カレッジの同僚でした。私の部屋にはテレビがなかったので、急いで教員寮のラウンジに設置してあるテレビをつけると神戸の街が燃えていました。当時私の実家は関西にあったので、国際電話をかけましたが通じませんでした。周りの同僚や学生が「家族は無事なのか?」と毎日聞いてくれました。幸い実家も家族も無事でした。数日後、留学生たちとキャンパスで募金活動を始めると、多くの教員と学生が協力してくれました。

あの頃のキャンパスは、私の職場であると同時に生活の場でした。仕事で辛いことや不安があっても逃げ場はなく、キャンパスがいくら物理的に広大でも、そこは完全に閉じられた空間でした。その閉じられた空間の周縁で心細さを抱いていた私は、徐々に人的ネットワークを広げ、カレッジの外の人にも日本語を教えたり、学生に剣道を教えたり、留学生と一緒に募金活動をしたりと、孤立を抜け出し活発さを取り戻しました。そのプロセスで日本語を教えることにも異文化間交流にも手応えを感じることができました。このようにして、新参者として入ったコミュニティにその一員として受け入れられた、という喜びが湧き上がってきたのです。もし、人的ネットワークと個人としての活躍のチャンスがなかったら、私のアメリカでの生活は暗くて厳しいものに終わっていたに違いありません。

1.2　長野県のスキー場にて

四半世紀以上も前の海外生活をなぜ今、思い出したのか。それは、私

がスキーの定宿としている長野県志賀高原のカモシカホテル（仮名）で働く外国人たちに興味を持ったからです。カモシカホテルは、標高約2000メートルのスキー場のそばにあります。通常12月中旬以降、スキー客等で賑わいます。カモシカホテルの従業員の多くは住み込みです。1時間ほど車で麓に降りた温泉街で生活している外国人女性が、繁忙期だけ働きに来ることもあります。短期の学生インターンや大学の長期休暇を利用したアルバイト学生もやって来ます。東北から出稼ぎに来ている人もいます。そして、カモシカホテルには、正社員の外国人もいます。日本人、外国人の区別なく、正社員も非正規雇用のスタッフも、フロント業務、温泉や部屋の掃除、ホテルの設備の管理、食堂の配膳、料理など様々な仕事に従事しています。

　カモシカホテルに住み込む従業員は私有車なしでは移動の自由が利きません。もっとも、スキーのオンシーズンやゴールデンウィーク、夏休みは書き入れ時のため、私有車の有無にかかわらず外出する余裕はありません。初めから短期の予定で働きに来ているインターン生や大学生アルバイト、繁忙期だけ手伝いに来る山の麓に住む外国人スタッフなどに比べると、東北から出稼ぎに来ている人や外国人正社員は簡単に自分の拠点には戻れないので、カモシカホテルは自宅のようなものです。実際に住民票をカモシカホテルに移した正社員もいます。外国人正社員は特に、ただでさえ自国に戻るには時間とお金がかかるので、カモシカホテルは職場であると同時に生活の場であり、ほかに逃げ場のない状況となります。私は、このような環境にある外国人にアメリカの片田舎のキャンパスで暮らしていた自分を重ね合わせました。自分が置かれているコミュニティで、誰にも声をかけられず、誰からも頼りにされず、誰とも交流しないとしたら、何のためにそこにいるのでしょうか。そのような、コミュニティに受け入れられない状態では自分の存在価値を見失います。私は、ある人間が、参入したコミュニティで古参の者たちからどのように受け入れられていくのかについて知りたいと思いました。

　本章では、カモシカホテルで働く外国人のレイ君（仮名）に着目し、山奥の雪に閉ざされた空間で彼が参入したコミュニティにどのように受け入れられていったのか、それはなぜかを考えてみたいと思います。

2. 日本のスキー場が抱える問題

　ここでは、本章の舞台を含む日本のスキー場について歴史的な背景を含めて説明します。

　志賀高原[1]は、大小 18 ものスキー場が連なる、日本の中でも代表的なスキーリゾートです。リフト、ゴンドラ、シャトルバスで様々な斜度やコースを巡れることで、スキー客に人気があります。志賀高原で撮影された映画『私をスキーに連れてって』が公開されたのは 1987 年。その頃、日本各地のスキーリゾートは大勢のスキー客で賑わいました。それから約 10 年の時を経て、1998 年に長野冬季オリンピック（以下、長野五輪）が開催されました。ジャンプのラージヒル団体の原田雅彦選手が 1 本目を大失敗するも 2 本目で K 点越えしてチームが金メダルを獲得し、長野五輪は大いに盛り上がりました。この長野五輪のために新幹線、高速道路、長野市から競技場までの道路建設がされ、志賀高原とその隣接地域のインフラ整備が劇的に進みました。

　ところが、スキーの人気はその翌年からガタ落ちします。もともと、1991 年のバブル崩壊で、レジャー産業は衰退の道をたどっていましたが、長野五輪後のスキー場からはどんどんスキー客が姿を消していったのです。一時期、スノーボードが流行し再活性化も期待されましたが、不況も重なり旅費や道具にお金のかかるレジャーは敬遠され、志賀高原のスキー場再生は今でも芳しくありません。

　一方、インバウンド[2]の誘致によってスキー場の再開発に成功した地域もあります。代表的なのは北海道のニセコと長野県の白馬です。ニセコと白馬に共通しているのは、飲み屋やプールバーなどアフタースキーが楽しめることです。ニセコには、開発当初、そのパウダースノーを狙って夏の南半球から大勢のスキーヤーが訪れました。オーストラリアの資本が投資し、その後シンガポール、マレーシア、香港などが入れ替わって不動産投資に乗り出しました。ニセコの麓にはスキー場まで車で

---

1) 志賀高原の歴史的な背景や現状については、志賀高原観光協会の職員に筆者が 2023 年にインタビューを行い、情報を得ました。
2) 「インバウンド」は、あるエリアの外から中へ入ってくることを意味し、旅行や観光の分野でよく使われています。本章では、外国人の訪日観光または外国人観光客を意味します。

20分ほどで行ける倶知安町があり、JRの倶知安町駅を中心に町が広がっています。新千歳空港から乗り継ぎはありますが、倶知安駅に電車で来られるという利点があります。駅前には飲食店が立ち並び、ホテルもたくさんあるため、倶知安町でレンタカーをして山に滑りに行くという外国人観光客もいます。2030年度末には、北海道新幹線の倶知安駅の開業も予定されています。ニセコのスキー場近くにもホテルやコンドミニアムがたくさんありますが、富裕層狙いで宿泊料は非常に高く設定されています。スキーシーズンは1泊40万円というコンドミニアムも珍しくありません。宿泊施設の周りにはコンビニエンスストア、飲み屋などがあり、ホテルで食事はとらず、外食を基本とするインバウンドにはぴったりです。コンドミニアムに滞在する人たちは、倶知安町のスーパーで食材を買って自炊するという人もいます。白馬にもたくさんのインバウンドが押し寄せ、海外資本が投資をしています。白馬は、JRの駅を出るとそこには町が広がっていますが、10分程度車を走らせるとスキー場に行き着きます。白馬の町にも飲み屋、スーパーマーケット、コンビニエンスストアなどがあるので、スキーの後、充実した時間を過ごせるのです。

　一方、志賀高原はニセコや白馬とは状況が異なります。志賀高原には以下、四つの特徴があります。

　一つ目は、公共交通機関でのアクセスの不便さです。志賀高原に東京から公共交通機関でアクセスするには、東京駅または上野駅で北陸新幹線に乗り、長野駅で降りてバスに乗り換え1時間半ほど山を登ります。降雪量が多い時はもっと時間がかかります。ほかには、スキーシーズンのみ運行している長距離バスで新宿や池袋から志賀高原のいくつかのスキー場を回りながらアクセスするという方法もありますが、こちらは夜行バスが中心となり身体的に厳しい面があります。よって、志賀高原は私有車がなければアクセスが不便な場所なのです。

　二つ目は、入会地（いりあいち）[3]であることです。一部を除いて志賀

---

3) 入会地とは、ある村落共同体が山林などを支配している土地のこと。民法263条では「共有の性質を有する入会権」について定められています。また、民法294条で「共有の性質を有しない入会権」についても制定されており、その土地の慣習に従って共有者によって土地の使われ方が決められることになっています。

高原は、村落の共同体が管理しています。志賀高原のほとんどのホテルは、その共同体の土地を借りて上物を建てているのです。また、ホテルもスキー学校もその共同体の許可を得なければ志賀高原では経営ができません。このため、海外資本が投資することは簡単ではありません。入会地のためビジネスに制限があり、個人が飲食店やスーパーマーケットを自由に新設して経営することはできません。小さなコンビニエンスストアが併設されているホテルもありますが、ごく稀です。そして、共同体の会員は誰でもなれるわけではなく、共同体に認められた特定の者だけが会員になり得ます。

スキーシーズンを迎えた志賀高原

　三つ目は、志賀高原全体が上信越高原国立公園に含まれていることです。国立公園には開発制限があり、木1本であっても勝手に切り倒してはいけません。自然風景を保護するため、建物の新築も自然公園法に基づいて許可を得なければならないのです。よって、ニセコや白馬のように自由に宿泊施設を新設したり売買したりはできません。

　四つ目は、志賀高原のホテルのほぼ半分が団体旅行によって経営の基盤を支えているということです。志賀高原のホテルの多くは、修学旅行に適応するように部屋数や食堂を整えています。修学旅行の受け入れは最も利益をもたらすビジネスです。修学旅行の日程は概ね3泊4日で予定されます。一つの学校の1学年が修学旅行で一つのホテルに宿泊に来るとしたら、一気に200人から250人の予約が入ります。仮に一人あたり1泊2食8000円だとしたら、3泊で480万円から600万円程度が動くのです。この金額は、たとえ4〜5人のグループのインバウンドが1週間滞在したとしても、比較にならないほど大きな儲けになります。修

学旅行は基本的にホテル1軒を貸し切ります。その貸切の期間をインバウンドなどに当ててはいられないのです。

　以上の志賀高原の大きな特徴から、ニセコや白馬のようにインバウンドが押し寄せるスキー場のようには簡単に変貌できないことがわかると思います。ニセコや白馬には日本人より外国人の姿を多く見かけるし、ハワイやタイのプーケットのようなリゾート地の雰囲気が溢れています。一方、志賀高原は、修学旅行生および1980年〜1990年代のスキーブーム中に20〜30代で志賀高原を滑り抜いていた中高年スキーヤーが技術向上のためにスキー学校の指導を受けているため、リゾートというよりスポーツを楽しむ場という雰囲気が漂っています。志賀高原のスキー客の約9割は国内需要です。その約9割の中に、修学旅行が大きな割合を占めます。その点で、海外需要の割合が高いニセコや白馬と比べると、言語的、文化的環境は大きく異なることがわかります。

3. スキー宿で働くレイ君

3.1　人間の存在が自他ともに認められるというテーマ

　本章の主人公であるレイ君[4]は、「日本で働く外国人」です。厚生労働省の調べ[5]によると、令和4（2022）年10月末、日本で働く外国人は182万2725人で、過去最高となりました。国籍別外国人労働者の割合は、ベトナム25.4％、中国21.2％、フィリピン11.3％です。外国人を雇用する事業所数の都道府県別の割合は、東京都25.5％、愛知県8.0％、大阪府7.8％で、圧倒的に東京に集中しています。神奈川県、埼玉県、千葉県など首都圏の地域にも多くの外国人が働いています。そして、外国人を雇用する事業所数の産業別の割合は、卸売業・小売業18.6％、製

---

4) 2023年に筆者がレイ君にインタビューを2回行い、その時の内容を本章の材料としています。なお、レイ君、カモシカホテルの社長、女将、野村さん、アミックスキースクールの校長へのインタビュー（いずれも2022年から2023年にかけてインタビューおよび観察という手法のフィールドワークを行いました）については、研究の一環として倫理的配慮を行いました。研究成果の発表である本章の執筆は、茨城大学応用理工学野生命倫理委員会における審査を経て許可を得ています。

5) https://www.mhlw.go.jp/stf/newpage_30367.html （厚生労働省ホームページ）のhttps://www.mhlw.go.jp/content/11655000/001044543.pdf参照（2023年11月30日閲覧）。

造業17.7％、宿泊業・飲食サービス業14.4％となっています。

　この章では、日本で働く外国人の産業別ランキング3位の宿泊業・飲食サービス業に相当する一つの観光ホテルに注目します。そして、ホテルで働く外国人が職場であり生活の場であるホテルというコミュニティにどのように受け入れられていったのかを一つの事例として紹介します。特に、働く外国人が集中する首都圏、愛知県、大阪府ではなく、外国人を雇用する事業所数の都道府県別のランキング15位内にも入らない長野県、それも過疎化の進む山中に住み込みで働く一人の外国人と彼を取り巻く人びとに着目することに、本章の意義があると思われます。自分の生まれ育った地域ではない場所、それもエスニックコミュニティはおろか日本人も外国人も集住していない環境で仕事をしながら生活する存在。その存在に、私はアメリカの片田舎で新参者であり一人ぼっちだった過去の自分を重ね合わせているわけです。一人ぼっちは、誰にでも起こり得る状態です。政治思想家のハンナ・アレントは、自分の言葉や行為に応答を返してくれる他者の存在を重視しています。そのような他者が不在である状態、つまり「他者の現前」にない状態を見棄てられた状態と捉えます。私的なものには「他者の現前」が欠けていると、アレントは考えます（齋藤，谷澤，2023, p.61）。このことから、私はこう考えました。「他者の現前」にいる状態は他者から見棄てられてはおらず、その状態は私的ではない、言ってみれば公的な空気が存在しているのです。「公共性の風が吹いている」と言ってもいいかもしれません。この章では、「公共性の風が吹く」という観点から、新参者とその人を取り巻く古参の人びとによって構成される空間について考えてみます。

3.2　レイ君が志賀高原に来るまで

　レイ君が日本に来たのは、2010年代後半です。レイ君の出身国は南アジアにあります。経済状態が良いとは言えず、物資の供給が不足し、政府への不満からテロ事件が頻発していました。レイ君の国では職を見つけることも難しく、日本や韓国に留学し、そのまま仕事を見つけて定住したいと考える若者が多いのです。レイ君もその一人です。留学を目標として自国で韓国語と日本語を勉強し、二つの言語とも能力試験を受けました。レイ君にとっては日本語より韓国語の方が難しく、韓国語の

能力試験はパスできず、日本語の能力試験には成功しました。そこで、留学先を日本に決めたのでした。渡日当初は九州の日本語学校に2年間通いながら居酒屋でアルバイトをし、卒業後の進路として専門学校を目指していました。そして、空港のグランドスタッフ、自動車関係、ホテル関係の三つの専門学校に合格しました。しかし、専門学校入学の手続きには資金が必要で、国からの仕送りが入学手続きの期限に間に合ったのは、北関東にあるホテルの専門学校のみでした。こうして、将来の職業、および就職につながる進学先について自身の希望を直接反映させるというよりは、資金の都合でホテルの専門学校を選んだのでした。レイ君は日本語学校を卒業後九州から北関東に移住し、専門学校で日本語と専門科目を学びながら居酒屋とコンビニエンスストアのアルバイトで生計を立てていました。

　レイ君は、専門学校の斡旋により2019年に東海地方の温泉宿に就職が決まっていましたが、新型コロナウイルス感染症拡大の影響で就職の話は白紙に戻されました。そこで、レイ君の専門学校がカモシカホテルに直接連絡をとり、レイ君の採用を依頼したのでした。レイ君はこの時、就職のチャンスを逃すとビザの関係[6]で自国に帰らなければならなかったのです。専門学校が、学生の就職先のターゲットとなる企業などに直接アプローチすることは珍しくありません。カモシカホテルは、レイ君の事情を知り、オンラインによる面接を経て彼を採用しました。このような経緯で、レイ君は2019年の冬、志賀高原に移住したのです。

3.3　レイ君の生き方

　レイ君はフロントや駐車場で接客業務をしています。英語が話せるので、英語話者の外国人客が宿泊する際に言語的なサポートができます。ほかにも常時数人の外国人がレイ君と一緒に常勤で働いています。外国人従業員は、日常的な日本語会話はこなせます。レイ君も、日本語については日常会話およびひらがな、カタカナの読み書きは問題ありません。日本語能力試験N3に合格していて、難しいと思う漢字は多々あります

---

[6] 留学中の外国人は就職活動のため延長滞在が一定期間認められるものの、その期間が過ぎると帰国しなければならないという法律があります。

が、普段の生活、仕事において漢字の読み書きは必須ではありません。

　レイ君は、渡日当初日本人が話す日本語のスピードが早すぎて理解できずに困っていたのですが、半年ほど経った頃から日本語に慣れてきて困らなくなりました。日本語に不自由がない理由は、日本語学校にも通っていたし居酒屋のアルバイトで「毎日のように日本語を使っていたから」と、彼は言います。カモシカホテルの女将も、レイ君の日本語に太鼓判を押しています。英語でも日本語でもコミュニケーションができるので、雇用側からもほかの従業員からもフロント係として重宝がられています。彼は、ほかの従業員とも仕事の話や遊びの話をよく日本語ですると言います。

　カモシカホテルに来て３ヶ月経った頃、レイ君は厨房も手伝うようになりました。レイ君が直々にホテルの社長に願い出たのです。彼は料理が好きです。自国の南部出身者で、彼によると南部は北部に比べて料理がおいしいのだそうです。レイ君は厨房に入ってから、日本人の料理長に料理を教わることになりました。そして、ある時から社長のはからいで、バイキングの時だけレイ君の国の料理を宿泊客に提供することになりました。カモシカホテルでは、繁忙期の週末や連休は効率化のために朝食と夕食がバイキング形式になります。その夕食のバイキングの際、テーブルに並べられる数々の料理の中にレイ君の国の料理コーナーが新設されたのです。私がカモシカホテルに滞在していた間、１回のバイキングに出されるレイ君の国の料理の種類は５種類程度でした。それぞれの料理の前には、「〇〇（レイ君の出身国）人シェフによる本日のおすすめ」という札が立ててあり、カタカナとひらがなと漢字で食材や料理名が書かれていました。志賀高原の山奥のホテルに、馴染みのないエスニック料理が並ぶので目を引き、宿泊客はレイ君の料理コーナーに群がりました。彼の料理の中には非常に辛いものもあり、「激辛」と書かれた札もありました。バイキングの機会が増えるたびに、その料理コーナーにはレイ君の料理が食べやすいように工夫が増えていきました。たとえば、カレー用にスプーンがたくさん入れられたバスケットが置かれたり、白いご飯を入れるお椀が置かれるなどの対処です。宿泊客がホテルに要望を述べ、ホテル側がそれらに応じる形で徐々にレイ君の料理コーナーは充実していったのです。食事の提供時間中、レイ君は時々厨

レイ君手づくりの料理が並ぶバイキング

房から出てきて料理の置かれたテーブルの状況を確認していました。彼の料理は人気があるので、すぐになくなるのです。テーブルの上の料理が減ってくると新しく追加されます。その作業をしているレイ君を見かけた宿泊客は、「ちょっと日本人には辛いと思うよ。もう少しマイルドにしてくれたらいいのにな」などと声をかけていました。

　私もレイ君の料理が好きで、時々料理の感想を伝えました。「みんな（自分のつくったエスニック料理を）選ぶから、すぐなくなる」と言うレイ君を労うと、「お客様がぼくを呼んで、誰がつくったの？って聞いてくる。ぼくの料理を本当においしいって言ってくれるし、食べているのを見ると嬉しそうだから、ぼくの心も嬉しくなる」と述べました。そして、「日本人は毎日あまり辛いもの食べないじゃないですか。だから、ぼくはたまに辛いものをつくる。明日出すカレーはちょっと辛めにします」と微笑みました。また、「本当はもっとたくさん種類の料理をつくりたい。でも、つくるのはぼく一人だけだから、そんなたくさんつくれない。時間のかかる料理は選ばないで、すぐに出来上がる料理をつくることにしています」とも言っていました。フロント係と厨房係のどちらが難しいかレイ君に聞いてみると、「慣れたらどちらも難しくない。最初はどちらも難しいけれど」と答えました。彼は食材も業者に電話とファックスで注文するのですが、ファックス送信による発注は日本語で食材を書く必要があります。しかし、漢字を書く必要はありません。ひらがなとカタカナだけで問題はないそうです。

　レイ君は調理師免許取得のために勉強しています。彼には、将来自分で飲食店を経営するという夢があります。調理師試験を受験するには、飲食店や施設などで2年以上の調理業務の経験が条件となるため、レイ

君は現在カモシカホテルで経験を積んでいるのです。自分の店をいつ持てるかわからないけれど、それまではカモシカホテルの厨房を手伝うつもりだそうです。調理師の勉強は楽しいかと聞くと、「難しいけれど楽しいですね、真面目にやったら。やりたいという気持ちがあれば楽しくできます。やりたくないと思ったら、いくら勉強しても何も覚えられません」と答えました。

　留学先を日本に絞っていたわけでもなく、また就く職業も専門学校も特にこれと決めていたわけでもなく、自分の意思を通すというより偶発的な流れに乗って志賀高原のカモシカホテルにたどり着いたレイ君ですが、今は料理という自分の興味と特技を活かし、将来の夢に向かって尽力しています。今や彼は、参入したコミュニティで受け入れられ、自己有用感を持ちながら生活していると言えるのかもしれません。

4. レイ君を取り巻く人たち

　レイ君が職場でもあり生活の場でもあるカモシカホテルで受け入れられたのはなぜでしょうか。私は、レイ君の周りの雇用主やほかの従業員の働きかけが、レイ君がカモシカホテルに受け入れられた大きな要因であると考えました。そこで、本節では、彼を取り巻く人たちがレイ君にどのように働きかけていたのかについて見ていきます。

4.1　社長

　カモシカホテルの社長は親から家業を継ぎました。カモシカホテルの社長業を継承する前は大手旅行会社に勤めていて、これまで観光業に30年以上携わってきた大ベテランです。社長は、自分の重要な役割として、ホテルのマンパワーを充実させるための人事の決定があると考えています。

　カモシカホテルだけではなく志賀高原のホテルや旅館には、12月から5月までのスキーシーズンに上述のように東北から出稼ぎに来ている人たちがいます。特に青森県出身者が多いようです。青森県にはりんご農家で働く人びとがたくさんいます。りんごの仕事がない時期に、その人びとが志賀高原に働きに来ることも多いのです。カモシカホテルにも

数人、青森県出身者が住み込みで働き、部屋の清掃や駐車場係、夜警などに従事しています。下界と閉ざされた環境に慣れず、すぐに辞めてしまう日本人も少なくありませんが、青森県出身者はそう簡単に地元へは帰れないので長期で働くそうです。青森県も雪に閉ざされる地域が多いので、雪国の暮らしには慣れているからかもしれません。雇用側としては、従業員には、青森県出身者のようになるべく長く働いてほしいのが本音のようです。そこで、外国人従業員の採用を積極的にするようになったそうです。外国人であれば青森県出身者と同様、長期住み込みを覚悟して働きに来るからです。カモシカホテルでは、2010年を過ぎた頃から日本人のほかに韓国、台湾、中国の従業員を受け入れてきました。大学や専門学校から若いインターンシップの学生を受け入れることもあるそうです。

同じ職場しかも生活を共にする場で、外国人従業員と日本人従業員はどのような関係を築いていくのでしょうか。私のアメリカでの日本語教師の経験を例にとれば、日本文化に興味のあるアメリカ人の同僚はたまに話しかけてくれましたが、そうではない同僚とは最後まで距離が縮まりませんでした。意見が合わずに口喧嘩することがあったなら、それはそれで関係があったと言えますが、喧嘩相手はいませんでした。喧嘩を仕掛けてくるほど私に関心を持っている人がいなかったのです。自分に対する他者の無関心ほど心細いことはなく、そのような状態は良い関係とは言えません。

社長によれば、実際に外国人そのものに対する苦手意識があり、一緒に働くことをあからさまに嫌がる日本人従業員もいたそうです。相手に関心を持っていても、特に理由もなく同僚を嫌うというのも良い関係とは言えません。社長は、両者が良い関係で共存できることを望みました。そして、「異文化交流」の一環として、外国人インターンシップ生がカモシカホテルで働く理由や将来の展望などをプレゼンテーションする発表会を、ホテルの仕事が落ち着いた夜の時間帯に何度か開いたそうです。社長は、彼らは目的があって日本にやって来て、カモシカホテルに来たのも目的があってのこと、お金稼ぎだけではなく働きながら勉強することを目指しているのだと発表会で説いたと言います。ところが、その発表中にインターンシップ生に向かって「この人と仕事するのはもうう

んざりだ」と発言した日本人従業員もいたそうです。その時社長は、その場で個人を批判したことについてその日本人従業員を注意したそうです。さらに後でその従業員を呼び出し、異文化を受け入れる重要さについて話したそうです。ほかにも、個人の性格以外に思想的、政治的な部分で外国人従業員と日本人従業員の間に軋轢が生まれることもあるようですが、社長はそのような問題を解決する必要があると言います。社長は、人にはそれぞれ個別の文化があり、その相違で揉めるなら話し合う必要がある、と考えているようです。

　日本人従業員と外国人従業員を比較すると、日本人の方が雇用側にとって扱いにくい存在になってきていると社長は言います。給料を含め条件が先に立ってしまい、仕事を十分にこなせないわりに要求の声が大きいことがあるそうです。また、山奥の僻地という環境に満足しない傾向もあるようです。外国人従業員は、過酷な環境を理解した上で覚悟を決めて働きに来るので、一生懸命担当の仕事に従事し、ある程度仕事に慣れてくると、集中して仕事をしたりほかの仕事にも柔軟に着手できたりするそうです。

　社長はレイ君についても彼のやる気を認め、仕事ぶりを高く評価しています。しかし、一方で彼が孤立することも案じています。レイ君の国の出身者はカモシカホテルはおろか近隣のホテルにもいないからです。社長は、「たとえば、ロサンゼルスにある日本人街やいろいろな国にあるチャイナ・タウンみたいなところがあればいいと思う。リトル・ネパールとかリトル・タイとか」と言っていました。つまり、観光協会やバスのターミナルが存在する志賀高原の中心地である蓮池に、志賀高原で生活する外国人が集える広場的なスペースをつくってはどうかと考えているのです。同じ悩みを抱えている外国人が集って心を癒すことが重要だと考えるからです。外国人たちが、どうすれば長く居着いて働いてくれるのかは大きな問題です。母語で話せたり外国人労働者に必要な情報を交換できたりする居場所の必要性を、社長は感じているのです。

4.2　女将

　社長の妻、つまりカモシカホテルの女将は、外国人従業員の日本語の先生としての役割も担っています。宿泊客に対する言葉遣いは、女将が

教育するそうです。女将はレイ君とLINEでつながっていて、LINE上のやりとりについても指導します。たとえば、女将による「フロントに荷物が届いているから取りに来てください」という打診に「すぐ来ます」と返事があれば、LINE上で「すぐ行きます」に訂正します。女将は「せっかく（日本に）来たんならちゃんと（日本語を）教えてあげたいなって思います」と言います。女将はホテルの従業員としての言葉の使い方のモデルを示し、レイ君を含め外国人従業員に日常の中で文脈に応じた日本語を教えているのです。

　また、女将は外国人だけではなく日本人を含めた若い従業員の寮母的な存在でもあります。彼女はカモシカホテルには「閉塞感」が漂っていると言います。雪で閉ざされた山の中のホテルに住み込みで働く若い従業員たちにとって、その環境に慣れるということがどれだけ困難であるのかを女将は知っています。コンビニエンスストアも近くになく、私有車も持たず、ぷらっと買い物にも行けないなど、若ければ若いほどカモシカホテルのような閉鎖的な環境で働くことは精神に堪えるのです。そこで、女将は、全館休業日にはホテルの車を出してショッピングツアーを企画し、若い従業員たちを麓の街まで買い物に連れて行くそうです。カモシカホテルから街まで、もしタクシーを使うとなれば、片道1万円程度かかるのです。交通費をかけずに買い物に行けるのは、従業員たちにとっては御の字です。ショッピングツアーでは、従業員たちが気ままに買い物できるように、2時間程度ショッピングモールなどに彼らを「放つ」のだそうです。休業日にまで従業員の世話をするのは大変そうですが、女将は「何とか気にかけてやらないといけない」と言います。

　女将が若い従業員を気にかけるのは、なるべく長くカモシカホテルで働いてほしいと思っているからです。ホテル業のようなサービス業は土日、正月、ゴールデンウィークが忙しくて休めず、仕事内容自体が大変なので若者には不人気なのですが、日本人よりは外国人の方が不平を言わずに従事してくれる傾向があると彼女は言います。女将にとってレイ君を含めた外国人労働者は「とても助かる存在」なのです。

4.3　日本人従業員

　カモシカホテルには、2024年現在20年近く勤続している従業員がい

ます。野村さん（仮名）の出身地は長野県です。私有車があるので、実家に帰ることは難しくはないですが、今ではカモシカホテルの自分の寝床の方が落ち着くと言います。フロント係を主としていて、食事の時間はホールの仕事もします。野村さんは、英語または中国語が話せる外国人従業員は頼りになる、と言います。一方で、彼らの宿泊客に対する日本語の言葉遣いについて指導することもあります。彼らは宿泊客に対し「タメ語」を使うことがあり、その時に「必ず最後に「ですか」をつければ丁寧になるからそうしなさい」と注意するそうです。野村さんは、若い従業員たちの、いわば指導役に当たる立場です。同じ仕事を教えていく相手として、日本人も外国人も区別しないようにしていると言います。「えこ贔屓はしたくない。職場では人間関係が一番大事」と、断言します。そして、従業員には「来てもらうなら、なるべく長く働いていただきたい。1からまた教えなきゃいけないので」と本音も覗かせました。しかし、若い従業員の教育を面倒がっているわけではなく、「何か困ったことがあったら、何でもいいから俺に言ってきてよ」と伝えているそうです。従業員同士の人間関係を良好なものにするために、問題を顕在化しようとしているのです。「お互い思いやりを持って、ちゃんとここで働いてもらった方が、長くいてもらおうっていう気持ちでいた方が、絶対に自分も得だし、働きに来ている子にも得です」と野村さんは言います。

　さらに、外国人従業員との対峙について、「ギクシャクしないようにフォローするところはフォローして、逆にフォローしてもらうところはフォローしてもらって、そんなふうに支えながら支えてもらいながら、持ちつ持たれつみたいな感じがベストだと思います」と自分の考えを表しました。野村さんは、一方的な指導はギクシャクするのだと考えています。「俺はこう思うけど、君はどう？」みたいに、相手の意見を聞きながら一緒に考えながら仕事を進めていきたいと考えているのです。また、「外国人の方が辛抱強いんじゃないかと思います」とも感想を述べました。レイ君の働きぶりについても高評価をしています。宿泊客がチェックアウトする時、レイ君の料理について「すごくおいしかった、ありがとうございました」という生の声を、野村さんは聞くのです。「一生懸命つくっているから。ある程度、食事の勢いがおさまってくる

まではあっちつくったり、こっちつくったり」と野村さんはレイ君を労います。実際、レイ君が厨房を手伝うようになってから、料理長が少しゆっくりと仕事ができるようになったそうです。レイ君は、刺身も切れるし、日本料理のノウハウを学んだのです。そのような彼の存在を、野村さんはありがたく思っています。

しかし、一方で外国人の存在を心から歓迎しているとは言えない日本人従業員もいるそうです。ホテルの宿泊客、従業員を含めて外国人と対峙することが得意ではない従業員もいるのです。先輩として新米のレイ君にいろいろなアドバイスをしたり、仕事を手伝ったりする日本人従業員も、言葉や文化が違うことがハードルとなって、人間関係を深められない人もいるようです。

5. スキー学校の校長とカモシカホテル

志賀高原公認のスキー学校は、2024年現在19校[7]あります。それらのスキー学校の多くはホテルと提携し、賃貸料を払ってホテルの一画を間借りし、主にそのホテルの宿泊客を相手に営業をしています。志賀高原の大きな特徴は、修学旅行の団体が揃いのウエアにゼッケンをつけてスキーのレッスンを受けている光景をよく見かけることです。特に2月頃、志賀高原中のゲレンデが、両足で大きなハの字をつくりながらなだらかな斜面を降りてくるたくさんの修学旅行生と大声で指導するインストラクターたちで賑わいます。中学校や高校から大所帯でホテルにやって来て、数日間それぞれのホテルと提携しているスキー学校の指導を受けるのです。志賀高原では、スキーシーズン中、多くのスキー指導者がホテルで寝泊まりしながら仕事をしています。

カモシカホテルにも、1970年頃から提携が続いているアミックスキースクール（仮名）が存在しています。本節では、アミックスキースクールの校長（以下、校長）の語りを通して、カモシカホテルがどのような空間であるのかを検討します。レイ君とは同僚でもなく、毎日会話

---

[7] 志賀高原観光協会HP参照。https://www.shigakogen.gr.jp/school.html#sia （2024年7月5日閲覧）

をするという関係ではないですが、同じカモシカホテルという空間を共有している人物です。校長は、第三者的な視点からカモシカホテルの関係者たちを見ることができるので、私は校長にお願いしてカモシカホテルのことや校長自身の背景について語ってもらったのです。

　多くのスキー指導者は、北海道、新潟県、長野県など雪国の出身者です。雪国育ちの指導者たちは、子どもの頃からスキーに勤しみ、競技経験が豊富です。しかし、中には関東や関西出身者など、大学時代に本格的にスキーを始めたという指導者もいます。アミックスキースクールの校長は雪国育ちではなく、大学時代にスキー部に入部したことを皮切りにスキーにのめり込みました。雪国育ちの指導者に後れをとっていると考え、ストイックなトレーニングを自分に課してきました。他人と同じ努力をするだけでは雪国育ちに勝てないと感じていたそうです。その競争心がバネとなり、校長は大学2年生の時に大学の部活とは別に、スキーインストラクターになってスキーの技術を向上しようと考えました。そこで、アミックスキースクールでインストラクターのアルバイトを始めたのでした。やがて、校長は大学を中退し、より深くスキーの世界にのめり込んでいきました。雪のない夏は首都圏の空港でマグロを運んだり、街でティッシュを配ったりするアルバイト生活をしていましたが、そのような仕事はスキーの仕事につながらないと考え、辞めました。そして、アミックスキースクールと提携しているカモシカホテルでアルバイトをすることにしたのです。つまり、校長はアミックスキースクールの正社員になる前から、冬はスキーインストラクター、夏はホテルのスタッフとしてカモシカホテルで生活していました。2024年現在ほぼ30年間、カモシカホテルに関与していることになります。今では首都圏に自宅があり、志賀高原と首都圏を行ったり来たりの生活をしています。スキーシーズン中は100日間程度カモシカホテルで過ごしています。彼は、カモシカホテルを職場兼生活の場としてきた経験が豊富で、その空間について経験知によって語ることができるのです。

　校長に、カモシカホテルは閉塞的で非常に特殊な空間ではないかと聞いてみると、彼は即座に「その通りです」と答えました。アミックスキースクールのインストラクターたちは全員日本人ですが、言葉が通じるとは言え、スキーの経験も年齢も出身地もバラバラで異文化の集まり

です。インストラクターたちは、一冬の間一緒にカモシカホテルで生活します。しかも、彼らにとっては、地下にある一つの大部屋の中にぎっしりと設置された2段ベッドの一画だけが一人になれる自由な空間です。しかし、ベッドの間には何の仕切りもありません。多い時には、一部屋に40人以上が生活するそうです。校長は、「プライベートがない」と言います。校長がアミックスキースクールで仕事を始める前は、インストラクターの先輩後輩の間にはっきりとした上下関係があり、かつては先輩による暴力にも至る陰湿ないじめがあったと言います。特に、ある大学のスキー部出身者たちが学閥のように一団となり、その大学の出身者ではない後輩たちに暴力を振るっていたそうです。その大学のスキー部の実力は一般的に認められていたので、威圧的な態度をとっていたのかもしれません。

　校長がアミックスキースクールで働き始めてから暴力は減っていったものの、新参者たちへの先輩からの待遇は酷かったと言います。そこで、校長は今の立場になった時、まず初めにインストラクターたちが過ごしやすい空間をつくろうと考えたそうです。「ただでさえ、ギスギスしているし、喧嘩もあったし、殴るなどの体罰があったんですよ。だから少しでも過ごしやすくしたいと思って」と語ります。彼は、日常的にプライベートの時間がないことを問題視し、無駄なミーティングを省き、インストラクターたちの自由な時間を増やしたのです。「やめよう、とにかくなくそうと思った、体育会系のノリは」と述べる校長は、職場兼生活の場の空気を一掃することに尽力したのです。

　校長から見た、カモシカホテルの従業員の世界について、特に外国人従業員の様子を尋ねると、「孤立しちゃって何も言わないとか、いじめられているとか、そんな雰囲気には見えません」と語り、一人の外国人従業員が気持ちよく挨拶をしてくれたというエピソードも話してくれました。

　レイ君が自国の料理をつくっていることを私が話題に出すと、「任されるのはいいことですね。最近彼の顔が明るくなったって、うちのインストラクターたち、みんな言ってます」と言いました。「職場環境は大切です。本当に、ここは普通の人が生活したことない世界なんです。スキースクールもそうだし。ぼくはホテルのスタッフをしていたのでわか

るんです。だから、やっぱりここで長く仕事を続けるっていうのはとても大変なことです」とも語りました。

　私が一番印象に残ったことは、閉鎖的な山奥の職場で働く若いホテルの従業員には「未来が見えないだろう」という校長の言葉です。校長は、「一生スキーで食っていこう」というつもりがなければ、志賀高原の山奥でホテルの仕事をずっと続けるのかと問われても絶対にやらないだろうと言いました。「環境は大事。簡単にそこから抜け出せないから」と、校長は繰り返しました。過去に一人のインストラクターが、夜中にカモシカホテルを抜け出し、3時間以上も暗い山の中を歩いて逃げ出したことがあるのだそうです。私は、校長の語りから、若いレイ君はプロの料理人になって自分の店を持ちたいと言っていたけれど、志賀高原の山奥で明るい未来を描き続けられるのだろうか、とふと考えました。

6. 誰がどのように公共性の風を吹かせるのか

6.1 「何者」としての「現われ」（アピアランス）

　ここまでのレイ君とその周りの人たちの語りを振り返り、カモシカホテルという閉ざされた空間で彼がどのようにコミュニティに受け入れられるようになったのかについて考えたいと思います。その際、アレントが『人間の条件』において論じている「「なに」("what")」と「「何者」("who")」の違いがここでは鍵になります。アレントは以下のように「「なに」("what")」と「「何者」("who")」を区別しています。

> 人びとは活動と言論において、自分がだれであるかを示し、そのユニークな人格的アイデンティティを積極的に明らかにし、こうして人間世界にその姿を現わす。（略）その人が「なに」("what")であるか——その人が示したり隠したりできるその人の特質、天分、能力、欠陥——の暴露とは対照的に、その人が「何者」("who")であるかというこの暴露は、その人が語る言葉と行なう行為の方にすべて暗示されている。
>
> （アレント, 1994, pp.291-292）

「「なに」(what)」は、国籍、民族、社会的な肩書など、人間の表面上で行われる分類や識別に使われるカテゴリーだと考えてよいでしょう。一方、「「何者」(who)」は、その人の語り、行動などを通じて他者に伝わる、人柄、嗜好などのユニークさを意味すると思われます。上記のアレント (1994) にあるように、人は、その「ユニークな人格的アイデンティティ」を他者の前に示すことによって初めてその存在がオリジナルのものとなるのです。たとえば「メキシコ人」「女性」「留学生」「A株式会社の正社員」というようなラベルだけを他者の前に示すとしたら、ほかにもその人の代わりになる人はたくさんいるので、その人の存在は「ユニークな人格的アイデンティティ」を伴いません。そうなるとその人のオリジナリティは活かされません。交換不可能な存在であることが、その人が確かに世界に存在するということを意味します。アレントは、このオリジナリティを示すことの重要性を「現われ」(アピアランス) という概念を用いて以下のように述べています。

　　第一にそれは、公に現われるものはすべて、万人によって見られ、聞かれ、可能な限り最も広く公示されるということを意味する。私たちにとっては、現われ(アピアランス)がリアリティを形成する。この現われというのは、他人によっても私たちによっても、見られ、聞かれるなにものかである。　　　　　　　　　　（アレント, 1994, p.75)

　上記の「リアリティ」とは、人間の存在そのものを意味するでしょう。アレントによれば、公に「現われ」ることにより、人は世界に存在することになります。他者の前に自分が「「何者」("who")」であるのかを示し、その姿とその声が他者に見られ、聞かれて初めて「現われ」が実現する、つまり自分が生きる世界において自他による自分の存在が確認され認められるのです。このように、新しい存在が他者に確認され認められることを通してコミュニティに受け入れられる環境を、私は公共性の風が吹く場と捉えています。公共性とは、一人の人間のユニークさを他者の眼前に現わす機会が存在し、他者にそのユニークさが受け入れられる状態だと考えています。「受け入れる」というのは、「賛成する」とか「賛同する」とか「好き」だけではありません。コミュニティに新しい

存在を受け入れると同時に、「自分とは違う」「自分ならそうしない、そう考えない」という意見を持つのも自由です。ただし、公共性に暴力は許されません。「他者は自分とは違う」のが当たり前であることを、みんなが理解している状態。それが公共性です。公共性の風が吹く場は外に開かれていて、新参者を受け入れる準備が整っているのです。

レイ君の話に戻ります。留学先の国や専門学校、就職する業種を特段自分の意思で決定することもなく、偶然カモシカホテルで働いていた彼が、フロントや駐車場での接客の仕事のほかに厨房を手伝いたいと自ら社長に申し出たことは、まさに彼が「「何者」("who")」であるのかを公に示す行為だと言えます。料理という自分の興味と特技を活かすことは、自分のオリジナリティを活かすことです。将来自分で料理店を経営するという夢に向かって尽力するレイ君の生き方は、自分の存在が周りに認められ、コミュニティに受け入れられている生き方であり、「現われ」が実現している状態だと言えるのではないでしょうか。

ここで、忘れてはいけないのが周りの人たちの働きかけです。レイ君がコミュニティで受け入れられた、つまり公に「現われ」ることができたのは、カモシカホテルの社長が彼に自国の料理をつくらせ、バイキングに彼のコーナーを設置したことがきっかけとなっています。宿泊客から「おいしい」と声をかけられ、それを励みにしてメニューを自ら考え料理をする、そのことに喜びを覚えるに至るまでには、彼にチャンスを与える他者の存在があったからです。女将も接客にふさわしい日本語を教えてホテルのスタッフの構成員として育てようとし、野村さんもレイ君のフォローをするとともに好評価を与え、彼を迎え入れ、バックアップしたことは間違いありません。野村さんは「俺はこう思うけど、君はどう？」と、相手の意見を聞きながら一緒に考えながら仕事を進めていきたいと述べていました。彼は、新参者が意見を発するチャンスを、努めてつくっているのです。このように、古参の者たちが、新参者にチャンスを与えるということは、新しい存在にその場に入ってくることを許す、すなわち場を「開く」ことだと言えます。つまり、閉鎖的なカモシカホテルの内部に風穴を開け、公共性の風を吹かせたと言えるのではないでしょうか。

6.2 「権力」と「抑圧の力」

　上記で、閉鎖的なカモシカホテルにおいて古参の者たちが新参者にチャンスを与えることを通して風穴を開け、「公共性の風を吹かせた」と私が考えた根拠は、校長の語りです。校長は、スキー学校の雇用主として、インストラクターたちが生活しやすいように、体育会のノリを払拭してインストラクター間の暴力をなくす努力をするとともに、彼らのプライバシーを尊重して自由時間を増やしました。そうすることで、働く環境および生活をする環境を整えました。カモシカホテルはインストラクターたちの職場兼生活の場であるため、個人が自由でいられる空間は2段ベッドの一角しかありません。一人になって自由でいられる空間が寝るスペース以外になくとも、時間に余裕ができれば多少は好きな場所で時間を過ごせます。私が見る限り、校長は従業員であるインストラクターたちを大切な存在として尊重しているようです。たとえば、大雪が降るとカモシカホテルの前の雪かきが必要となるのですが、ホテルのスタッフだけでは手が足りず、アミックスキースクールのスタッフも手伝うことになります。その時、雪かきをするのはいつも校長です。また、毎晩行われるミーティングの開始時間をなるべく早くしてインストラクターたちの自由時間を長くしようと努めます。さらに、カモシカホテルのフロントに設置されているスキースクールカウンターでは、インストラクターたちがシフトを組んで毎晩20時まで宿泊客を対象に受講生の受付をしていますが、宿泊者の数が少ない時などは早く営業を終了してもいいと指示します。校長のインストラクターたちに対するこうした配慮は、自分の地位に無意識に張りつく「権力」を意識的に削いでいる行為に、私には見えます。

　以上のアミックスキースクールの状況を参考として、本節では、「権力」を「抑圧の力」と対比させ、その意義について考えたいと思います。「権力」は邪悪に使われることもありますが、使いようによっては善となるということを、私はアレント（1994）から学びました。杉田（1991）は、アレントによる「権力」と暴力との峻別を通して、彼女の権力観について論じています。杉田は、Arendt (1970) を参照し、アレントの権力観について次のように説明しています。

権力とは「他人と協力して行動する人間の能力に対応する」ものであって、それは、人がある「グループに所属し、そのグループが集団として存続する間にかぎり存在する」という考えを示した。　　　　　　　　　　　　　　　　　　（杉田, 1991, p.149)

　また、杉田は、アレントの権力観を「「垂直的」権力観」(p.153) ではなく「「水平的」な「権力」観念」(p.155) だと捉えています。暴力がいやなことを無理やりさせる強制力なのに対して、「権力」は、「複数の人間の間の平等な関係を前提として、同一の「意図」のもとに一つの秩序を形成する行為の中」(p.155) にある力だということなのです。私は、杉田の解釈を通して、アレントが捉える「権力」とは、あるコミュニティにおいて複数の人間が協力し合う中で発動されるリーダーシップまたは采配力や推進力のようなものと理解しました。
　ここから、「権力」と「抑圧の力」という二つの力について考えます。意識しなくとも雇用主は威圧的な力を身にまとってしまいます。本人が意図しなくても、強い立場の者は弱い立場の者を萎縮させるのです。ここでは、強い立場の者による弱い立場の者を萎縮させる力を「抑圧の力」と呼びます。強い立場の者は、いつの間にか身にまとった「抑圧の力」を、意識的に脱ぎ捨てなければなりません。校長がいじめや暴力をなくし、スキー学校の環境を変えるには、校長自身が無条件に身にまとう「抑圧の力」を脱ぎ捨てる必要があったのです。だから、校長はインストラクターを丁重に扱うのだと思います。校長自身が、自分が若いインストラクターだった時代に強い者からの抑圧を感じたからこそ、スキー学校の変革ができたのではないでしょうか。
　カモシカホテルでインストラクターたちが快適に過ごせる工夫を凝らすことは、いわば校長の政治です。政治上で振るわれる力というのは、いじめや暴力のような「抑圧の力」ではなく、「権力」であるべきです。アレント (1994, p.322) は、「権力は、活動し語る人びとの間に現われる潜在的な出現の空間、すなわち公的領域を存続させるものである」と述べています。「活動」とは、人間が単独でするものではなく、人びとの間で行われる行為、すなわち人間が「「何者」("who")」として他者を必要とする行為です。「労働のように必要によって強制されたものでもな

く、仕事のように有用性によって促されたものでもない」(アレント，1994, p.288) と、「労働」と「仕事」と区別して説明されます。アレントが提示する「権力」は、複数の人びとによる活動の場に現れる力で、暴力の対極にあります。アレント (1994) によると、「権力」とは、「人びとが共同で活動するとき人びとの間に生まれ、人びとが四散する瞬間に消えるもの」(pp.322-323) です。つまり、独りよがりの独裁的な力ではないことがわかります。非常に身近な例で言えば、私は日本語教育に携わる立場から、地域において様々な国や地域にルーツを持つ親子の交流を目的とするサークルを運営していますが、間違いなく「権力」を有しています。サークルには、常ではないですが交流イベントを実施する際に運営を手伝ってくれるメンバーが数人います。何かを決定したり管理したりする前段階のプロセスでは、そのメンバーたちの意見を傾聴し、検討のための対話を重ねます。このようにイベントの準備や当日の運営などは、力を合わせて行いますが、最終的にイベントのテーマや流れを決定したり、イベントの経費を計算して支出を管理したりするのは私です。あらゆる決定をするという点で、私は「権力」を握っています。しかし、この「権力」は「抑圧の力」ではありません。ほかのメンバーから疑問が出たり、別のアイディアが出れば決定を更新することがあり、強制力ではないからです。つまり、メンバーの存在を必要とする、水平的な力と言えるのではないでしょうか。

　校長の話に戻ります。私は、校長がインストラクターという他者との間で「校長」として振るう力を「権力」と呼びました。一方、雪国育ちに負けないように自身にストイックなトレーニングを課す力は、体力です。この体力も「抑圧の力」とは異なります。スキーの競争においては、雇う/雇われるという人間間の上下関係が存在しないため、強い立場の者から弱い立場の者を抑えつける力は通用しません。自分の努力で培った技術で相手を負かすことは正々堂々とした体力の勝負と言えるでしょう。体力の勝負は政治とは関係がありません。一方、後輩や新参者をいじめる暴力は「抑圧の力」であり、本来政治から排除されるべき力です。アミックスキースクールで、過去に学閥のような一団が他大学出身者の後輩に暴力を振るったことは、齋藤 (2000) が公共性の条件について議論の俎上に載せた「共同体」を想起させます。齋藤 (2000) は、公共圏、

親密圏、共同体の三つの空間について説明し、齋藤（2008）では、公共圏と親密圏の違いについて論じています。齋藤（2008, p.116）は、「親密圏には公共性の条件である「無限の複数性」は望むべくもなく、またそこでは「共通の世界」——それは人びとを結びつけると同時に切り離す——をめぐる意見の交換が自在に行われるわけでもない」と述べています。親密圏は公共圏と同じく「複数性」が条件になっているものの、複数性の濃度は公共圏ほど濃くありません。齋藤（2008, p.117）は、さらに親密圏について「複数性を保ちうるとしても、多声的な空間でないことは否めない」と述べています。つまり、公共圏は、複数性に加え、ほかの誰かの立場と交換不可能であるという多声性が条件となります。ただ、異なる言語や文化を背景とするメンバーたちで構成されるということは公共圏も親密圏も共通しています。これに対して、齋藤（2000）の解説では、「共同体」は人と人の結びつきという点では親密圏に近いものの、異質な他者で構成される公共圏と親密圏とは決定的に異なり、国籍、言語、職業など人間を表象する類別により圏内の構成員を決定するという集合体であることが理解できます。アミックスキースクールに存在していた学閥のような一団は、まさに「共同体」です。同じ大学出身者という表象だけで固まり、自分たちと異なる表象の者たちを「抑圧の力」によって排除していたのです。

　アレントは、公的領域においては、人びとの共生のために「権力」が必要であることを示唆しています。校長が改革したアミックスキースクールは、公共圏か親密圏かという分別はともかく、校長の「権力」で政治が行われている公的領域と言えるでしょう。齋藤，谷澤（2023）は、「権力」を物理的な暴力と区別して、「人びとが（欺瞞的ではない）言葉によって相互の了解をはかり、協調して行為するときに政治的な権力は生じる」（pp.58-59）と述べています。また、「強制力や暴力に頼らざるをえなくなるとき、統治はすでに権力による支持を失い「無力」となっているのである」（p.59）とも論じています。暴力とは身体的にダメージを与えるだけではなく、言葉による精神的なダメージも含むでしょう。暴力は、そもそもまともに政治が行われる場においては、全くの無力なのです。共同体においては、多くの共通点を持った者たちが仲睦まじく共存するという側面もありますが、単一の考えや意見に収斂するなど、

一つのものが大衆を支配するという危険な側面も否めません。表象だけを尊重する、そのような支配の本質は、多様な人びとが集い共生する場では無力なのに、抑圧者はそのことに気づきません。

　次に、カモシカホテルの社長の政治のあり方について考えます。社長が外国人従業員のために発表会を開く理由は何でしょうか。社長が発表会を開催した目的は「異文化交流」でした。外国人そのものに対する苦手意識があり、一緒に働くことをあからさまに嫌う日本人従業員の存在があったからです。カモシカホテルは、ニセコや白馬のような外国人観光客がたくさん訪れるスキー宿ではありません。よって、日本人であり、日本の文化に馴染み、日本語を話す日本人従業員は、外国人従業員に比べると、職場の様々な局面でアドバンテージをとりやすいと言えるでしょう。そうなると、外国人従業員の活躍のチャンスは限られ、彼らの存在は目立たないものとなっていきます。

　発表会は、従業員同士の立場を平等に近づけるための、社長の戦略だと私は思います。何もしないでは、新参者である外国人従業員はアドバンテージやイニシアチブがいつまでもとれない弱い立場に置かれてしまいます。ですから、ホテルの政治を司る立場の社長が、極めて意図的に「権力」を行使する必要があるのでしょう。発表会は、外国人従業員が「「何者」（"who"）」であるかを公示するチャンスです。そして、社長がそのチャンスを与えることは、彼が所持する「権力」による一種の政治です。また、外国人従業員がそのチャンスをうまく活かすような働きかけも、社長の「権力」によるものと言えます。つまり、その発表会中に外国人のインターンシップ生に向かって「この人と仕事するのはもううんざりだ」と言い放った日本人従業員の言葉は暴力以外の何ものでもなく、その暴力をその場にいた全員の前で嗜めた社長の言動は、外国人従業員の「現われ」を確保するための「権力」の行使と考えられます。また、レイ君の厨房を手伝いたいという希望を汲んだことも、彼に「「何者」（"who"）」であるかの公示のチャンスを与える「権力」による政治と言えます。公共性の風は、強い立場にいる者がうっかりしているとまとってしまう「抑圧の力」を脱ぎ捨て、「権力」をうまく使わなければ吹かせることができないのです。

　ただ、公共性の風が吹く場は重要ですが、決して親密圏が不要という

わけではないでしょう。「権力」を核とする政治によって守られる場以外にも、同じ立場の者同士が共通の課題を共有して共感し合ったり、その解決に向けて知恵を出し合ったりする空間も、精神を休める親密圏として重要だと思います。宮地（2005）は、多文化間精神医学の視点から、移住者のメンタルヘルスについて考えています。そして、「移住者のサバイバルに最小限必要なもの」（p.331）の一つとして「民族コミュニティ、民族ネットワーク」（p.332）を挙げています。宮地の指す民族コミュニティの基本的な機能は、「ピア（仲間）が存在し、一歩先をゆく先輩（ロールモデル）がみつかり、安心できる場所であること」（p.334）です。もし、その民族コミュニティ、民族ネットワークが表象だけを尊重するなら、「共同体」に陥る危険性がありますが、他者との異なりも同時に尊重すれば、そこは親密圏になり得ます。社長が、志賀高原に「リトル・ネパールやリトル・タイ」をつくってはどうかと提案したように、自在に操れる母語によってコミュニケーションができ、互いに抱えている問題を開示し合って解決策を提供し合うことができる親密圏的な空間が存在すれば、雪に閉ざされた山奥であっても、外国人従業員はより豊かな生活ができると思われます。

7. おわりに

　本章では、雪に閉ざされたスキー宿で働く一人の外国人に注目し、彼がどのようにコミュニティに受け入れられたかについて、公共性という観点から論じました。日本で働く新参者の外国人、特に接客業に就く人にとっては、日本語の学習が課題になることは否定できませんが、彼らが、彼らを取り巻く環境にコミットし充実して生活するには、日本語の能力いかん以上に、交換不可能な役割を持ち、そのコミュニティでのその人の存在自体が他者に受け入れられることが大切だと言えるでしょう。そのためには、ホスト役の古参の者が、新参者の声を聞いて応答することが重要です。声を聞いて応答するということは、相手に関心を持つということです。無関心であることは、見棄てることと同じです。忘れられた存在だと本人に思わせないように、新参者に交換不可能な立場になれるチャンスをつくることが肝要です。そうすれば、新参者もコミュニ

ティに受け入れられたと感じることができます。また、齋藤（2017, p.76）は、「平等」とは何かを論じる中で、「少数者に対する寛容は、たんなる「許容」としてではなく同時に「尊重」の質を併せもたなければ、安定したものとはならない。他者を尊重するとは、相互交渉の関係を積極的に取り結ぶことであり、そのなかで自らが自明なものと思ってきた規範や生き方をも問い直す余地をひらくことである」と述べています。つまり、ただ単に新参者を親切に受け入れるだけでは、その存在を弱者として扱うのみに終わります。そうではなく、古参の自分自身も変わらなければならない存在であり、自分と異なる価値観や考え方を示してくれる他者として相手を尊重することが、人間の間の平等を生み出すのです。そうすることで、閉ざされた空間にも公共性の風が吹くのだと思います。

　ニセコや白馬に飽きた外国人スキーヤーが志賀高原に大勢押し寄せてくる日は近いと思われます。2024年の冬、私は志賀高原を何度も訪れましたが、長野駅には大きな荷物を持ったインバウンドで溢れ、志賀高原の各スキー場では様々な言語が飛び交っていました。ある比較的小規模のスキー宿では、30名ほど滞在している宿泊客のうち、日本人と見られるのは私を含め3名だけでした。その宿にはオーストラリアから来た人が多いですが、ヨーロッパから来た人もいました。その宿のオーナー曰く、12月は中国やインドなどアジアから来る人が多いそうです。SNSの口コミでその宿や志賀高原の魅力が伝わっているようです。いくら志賀高原にアフタースキーがなくても、修学旅行客がドル箱であっても、志賀高原のパウダースノーは彼らを魅了するのです。そうなれば、ゲレンデやスキー宿で働く外国人は増えるに違いありません。ニセコや白馬の例をとると、外国資本が国内資本を圧倒し、利益が現地に流れてこないという経済的な危機についても耳にすることがあります。宿泊費や飲食費が高騰し、日本人スキーヤーが寄り付きにくいスキーリゾートになってしまっていることも否めません。しかし、遅かれ早かれ日本の多くのスキーリゾートでは、様々な言語と文化を背景とした人びとによる共生社会のあり方を考えなければならない時が来るのです。

　公共性の風をどのように吹かせるのか。それは、彼らを取り巻く人びとが、他者に対して関心を持つ、一人ひとりのユニークさを尊重する、

「現われ」のチャンスをつくり出す、という心がけと行為にかかっていると思います。もしかすると、インバウンドや外国人従業員が大幅に増加した日本のスキーリゾートでは、日本語を母語とする日本人が少数派となり、異文化の人びとに取り巻かれる状況となるかもしれません。外国人雇用主のもとで、雇われ側として働く日本人も増えるでしょう。日本人、外国人問わず、いずれにしても、特に「抑圧の力」を身にまとう人は、上記のような心がけと行為に至るのは難しいと思われます。抑圧者は、自らが力を持っていることにすら気づかないことがあります。また、「権力」を行使する立場の者も、その「権力」が「絵に描いた餅」となることもあります。冒頭で述べた、私が生活していたアメリカの片田舎のキャンパスには抑圧者はいませんでしたが、「権力」を持つ上司が私に関心を持っていたとは言えません。私は、たまたま周りにいた年齢の近い学生たちや日本に興味のある地域の住民と人間関係をつくれたことから、偶然「現われ」のチャンスを掴みました。多くの人びとにそのチャンスが、偶然ではなく、必然的に与えられると良いと思います。逃れられない上下関係が存在する場においては、強い立場にいる者が、自らの「抑圧の力」を拭い去ることに強い意識を向けると同時に、誰もが「現われ」る場となるように、様々な他者に興味を持ちつつ「権力」による政治を行うことが望まれます。公共性の風は、強い立場にいる者の能動的な働きかけがなくては吹かないのです。

謝　辞

スキーシーズンのご多忙中にも関わらず、インタビューに快く協力してくださり、執筆にご助言をくださった志賀高原を支えておられる皆様に、心から感謝申し上げます。

参考文献

アレント，ハンナ，志水速雄訳（1994）『人間の条件』筑摩書房［Arendt, H.（1958）The Human Conditions. Chicago: University of Chicago Press］
齋藤純一（2000）『公共性』岩波書店
齋藤純一（2008）『政治と複数性——民主的な公共性にむけて』岩波書店
齋藤純一（2017）『不平等を考える——政治理論入門』筑摩書房

齋藤純一,谷澤正嗣（2023）『公共哲学入門——自由と複数性のある社会のために』NHK出版

杉田敦（1991）「権力と暴力——一つの覚え書き」『法政理論』第23巻,第3・4号,pp.148-170

宮地尚子（2005）『トラウマの医療人類学』みすず書房

Arendt, Hannah（1970）*On Violence*. New York: Harcourt, Brace & World

第VI部 アレントとハーバーマスから考える

12章 言語教育をことばの活動へと広げる「公共性」
ハンナ・アレントが重んじる複数性、開放性、自由を手がかりに

福村真紀子

1. はじめに

　本章では、言語教育における「公共性」の議論の必要性を示すことにより、言語教育を、言語運用能力の向上を目的とする方法論を超えたことばの活動へ広げるという展望を描きたいと思います。

　周知のとおり、すでに様々な分野で「公共性」は議論されてきました。しかし、言語教育の世界では、「公共性」の議論はまだ活発だとは言えません。では、なぜ言語教育において「公共性」について考える必要があるのでしょうか。この章では、政治思想家のハンナ・アレントによる「公的」という概念を確認し、その「公的」からあぶり出される「公共性」の意味を通して、言語教育における「公共性」の議論の必要性を検討します。本章が期待することは、読者のみなさんが「ああ、なるほど。だから言語教育には「公共性」の視点が大切なのか」と気づいてくださり、言語教育にとどまらない、ことばの活動に関心を持ってくださることです。

　そもそも、「公共性」とは一体何なのでしょうか。「公共性」にはどのような意義があるのでしょうか。そこで、まず、いわば「公共性」が市民権を得ている公共哲学や法哲学での議論を、アレントの概念に対する解釈を軸として概観することにより「公共性」の基本的な意義について検討します。次に、教育の世界において「公共性」がどのような意義を持つのか確認します。その流れで、教育という分野に位置する言語教育に注目し、「公共性」を議論する理由について説明を試みます。最後に、「公共性」という視点を言語教育に入れることにより、言語教育がこと

ばの活動へと広がる可能性を提示したいと思います。

　アレントは、「私的領域」と「公的領域」の異なりを強調し、「公共性」をめぐる議論を展開しています。その議論では、「公共性」を「空間」という視座で考えています。よって、本章のはじめに、「空間」という見方から「公共性」を検討します。空間は「私的」と「公共的」の二つに分けて考えることができます。余暇の楽しみ方として、自宅でのんびりテレビを観るのも、近所の公園に散歩に出かけるのも、それは個人の自由です。自宅と公園の大きな違いは、私的空間と公共的空間の違いです。もちろん自宅は自分が自由になれる空間ですが、公園も不特定多数の互いに特に縁のない人びとが出入り可能な空間です。よって、散歩を楽しむ人が誰かから「出ていけ」と言われることはありません。しかし、その公園から排除されてしまう人もいます。たとえば、仕切りや手すりなどの突起物が取り付けられ、路上生活者がその上で寝られないように細工されたベンチ。筆者は「いじわるベンチ」と呼んでいます。「いじわるベンチ」は路上生活者を公園から排除しています。

　誰の目にも公園は公共的空間であり、誰でも利用する権利があるはずです。しかし、そこには、人びとの間に「公共性」の捉え方をめぐる対立があります。公園が持つ「公共性」には多様な捉え方が存在し、利用する権利を持っているのに排除されてしまう人びともいます。その具体例として、2005年開催の愛知万博を前にして、開催地のイメージ向上のため名古屋市が白川公園で生活していた人びとのテントを強制撤去し、彼らを排除した事実があげられます。確かに、路上生活者は公園の一定の空間を合法的とは言えないやり方で占拠しているとも考えられるでしょう。しかし、公園は彼らにとって文字どおり「最後の砦」であり、生活の場として公園に「公共性」を見出しているはずです。それに対し、名古屋市は彼らが占拠している空間は「公共性」が守られるべき空間という名目で立ち退きを強制したと思われます。

　一方、路上生活者の支援の場所として公共的空間を必要とし、公園を利用する人びとも実際には存在します。山崎（2013）は、「ホームレス」対策としてスポーツ施設が設置された名古屋市若宮大通公園の事例を紹介し、「野宿者」のために炊き出しを行う支援者が、行政によってスポーツをする場所と意味づけられた場所を野宿者の支援の場所に意味づ

け直したと論じています (p.98)。公園が持つ「公共性」は行政、支援者、野宿者それぞれの立場によって捉え方が異なり、「「公共性」をめぐるせめぎ合い」（同, p.99）の存在が示されます。高速道路、ダム、原子力発電所等の建設をめぐっても、それらを益とする人びと、迷惑なだけの存在と考える人びととの間で「「公共性」をめぐるせめぎ合い」が生じています。

　上記のようなある空間へのアクセスの可否は、ただ単に空間に入ることができるというだけではなく、その空間で自由に個人が声を上げ、その声を他者が傾聴するか否かも含んでいます。つまり、異なる価値観を持った複数の人びとが存在する空間から、ことばが除かれることはないのです。ここから、「公共性」と人が操る言語・言葉・ことば[1] は切っても切り離せない関係であることがわかります。

2.「公共性」をめぐる議論に向けて

2.1 「公共性」はなぜあるか、という問い

　「公共性」という用語はあらゆる分野で日々使われています。しかし、「公共性」をめぐって議論する際、どの思想家や研究者に依拠するかによっても、議論する人びとが置かれている社会的な背景によっても、「公共性」をどのような問題解決に用いるのかによっても「公共性」の意味は異なってきます[2]。「公共性」が持つ意味は広いので、何の議論をしているのかわからなくなってしまわぬように、「公共性」が含有するたくさんの概念のうち、どの概念に注目して議論するのか明確にする必

---

1) 言語・言葉・ことばの違いは、細川（2016, p.7）で説明されています。そこでは、「言語＝論理的な思考の表出したもの、言葉＝思考から言語へのプロセス、ことば＝身体の感覚、心の感情、論理の思考の表出過程の総体」と述べられています。
2)「公共性」とは何かという定義づけは不毛であるように思えます。結局は、論者の主張の根拠づけとしてその論者の専門分野にむりやり引きつけて「公共性」が都合のいいように定義され使われているように見えるからです。しかし、「公共性」がいくら手垢がついた用語であっても、またその定義づけが不毛だとしても、今日多様な分野で繰り返し「公共性」をめぐる議論が展開されている理由は、「公共性」を考えることなしには解決できない問題が山積しているからです。「公共性」とは何かではなく、「公共性」はなぜあるのかという問いであれば、不毛どころかその解明は様々な問題解決に向かっていくに違いありません。

要があります。

　繰り返しになりますが、本章では、「公共性」を定義するのではなく、言語教育において「公共性」を議論する理由について述べます。その際、「公共性」が含有するたくさんの概念のうち、「空間」に注目します。その手がかりとして本節では、ことばの教育の枠を超え、「公共性」をめぐる議論について概観したいと思います。言語教育の枠を超えて概観する理由は単純です。参考にしたくても、言語教育における「公共性」の議論があまりにも少なすぎるからです。以下、「公共性」の議論の内容について主要概念と意義を中心としながらアレントが著した『人間の条件』に依拠し、アレントが世に残した思想およびアレントの思想を様々な立場と視点から解説したいくつかの文献を検討します。その前に、まずはアレントの思想について「空間」を観点として、2.2で概観します。

2.2　アレントによる「公的」

　井上（2006）が「公共性概念が公私の区別に依存している以上、公共性とは何かを理解するためには、この区別の意味を理解しなければならない」(p.4)と述べているように、「公」と「私」の対比をもって「公共性」が考えられることが多々あります。アレント（1994）は、直接「公共性」という用語を使ってはおらず、「公的」という用語で議論を展開し、「公的領域」と「私的領域」を明確に区別することから「公的」の意味を明らかにしています。本章で示そうとする「公共性」の主要概念はアレントにおける「公的」と同義として考えます。以下、アレントによる「公共性」の主要概念について確認していきます。

　アレントは、「公的」という概念に、密接に関係はしているものの完全に同じではない二つの意味を見出しています。一つ目は、「公に現われるものはすべて、万人によって見られ、聞かれ、可能な限り最も広く公示されるということ」（アレント, 1994, p.75）です。これは、他者に自身を示すチャンスを得ることが前提となり、他者に自身の存在が認められ、他者に無視されたり見棄てられたりすることがない状態と言えます。アレントは「現われ（アピアランス）がリアリティを形成する。この現われというのは、他人によっても私たちによっても、見られ、聞かれるなにものかである」（同, p.75）とも述べています。「なにもの」とは、性別、民族、国籍

などの属性にカテゴライズされる存在ではなく、何をしてどのような考えや希望を持っている人間なのかという個別性が尊重される個人を意味します。つまり、「公共性」の意味の一つ目は、自分が「なにもの」かを他者の前で示すことにより他者の前に「現われ」、リアリティが形づくられていくことです。

アレントによる「公的」のもう一つの意味は、「世界そのもの」（同, p.78）であり、アレントは、公的領域は共通の世界であると説いています。つまり、人びとが共生する世界のことを意味し、この世界を「共通世界」と呼んで以下のように説明しています。

> 世界の中に共生するというのは、本質的には、ちょうど、テーブルがその周りに坐っている人びとの真ん中(ビトウイーン)に位置しているように、事物の世界がそれを共有している人びとの真ん中(ビトウイーン)にあるということを意味する。つまり、世界は、すべての介在者(イン・ビトウイーン)と同じように、人びとを結びつけると同時に人びとを分離させている。
> （アレント, 1994, pp.78-79）

「公的」は、アクセスが可能なことを前提として交換不可能な個の立場が保障される世界のあり様を意味しています。バラバラの個人を結びつけるのが共通の世界であり、「公共性」とは価値観や立場が違う人びとが、誰かを見下したり誹謗中傷したりすることなく、しかし口論になることをいとわず、自由に意見や考えを表現し交換できる状態だと言えます。さらに、アレントは「共通世界は万人に共通の集会所ではあるが、そこに集まる人びとは、その中で、それぞれ異なった場所を占めている」（同, p.85）と述べ、一人ひとりの立場、考え方、視点が異なることの必然性と、個人として存在できるという自由の保障を示しています。異なる立場の人びとが自由に意見を言える場、つまり他者によって見られ、聞かれ、リアリティを形づくることができ、意見を交わすことで自由に他者と結びついたり離れたりする空間は、多様性が担保された公共的空間です。すなわち、人びとが移動し、多様な言語や文化が交差する社会に生きる私たちには公共的空間が必須と言えるでしょう。

アレントは、古代ギリシアの政治をめぐる言説の空間「ポリス」を公

的領域（上述した「公共的空間」と同義と捉えます）、生命を維持するための労働が行われる家族の領域を私的領域（上述した「私的空間」と同義と捉えます）とし、公的領域と私的領域を相容れないものとして明確に分断しています。「公的」の概念に対し、私的領域の「私的」には多様性が欠如していると考えているのです。アレントは、私的領域は、他者によって見られ聞かれることから生じるリアリティ、物の共通世界の介在によって他者と結びつき分離されていることから生じる他者との「客観的」関係、生命そのものよりも永続的なものを達成する可能性が奪われている（p.87）と論じています。つまり、私的領域に欠如しているのは他者であり、多様性が担保されていません。

　もっとも、アレントによって明確に分断された私的空間と公共的空間の捉え方にはいくつかの問題が存在します。アレントが私的空間を公共的空間の劣位に置くことには多くの批判や疑問が投げられてきました。その一つは、私的空間で関心を持たれケアされる生命に関するもの一切を公共的空間に持ち込むことを否定していることです。齋藤純一が「公共的空間は、身体の必要や苦しみを語る声を不適切かつ不穏当なものと見なす」（齋藤, 2000, p.57）と説明するとおりです。齋藤は、「アーレントは、身体とその必要を言説以前のものとし、自然的な与件と見なすことによって、その必要を実質的に定義し、生命を保障するという膨大な権力を、公共的空間の政治から取り去り、行政権力にあずけてしまった」（p.60）と述べ、アレントが提起する「公共性」には「広い意味での社会的正義」（p.61）が欠落していると論じています。齋藤（2000）が意味するのは、たとえばハンセン病患者に対する優生手術など政治の権力が生命の維持に干渉してしまう問題を解決できない限り、政治と生命を分断して考えることは不可能だということでしょう。齋藤は、「生命と政治が否応なく結びつく際に、そのより抑圧的な関係性とより抑圧的でない関係性とをいかに区別していくか」（p.61）が肝要だと示唆しています。

　以上、アレントによる「公的」の捉え方について確認しました。次の3節から5節までは、「公共性」をめぐる議論について段階的に分野を絞り込んで概観していきます。

3. 公共哲学や法哲学における「公共性」

　本節では、アレントが著した『人間の条件』に依拠して「公共性」または〈公共的なるもの〉を捉えた齋藤 (2000)、權 (2018)、井上編 (2006)、井上 (2006) を参考にして、公共哲学や法哲学の分野で議論された「公共性」の主要概念と意義の解釈について述べていきます。

　アレントの思想を批判しつつも「公共性」の意味づけをアレントに依拠する齋藤純一は、「公共性」の概念と意義をどのように捉えているのでしょうか。齋藤 (2000) は、「人間が有用かどうかで判断されるのではない公共性の次元に光をあてる」(p.19) と述べ、自身が「公共性」をどう意味づけようとしているのかを示しています。ここから、「公共性」を人間の存在を尊重するための概念であると捉えていることがわかります。齋藤は、公共性の意味を三つに大別しています (pp.viii-ix)。一つ目は、公共事業、公共投資、公的資金などの国家が国民に対して行う公的な (official) 活動で、民間による活動がその対局にあります。二つ目は、すべての人びとに関係する共通のもの (common) という意味で、公共の福祉、公益、公共の秩序などを意味します。高速道路、ダム、原子力発電所等の建設などは、この二つ目の公共性が大義名分となって施工されるわけですが、「「受忍」を求める集合的な力、個性の伸長を押さえつける不特定多数の圧力」(同, p.ix) という意味も含まれます。三つ目は、誰に対しても開かれている (open) という意味であり、誰もがアクセス可能な空間や情報などを指します。さらに、齋藤は二つ目の「共通していること」と三つ目の「閉ざされていないこと」の二つが抗争する関係にあると述べています (同, p.x)。ここで注目すべきは、「共通していること」は「公共性」を一定の範囲に制限することになり、「閉ざされていないこと」と衝突するという矛盾です (同, p.x)。たとえば、美しく整った街で万博を開催しようという意思は公共性を帯びてはいますが、その公共性が共有される範囲は限定されています。1節で述べたように、街のイメージアップを目指して万博を開くことよりも命をつなぐために公園にテントを張ることを優先する路上生活者たちは、その範囲の外に存在しています。

　齋藤 (2000) は、「一定の人びとの間に形成される言論の空間」を

「公共圏」と呼び、不特定多数の人びとによって織りなされる言説の空間を「公共的空間（領域）」としています（p.x）。さらに公共性を「価値の複数性を条件とし、共通の世界にそれぞれの仕方で関心をいだく人びとの間に生成する言説の空間」（p.6）と捉えています。「公共」をめぐる思想と歴史を研究した権（2018）は、齋藤（2000）の「公共性」の解釈について、「重要なのは、齋藤が〈公共的なるもの〉におけるopen＝開放性という特性を重視し、そこから派生する価値として自由と「排除への抵抗」という二点を導出していることである」（p.41）と論じています。すなわち、複数性が担保された「openの領域としての公共性」（権, 2018, p.40）の意義に、齋藤は価値を置いているわけです。権と齋藤は、アレントが示唆する「公共性」の開放性と自由を強調する点で共通しています。以下、権の「公共性」の概念と意義の捉え方を検討します。

　権（2018, p.21）は、主に思想、社会哲学、公共哲学、法哲学の分野で議論されてきた「公共性」は1990年代後半以前から多様な意味を持った概念として存在していた、と説明しています。権は、「日常言語でもある公共は多義的であり、しばしばその意味内容が不明確なまま使用されてもいる。だがこの点は、学術的なレベルにおいても同様のことがいえる」（権, 2018, p.2）と述べています。また、多様な分野で多義的にかつ曖昧に用いられている「公共性」という用語の使用を避け、〈公共的なるもの〉という用語で「公共性」について論じています。前提もなしに必要で良いものとされた上で「公共性」が論じられている現状に疑問を投げかけ、〈公共的なるもの〉が志向される理由を明らかにする必要性を訴えているのです（p.52）。権は、アレントの『人間の条件』から「人間となるための条件として要請されるものこそが、〈公共的なるもの〉である。それは事実として見出されるというよりも、まずは条件として要請される。あるいは〈公共的なるもの〉がある状態において、初めて人は人間となることができるといえる」（p.53）という理念を読み取り、これを肯定するのか、批判するのかを問う存在論を重視します。つまり、「公共性」は何であるかではなく、なぜあるのかという問い直しです。この「なぜ」は非常に重要な問いだと思います。人間が動物ではなく人間であるためには、私的領域という閉じられた空間にこもっていてはいけない、だから、「公共性」を問い直し、〈公共的なるもの〉に価

値を見出そう、と権は呼びかけているのではないでしょうか。閉じられた空間では、一人の人間の個性を他者に知ってもらうことができず、他者とは断絶された環境で孤立に陥るのだと思います。

権は、私的領域に閉じ込められている者は「必要＝必然（necessity）」によって「自由（freedom）」が奪われているというアレントの主張を取り上げ、以下のように〈公共的なるもの〉の概念を捉えています。

> もし我われが、必要＝必然に支配された動物ではない人間であり得るとするならば、そこから解放された自由の領域がなくてはならない。仮に我われが、社会に完全に規定された存在者ではなく、それに対して積極的に働きかけることができるならば、それを可能とする根拠＝場（グラウンド）が存在する必要がある。こうして求められるのが、概念としての〈公共的なるもの〉であり、それはまた、このように要請されることで存在するといえる。（権, 2018, p.63）

〈公共的なるもの〉がある理由は、人間が「必要＝必然」から解放され自由になることだと、権は捉えています。そして、〈公共的なるもの〉の意義は「自由の空間」であることと言えます。しかし、権は〈公共的なるもの〉の実現を楽観視せず、「だがこれは、あくまで可能性の問題であり、実際にはその自由は制限され、解放／開放性は完遂される可能性は低いだろう。現実の自由には制限もあり、閉鎖性という制限がある」(p.57) と述べます。齋藤（2000）が重視する「openの領域としての公共性」（権, 2018, p.40）が実際には実現しにくいというわけです。確かに、齋藤（2000）は、人間の自由についての実現可能性には触れていません。しかし、「排除への抵抗」を声高に主張することなしに自由の実現はあり得ないでしょう。この意味で、齋藤もなぜ「公共性」があるのかという存在論を展開していると言えます。以上に見るように、齋藤（2000）と権（2018）の共通点は、アレントが示唆する「公共性」の開放性と自由を強調していることです。この開放性と自由は複数性が担保されるからこそ生まれるのであり、その複数性は政治性と密接に結びついています。政治性には権力の所在と平等の問題が存在します。この政治性や権力と平等の側面から「公共性」の概念を捉えているのが2節で紹

介した法哲学者の井上達夫です。

　井上編（2006）は、「戦後憲法が保障する基本的人権を骨抜きにする制約原理としてしばしば濫用された」（p.i）「公共性」が「社会改革理念を奉じる多数の人々にとって、警戒を要する言葉だった」（p.i）と述べています。この点は、齋藤（2000）も「「公共性」は管製用語の一つ」（p.1）だったことに関し、「鉄道、道路、発電所、港湾などの建設を推し進めようとする政府が、「公共事業」に異議申し立てを唱える人びとを説き伏せるための言葉、あるいは、生命・生活の破壊を訴える権利主張を「公共の福祉」の名の下に退け、人びとに「受忍」を強いる裁判官の言葉だった」（同, p.1）と解説しています。井上編（2006）は、「いまや、「保守」の陣営のみならず「批判勢力」を自任する人々の間でも、「公共性」が積極的価値を担ったキー・ワードとして流行している」（p.i）と述べています。また「公共性とは結局、「勝者の正義」「勝てば官軍」の政治的現実を隠蔽美化するイデオロギー装置にすぎないのではないか」（p.v）と問うています。そして、法哲学の任務として「「多元的社会において、公共性はそもそも、またいかにして可能か」というこの問題」（p.v）に取り組もうとしています。井上（2006）は、その取り組みの過程においてアレントの「公共性」を検討します。そして、同じものが一人の人間の観点ではなく多様な観点から見られることの「複数性」によって成立する共通世界が、アレントによる「公共性」の概念の中心であることに触れた上で、次のように述べています。

　　この複数性の承認はリベラルな寛容や「弱者への優しい配慮」とは異質なものであることに留意する必要がある。彼女にとって、公共的領域としてのポリスすなわち政治の領域は、自然的必要を充足する「労働（labor）」や作品創造たる「仕事（work）」と区別された自由な主体の間の政治的実践としての「活動（action）」によって個人が比類なき偉大さを勇敢に顕現させる場であり、「偉業の輝ける栄光（the shining glory of great deeds）」によって自己を他者から差別化し、自らが「万人の中の最良者であること（aien aristeuein）」を示す「激しい闘技精神（a fiercely agonal spirit）」に満たされた場である。
　　　　　　　　　　　　　　　　　　　　　（井上, 2006, pp.7-8）

つまり、井上（2006）が見るアレントの「公共性」には、他者への思いやりや倫理的配慮とは距離を置いた、他者の存在を前提とする自己実現に向けた強い精神が必要とされているのです。さらに井上（2006）は、アレントが「平等の名において画一化・標準化をもたらすような社会主義に対しては公共的領域を破壊するものとして敵意を隠さない」(p.8)と述べています。井上は、政治の世界に卓越した個人として主体的に参加することがアレントの「公共性」の主要概念だと捉えていると言えるでしょう。そして、井上は、「自己の「権力への意志」の放縦化の危険を自覚し、他者の眼差しに自己を曝し、開くことによってこの権力への意志を制御する正義の規律を引き受ける意志、これが〈公共性への意志〉である」(p.27)と主張します。アレントの公共性論には「卓越主義的な主体的公共性論の契機」（井上, 2006, p.8）が存在していますが、我々は自身の権力の存在に気づき、その制御が必要だと説いています。この主張には法哲学の任務に対する整然とした姿勢が感じられます。

　ここまでアレントが著した『人間の条件』に依拠して「公共性」または〈公共的なるもの〉を捉えた齋藤（2000）、權（2018）、井上編（2006）、井上（2006）を参考にしながら「公共性」の主要概念と意義の解釈について述べました。次に、教育学の分野で「公共性」を捉えようとした先行研究を検討し、教育学で議論される「公共性」の主要概念と意義の例を検討します。

4. 教育学における「公共性」

　本章では、言語教育における「公共性」をめぐる議論の必要性について論じていますが、もちろん、「公共性」の議論は言語教育だけに必要というわけではありません。教育全体において、「公共性」は考えられるべきでしょう。よって、言語教育に落とし込む前に、本節では教育学における「公共性」の議論について述べます。また、教育という世界において「公共性」を考える理由は、教育の場を新しい者を迎える場と捉える視点が重要であるからだと筆者は考えます。新しい者を迎えるとはつまり、複数性を尊重することです。また、誰をも排除しない、という開放性を担保することとも言えるでしょう。

教育哲学の研究者である小玉重夫は、アレントの『人間の条件』の主要概念とそこで展開されている議論を、「公共性」と教育問題との関係を意識しながら読み解き、現代の政治および教育にとっての意義を見出そうとしています（小玉, 2013, p.15）。本節では、新しい教育のあり方を指し示す鍵概念としてのアレントの思想を軸にした「公共性」についての小玉の解釈について論じます。

　小玉は、『人間の条件』が提案することは、政治家任せにするのではなく市民が直接政治に参加すべきだという参加型民主主義であることを示しています（p.6）。そして、この思想を支える視点が、アレントの「迫害された亡命ユダヤ人難民としての自身のアイデンティティと経験に根ざした、国民国家や全体主義に対する批判的視点」（p.9）であり、「公共性とナショナリズムと等置してしまうような国民国家論」（p.12）への批判から『人間の条件』で公共性論が展開されていると述べています。そして、『人間の条件』では、人間が人間たる条件となるものは言論と活動という公的な活動であり、現代社会においてその公的な活動がどのようにして崩壊していったのかということが解明され、その公的な活動が再開される可能性と条件が示唆されていると説明しています。では、アレントによる「公共性」の主要概念と教育はどのように結びつくのでしょうか。

　まず、参加型民主主義と教育との結びつきについて考えましょう。以下の小玉が示すスクールカーストの例を見れば、この参加型民主主義が複数性と開放性を尊重する「公共性」と読み替え可能と考えられます。小玉がアレントの「公共性」における主要概念の核の一つと捉えているものに「忘却の穴」があります。「忘却の穴」とは、アレントが『人間の条件』を執筆する前の1951年に発表した『全体主義の起原』[3]で述べられている概念です。アレントは、「国民国家が難民を構造的に生み出す」（小玉, 2013, p.22）と主張し、国家から追い出された難民は存在しない者として見なされ人びとの記憶にも残されない、そのような状態を「忘却の穴」に落ち込む、と表現しています。参加型民主主義は、「「忘

---

[3] 『全体主義の起原』は、1951年に英語版が出版され、1955年に加筆修正が行われた上でドイツ語版が出版されました。本章では、章末に新版の日本語版を紹介します。

却の穴」に落ち込まないような社会や世界のあり方」(p.38) に通じています。

　小玉 (2013) は、「忘却の穴に落ち込んでいく状況、そして周りから見捨てられている状況は、狭い意味での歴史的、政治的な問題であるばかりではなく、現代の私たちの日常生活、学校教育の場に侵入してきていることがはっきりわかる」(p.37) と述べ、学校教育の現場に「忘却の穴」が存在することを示しています。その例として、クラスメイトのそれぞれがランクづけされ、「ランクの下位階層に対する排除圧力が内包されている」(p.30)「スクールカースト」という状況があげられています。スクールカーストが孕む問題は、「いじめられているわけではないが、人間関係からはじかれて、ある意味で見捨てられ、余り物になり、忘れられている。つまり、忘却の穴に落ちてしまった、そういう存在」(p.33) です。上述のように、アレントによれば「他人によっても私たちによっても、見られ、聞かれる」こと、つまり「現われ」が「公共性」の条件となります。小玉は、「学校は、公教育、つまり公共的な教育を行う場である。そうだとすれば、学校こそが、アレントがいう意味での「万人によって見られ、聞かれ、可能な限り最も広く公示される」という条件を備え、それだからこそ「忘却の穴」を回避することがもっとも求められるべき場所ともいえる」(p.43) と論じています。この小玉の言及は、アレントによる論考「教育の危機」[4] に依拠しています。アレントは、子どもにとっての学校について以下のように述べています。

　　通常、子供が最初に世界に導かれるのは学校においてである。ところで、学校はけっして世界ではなく、また偽って世界と称すべきものでもない。むしろ、学校はそもそも家族から世界への移行を可能にするために、われわれが家庭の私的領域と世界との間に挿入した制度である。学校で学ぶことは、家族によってではなく、国家すなわち公的世界によって要求されている。したがって、学校は、現実にはまだ世界ではないとはいえ、子供に関しては或る意味で世界を代表する。　　　（アーレント, 1994/1968, p.254）

---

4)「教育の危機」は、アレントの試論が集められた『過去と未来の間』に収められています。

すなわち、学校は「公共性」が担保される公的領域であり、学生たちが他者の前に「現われ」る場所として再構築されていくことが、忘却の穴に落ち込まないための条件となるのです。よって、「公共性」の主要概念と教育は密接に結びついています。
　次に、現代社会において崩壊していった言論と活動という、公的な活動が再開する可能性および条件が、教育とどう結びつくのかについて考えます。アレントが公的な活動と見なす言論と活動が成立するには、「異質で多様な人々の存在性が露になり、それを見、聞き、記憶する他人の存在を前提にするような公共的な空間」（小玉, 2013, p.47）つまり古代ギリシアのポリスのような言論の空間が必要です。それは、異なる私たちすべての者に共通している世界を表します。この複数性が条件となる「共通世界」が言論の空間であり、「公共性」そのものであると言えます。しかし、近代になって子どもへの関心が高まり、子どもを産んで育てるという、もともと私的領域に閉じられていた生命の維持および再生産に関する行為が公共的な意義を持ち出すと、公私の区別がなくなり、「社会」という領域が現れた、とアレントは考えました（同, p.139）。つまり、「社会的なるものの勃興」です。小玉は、この「社会的なるものの勃興」に関連してアレントの教育認識について次のように論じています。

　　社会的なるものの勃興によって複数性という人間の条件が解体し、公的世界における多元的な平等に代わって単一の尺度にもとづく近代社会の画一的平等が支配していく過程と、近代教育が体現している普遍性との間の通底性に対する、批判的視座にほかならない。
　　　　　　　　　　　　　　　　　　　　（小玉, 2013, pp.153-154）

　小玉が意味するのは、「社会的なるものの勃興」は、異質な他者である複数の人間による多様な価値観、ものの見方が尊重される言論の空間をなくし、画一的な価値観がはびこる状況を生み出し、その状況は教育にも及んでいるという解釈です。では、言論の空間になり得ていない、つまり「公共性」が見込まれない学校に「公共性」を復活させるためにはどうすればよいのでしょうか。アレントは、言論と活動という公的な

活動が再開される可能性と条件をどのように示唆しているのでしょうか。

　アレントは、古代ギリシアのポリスを完全なるものと見なしていたわけではありません。「「古代ギリシア人がまったく無視したもの」として、新しい人々の誕生を意味する出生（natality）に注目する」（小玉, 2013, p.167）と小玉が解釈しているように、アレント自身はポリスを批判的に捉えています。アレントは、「新しい人々の誕生」である「出生」は、新参者を公的世界に招き入れる営みであり、世界を更新することであると考えています（小玉, 2013, p.168）。アレントが執筆した「教育の危機」において、「誕生、つまり新しい人間の到来によって絶えず自らを更新する人間社会にとって、教育は最も基本的で不可欠な活動様式の一つだからである」（アーレント, 1994, p.249）と言及されているとおりです。

　この「出生」についての思想がアレントの教育認識である、と小玉は解釈しています。アレントが問題視しているのは、今日の教師は単に何かを教えることができる人物だと見なされ、教授法つまり教えるスキルの向上に焦点が当てられていることです（アーレント, 1994, p.245）。そうではなく、アレントは、学校の機能は世界がどのようなものであるかを教えることであると説いています（同, p.263）。大人＝教師の役割は、子どもを教育によって世界に導き入れながら、その世界の責任を負う（同, p.56）ことなのです。以上のアレントの教育認識について、小玉（2013）は、「アレントにとって教育はいわば、新しいもの＝異文化としての子どもを、その新しさ＝異文化性を保持しつつ古い世界の中に持ち込んで、世界を破壊から救うための賭け金であった」（p.150）と言及しています。つまり、アレントは、「世界への新参者＝異質な他者」として子どもを捉え、世界を更新し得る他者が参入する場を教育の場と捉えたのです。また、「出生によって世界に参入してくる子どもの教育が、公共的世界の複数性が維持される鍵である」（小玉, 2013, p.186）と言及するように、異質な他者である新参者が教育の場に参加することは、言論と活動という公的な活動が再開する可能性をもたらすものであり、同時に再開の条件となります。これが、公的な活動の再開の可能性および条件と教育との結びつきです。

　小玉は、『人間の条件』における「公共性」の主要概念を、これからの教育のあり方を指し示す鍵概念として見出していますが、小玉が示唆

する「公共性」の現代の政治および教育にとっての意義とは、子どもや学生を「忘却の穴」に落ち込ませないように、「現われ」の場をつくるという理念と言論の空間を復活させる展望を持つ新参者として、子どもや学生を位置づけるという考え方です。「教師は、無知な市民として、過去と未来を媒介する」（小玉, 2013, p.192）という教師のあり方に関する提言は、まさに教育現場が「公共性」に満ちた言論の空間となるための条件なのです。

5. 言語教育における「公共性」

最後に、言語教育における「公共性」の議論について述べます。前節で、教育現場が「公共性」に満ちた言論の空間であることを意味づけましたが、では、言論ということばの活動を取り扱う言語教育において「公共性」はどのように語られているのでしょうか。ここでは、筆者の専門分野である日本語教育に注目しますが、ここで述べることは、日本語教育に限らず、すべての言語教育にもつながると思われます。

中川（2014）は、総務省（2006）による多文化共生の推進に関する研究会報告書を取り上げ、その報告書が提言している、国や民族などの異なる人びとが互いの文化的違いを認め合うことや、地域社会の構成員としてともに生きていくことが何を意味するのかが不透明であることを問題にあげています。そして、「外国人が日本で社会生活を営んでいくのに当面避けられない日本語に着目し、日本語教育の立場から多文化共生を再検討」（中川, 2014, p.34）しています。ここでの中川の立場は、「人と人の間で言語が駆使される中で、新しい価値観を希求し合う限りにおいて現われる公共的空間の姿を多文化共生の目指す形とし、そのために言葉の力を養い、公共的空間に向かう言説の土壌を耕すのが日本語教育学の役割である」（同, p.34）という立場です。そして、多文化共生に向かう日本語教育の指針を立てるにあたり、「意見の複数性をもって絶えず希求していく公共的空間の形成を、人々が行いうる人間の条件として問い続ける」（同, p.34）というアレントの思想に依拠しています。中川（2014）が日本語教育の指針の拠り所とするアレントによる「公共性」の概念は、「利害による排他性を受けつけず、人間の複数性が等しく尊

重される公共的空間という概念」(p.36) です。

中川は、「一人ひとりが等しく差異のある他者と関わり、理解しようと努める過程で現われ、それが公共的空間の形成につながっていく」(p.37) というアレントが描く「公共的空間」のあり方を、日本語教育の役割と結びつけています。すなわち、多様な価値観を持つ他者の存在を前提とした、言語を用いた他者とのやりとり、つまり言論がなされる「公共的空間」を形づくっていくことを、日本語教育が果たす役割の一つとしているのです (p.37)。また、「意見の画一化や排除に留意しつつ、日本語もしくは母語で一定の質を伴う議論が困難な者に対して、親密圏の次元で意見表出の力を養っていくこと」(p.38) を日本語教育のもう一つの役割としています。この「親密圏」について中川は、齋藤 (2000, 2003) を参照し、「他者の生／生命への配慮・関心によって形成・維持され、他者との接触を通じて自己の思考との対話の機会を失わない関係性を持つものとし、否認あるいは蔑視の視線に曝されやすい人々にとっては、抵抗の力を獲得するための拠り所となる空間」(中川, 2014, p.38) と定義しています。その上で、以下のように、日本語教育のあり方を構想します。

> 親密圏としての日本語教育の現場では、まず、日本語学習者が各人の周囲に自らの意見を訴え、やがては政策への提言や世論に働きかけられる、社会参加のための適切な語彙表現やコミュニケーション様式を身に着けることが必要になる。　(p.38)

つまり、中川 (2014) は、日本語非母語話者の視点から「公共的空間」において声高に自分の意見を言語化することの困難さを考慮し、「公共的空間」に参加する前段階の日本語教育の現場を親密圏と捉え、日本語非母語話者に日本語の語彙表現やコミュニケーション様式という言語運用能力をその親密圏内で養成することを目指しているのです。以上から、日本語教育学における中川 (2014) が見出した「公共性」の意義とは、異質な他者との言語のやりとりによる社会参加の実現と捉えることができます。

もちろん、中川 (2014) による「公共性」の意義についての捉え方が、

言語教育における「公共性」の議論の代表的なものというわけではありません。すでに述べたように、そもそも、言語教育の分野において「公共性」の議論はほとんどありません。また、言語の運用能力を身に着けてこそ社会で他者と十全にコミュニケーションできるという教育観を下地とした言語教育の捉え方は珍しいことではありません。中川（2014）の「公共性」の議論は、この教育観に近いように見えます。つまり、教師が言語を教える教室を、学習者にとってコミュニケーションの練習をするのに親密圏的な安全な場と見なし、言語教育を準備教育に位置づける捉え方です。このような捉え方は、日本語教育において一般的なようですが、複数性、開放性、自由という概念が含まれていないと筆者には感じられます。言語教育の場を一つの社会と捉え、学習者をすでにことば（言語の形式ではなく、内言の形をした独自の思考）を携えた、その社会を構成するオリジナリティあふれるメンバーと見なせば、準備教育という発想は出てこないと思うのです。

6. 言語教育からことばの活動へ──おわりにかえて

　以上、アレントによる「公共性」の主要概念と意義を確認した上で、彼女が著した『人間の条件』を主軸とし、公共哲学や法哲学、教育学、言語教育の分野で語られてきた「公共性」の主要概念と意義について述べてきました。最後に、言語教育を超えた、ことばの活動において「公共性」を議論する理由について論じたいと思います。

　日本語教育においては、学習者の公共的空間への参加を手助けするために親密圏をつくり、その中で言語の力を養成しようとする議論があります。この議論には準備教育として捉えるという問題のほかにもう一つ問題が存在します。それは、公共的空間におけるコミュニケーションの問題を言語運用能力の問題に限定してしまうことにより、その空間に複数性、開放性、自由が入り込む余地がなくなるということです。アレントが提示する公共的空間は言説の空間であるには違いありませんが、『人間の条件』で言説の空間における言語とは何を意味するのかは示されておらず、議論に堪え得る言語運用能力の重要性や共通言語の必要性については言及されているわけではありません。もし、言説の空間にお

いて言語運用能力や共通言語に制限を設けたとしたら、そこに複数性、開放性、自由は存在しないのではないでしょうか。

齋藤（2000）と権（2018）が、アレントが示唆する「公共性」の開放性と自由を強調し、小玉（2013）が世界への新参者である子どもや学生を「忘却の穴」に落ち込ませないように「現われ」の場をつくるという展望を示したように、言語教育においても言語運用能力向上を目標に据えるのではなく、権力と平等という問題に強い関心を持ち、複数性を基盤とした開放性と自由を鍵とする「公共性」の概念を追究することが必要ではないでしょうか。このように考えると、「公共性」の視点を持つ言語教育の実践は、もはや「言語教育」と呼ぶこと自体に狭苦しさや窮屈さを感じます。細川（2016, p.7）は、「言語」・「言葉」と区別して、「ことば」を「身体の感覚、心の感情、論理の思考の表出過程の総体」と定義しています。人が他者の前に「現われ」る際、言語に限らず、たとえばダンスをしたり、音楽を奏でたりといった身体の感覚や人の感情をふるわせる手段を使ってもいいはずです。たとえば異なる母語を持つ者同士が言語による意思疎通に限界を感じていても、ダンスや音楽によるコミュニケーションがその者たちの関係を良好にするかもしれません。これまで言語教育が目指してきたことを、枠にはまった言語形式にこだわるのではなく、人と人とのコミュニケーションを促す「ことば」を扱うこと、と広く捉える方向に舵を取るのがよいのではないでしょうか。そうなると、「教育」という行為、すなわち一方が教え、一方が教わるという関係性にも違和感が生まれてきます。従来教える側だった立場の者も、従来教わる側だった立場の者とことばを通じて、水平的な関係を築くことで、どちらも「現われ」のチャンスを得ることになります。それはもはや、「教育」ではなく「活動」と呼ぶにふさわしい営みです。言語教育を、ことばの活動へと広げてもいいのではないでしょうか。

現在の日本社会では多様な言語、多様なルーツ、多様な背景、多様な価値観を持つ人びとが様々な空間を共有して生活しています。バラバラな個人たちがそれぞれ自分勝手に向きたい方向を向いて生きれば共生社会は成り立たないことは明らかです。多様な人びととの共生は異質な他者とのコミュニケーションなしには成り立ちません。価値の複数性を大前提として互いに関心を持ち合い、ことばを交わすことで、より良い共

生社会をつくることが求められています。複数性を弱みにせず強みとすることが必要であり、したがって、私たちは複数性を必要条件とする「公共性」を無視することができません。自分が存在している空間が公共的空間として成り立っているかどうかは、その空間が広く開かれ、自分と他者が平等な関係にあり、個人としての自分に自由が許されているかどうかを意味します。よって、職場、地域、友人同士のコミュニティで常に「公共性」の存否は検討されるべきであり、学際的な課題となるのです。言語運用能力の養成を専門とするという理由ではなく、多様な他者と共生しながら個人が自由に生きていく社会をつくることが学術の共通目的であるからこそ、言語教育をことばの活動へと広げるために「公共性」について議論する必要があるのではないでしょうか。

参考文献

アーレント，ハンナ，引田隆也，齋藤純一訳（1994）『過去と未来の間』みすず書房［Arendt, H.（1968）*Between Past and Future: Eight Exercises in Political Thought*. New York: Penguin Books］

アーレント，ハンナ，大久保和郎訳（2017）『新版 全体主義の起原 1 反ユダヤ主義』みすず書房［Arendt, H.（1951）*Elemente und Urspringe totaler Herrschaft*, Piper Verlag Gmbh］

アーレント，ハンナ，大島通義，大島かおり訳（2017）『新版 全体主義の起原 2 帝国主義』みすず書房［Arendt, H.（1951）*Elemente und Urspringe totaler Herrschaft*, Piper Verlag Gmbh］

アーレント，ハンナ，大久保和郎，大島かおり訳（2017）『新版 全体主義の起原 3 全体主義』みすず書房［Arendt, H.（1951）*Elemente und Urspringe totaler Herrschaft*, Piper Verlag Gmbh］

アレント，ハンナ，志水速雄訳（1994）『人間の条件』筑摩書房［Arendt, H.（1958）*The Human Conditions*. Chicago: University of Chicago Press］

稲葉振一郎（2008）『「公共性」論』NTT出版

井上達夫（2006）「公共性とは何か」井上達夫編『公共性の法哲学』pp.3-27, ナカニシヤ出版

井上達夫編（2006）『公共性の法哲学』ナカニシヤ出版

小玉重夫（2013）『難民と市民の間で——ハンナ・アレント『人間の条件』を読み直す』現代書簡

権安理（2018）『公共的なるもの——アーレントと戦後日本』作品社

齋藤純一（2000）『公共性』岩波書店

齋藤純一（2003）「親密圏と安全性の政治」齋藤純一編『親密圏のポリティクス』pp.180-204，ナカニシヤ出版

齋藤純一（2008）『政治と複数性——民主的な公共性にむけて』岩波書店

総務省（2006）『多文化共生の推進に関する研究会 報告書——地域における多文化共生の推進に向けて』

中川康弘（2014）「多様な価値観が生成されうる多文化共生を目指す日本語教育学試論——ハンナ・アレントの「複数性」をめぐる議論に着目して」『留学生教育』19, pp.33-40.

細川英雄（2016）「市民性形成をめざす言語教育とは何か」細川英雄，尾辻恵美，マリオッティ，マルチェラ編『市民性形成とことばの教育——母語・第二言語・外国語を超えて』pp.2-19，くろしお出版

山崎貴史（2013）「公園のスポーツ空間化と野宿者の排除——名古屋市若宮大通公園を事例に」『スポーツ社会学研究』21(1), pp.85-100

13章 ことばの教育と「公共」の接点を探る
ハーバーマスの公共圏における言語観をもとに

牛窪隆太

1. はじめに

　本章では、ことばの教育における「公共性」を考える前段として、ハーバーマスが提示した「公共圏（public sphere）」の概念を紹介し、そこで想定されている言語観やコミュニケーション観について検討します。
　ドイツの哲学者であり社会理論家であるユルゲン・ハーバーマスは、著書『公共性の構造転換』において「公共圏」という概念を提示しています。「公共圏」という考え方はその後、社会学、政治学、哲学など多領域にわたって議論されています。本書の目的は、公共性概念によることばの教育の新たな可能性を検討するものであって、社会学的、政治学的に公共性の意義を掘り下げて検討するものではありません。しかしながら、日本語の「公共性」は、広く一般名詞として使用されている用語でもあり、日本語教育や外国語教育の分野において特に馴染みがある用語というわけでもありません。そのため、ことばの教育と公共性について議論を進めるにあたり、まずはその理論的背景を確認し、概念の意味を明らかにしておきたいと思います。また、そもそも「公共圏」とは、ハーバーマスが提示した用語ですが、ハーバーマスは「公共圏」における「討議」を想定しており、「公共圏」でのコミュニケーションは、「妥当性の要求」や「合意形成」を目指すものであるとしています。つまり、ハーバーマスの想定した「公共圏」におけるコミュニケーションとは、特定のコミュニケーションのあり方を意味しており、言語教育でいうところのコミュニケーションとは異なるものである可能性もありそうです。
　ハーバーマスが提示した「公共圏」におけるコミュニケーション観、

および言語観、また「公共圏」という着想は、言語教育にどのような示唆をもたらすか。その上で、ことばの活動を考えることには、どのような意義があるのか。この問いに答えるために、本章では主に、ハーバーマスの提示した「公共圏」とその周辺概念について、ハーバーマスの著作である『公共性の構造転換』、また『コミュニケイション的行為の理論』をもとに確認します。その上で、近年、社会学において提案されている「中間圏」という考え方をもとに、「公共圏」において言語が果たす役割を再検討し、日本語教育や外国語教育の文脈において、「中間圏」を構想する意義について考えます。

2. 公共圏とコミュニケーション的行為

ハーバーマスは『公共性の構造転換』の新版（ハーバーマス, 1994, 以下, 『公共性』と表記します）の冒頭で、旧版で自身が展開した議論に自ら解説を加えています。同書の目的は、「市民的公共圏の理念型を、18世紀および19世紀のイギリス・フランス・ドイツでそれが発展した歴史的文脈にもとづいて展開することであった」（同, p.iii）と述べています。ハーバーマスのいう「市民的公共圏」とは、18世紀のヨーロッパで見られた読書する公衆が、文芸的・政治的な話題について批判的な討議を行う場（具体的には、カフェやサロン）のことであり、「一般的意見」は、公共的精神とともにやがて「公論」へと展開した（同, p.134）とされています。

「市民的公共圏」の前提には、一人で行う読書があり、「公共圏」とは、国家とは区別された形で、市民が身分や立場を超えて自由に討議を行う場であったとされています。つまり、議会政治が整備され市場経済が発達する以前、読書する公衆による討議が公開性のもとに行われることで、「公論」が形成されていた（同, p.214）という考え方です。

その後、市場経済が拡大し、「社会的なもの」が形成される中で、「再政治化された社会圏」が成立し、社会は国家と切り離せないものとなったとされます。ハーバーマスによれば、近代の社会と国家は相互に浸透し合っていて、簡単に「公的」「私的」という区別ができないものとなっています。例えば、従来の家族を軸とした「家業」は、大会社での

「勤務」に変わり、さらに、公的補償や生活補助の制度が整備されることによって、かつて「親密圏」であった家庭にも「公的なもの」が入り込み、「私的自律は、自決的機能よりはむしろ消費機能の中で維持」されるようになったとされます（同, pp.211-212）。つまり、「市民的公共圏」として国家とは別に存在していた、従来の討議の場とは異なるものとして、「社会」というものが形成され、そこに「公的」なものと「私的」なものが入り混じるようになったということです。ハーバーマスは、近代におけるこの構造的な変化によって、従来存在したとされる読書する公衆による討議は、文化消費（レジャー）となり、ラジオやテレビの討議番組に見られるような、単なる消費財になった（同, p.220）と考えました。

　公共圏をめぐる議論において「公論」とは、単なる「意見」とは区別されるものであり、私的な利害に基づいて主張されるべきものではないとされています。つまり、「市民的公共圏」で行われていた討議とは、個人が、自分自身の経済的利益や政治的利益を目指して行うものではなく、それらを超えて、よりよい人間のあり方（フマニテート＝人間形成）をめぐって行うものであるとされます。さらに、『公共性』の中でハーバーマスは、C・W・ミルズの「公衆」と「大衆」の区別の4点を引用しながら、「公論」の意味を整理しています（同, p.334）。その分類によると、「公衆」とは、公論を形成する民衆を意味し、それに対して「大衆」とは、消費を行うだけの民衆を意味しています。

　そして、公論を形成する公衆とは、第一に、意見を受けとるだけでなく同時に意見を表明し、第二に、表明されるどの意見に対しても、直接かつ有効に応答する機会があるように組織され、第三に、討論によって形成された意見が必要であれば、権威の支配的体系にさからってでも効果的行動に結ばれるものであり、第四に、権威的制度は、公衆に浸透することなく、公衆はその活動において自律的であるとされ、権威や制度上の立場からは自由な場で議論をし、行動を起こすものとされています。つまり、ハーバーマスにとって「公共圏」における「公論」とは、権威や制度上の立場からは自由なものとして、読書する公衆による合意形成の過程で生まれるものであり、「コミュニケーション」はそのための手段とされていました。

現代の政治的場面においては、議論は代表者（議員など）が各団体の利益を代表して参加する形で行われており、一般市民はただその結果を受けとるだけのものとして存在していて、直接的に議論にかかわることはありません。また、マスメディアで取り上げられる社会問題についても、自分の日常とそれほど関連のない話題については情報として処理するにとどまっているともいえるでしょう。しかし、かつて（存在したとされる）「公共圏」においては、身分や立場を超えて、開かれた議論が自律的に行われていたということです。このことから、ハーバーマスは「市民的公共性」本来の力を取り戻すことを呼びかけ、民主主義の活性化を目指した（曽田, 2017）とされます。

　このように見てくると、ハーバーマスのいう公共性（公共圏）とは、読書を前提とした「公衆」の討議による「公論」形成と直接的に結びついており、そこでは「言語」が重要な役割を果たすものとして位置づけられていることが改めて確認できます。では、ハーバーマスのいう討議における「言語」とは、どのような言語観のもとに想定されているのでしょうか。次に、ハーバーマスのコミュニケーション論における言語の位置づけについて考えてみます。

3.「コミュニケイション的行為」における言語

　ハーバーマスは、著書『コミュニケイション的行為の理論』（上 2006、中 2011、以下、『コミュニケイション上』『コミュニケイション中』と表記します）の中で、近代における「合理性」の問題について、社会学、哲学、言語学などの膨大な先行文献を渉猟し、自身の思想の集大成として提示しています。したがって、ここでその議論のすべてを簡潔に示すことは現実的ではありません。そこで、本章ではそのうち、「コミュニケイション的行為」の概念とその言語観に注目します。まず、ハーバーマスにとって「コミュニケイション的行為」とは、一般に「コミュニケーション」ということばから想起されるような、「言語のやりとり」というものではないようです。それは、「発話者が了解を目指して命題を用いて世界と連関をもつ」（『コミュニケイション上』p.149）ために行われるものであり、「言語」はその意味においてのみ、重要性をもつとされ

ています。このことから、ハーバーマスにとって「言語」とは、非常に厳密なものとして想定されていると理解することができます。ハーバーマスは次のように説明しています。

> 発話者が批判可能な主張をするのは、かれが自分の主張によって少なくとも一つの「世界」にたいして態度をとり、行為者と世界との関係を根本的に客観的に判断できる状況を利用して、自分の相手にも合理的に動機づけられた態度をとるよう要求することによるのである。コミュニケイション的行為の概念は、言語をある種の了解過程の媒体として前提し、その過程のなかで参加者たちは一つの世界に関係することによって、相互に妥当性の要求——承認されたり反論されたりする——を掲げるのである。
> （『コミュニケイション上』p.149）

　ハーバーマスは、「コミュニケイション的行為」とは単なる「了解行為」ではないとし、発話者が自分のことを語るような発言であっても、それは相手の「合意」を取りつけるために行われるものであると考えました。

　ハーバーマスによれば、発話において発話者は、暗黙裡に以下の三つの妥当性の要求を行っています。まず、「述べられた言明は真である」こと、次に、「言語行為が妥当する規範的コンテクストとの関連性において発話が正当である」こと、さらに、「発話者は明白な意図を、その発言されているとおりに考えている」こと（『コミュニケイション上』, p.159）です。

　そして、これらの妥当性の要求は、発話と「客観的世界」「社会的世界」「主観的世界」のそれぞれの間に存在するとされています。ハーバーマスは、発話者の発話行為と意図、および対象世界を分類することで、従来、社会科学者によって分析されてきた行為概念を、話し手と聞き手自らの観点に基づくものとして置きかえて考えました（『コミュニケイション上』, p.159）。さらに、ハーバーマスは、ヴェーバーの行為論を参考にしながら、行為そのものの類型を示しています（『コミュニケイション中』, p.21）。行為とは、大きく「成果指向型」と「了解志向型」

表1　ハーバーマスによる行為の類型分類

	成果志向型	了解志向型
非社会的	道具的行為	——
社会的	戦略的行為	コミュニケイション的行為

出典：『コミュニケイション的行為の理論』中, p.21 第14図より作成

にわけられます（表1）。社会的行為状況において、「コミュニケイション的行為」は、「了解志向型」の行為に分類されています。それに対して「戦略的行為」は「成果指向型」に分類されるものです。

ハーバーマスの分類について上記の表をもとに説明します。まず行為者は、目的に応じて目標を達成することを念頭に、ある言語行為を行います。その結果として成果が現れます。このような成果志向的行為を、技術的行為規則に従うという局面で考察し、介入の実効度を評価するような場合に、その行為は「道具的行為」と呼ばれます。また、同じ成果志向的行為について、合理的選択の規則に従うという側面で考察し、相手の意志決定に与える影響の実効度を評価するような場合に、その行為は「戦略的行為」と呼ばれるものになると、ハーバーマスは説明しています。

これに対して、「コミュニケイション的行為」と呼ばれるものは、「参加している行為者の行為計画が、自己中心的な成果の計算を経過してではなく、了解という行為を経て調整される場合」（『コミュニケイション中』p.22）であるといいます。そして、社会的行為の区別は、行為の当事者が成果志向的な態度をとるのか、了解志向的な態度をとるのかによって区別されるものであるとしています。つまり、行為者本人が目標を達成する先に、相手との「了解」を取り結ぶことを志向している言語行為のあり方が、「コミュニケイション的行為」と呼ばれるものであるということです。ここで特に注目したいのは、ハーバーマスが複数の言語観を提示し、その一つに「コミュニケイション的行為」つまり、「公共圏」を形成するための言語行為の役割を与えているということです。

ここでハーバーマスが説明している複数の言語行為観は、言語教育においてしばしば指摘される「言語道具論」の問題に重ねて解釈することもできます。上記の分類からは「コミュニケーションの成立」をどのようなものとして考えるかによって、言語教育の方向性が異なるものにな

ることが示唆されます。そしてそのことは、言語教育の潮流における言語行為観の変遷に重ねて解釈することもできるものです。

　言語教育におけるシラバスや教材開発の議論においては、過去から現在に至るまで、異なる言語観がそのときどきの潮流として示されてきました。例えば、文法シラバス・構造シラバスにおいては、言語の構造に注目し、単純なものからより複雑なものへと言語を部品として、体系的に学ぶことが目指されます。また、機能シラバスにおいては、言語を「ある目的」を達成するための道具としてとらえ、「誘う」「誘いを断る」「依頼する」「要望を伝える」「苦情を述べる」など、言語の機能に注目した学習活動が配置されます。また、場面に注目した場面シラバスでは、「レストラン」「病院」「郵便局」などの場面が設定され、その場面において、目的を達成するための言語表現を学ぶことが求められます。

　しかしながら、ハーバーマスの議論と重ねて考えてみると、それらはいずれも「戦略的行為」に分類されるものであり、「公共圏」を形成するための「コミュニケイション的行為」とはならなさそうです[1]。なぜかというと、ハーバーマスの考える「コミュニケイション的」行為とは、当事者の間で自身の世界との関係をめぐる「了解」を目的とするものであり、そこでは、そのための「了解志向性」を備えた「態度」が必要であるとされているからです。つまり、道具としての言語の機能とは、言語そのものに付与されているのではなく、相手との向き合い方に応じて、変化するものであると考えることができます。もちろん、このことは、どの言語行為が優れているという問題ではないですし、言語教育の実際の場面においてはバランスよく扱われるべきものではありますが、公共性（圏）における言語行為のあり方として確認しておきたいと思います。

　では、「了解」とは、どういうことでしょうか。「公共圏」の形成における「了解」とは、お互いの「考え」をすり合わせる過程のことを意味

---

[1] このことに関連して、日本語教育において2000年以降、社会文化的アプローチが紹介される文脈で注目されたトピックシラバス（話題シラバス）では、話し手（行為者）は、聞き手の「了解」を志向して言語を使用するという、交流的な言語観が示されています。以上の議論を踏まえれば、「公共圏」を想定するのであれば、「コミュニケイション的行為」に結びつく、交流的な言語観をどのように具現化するかが、言語教育の課題であると考えることもできるでしょう。

しています。

　「了解」について、ハーバーマスは、「了解とは、言語能力と行為能力をそなえた主体の間で一致が達成される過程である」（『コミュニケイション中』p.23）と説明しています。例えば、ハーバーマスの議論における「戦略的行為」と「コミュニケイション的行為」の本質的な違いについて中岡（2018）は、戦略的行為が、例えば、命令などによって聞き手の意思決定に影響力を与え、自分の目的を貫徹しようとするやり方であるのに対して、コミュニケイション的行為は、力づくではなく、承認を相手に求める「納得づく（了解）」のやり方をとる点にあると説明しています（同, p.164）。

　以上のことから、ハーバーマスは、発話者が妥当性の要求のもとに発話し、聞き手と「合意」を形成する過程において、お互いの世界に対する見方（つまり、世界観）を交流させることによって、世界に関係するという言語観とコミュニケーション観を持っていると理解できます。その目的は、前述したミルズの区別に従うのであれば、一部の代表者の意見に対して「大衆」として賛同したり反対したりすることではなく、「公衆」として自分自身の世界の見方を示すということです。

　しかし一方で、この考え方には問題点も指摘できます。それは、高いレベルで言語を操れない者、つまり、規範的なコンテクストにおいて正当に発言できない人や、自分が考えていることを正確に言語化できない人は、そもそも議論への参加資格が与えられていないということです。誤解を恐れずにいえば、ハーバーマスのコミュニケーション観においては、言語を正確に操ることが求められるあまり、言語能力の低い者はそもそも対等な立場で討議の場に参加する資格すら与えられない可能性があるのです。

　N・フレイザー（1999）は、フェミニズムの立場から、ハーバーマスの公共圏の議論においてはブルジョア的な公共圏概念の単一性が強調され、公共の舞台が「単一」であることが想定されていると指摘しています。現在、社会は複雑化しており、このような社会においては、多元的に競合し合うような「複数」の公共圏を考えるべきであるといいます。つまり、一つの公共圏における言語行為の能力（つまり、言語能力や行為能力をもとに相手の了解を取りつける能力）そのものに議論への参加資

格が左右されるのであれば、当然、社会的・経済的に恵まれない立場におかれてきた人びとや、言語を自由に操れない外国人は、そもそも公論の形成に参加できなくなってしまうということです。

中岡（2018）もまた、ハーバーマスの言語観については、「しかし、いったい誰が、この理路整然とした表現形式を自由に操れるか？」（p.316）と疑問を投げかけています。我々が言語を使用する際には、機械のように正確にデータをやりとりしているわけではなく、誤解やすれ違いも含めた総体として、相手のいわんとしていることを何とか理解しようとしているのではないでしょうか。中岡も「むしろ、討議の場のほうを、より多様な表現形式の「合理性」を受け入れるように、変革する必要がある」（p.316）としています。

これらのことを言語教育に引き付けて考えるのであれば、言語道具論的言語観だけではなく、交流的言語観による「コミュニケイション的行為」を考えると同時に、言語マジョリティだけではなく、言語マイノリティが「討議」に参加するための「舞台」を考える必要があるといえそうです。

4. 言語的マイノリティと市民的公共性の距離

ここで、日本国内の言語的マイノリティをめぐる問題について具体例をもとに考えてみます。言語的マイノリティを包摂するための日本国内での取り組みの例として、「やさしい日本語」の議論を挙げることができます。

「やさしい日本語」とは、近年では、行政文書などでも目にすることが多くなってきましたが、もともとは、異なる分野に出自を持つ学術的な議論が、異なる問題意識の上で展開してきたものです。「やさしい日本語」にいち早く取り組んできた佐藤和之の指摘（佐藤, 2020）によれば、1995年の阪神・淡路大震災における外国人被災者の言語的課題を解決すべく、外国人向けの表現が考えられたことがその発端であったといいます。この流れにおいては、災害時という緊急性の高い状況において言語バリアを取り除こうとすることで、言語的包摂を行う（つまり、言語の問題で情報がとれないために不利益を被るという状況を防ぐ）ことが

目指されています。その後、観光業においては、訪日外国人観光客に対する「おもてなし」の一環として、「やさしい日本語」をもとにしたツーリズム事業が各自治体で展開されました。これは、インバウンド（訪日観光客）の拡大において、日本文化を体験するためにやってくる、外国人観光客に対する観光サービスの一環として「やさしい日本語」を普及していこうという流れであると理解できます。

　一方で、主に、日本語教育関係者を中心に広がった「やさしい日本語」の流れは、学校教育の現場で外国籍の保護者に対して配布される資料や、役所での外国人住民に対する情報提供のあり方を問題意識として展開してきました。その議論は現在では、地域日本語教室における学習言語としての日本語の見直しから多文化共生のための日本語教材の開発（庵, イ, 森, 2013, 庵, 岩田, 佐藤, 柳田, 2019 など）へと広がっています。

　2020 年に文部科学省は国内の外国籍児童の就学状況に関する調査を実施していますが、その結果、日本国籍をもたない小中学生相当の外国籍児童 12 万人のうち、約 2 万人の子どもについて就学状況が把握できず、不就学状況にある可能性が明らかになりました（文部科学省, 2021）。外国人住民が日本国内で教育や行政サービスを受ける権利を保障することは、公共性の観点からしても今後検討が急務となる課題です。

　「やさしい日本語」をめぐるこれらの取り組みは、もちろん、ハーバーマスのいうような、「討議」の場を想定しているものではなく、また、もともとの問題関心の所在においても、「公共圏」を志向しているわけではありません。しかし、日本における言語マイノリティの「公共の場」へのアクセスを「言語的な側面」から支援するという点において、間接的に「市民的公共性」を支え、「公共圏」へと結ぶ取り組み[2]であると考えることができます。

5. 教育現場における「コミュニケイション的行為」

　それでは、公共性（公共圏）をめぐる議論は、言語教育にどのような

---

2) 他にも自動翻訳アプリや翻訳機を自治体で活用し、外国人住民の言語バリアを低くする試みなども「公共の場」へのアクセスを保障する試みであるといえます。

示唆をもたらすでしょうか。以上の議論を踏まえて、以下、三つの点から考えてみます。

　まず一つ目として、「やさしい日本語」の議論に見られるように、社会において言語的マイノリティの包摂を考える[3]という方向性が考えられます。前掲の中岡（2008）で指摘されているように、社会において、多様な表現形式の合理性を受け入れるための下地づくりを行うことは、言語教育の重要な役割の一つであるといえるでしょう。この方向性においては、日本国内で「生活者としての外国人」の言語権を保障することに加え、日本語母語話者に対して日本語の学び直し（義永, 2015）を積極的に促すことで、相互に「了解志向型」のコミュニケーションを行うための言語環境を整えるということがその射程に入ります。

　次に、二つ目の方向性として、言語教育の専門家の間で公共性を考えていくという方向性が考えられます。これは、簡単にいえば、教室など教育の現場において公共性を考えるということです。

　教育学の議論においては、実際には、教師が行う教育的行為とハーバーマスの「コミュニケイション的行為」とは同一のものになりえないという指摘がなされています。例えば、藤井（2003）は、批判的教育学の議論を検討しながら、1980年代以降、ハーバーマスの「コミュニケイション的行為」について、教育学における言及が少なくなってきたと指摘しています。その理由として考えられるのは、教育において教える行為とは、そもそも教える側と教えられる側の非対称的関係を前提としたものであり、教育的行為はその前提なしでは成立しないという認識の存在です。

　すでに確認した通り、ハーバーマスの議論では、対等な関係性におけ

---

3) 「やさしい日本語」をめぐっては「成果指向型」「了解志向型」の観点から懸念点も指摘できます。それは、「やさしい日本語」が言語の置きかえの問題としてのみ理解され、その達成が「成果指向型」として語られるとき、それは、公共圏を志向するものではなくなるということです。「やさしさ」が何を指すものであるのかについては、「了解志向型」のものとしても、継続的に議論していく必要があるでしょう。例えば、義永（2015）は、日本語教育における「ことばのやさしさ」について、ことばの位置づけとともに、人の位置づけもとらえ直す必要があるとし、複言語・複文化主義にその活路を見出しています。また、庵（2019）も、やさしい日本語において重要なのは、「技術」ではなく「マインド」であり、それは一言でいえば「「お互いさま」の気持ち」であるとしています。

る対等な言語能力による討議が前提とされており、参加者の関係性は対称的であることが想定されています。しかしながら、教えるものと教えられるものとは、立場においても言語能力においても非対称な関係にあるのであり、それを安易に、対称的なものに置きかえてしまうことはできません。このことから藤井は、教育現場における関係性について、意味形成における責任能力ではなく、存在承認関係においてその対称性をとらえ直すことを提案しています。ハーバーマスの「了解」における意味とは、究極的には、その場その場で生成されるものではありますが、「コミュニケイション的行為」が前提とする、参加者がお互いを代替不可能な存在として相互に承認すること、それそのものを教育の方針とすることで、教育的関係においても「コミュニケイション的行為」を考えることができるのではないかということです。

　また、丸橋（2015）は、学校教育の現場において、道徳の授業での話し合い活動を「コミュニケイション的行為」からとらえ直す方策について検討しています。ハーバーマスの議論においては、オースティンの言語行為論が採用されているのですが、オースティンの言語行為論では、発話内行為において、話し手と聞き手の平等な関係性とともに、言語行為を成立させるための慣習・前提的状況の共有が前提とされています。このオースティンの言語行為論の前提は、ハーバーマスの「コミュニケイション的行為」にも引き継がれています。このことから丸橋は、教室内でコミュニケーション的行為が成り立つためには、対話者を平等なパートナーと見なすことだけでは不十分であり、言語行為のコンテクストについても、対話者が理解を共通のものとし、同一のコンテクストを形成していることが重要であると指摘しています。一方で、「討議」が成立するためには、共同体からの「逸脱」が必須となります。なぜならば、参加者のコンテクストが完全に同一である共同体においては、そもそも討議の必要性が生まれないからです。このことから、教師には、一方では一体感のある「学級づくり」を行いながら、他方では、そこで生成される「われわれ」感をずらすための高度な技術が求められるとされています。

　これらの議論に重ねて理解するのであれば、言語教育においても、教室の中で、学生それぞれを個別のものとして理解する場を同一のコンテ

クストとして形成すると同時に、それぞれの学生の個別性[4]に注目することで、相互に了解を取りつけるための「差異」を積極的に取り上げていくという方向性を導くことができます。そして、このときの差異とは、日本語教育の文脈でいえば、学生の出身地や国文化といった表面的な差異ではなく、究極的には、学生それぞれの個別性に求められるべきものであると考えられます。かつて日本語教育において主張された「学習者中心」という考え方に対しては、それぞれの学習者の差異を一方で国文化に回収しつつ、他方で異なるものとして際立たせることに対して疑問が投げかけられています（牲川, 2002）。「コミュニケイション的行為」の観点からも、同様のことが指摘できるでしょう。「コミュニケイション的行為」においては、同一のコンテクスト理解が前提とされているものの、そこで行われる「討議」とは、あくまでも自分とは異なる相手との合意形成[5]を目指して行われるものであり、お互いの表層的な違いを把握するためのものではないからです。

6.「マイノリティ」から公共圏を考えることの課題

一方で、公論を言語教育の内部や教室の中だけで形成するだけではマジョリティの公共圏には届かず、ハーバーマスのいう「変革」には結びつかないことも指摘できます。簡単にいえば、言語教育の内部で言語教育の問題を議論している限り、外部にいるマジョリティにとってそれは自分とは何ら関係のない話題であり、自分事であるという意識をもつことは難しいということです。

そうであるならば、言語教育をめぐる問題とは、言語教育の問題とし

4）日本語教育では、かつて、外国人との共生を目指す日本語を掲げた「共生日本語」をめぐる議論において、「日本語」の「内部」に「〇〇日本語」という「外部」がとらえられることで言語の序列化が生じていることへの批判（須田, 2006）がなされています。詳細は後述しますが、この批判に答えるためには、言語の問題としてではなく、複数の場の問題として考える必要があり、公共圏を中間圏として考えることが有効でしょう。

5）この点、細川（2002）が提唱した「総合活動型日本語教育」における、個の文化への注目と、「オリジナリティ」「議論の受容」「論理的一貫性」をめぐる合意形成を評価に位置づけるという一連の活動の流れは、「コミュニケイション的行為」に重ねて理解できるものであり、教育場面における言語行為の一つの可能性を示していると考えられます。

て議論されていればよいというわけではなく、むしろ言語教育の外部に対して、外部の問題として積極的に提起し議論される必要があると考えることができます。このことから、公共性（公共圏）がもたらす三つ目の、また最も重要な示唆として、言語教育を一部のマイノリティに関するものではなく、社会のマジョリティのものとして再提起する方向性を提示したいと思います。これは、端的にいえば言語教育にかかわり議論する公衆そのものを、より外部へと拡張していくという方向性です。

前述したN・フレイザーの指摘を踏まえれば、公共圏とは、一つのものではなく、複数のものとして形成されうるものとなります。フレイザーは、あるときには社会のマジョリティが形成する公共圏に対し、「対抗的公共圏」を形成する必要があるとしています。つまり、国家と近い距離にあり、既得権益を備えたマジョリティに対して、マイノリティとして対抗していくような、別の公共圏を想定する必要があるということです。

例えば、日本国内の日本語教育の文脈で考えてみると、日本語教育とは、日本社会のマイノリティ（外国人）に対して実施されるものであるという前提があります。その意味において日本語教育関係者は、マイノリティの立場や視点から「公論」を形成することができます。あるいは、必要に応じてマイノリティの声を代弁し、マジョリティに対して「対抗的公共圏」を形成することもできるかもしれません。英語教育やその他の外国語教育においても、同様のことがいえるでしょう。それぞれの外国語関係者が国家が示す言語（教育）政策に対して、それぞれの「対抗的公共圏」において「公論」を形成し声を上げていくことは、言語教育において公共圏をとらえることの一つの意義であると考えられます。

しかしながら、その際、「対抗的公共圏」をどこに想定するかが重要になります。つまり、マジョリティの「公共圏」に対抗する公共圏が、マジョリティが形成する上位の「公共圏」に対して、下位の「公共圏」としてしか形成されないのであれば、その議論が社会のあり方を変えることは難しいのではないかということです。簡単にいえば、言語教育の関係者やその言語の学習者にかかわるものとして公論を形成しようとする限り、その議論は「特定の誰か」にとってのものでしかなく、それ以外のほとんどの人（つまり、一般の公衆）にとっては、無関係な話に

なってしまうのです。「公共圏」を上下で考えた場合に起きるこのような問題は、すでに指摘されているものでもあります。次に紹介する議論においては、「対抗的公共圏」を「中間圏」として構想することで見える可能性が示されています。

7. 言語教育において「中間圏」を構想する意味

秋津（2017）は、「対抗的公共圏」の議論においては、対抗的公共圏が上位の公共圏に対して下位に位置づけられ、垂直的関係に設定されていることを指摘しています。そして、この図式においては、上位の「公共」に向かう方向とは異なる他の公共性の可能性が、議論からこぼれ落ちてしまうとしています。

公共圏に関連する概念として、「親密圏」があります。「親密圏」とは、もともと「家族の圏」とされていたものですが、現在では、家族の枠にとらわれず、人間個人の「生」をもとにした感情の交流がなされる場として位置づけられているものです。秋津は、家族を軸とした「親密圏」を下限に、国家や市民社会による公共圏を上限に設定した縦軸に対して、横軸を設定することで、「中間圏」を横に広がりのあるものとしてとらえることを提案しています。中間圏とは、「コミュニティのような実態や帰属対象を想起させるものではなく、親密圏と公共圏の継ぎ目に横たわる、あるいはそこからはみ出した社会関係領域そのもの」（同, p.12）を指すための用語であると説明されています。

中間圏の横軸には、左に「定形性」、右に「不定型性」が配置されています。「不定形性」とは、人間であれば誰でも共有するつながりの様態のことであり、持続性に欠け、したがって安定的に形を維持することが難しいものを指しています。例えば、友人関係やある場面を共有した人の間で生起するような社会関係がここに含まれます。この二つの軸による4象限において、NGO団体や地域ボランティアなど制度化されたものから、災害ユートピアや性愛関係など一過性の社会関係までが中間圏における社会関係として位置づけられます。つまり、一定の拘束力や定型性をもった、組織や団体における関係性だけではなく、その場で発生し、その都度消えていくような不安定なつながりを、「中間圏」に存

在する社会関係として積極的に評価していこうということです。それは、制度的な背景をもたず、その場その場で形が変わってしまう不安定なものではあります。しかし、「人間であれば誰でも共有できるつながり」に積極的な価値を見出し、そこに言語教育の意義を重ねることで、言語による複数の公共圏（そこには、対抗的公共圏も含まれる）を構想しながら、すべての人に開かれ、またかかわりのある場として、言語教育を考えることが可能になるのではないでしょうか。

　考えてみると、言語教育においてその対象者とは、ずっとその言語の学習者として存在しているのではなく、立場的にも変容しながら、移動していくものです。大学であれ、他の民間教育機関であれ、学習者がその場に「学習者」としてとどまる期間は、長い人生のうちのごくわずかな時間でしかなく、そこに生起する関係性も必ずしも定型性や持続性をもつものではありません。言語教育者もまた、自身の肩書きや立場を変えながら、教育機関を物理的に移動し、教育に携わっているともいえます。つまり、言語教育とは、ほぼすべての人が通過する場でありながら、その場その場で生起しては消えていく、不安定な関係において交わされるモノ（ことばや人の関係性）を扱っている分野であるともいえるでしょう。しかしながら、この不安定な社会関係に注目することこそ、言語教育と公共との接点を考える上で重要な示唆を与えるものであると思われます。

　齋藤（2000）は、公共性を「国家に関係する公的（official）なもの」という意味、「特定の誰かではなく、すべての人々に関係する共通のもの（common）」という意味、そして「誰に対しても開かれている（open）」という意味の3点から説明し、それらは互いに抗争する関係にあるとしています（p.viii）。

　日本国内の日本語教育の文脈に引き付けていえば、「登録日本語教員」が国家資格となり、「公的なもの」としての認定が与えられることで、その身分は社会的に認められるものとなります。しかしその一方で、「公的（official）」な資格が設置されることで、日本語教育の開放性は閉じられ、「誰に対しても開かれている（open）」ものではなくなるということもできます。さらに、今後、公的な資格を備えた、専門家による質の高い教育へと議論が傾く中で、外国人に対する日本語教育とは、専門

家が考えればよい問題であるという認識が社会に広まれば、日本語教育に関する話題とは「すべての人々に関係する共通のもの（common）」ではなくなり、さらに公共性をもたないものへと閉塞していくことも懸念されます。また、英語教育においても、大学入学共通テストでの民間資格試験の読み替えをめぐって、「公的（official）」と「誰に対しても開かれている（open）」の間では抗争が生じています。その後、試験で測られる能力をCEFRで読み替えることに対して専門家から批判が集まり、結果的に民間試験の導入は見送られることになったようですが、恥ずかしながら筆者自身、言語教育関係者としてこの問題に十分にコミットできていたとはいえません。同様に、他の外国語教育分野（国語を含む）がどのような課題を抱えているのかについても、ほとんど何も共有されていないようにも思えます。つまり、それぞれの言語を対象とした言語教育がそれぞれの内部で個別に「公的（official）」との接点を探ろうとするのでは、利害関係者の関心ごとにはなったとしても、すべての人に共通する話題となることは難しいのです。

　言語教育を社会関係における「人間であれば誰でも共有するつながりの様態」において検討すること、さらに、そこに現れる課題（あるいは、愉しさ）をすべての人に共通するものとして再提示し、社会に共通する課題として討議する場を形成すること、そこに「ことばの教育」と「公共」の接点があると考えます。そしてそれは本書でいえば、ことばの活動を考えることで、言語教育を超えた議論の場をつくっていくということになるのではないでしょうか。

8. おわりに

『公共日本語教育学』（川上編, 2017）の議論において石黒（2017）は、そもそも言語を教授することとは、反公共的な性格をもつものであると喝破しています。国や公の責任のもとに「ことばを教える」ということに公共性を位置づけてしまうと、そこでは、必ずことばを一つの方向へ統制する動きが生まれます。また、ことばを教える上では、ことばの集合体の中から、学習者にとって必要な語彙や学習項目を選定し、教材化することによって「公的な知識」（同, p.53）として設定することは避け

られません。つまり、ことばの教育と「公的（official）」との接点には、常に誰かのことばを統制化する危険性がつきまとうのであり、その意味において、ことばの教育とは「反公共的」な性質をもつということです。しかしながら、日本で暮らす外国人に対して日本語教育を保障したり、日本国内の外国語教育の環境を継続的に整えたりするためには、公的な予算を投入しそれらを「公的（official）」なものとして事業化する必要があるということも事実です。そのときに、言語教育関係者は、外部に対してその意義をどのように説明できるのでしょうか。意義を広く社会に理解してもらうためには、本章で指摘したように、言語教育者が「中間圏」に存在する社会関係に注目し、ことばの教育の意義を「特定の誰か」ではなく、「すべての人々に関係する共通のもの（common）」として再提示することが必要であると考えます。本書におけることばと公共性をめぐる議論は、この「中間圏」における課題を「人間であれば誰でも共有する」ものとして提起しています。それらは相互に矛盾し抗争する観点として存在し、不都合な現実を突きつけるものでもあるかもしれません。しかし同時に、ことばを使って生きるすべての人にかかわる問題であるはずなのです。

参考文献

秋津元輝（2017）「中間圏——親密性と公共性のせめぎ合うアリーナ」秋津元輝，渡邊拓也編『せめぎあう親密と公共——中間圏というアリーナ』pp.1-23，京都大学学術出版会

庵功雄（2019）「マインドとしての〈やさしい日本語〉——理念の実現に必要なもの」庵功雄，岩田一成，佐藤琢三，柳田直美編『〈やさしい日本語〉と多文化共生』pp.1-21，ココ出版

庵功雄，イ・ヨンスク，森篤嗣編（2013）『「やさしい日本語」は何を目指すか——多文化共生社会を実現するために』ココ出版

庵功雄，岩田一成，佐藤琢三，柳田直美編（2019）『〈やさしい日本語〉と多文化共生』ココ出版

石黒広昭（2017）「言語学習の公共性と私性」川上郁雄編『公共日本語教育学——社会をつくる日本語教育』pp.42-64，くろしお出版

川上郁雄編（2017）『公共日本語教育学——社会をつくる日本語教育』くろしお出版

齋藤純一（2000）『公共性』岩波書店

佐藤和之（2020）「「　」の付いた「やさしい日本語」の目的と使い方——外国人も日

本人も理解する外国語であるということ」『国際文化研修 2020 夏 vol. 108』pp.46-49 https://www.jiam.jp/journal/pdf/108-06-01.pdf（2022 年 5 月 10 日閲覧）
須田風志（2006）「「国際化」の中の「逸脱した日本語」について」『リテラシーズ』3(1)，pp.11-20 http://literacies.9640.jp/dat/Litera3-1-2.pdf（2022 年 5 月 10 日 閲覧）
牲川波都季（2002）「学習者主体とは何か」細川英雄編『ことばと文化を結ぶ日本語教育』pp.11-30，凡人社
曽田長人（2017）「市民社会と古典教養――公共性の転換」『東洋大学人間科学総合研究所紀要』第 19 号，pp.133-149
中岡成文（2018）『増補　ハーバーマス――コミュニケーション的行為』ちくま文芸文庫
ハーバーマス，ユルゲン，細谷貞雄，山田正行訳（1994）『公共性の構造転換――市民社会の一カテゴリーについての探求』未来社［Jurgen Habermas, *Strukturwandel der Öffentlichkeit. Untersuchungen zu einer Kategorie der bürgerlichen Gesellschaft*. Mit einem Vorwort zur Neuauflage, Frankfurt am Main 1990］
ハーバーマス，ユルゲン，河上倫逸，M・フービリフト，平井俊彦訳（2006）『コミュニケイション的行為の理論』上，未來社
ハーバーマス，ユルゲン，藤沢賢一郎，岩倉正博，徳永恂，平野嘉彦，山口節郎訳（2011）『コミュニケイション的行為の理論』中，未来社
藤井佳世（2003）「教育的関係におけるコミュニケーション的行為の可能性――相互承認における自己形成論へ」『教育哲学研究』88 号，pp.67-83，教育哲学会
フレイザー，N（1999）「公共圏の再考――既存の民主主義の批判のために」C・キャルホーン編，山本啓，新田滋訳『ハーバーマスと公共圏』pp.117-159，未來社
細川英雄（2002）『日本語教育は何をめざすか――言語文化活動の理論と実践』明石書店
丸橋静香（2015）「J・ハーバーマスのコミュニケーション的行為の理論に基づく話し合い活動の充実方策」『教育臨床総合研究 14　2015 研究』pp.61-73.
文部科学省（2021）「外国人の子供の就学状況等調査結果（確定値）概要」https://www.mext.go.jp/content/20200326-mxt_kyousei01-000006114_01.pdf（2022 年 5 月 10 日閲覧）
義永美央子（2015）「日本語教育と「やさしさ」――日本人による日本語の学び直し」義永美央子，山下仁編著『ことばの「やさしさ」とは何か――批判的社会言語学からのアプローチ』pp.19-39，三元社

ダイアローグ

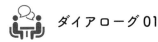

ダイアローグ01

クリティカルな思考が「自己犠牲」につながるとしたら（pp.26〜51）

| 話し手 | 有田佳代子 |
| 聞き手 | 福村真紀子 |

制約の裏をかく

福村：論考を読んで、アレントの教育論を、理論的枠組みというよりは、テーマについて考えるきっかけとされたのかなと思いました。有田さんが本章の執筆に至る経緯を説明していただけますか。

有田：自分にも「アイヒマン」的なところが絶対あるなって、ずっと以前から考えていたのかな、と思います。どこか自分とも共通してしまうような、自分の限界というのか。学生と関わるときの自分の「アイヒマン性」みたいなのが怖かったっていうのと、それをちゃんと言語化しておいたほうがいいのじゃないかという気持ちだったと思います。わたしの論考の最初のエピソードに関して、もっと上手に組織と折衝し折り合いつつ、上手にふるまって、学生を守るという人も多いのではないかと後から思ったんですが、あの時点でわたしはできなかった。そういう弱さ、限界のようなものが、自分にあると思いました。

福村：ヒエラルキーというか上下関係のなかで、へんなルールを変えていくための実際的な動きができるか、できないか。それが大きな問題なんでしょうね。この論考を書かれたことで、ご自分の考えや問題としていることを明らかにできたってことでしょうか。

有田：そうですね。繰り返しになりますが、別のやり方があったんじゃないかと思うんですね。わたしたちにはいろんな制約があります。「この教科書を使ってください」とか「この方法でやりましょう」とか。でも、そのなかでできるだけ学生たちの対話が起こるようなクラスにしていく、あるいは学生たちが自主的に動けたり選択できたりするようなクラスをなんとか作っていくこともできますよね。最近聞いた話のなかで「制約の裏をかく」っていうことが印象に残っています。

制約のなかで上手に、ある意味ずるがしこくやっていく方法があったのかもしれないな、と。

福村：教員だけじゃないけど、どこかに属している限り人間は制約がありますよね。「裏をかく」っていうのは大切なストラテジーだと思います。教師それぞれに教育観があって、それらが組織のモットーとか方針と合致してるなんてことはないですから。

有田：本文中にも述べたことですが、学生たちの就職活動のサポートの仕事で、自己PRを添削したことがあったんです。そうしたら、「わたしの長所は言われたことを期間内にきちっとやることです」みたいに書いている学生たちが結構いて、びっくりしたんです。それを他の人に言ったら、「それ、どこがいけないの？　すごく大切なことだし」っていう意見もありました。だよなーと思いつつ、うーん、でも、それやんなきゃいけないって気持ちはわたしにもあるんですよ。だって、そうしないと社会で学生たちは自分も家族も守っていけないっていう面もあるから。一方で、「ダメだろ、それだけじゃ！」みたいなのもある。ですから、教育って、両方必要かなと思うんです。

福村：教師が正解ではないので、教師が言ってることに全て従うんじゃなくて「あの先生、へんなこと言ってんなー」って学生が思ってくれるといいんですけどね。だから、有田さんが「両方ある」っておっしゃるのはわかります。

楽しんでcommonの場を作る

有田：わたしは、この章を書くにあたって、commonの場をどうやって作っていけるのかを考えたのだと思います。この本の牛窪さんの論考で学びましたが、ハーバーマスは「読書を前提とした「公衆」の討議による「公論」形成」の場が公共圏だとしています。ただ、「読書を前提」としない人、本を読まない人もいるわけです。知識を得る機会や意欲を持てない人たちもいますよね。例が適切かどうかわかりませんが、トランプさんを支持する人たちがいっぱいいて、わたしとしては最初まったく理解できないと思ったんだけど、アレントの言う「ア

ゴラ」[1]で話ができるのはある意味エリートばっかり。イギリスのEU脱退を強く望んだ人たちやトランプさんを支持する人たちは、「アゴラ」には入ってこない可能性がある。でも、わたしたちはそんなふうに分断されちゃいけないとは思うんです。むずかしいところですが。

福村：「アゴラ」はopenとは言えないかもしれないですね。

有田：わたしとしては論考の最後で、だから同僚や同業者たちと、そういうむずかしさも含めて対話していく場、うまくいかないかもしれないけれど、気楽にでもいいから話す場をできるだけ作っていこうよ、と主張しました。

福村：はい、それは伝わりました！　対話っていうのが有田さんの論考の一番のキーワードだと思います。論考と公共性の関係っていうのは、対話の場、commonの場をどうやって作っていくかっていうところですかね。有田さん自身の教育実践についての部分からもそのような意志がとても強く感じられました。それで、さっきの話に戻ると、それが「裏をかく」ことにつながるのかな、と。

有田：そうですね、そうかもしれない。気楽に話せる場があればいろんなアイディアがあって、なるほど、こんなふうにできる、みたいな新しい方向性や方法論も見えてくるかもしれないし。

福村：たとえば、わたしは工学部に属していて、工学部生に特化した日本語を教えるように求められているんですが、自分の教育観に合致させるためには、工学の専門用語を並べ立てるのではなく、どういう構成でどんなふうに見せ場を作ったらおもしろいプレゼンになるかみたいなことを指導しています。それが「裏をかく」ことかなと。

有田：なるほど、そうですね。わたしたちは上手に裏をかいてやっていかなくちゃいけないですよね。

福村：有田さんが論考を書き始めた当初、ご自分を「小さなアイヒマン」と称されていましたが、「小さなアイヒマン」にならないためには、体裁は上に従っているような振りをして、中身を変えていくことが必要ですね。「制約があったってわたしは裏かいちゃうよー」みた

---

[1] 古代ギリシャの都市国家で市民が議論した広場。ここでの市民とは、労働や家事をする必要がない家長。

いな。実は、それがおもしろいんですよね。
有田：そうそう！「おもしろがってやってるよ、わたし」というような、楽しむ余裕みたいなのはわたしたちに必要ですよね。今回わたしが書いたのは、苦しい、苦しいばかりでイマイチ余裕がない感じなんだけど、本当はもっと、後ろ向いてひそかにあかんべーをしつつ、ガッツポーズするみたいな、楽しむところが書けたらよかったかもです。

対話と、ことばの運用力の向上

福村：では、有田さんにとって、「ことばの活動」とは何でしょうか。
有田：自分と違う意見とか価値観を持つ人たちとも一緒に話し合い、自分の意見を言ったり、他の人の意見を受け入れたり、多様な人たちが対等な立場でそれぞれの意見を言い合って、その過程でもっといいものに、アイディアとか意見とかが生まれるような場であったらいいなあって。でも、なかなかそうならないんですけどね。
福村：論考にあった「大衆社会」ではそのような場は求められてないですよね。
有田：むしろ邪魔なもの、あるいは滑稽だったり、鼻白む、ドン引きすべきものとして退けられてしまうかもしれませんね。
福村：「ことばの活動」の場を作るのが教師の役割なんですかね。
有田：対話の場を作り出すことは大切なんですけど、もう一つ、留学生の日本語クラスや地域の日本語支援に入る場合、言語の運用力をつけることは、やはり外せないと思っています。プロの日本語教師として。対話して「楽しかったね」だけじゃなくて、学習者自身がことばの力が伸びていることを、後からでも実感できるような活動。母語話者同士でも「知らないうちに論理的になれた」とか「話している間に自分の意見ができあがっていって言語化できた」とか「わたし、なんだか変わったみたい」とか実感できるような。それが理想だなと思うんだけれど、パターナリズム的[2]でしょうか。

---

[2] ある個人の利益になるという理由で、その個人の自立・自律を制限したり干渉したりすること。

対話を終えて

　福村さんと話してあらためて思うのは、楽しさとか余裕とか気楽さとか、そしてなによりユーモアのようなものが、わたし（たち）にはいつも必要だなということです。わかっているつもりなのですが、実際に他者との課題に直面したり、価値観のズレによる摩擦が起こったりすると、とたんに額にシワがよってむっつり暗く考え込んでしまうようなことがあります。だから、考え方が違い摩擦や衝突が起こりそうな他者とはできるだけ出会いたくない、出会ってしまったらすぐにでも関係を切り捨ててしまいたい、と思いがちです。そして、「アイヒマン」になりがちです。しかし、アゴラがあった古代ギリシアでは、人に物事を適切に説明できることを「ロゴス（ことば）を与える」と呼んだのだそうです（納富, 2024）。そして、それが人間としての成熟の証しであったのだそうです。他者との対話は「面倒くさく」そして「すばらしい」という、その両方を併せ飲むには、「気楽さ」や「ユーモア」でくるみ込めばいいのかもしれません。わたしたちにはきっとそれができると、他者を信じ、自分も信じます。

　（引用文献：納富信留（2024）「古代ギリシア哲学と現代政治との対話」『Voice』4月号 PHP研究所）

読者への問い

① 「アイヒマン性」を、周りの環境、あるいはご自身のなかで感じ取ったことがあるでしょうか。そのとき、どんな対処をしたでしょうか。あるいは、あり得る可能性として、どんな対処ができるでしょうか。

② 授業のなかで学生から、たとえば「上司や政治家など権力を持つ人に逆らうことは、道徳に反することです」とか「ルールには無条件で従うべきです」とか「差別も戦争も、決してこの社会からなくならないでしょう」などの意見が表明されたとき、わたしたちはどんなことができる／できないでしょうか。状況や文脈により異なってくると思いますが、ご自身の現場などを想定しつつ、話してみてください。

ダイアローグ 02

コロナ禍における留学生交流事業の取り組み (pp.52〜70)

- 話し手　市嶋典子
- 聞き手　牛窪隆太

なくなって初めて認識したこと

牛窪：「農家民泊」というのが、できそうでなかなかできない活動のような気がしました。この活動から公共性を考えようと思ったのはなぜですか。

市嶋：コロナ禍であらゆる活動ができなくなって、コミュニケーションが断絶されてしまいました。「農家民泊」については、できなくなって初めてその意味を考えるようになりました。事務職員の方も活動の意義というものをすごく再認識していたし、新しく「農家民泊」の担当になった日本語学の先生も、これは継続していくべきものだと言ってくれました。この機会に、農家民泊という活動の持つ意義をじっくり考えてみようかなと思ったというのがあります。さらに言うと、公共性についても高尚な概念としてではなく、日常の中に普通にある身近なものとして考えてみたいと思いました。

牛窪：地域の方にとっては、どういう位置づけの活動なのでしょうか。

市嶋：秋田には「お茶っこ」っていうものがあるんです。私もよく参加するんですけど、自分たちで作ったお菓子とか、漬物とかを持ち寄ってお茶を飲みながら話す。結構それぞれバラバラの地域にいるので、この活動をすることで、集まってみんな顔を合わせて話す機会になるみたいです。コロナ禍でそれができなくなってしまった時、交流の場がなくなってしまったと農家のお母さんたちも言っていましたね。「お茶っこ」でお茶を飲みながら、どういうふうにやっていこうかってお母さんたちが中心になって話し合っていく。例えば、活動が終わった後の振り返りみたいなのもやってくれるんです。グリーン・

ツーリズム[1]の大きな枠組みには入っているけれども、それぞれの農家の人たちが自分たちのやりたいようにやっていて、内容もそれぞれです。

ことばによらない交流と仲介活動

牛窪：受け入れ側の農家の方にとっても、集まって話す機会になっているというのは、おもしろいですね。「仲介活動」っていう概念が論考の中にありましたけど、これを参加者の人が自ずとやっているというのがすごいと思いました。

市嶋：交流事業と銘打っているだけあって、ことばの習得を目的としているわけではないんですね。農作業って、割と体を使いながらであったりとか、メンバーのことば以外のすべてのいろいろな動作も含めて、農機具だったりとか、草の匂いだったりとか、お米の手触りだったりとか、土の匂いとか、いろんなものが複合的にあっての活動になるので。そうなってくると、コミュニケーションは、ことばだけにはよらないものになるということがあると思います。仲介活動がよく見られるのは、晩御飯を食べている時です。お父さんの昔の話とか農業のこととかについての会話になるんですけど、関係ができた上で、仲介が起きるみたいなところがあります。作業の時に助け合ってそこで仲良くなっていく。それで、夜になって、じゃあ話そうってなった時、お互いが伝えようとか理解してもらおうというような雰囲気になっている。結構、日本語教育関係の人とかには、事前の授業で初級の人には表現を教えるんですかと聞かれたりするんですけど、そういうのは一切やっていないです。英語で話す場合もあるし、中国語で話す場合もあるし、秋田弁も入っていて、もうごちゃごちゃですよね。ある意味、複言語環境なので、そうなってくると誰かが仲介せざるを得ないので、できる人ができるように仲介をするようになるということです。

---

1) 農山村に滞在し農業体験をし、地域の人々との交流を図る活動のこと。ヨーロッパ諸国で普及しました。グリーンツーリズムは、交流事業としてだけではなく、農山村を活性化させるものとしても推進されています。

外からの人と交流する

牛窪：受け入れの農家のお母さんたちの話があったかと思うんですけど、受け入れる姿勢には何が関係しているんでしょうか。自分の生活圏に全然知らない人が、しかも、ことば通じない人が来て、一緒に作業してご飯を食べるって嫌じゃないのかなと思って。

市嶋：自分たちの世界が広がるっていうのがあるみたいです。自分とは全く異なる人たち、異なる国の人たちが来て、そういう人たちの話を聞ける機会というものに魅力を感じている。ずっと農作業しているとそんなに大きな変化はないけれども、外からの人と交流することで刺激になるっていう。長年やっている人たちは、そういうところに魅力を感じているという話をよく聞きます。

日常の中にきらりと光るものを見つける

牛窪：お話を聞きながら、やはり、ことばだけじゃないのかなと思いました。

市嶋：なんというか、ことばは生きていく上では、もう当たり前なんですけど、ただ、実は、何かを見ていくのって、やっぱりことばからしか、見えない部分もあるじゃないですか。もちろん動作だったり、ジェスチャーだったりとかを含めてもそうなんですが、ことばからしか見えないこともあると思うんです。私は、公共性は日常の中に普通にみられる身近なものだと考えているように、「ことばの活動」もありふれたものだと思うんですが、その中にとても重要なきらりと光るものが散りばめられているんじゃないかなと。別にこの活動に限らず、生きていく上で、そういうものはたくさんあるけれど、日々忙殺されていて、時間を取って考えない限り、その意味を見出すことはなかなかできない。忘れてってしまったり、流されていってしまうというのがあるのかなって。先ほどの職員の方のお話で興味深かったのは、私が調査でこの活動の意味みたいなことを聞いていくうちに、今まで考えたことはなかったけど、話していくうちに、私はこういうふうに考えていたんだ、この活動にはこういう意味があるんだっていうことが

わかっていったとおっしゃっていました。言語化して初めて自分が何を考えていたかっていうのが、再認識できたそうです。それぞれ大切にしていたり、価値があると思うものは、言語化しないとその良さを見つけることができないという場合もあると思うので、「ことばの活動」っていうのは、それを見つけていくためのものなのかなと思います。

> **対話を終えて**
>
> 　地理学者の原口は、場所について次のように述べています。「場所というメディアに特有の性質は、共に在ることを可能にし、また共に在るという地点から出発するしかない、というところにある。(中略) そこには、唯一不変の信念や、絶対的な価値観といったものはいっさい存在しない、土地に刻み込まれた数々の日常生活から成る物語、翻って私たちの日々の生活こそ価値や信念を生み出す源泉であることを、絶えず想起させるものである」(原口, 2008, p.204)。農家民泊での場は、このような性質を帯びているものであることを牛窪さんとの対話をとおして、改めて実感することができました。農家民泊の活動内容は、西木町という地域性が色濃く反映されています。西木という場所で、西木に暮らす農家の人びとによって生成された価値観は決して一様ではなく、とても豊かなものでした。そのような価値観に注目していくこと、それら価値観に内在する「キラリと光る」何か。今後も、その光の意味を考えていきたいと思います。この光こそが、フィールドから生まれる知であると言えるでしょう。
>
> 　(引用文献：原口剛 (2008)「過程としての、場所の力」こたね政策委員会編『こころのたねとして——記憶と社会をつなぐアートプロジェクト』ココルーム文庫、pp.200-205.)

読者への問い
①自身の日常生活を振り返った時、その中にどのような公共性や価値が想起されますか。
②そのような公共性や価値が生まれる場とはどのようなものですか。

ダイアローグ 03

教室の外から大学におけるインクルージョンを考える（pp.71 〜 90）

　話し手　　中川正臣
　聞き手　　牛窪隆太

境界を行ったり来たりする

牛窪：論考の中に「普通」っていうキーワードがあって、前職の警察のお話もありましたけど、パブリックっていう意味での公共を考えると、そこでは、普通であることは、まともっていう意味で、逆にいいことだったりもしますよね。そのことと、書かれていたように普通であることと、普通でないことの間を行ったり来たりするという意味での公共の部分、その辺りがすごくおもしろいと思いました。

中川：「普通なんてない」とか、「普通じゃなくてもいい」とかってよく言うけど、本章に出てくる、はるとはこうしたことも含めて何度も対話を重ねてきたので、文章にしたいっていうのがありました。はるのように普通と普通じゃないところを行き来している若者を主人公として出すことによって、自分の描きたいものが描けるんじゃないかなと思いました。そのストーリーを描くうえで、ヒューマンライブラリーは欠かせなかったですね。私とはるはヒューマンライブラリーの話になると必ずと言っていいほど「普通って何？」という話になるんです。普通にどっぷり浸かっちゃいけない。しかしだからと言って、自分は普通じゃないからって言い切っちゃうんじゃなくて、社会全体を見た時には、自分には普通と言われる部分もあれば、そうじゃない部分もあるわけですから、そこを行き来しながらも、両方を俯瞰的に見られるようにならなきゃいけないんだろうと思っています。「自分は純ジャパだ」みたいに言っちゃうとか、「私は他の人と違って異端児だ」のように括ってしまうとどうしても自分しか見えなくなってしまう気がします。

出会わない人が出会う場

牛窪：ヒューマンライブラリーの実践って、参加者にとってはインパクトがありそうです。ただ、自分と属性が違う人でも、共通項があったりするのかなって考えると、完全に自分と違う立場の人の話を聞くという感じでもないんでしょうか。

中川：そうですね。「本」役の人と「読者」役の人に共通する世界はあると思います。人を通してしか自分は見えないので、人を通じてその共通する世界がわかるのだと思います。当然のことながら、異なりもあります。ヒューマンライブラリーは、その共通するものと異なりについて当事者性[1]を持とうという前提があるのではないかと思います。当事者性って、誰もが世の中のすべての当事者にはなれないんだけど、自分も何らかの当事者ではあるじゃないですか。すべての当事者になれなくても当事者性を持とうとすることはできます。それが、他者と対等になろうとして近づくということではないでしょうか。そして、当事者性を持とうとする時、「ことばの活動」は必ず関わってくると思います。ヒューマンライブラリーって、自分とはまず出会うことがない人と人工的に出会う場をつくり出すんです。本文でも書きましたが、いくら公共の場である公園でも、怖いと思う人、近寄りづらい人とは話さないですよね。でも、ヒューマンライブラリーは安全性を担保したうえで、そういう人たちが出会って、普段何を考え、何を思い、何を願っているのかっていうことを対等に話すことができる。これって、公共の場という名の公園を超えて、本当の意味での公共性に近づくことなのかなって考えています。

言語教育を全体で捉える

牛窪：論考の中に「学校だけじゃない私の居場所」とあって、それで思い出したのが、研究者って海外の学会とかに行っていろいろな国の人

[1) ある問題と出会い、その問題を自分の問題として捉え、問題解決のために考えたり、行為をしたりすること。

と交流して多様性の中に身を置いていると自分では思っているけど、実は、世界中のどこに行っても自分と同じ階層の人としか交流してないんだっていう話を前に読んだことです。書かれていることは、学生もそうだけど、教員もそうだろうなって思いました。

中川：昨日、ちょうど学生たちと話していて、小学校や中学の友達とだんだん疎遠になってきたみたいな話をしていたんです。小学校と中学っていろいろな人がいますよね。だけど、高校から大学に進むと、だんだん生き方が似てきてしまうような感じがするってことを学生たちが言っていたんです。どの道に入るかによって生き方も変わってくるだろうし、大学教員なんかは特にそうですよね。修士課程に行って博士課程に行ってみたいな。そうすると、教室は社会の縮図だと考えたり、教室でいろんな社会をつくっていくというのにも限界があるから、やっぱり全体で捉えなきゃいけないのかなって思います。言語教師だって教室で教師教育を受けて、ちょっと実習をやるというような、教室中心ではすべて済まないから外に出て、あっちこっちのイベントに参加して学んでいるわけじゃないですか。学生も同じで、教室から出ていくことが大事だと思います。

大学時代に接する「ことばの活動」と教員の役割

牛窪：普通について考えるっていうのは、言語教育とは切っても切り離せないと言うか、すごく密接に関係するところだと思います。「普通はそう言わない」みたいな言い方が強い力を持つのも言語教育ですよね。

中川：そうですね。韓国語教育の世界でも「韓国語では普通、そう言わない」とか、「韓国人は普通、こう考える」だとか、「普通」と常に隣り合わせなのは学生だけではなく、教員もそうですよね。うちの大学の韓国語の専攻のカリキュラムは、先生だけが学生に教えるということを想定していないんです。キャンパスに留学生が5人に1人はいるんだから、留学生にどんどん聞いて、一緒に課題に取り組む機会をできるだけつくっています。そこには自らつくり出す、あるいは人とつくり出す「ことばの活動」が生まれますよね。私は、教室の外も含め

て、学生がいろいろな「ことばの活動」や自分の内面が変化する機会に出会えればと思います。その時の「ことばの活動」は韓国語でも、韓国語じゃなくても良いです。フラれるかなと思いながらも、学生をいろいろな「ことばの活動」に誘って、対話をするのが自分の役割かなと思っています。

> **対話を終えて**
>
> 　以前、はるが同じ大学の学生にヒューマンライブラリーを知ってもらいたいと言い、学科内でオンライン・ヒューマンライブラリーを開催したこともありましたが、あまり参加者はいませんでした。ある日、はるがみんながヒューマンライブラリーに興味を持たなくてもいいのではないかと言いました。確かに「ことばの活動」の形はそれぞれが当事者性を持って自分で考えることが大事なので、形はどのようなものでも良いと思います。アレントの言う「活動」とは複数の人々の関係性の中で成り立ちます。最も大切なのは、その関係性の中で他者に対して「当事者性を持とうとすること」と自分の頭で考えて「何かを実践する」ということではないでしょうか。それは私たちが他者とともにいる、この世界を生きる理由なのかもしれません。

読者への問い
① 「普通」と「普通」ではない境界を行ったり来たりしたことはありますか。
② 当事者性を持ち、自分の頭で考えて実践していることはありますか。

ダイアローグ04

連句活動における公共性(pp.92 〜 109)

- 話し手　白石佳和
- 聞き手　福村真紀子

助け合い、それぞれの個性を生かす連句の座

福村：まずは、論考を執筆するに至った経緯について教えてください。

白石：私の文学研究のテーマの一つに、連句っていうのがあって、その文芸に対して関心が深かったというのがベースにあります。文学研究っていうのは、西洋の文学理論[1]が基になって研究されていて、連句みたいな日本独自の文芸は、そのような尺度では全然測れないわけです。それで、どうしたら連句のよさみたいなものを伝えられるのかなって、いつも頭の片隅で模索を続けていたんです。そのときに、公共性っていうテーマで原稿を書くチャンスをいただけることになりました。連句は、複数の人たちで作品を作るっていう文学の活動なので、もしかしたら公共性というテーマに合っているかもしれないと思ったんです。大きなところで言えば平等性みたいなものが連句の座にあって、平等性だけじゃなくておもてなしの心みたいなものもあり、公共性と完全に重なるわけではないけれど、相手をお互いに思いやることで、公共的な場ができあがっていると思いました。茶の湯のようなアジール[2]的な空間が連句の座にもあって、それが公共性の考えと言う

---

[1] 文学理論とは、「文学とは何か」や「文芸批評」についてその論理や構造を明らかにするための理論。文学個々の作品や作者を批評する文芸批評と異なり、文学とは何か、どのように構成されているか、文芸批評とはどのようなものか、などという根本的な問いを探究するのが文学理論です。「文学」が西洋において人文学の一分野として確立したのは18世紀後半であり、それ以降、「印象批評」「受容理論」「構造主義批評」「フェミニズム批評」など、思想や社会と関わりながらさまざまな文学理論が現れました。

[2] 権力のおよばない地域・場所。アジールとされた地域には、教会・神社などのような聖地的な場所や市場など複数の権力が入り混じる交易場所・自由都市などがあります。「聖域」「避難所」などと訳されます。

か、公共的な場所になっているんだなって思ったのが執筆の大きな動機です。それと、前田雅之が書いた『古典と日本人』という新書を読んだんですが、副題に「古典的公共圏」っていうのがついていて、古典文学をどうやって公共圏と結びつけるんだろうって読んでいたら、ハーバーマスの公共圏を使って説明しているのがわかりました。連句も古典だし、公共圏というテーマが馴染むんじゃないかと思いました。

福村：白石さんは、なぜ連句のよさを他の人に伝えたいと思われたんですか。

白石：自分がいいと思っているからかな？（笑）

福村：魅力は何ですか。

白石：そうですね、助け合うところですかね。一人で作るんじゃなくて、みんなで作るんです。一つのものをみんなで共同制作するっていうのではなくて、それぞれが個性を殺さずに、生かしながら作品ができていくっていうのがすごく面白いなって。

福村：まさに公共性ですね。複数性が条件ですものね。みんなが同じではなくて、似ているとかでもなくて、異なる存在が条件っていうわけですよね。

白石：そうですね。平等性と複数性が公共性と関わっていますね。

連句の座における平等性

福村：平等性についてお聞きしたいんですけど、連句の場では何をもって平等性というんですか。

白石：一つ例を挙げると、複数の人が作品を作るにあたって、熟達度の差があると思うのですが、必ず最初に一人一句は順番に詠んでいくという暗黙のルールがあって、下手だからその人の句は一つも評価しないというのじゃなくて、その人の存在をしっかり認めるっていう意味で、必ず一人一句は「捌き」（さばき、司会進行者）によって作品に採用される。文学っていうのは普通は良い悪いで判断されるんですけど、そうじゃない判断基準で作品を作る上でのルールができている。それが平等性と言えると思います。

福村：なるほど。採用されない句もあるわけですね。でも、一人最低一

句は採用される。

白石：下手な人が混ざっていた場合、「捌き」や別の人がアシストすることもあるんですよ。五七五のうちの五七まではいいんだけど、五の部分があまりよくないなってときに、別の人が「このことばがいいんじゃない？」って新しい提案をしたり。それを本人が受け入れたら良くなったり。自分だけのものに拘らずに一緒に作るっていう。

福村：面白いですね。それが助け合うっていうことですね。他の人の意見もミックスして完成されていくんですね。私は学生のとき、古典が大不得意だったんですが、お話を伺って面白さが伝わってきました。

「ことばの活動」は遊び

福村：では、白石さんにとって、「ことばの活動」とは何でしょうか。

白石：そうですね。私にとって「ことばの活動」とは遊びであるといいなって思います。日本語教育のいろいろな「ことばの活動」って、真面目なものが多かったり、まあなんですかね、日本語が上手になるために課題遂行を行わなければいけないだとか、「私」っていうものをとことん突き詰めなきゃいけないとかですね、なんか、真面目な活動が多いなって思うんですよね。

福村：難しいですよね。

白石：そうじゃなくて、私が考える「ことばの活動」は、遊びがある活動でありたいなって思います。遊びっていうのは、ゲーム性っていうこともありますし、ハンドルに遊びがある、というときの「遊び」みたいな余裕・ゆとりという意味も含みます。余裕をもって楽しく活動するもの、そういう活動にしたいと思います。

福村：私が大学院生の頃、よく、対話と会話の違いは何かって聞かれたことがありました。会話はあんまりテーマがはっきりしないおしゃべりで、対話はテーマがあってお互いの意見を言い合い、聞き合うものだ、みたいな議論があったんですが、今の白石さんの、遊びとか余裕のあるものという観点から見ると、「ことばの活動」はどちらにあたるんでしょうか。

白石：うーん、そこはなんと言うか、連句は、会話か対話かって聞かれ

たら対話かなって思います。

福村：ああ、対話。

白石：おしゃべりに近い部分もありますが、そこにはルールがあったり。原稿にも書きましたが、連句は前々句[3]があって、前句[4]があって、前々句と前句の対話から飛躍して次の句ができるんですよね。それってやっぱり対話の原理だと思います。AとBが対話してCが生まれる、みたいな。連句は遊びではあるし、余裕のあるものなんですけど、無意味なおしゃべりとかじゃなくて、やっぱり意味のある活動って言うか。対話の中からアイディアが出てきたりとか、新しい世界が出てきたり新しいことばが生まれたり。だから、連句はどっちかと言われたら対話かなって思います。

福村：じゃあ、遊びのある対話ですね。

白石：そうですね、はい。

対話を終えて

「公共性」という近代的なテーマと連句という伝統文芸がよく結びついたものだな、と改めて思いました。連句を初めて体験したのは高校生のときでした。共同で一つの作品を作ったのですが、それぞれの個性を生かすことで作品ができあがっていくのが何とも不思議な感覚で、そこに魅力を感じました。上手な人も下手な人も対等に参加し、上手下手を競争するのではなく助け合うのも面白いと感じました。複数性と平等性、まさに公共性ですね。連句に限らず、公共性のある社会は個性を生かしそれぞれが輝く社会であってほしいと思います。そのための「ことばの活動」のヒントは、意外と身近な生活文化に見出すことができるかもしれません。

---

3) 連歌・俳諧において、付句をするとき、その付けるべき前の前（2句前）の句のこと。「打越」とも言います。転じを重視する連歌俳諧では、前々句（打越）・前句・付句の3句の展開において付句が前句だけでなく前々句の世界から十分離れる（転じる）点を特に重視します。その意味で前々句は重要です。

4) 連歌・俳諧において、付句をするとき、その付けるべき前の句のこと。

読者への問い
①あなたにとって「楽しかった」ことばの活動にはどんなものがありましたか。
②日本の中世には連歌、禅のほかにどんな文化がありましたか。また、それらに共通性はないでしょうか。

ダイアローグ05

英語と私と公共性（pp.110〜134）

- 話し手　田嶋美砂子
- 聞き手　牛窪隆太

英語をめぐる矛盾と付き合う

牛窪：田嶋さんの葛藤みたいなものは、日本語を教えている自分にも重ねて理解できました。こういう言語のイデオロギーの問題があったとして、英語教育から離れて、例えば、社会言語学とかで議論するみたいなこともできると思うんですけど、そうしない理由について聞きたいです。

田嶋：チャプターの中で繰り返し「二律背反」みたいな言い方をしているけれど、そこがすごく私の矛盾したところで、英語から完璧に離れられない自分もいるんですよね。私はオーストラリアの大学院に行ったけれど、現地で日本語を教えながら博士課程をやるっていう人も多いんです。でも、じゃあ自分は日本語を教えられるかと言うと、教えられなくって。一方で、英語の文法項目やレベルの話だと、これは中二レベルだなとか、なんかスッと自分の中に入るっていうか。その距離感で付き合っているみたいなところがあるんですよ。あとやっぱり英語教育から離れないっていうのは、私は教員になったのとほぼ同時期に、教科書作りにも関わり始めて、教科書編集っていうところで自分自身が支えられてきたっていうのがあるんですよね。教科書って、題材を見つけて英文化して問題作ってという作業なんだけれど、その題材探しの中で全国の中高生に何を伝えたいかっていうことをずっと考えてきたんです。

牛窪：そうすると教育っていうのが先にあるんですかね？

田嶋：そうかもしれない。今喋りながら改めて感じたことだけれど、なんか人が育つとか、子どもが大人になっていくとかっていう、中高生を支えて伴走するっていうのがたぶん自分は好きで、その伴走の仕方

がきっと英語の授業とか英語の教科書を作るとかと関係するのかな。

英語が人を助けない場面

牛窪：そうすると例えばですけれど、英語っていうものが日本ではなぜか、すごく特別な言語みたいになっているけれども、全員勉強する必要はなくて他のものでもいいんだっていうような振り切った立場っていうところには行かないということでしょうか。

田嶋：学校教育の制度上、今一応、英語は選択科目になっているけれど、外国語はほぼ英語という現状がありますよね。でも、英語をやりたくないとか、自分には必要ありませんという選択をする人がいてもいいと思っています。一番言いたくないのは、英語はやっておくと後で役に立つからやりなさいみたいなモチベーションのかけ方です。実際には英語が人を助けない場面もあったりして、英語の背後にある政治性に意識を向けないままでいいのかなっていうのもあるので、そういう推し進め方はしたくない。大学生のとき、私はもう本当に英語やらなくていいぐらいに思っていたんです。でも、チャプターの中でディストピア的、ユートピア的って書いたけれど、ユートピアに走りすぎるのも嫌だし、だからと言って悲観的に、ディストピア的に英語から離れましょうっていうのも今はちょっと違うと思っているんです。

戦略的に使うこと

牛窪：教育場面を離れて、会社に入ってそこで英語とか日本語で仕事をするっていうとき、そこが評価されるっていう現実もあって、そこの折り合いをどう考えるのかっていうのがありますよね。そういう意味では、ある文脈では、言語道具論的だけど、自分をプレゼンテーションする方法として、突き放して言語を捉える。あなたの価値は言語の形によって左右されないけど、逆に、戦略的に発音を磨いたり表現を覚えたりすることで、自分が見せたいように自分を見せられるっていうこともある気がしていて。

田嶋：よくわかります。どの英語もイコールだってすごく理想的でいい

と思うんだけれど。でも、例えば、地位のある人がいわゆる標準から離れた英語を使っても、それを補える何かを持っているんだけれど、階層的にも職業的にもそういうものを持たない人が標準的ではない英語を話したときに、見られ方が異なるということもあるわけですよね。言葉って社会の中で使われているわけなので。そうすると、教育で何でもありでいいかって言うと、それはそうじゃないと思うんです。なので、そこは戦略的に、内容を伝えるために「標準的な英語」を使って書きますってこともあると思います。例えば、私は博士論文を書いているときに、在学中にジャーナル論文[1]を出したいと思って、でも、学生だから、難しいことも多くて。私のスーパーバイザーは正統的と呼ばれる論文の書き方を崩しなさいって言う先生だったけれど、ジャーナルに投稿するときは、その教えに倣って崩すときと、アクセプトされて世の中の人に読んでもらうためにあえて正統的な、標準的な書き方をするときがあって。そこはすごく戦略的にその都度変えるっていうのはあったと思います。

言語観の複数性、スペクトラム

牛窪：公共との関係で言うと、複数の言語観があって、これが一番いいって言えないところがあるわけで、それぞれいいところ悪いところを理解して使うっていうことなのかな。

田嶋：スペクトラムっていうのかな。こう、ラインがあったとして、片側に振れるだけでもないし、ときに過激に反対側へ行くこともあるかもしれないけれど、ときにまたもう一方に戻ってきたりもして、そのときの状況で常に動く。今このスタンスだけれど、それはこういう意図があってそのスタンスでいるんだという。私は例えば、授業などでは何でもいいよとは言っていないと思うんです。それは、特に工学部には国際学会で発表したり論文を書いたりと、英語を使う学生が割といるので、それができるようなサポートをしたいと思うからで。一方

---

1) ジャーナル（学術誌）に掲載された論文のこと。ジャーナルへの投稿論文は通常、他の研究者によって査読され、掲載の可否が判断されます。

で、オンライン交流でオーストラリアの学生と交流するみたいなときは、正しさにこだわらなくていいんじゃないっていう言い方もするし。批判性を持ちながら、その状況に応じて、その人なりの選択ができるような形を採っているつもりです。

英語の「問題」を伝える

田嶋：私にとって、「ことばの活動」は、モヤモヤとかスペクトラム上のこっちとかあっちとかっていうところ、支配的な行動とか正しさとかに対する向き合い方みたいなものを世の中に発信していくってことかなと思います。ときに英語も使いながら、英語問題について伝えるっていうのが自分にとっての「ことばの活動」ですね。

牛窪：それは、何か必要だから伝えるんでしょうか。

田嶋：世の中を変える必要があると思っているからかな。アラステア・ペニクック[2]先生が『批判的応用言語学』[3]の中で、なぜ批判的応用言語学があるのかっていう話に関連して、必ずソーシャル・チェンジ[4]につなげなければならないみたいなことを言っていて。自分が英語問題とか言語観みたいなところを書くことで、目に触れた人の意識が少し変わるとか、ささやかながらそういう改革を目指すということなのかもしれません。

対話を終えて

牛窪さんに、「英語教育から離れることもできるのに、そうしないのはなぜ？」と投げかけられたことがとても新鮮でした。そしてあれやこれやと話した後に、「教育が先にあるということ？」とさらに問われ、「あ、そうだ。そういうことだ」と腑に落ちました。

---

2) シドニー工科大学名誉教授。批判的応用言語学（注3を参照）やメトロリンガリズム（9章を参照）などを提唱したオーストラリアの応用言語学者・社会言語学者。
3) 応用言語学を批判的な視点から再考することを試みたアラステア・ペニクックの著書。初版から20年を経た2021年に第2版が出版されました。
4) 社会を変革させること。具体的には、経済面・言語面・文化面・人種面・ジェンダー面での不平等といった諸問題に取り組み、これまでとは異なる社会のあり方を模索すること。

普段あまり意識していないけれど、私がとても大切にしていることを引き出してもらった気がします。また、英語に対してこんなに複雑な気持ちを抱いているのに（ホント、面倒な性格です）、中学校・高等学校で働いていたときのある授業評価アンケートで、「先生が、英語が大好きなんだってことがよくわかる授業でした」（大意）というコメントを残した生徒がいたこともふと思い出しました。私は英語が大好きなのでしょうか？　英語への思いは愛憎相半ばですが、（英語）教育を通じて人が育っていく様子を見ること、それに触れて自分もさらに学んでいくことは大好きだと言える私がいます。

読者への問い
①自分が普段使用している言語にはどのような問題があると思いますか。
②自分が深く関わっている言語や活動、仕事に対して矛盾した思いを抱えているとしたら、それをどのように乗り越えますか。

 **ダイアローグ06**

差別や偏見の「壁」を越える（pp.136〜156）

- 話し手　秋田美帆
- 聞き手　福村真紀子

他者と自分の共通の部分を見つける

福村：インパクトのある書き出しですね。「ベトナム人は人間じゃない」というのは、ドキっとしました。秋田さんがこの章で読者に一番伝えたかったことは何ですか。

秋田：自分とは関係ないとやり過ごしてしまう社会問題って世の中にはたくさんあると思います。ベトナム人留学生や技能実習生の問題もその一つです。でも、実はそういった問題の中にも、自分が経験してきたこととつながる部分があると思うんです。そのつながりを見つけていくことが重要なのではないかということを伝えたいと思って書きました。まるこさんとは、もともと知り合いというわけではなかったのですが、共通の知り合いを通して知り合って、彼女の話を聞く機会があったんです。そのときに、冒頭の「ベトナム人は人間じゃない」って言われたことが、自分の今の活動の原動力になっているって話を聞いてドキっとしました。私がそんなことを言われたら、嫌で自分の国に帰る、少なくとも、そこから逃げるという選択をしたんじゃないかと。だけど、彼女の場合はそうではなくて、なんとか頑張ろうと踏ん張ったんですよね。その頑張りが同じベトナム人を支援するっていう方向に向かっているというのが、とても興味深かったんです。その原動力はどこにあるんだろうと。それで、ちょうど彼女にインタビューをしたいなと考えていたときに、この本の執筆の話があったので、まるこさんのストーリーを書きたいと思いました。

個人の問題を社会に開く

福村:なるほど。この論考のテーマである差別と偏見を越えるってことも、公共性と関係があるということですね。具体的に言うとどういうことでしょうか。

秋田:まるこさんは、日本社会の中では差別や偏見を受ける側、つまりマイノリティ側の人であると考えることができます。マイノリティ側におかれた方々が自分たちのために日本社会の中で、安全で安心できる場をつくっている。でも、それだけだと、どこにも開かれていない、公共性とは逆の状態ですよね。まるこさんの場合は、それで終わらず、まるこさん自身が研究者として、実践者として、ベトナム人技能実習生の問題を日本社会に発信していっている。そしてさらに、その問題がいろいろな人に伝わっていくということで、この流れが公共性につながっていると考えました。公共性というのは、個人の問題が閉じられずに、社会に対して、知らされていくというか開かれていくということかなと思っています。

福村:「当事者性」ということばがありますが、ベトナム人技能実習生の問題も、実は、この社会の問題だと社会の多くの人たちに認識してほしいという思いがあるわけですね。その思いは、まるこさんにもあるのと同時に秋田さんにもあるわけですよね。

秋田:そうですね。私も日本語教育に携わっているので、今までも、日本にいる外国人をめぐる問題には敏感になっているつもりでした。でも、実際に自分自身が技能実習生に教えたこともなかったので、あまり知識もなかったんです。頭の隅にある程度の認識だったものが、まるこさんを通じて、他の技能実習生たちの様子を知り、実際に彼らに会うこともできました。同じ日本社会に暮らしている人として彼らを見られるようになったことで、報道されているような問題も他人事とは思えなくなったんです。

個人の問題を言語化していく

福村:それでは、トピックをことばに移しますが、技能実習生とことば

の教育についてどう感じていますか。

秋田：以前、技能実習生が実習先に向かう前の入国後講習[1]の日本語授業を担当されている方のお話を聞いたことがあるのですが、そのときに正直、違和感を覚えました。こういう教育ってどうなんだろうって。技能実習生をロボットみたいに扱ってるというか。聞いた話の中では、日本ではまず上司のことは敬えって。なにか日本語で言われてわからなかったら、まず「すみません」って言いなさいとか。教師からの指示は全部命令形で行っているという話もありました。なぜそうしてるかというと、工場などで危険なことがあったとき、「やめろ」とか「止まれ」とかの指示がわかるように、日常的に命令形を使って慣れさせているということでした。そういう話を聞きながら、ことばの教育として命令に従順に従う人間を育てることが目指されているように感じたんです。

福村：ロボットみたいに扱うっていうのは、それこそ「人間じゃない」ってこととつながりますよね。そうではなくて、まるこさんも社会のアクターってことですよね。そういうふうに社会で扱われていないというのが、秋田さんの問題意識ですね。今のお話と公共性はどのようにつながると思いますか。

秋田：先ほど、公共性を個人の問題が閉じられずに、社会に対して、開かれていくことだと言ったんですが、最初から明確な問題意識を持っていて、それを言語化できる人というのは少ないと思うんです。私も原稿を何度も書き直して、牛窪さんと徳田さんにコメントをもらって、福村さんたちにも読んでコメントをもらって、ようやく形が見えてきました。私の中ではことばの教育も同じなんです。個人が抱えている問題を他の人に伝えながら、言語化していくということをやっていけたらいいなと思っていて。一方、命令に従順に従う人間を育てるというのはその対極にあります。個人の問題を閉じる、というかそもそも問題を感じさせないようにしている。そのような教育は、技能実習生

---

[1]「外国人の技能実習の適正な実施及び技能実習生の保護に関する法律施行規則（平成28年令第3号）」において、技能実習生は入国後講習を受けることが義務付けられています。講習科目は日本語、生活一般の知識、技能実習生の法的保護に必要な情報、技能等の習得に必要な知識です。

を公共性から排除することにつながると思います。

複数の視点を自分の中につくる

福村：秋田さんにとって、「ことばの活動」とは何でしょうか。

秋田：先ほどの回答と重複しますが、個人の問題を社会に開いていくことだと考えています。まるこさんがしていることは、まさに「ことばの活動」だと思っていて。私は、まるこさんと知り合う前、日本社会で技能実習生がどのように見られているのかをほとんど知りませんでした。でも、まるこさんが技能実習生の問題を日本社会に発信することで、私とまるこさんは出会えましたし、そのおかげで私は技能実習生の問題について知ることができました。誰しも自分がいる社会はいいものであってほしいと願っているはずです。自分一人の視点で社会を見ると、それは独りよがりなものになってしまいますけど、いろいろな人と対話することによって、様々な視点が生まれて、ああ、こういうことにも気をつけていかなきゃいけないよねって、そんなふうに考えられるようになることで、社会はより良いものになっていくんじゃないでしょうか。これは、「ことばの活動」の効果だと思います。

対話を終えて

　福村さんと話した後、まるこさんと自分のcommonについて、改めて考えました。まるこさんの話を聞いていて思い浮かんだのは、イギリス留学中のゼミの初日です。留学生は私一人。勇気を出して"Hello"と教室に入ったら、誰も応えてくれませんでした。周りの人たちは楽しそうに談笑しているのに。積極的に話しかける度胸も英語力も持っていなかった私は、そのまま教室の隅で静かにしていました。誰一人、私のことを気にかける人はおらず、自分は透明人間になったのだと思いました。帰国後、私は日本語教師になることを決めます。すっかり忘れていましたが、私が日本語教師という仕事を選んだ根底には「ことばができないから、外国人だからという理由で社会から取り残される人をなくしたい」という思いがあったことを思い出させてもらいました。

読者への問い
①まるこさんの語りの中で、共感できた点はありますか。それはどんな点ですか。あまり共感できないという場合、それはなぜだと思いますか。
②自分が外国でアルバイトをしているとします。アルバイト先の店長や同僚から差別的な発言をされたり、態度を取られたりしたら、あなたならどのように対処しますか。

ダイアローグ07

移動家族が弱さと信頼の親密圏を育てる（pp.157〜171）

- 話し手　松田真希子
- 聞き手　牛窪隆太

移動基盤社会と新たな親密圏

牛窪：「袖振り合うも多生の縁」じゃないですけど、よく知らない人と関わる楽しさみたいな、そこに可能性があるって話は、発想の転換でおもしろいですね。

松田：そうですね。日本というのは圧倒的に自助[1]が強い国で、次に薄いのは公助[2]で、共助[3]が非常に薄いと思うんです。政策として支えていくのも弱いし、見知らぬ人と緩やかにつながるみたいなことが、すごく苦手なのが日本かなって思っています。例えば、旅人とちょっとつながるような場とか、子ども食堂みたいなところとか、ワーケーションみたいな場とかで、緩やかで対流多めのネットワークができていくと日本の共助を育てるチャンスにもなるのかなと。子どもも2、3回会ったらもう知り合いみたいな感じで、みんながその子のことを知っていて、気にかけるみたいなことが広がっていくと、誰が子どもの教育を責任を持たなきゃいけないのかっていう話も変わっていくのかなっていうふうに思っています。弱点だとかネガティブに捉えられがちな、よそ者とか旅人みたいな人が社会全体の3分の1とか3分の2ぐらいになってくると、私はそれを「移動基盤社会」っていうふうに言っていますけど、移動基盤社会が、逆に新しい親密圏を育てることになり得ないかな、なるといいなと思っています。

---

1) 他人の力を借りずに、自分の力で物事を解決したり、実現したりすること。自助には通常自分自身だけでなく同居の家族も含まれます。
2) 地方自治体や国の行政府などの公的な社会システムによって助けられること。
3) 近所の人や身近な関係の人たち同士で助け合うこと。

居場所のなさ感と所有の意識

牛窪：論考の中にあるダニエリさんの話で、全くわからない環境でもそのうち慣れるだろうと自分をそこに没入させ続けられるのはレジリエンスの強さだろうと、書かれているんですけど、異なるものに対する耐性とか構えってこの方の特徴なんでしょうか。

松田：ダニエリさんは確かに異なるものに対する耐性が強い人だと思いますが、やっぱりそのときに、「受け入れられている」という信念みたいなものは、必要なんじゃないかなとは思うんです。おそらくダニエリさんは、何かしら自分が受け入れられていると思っていたんだろうと。掃除当番の役割が与えられ、その活動が評価されているとか、何かしらの参加の設定みたいなものがあると、何が起こっているのかよくわからなくても耐えられるっていうことかなと思います。それがなかったら、いくらレジリエンスが強くても厳しい気がしますね。もっと言うと、ことばがわかっても自分が受け入れられているという感覚がなかったら、やっぱりきついと思うんです。ある種の親密圏みたいなものが形成されていかないと、移動した人は、自分は居場所がないと思うんじゃないですかね。

牛窪：確かに、居場所がないっていうのは、最近だと移動してない人も思いそうですね。

松田：そうなんですよね。移動っていうのは口実にもなるんです。私が受け入れられていないのは移動したからなんだって。だけど実は、「口実なき居場所のなさ感」っていうのはみんな持っている時代で、なぜかと言うと、受け入れてもらうような余地がないからだと思うんです。「そのままでいいよ」っていう全肯定的な受け入れとか、お互い様だよみたいなことを言い合いながら、お互い助け合ってやっていこうという気楽な感覚が弱いのかなって思います。もう一つ言うと、最近思うのは、イスラム教やキリスト教徒とかっていうのは、所有の感覚っていうのが違っていると思います。神様が世界の所有者で私たちはその世界で生かされているとか、私たちの全ては神によって与えられているものみたいな感覚があるんだろうと思うんです。そうなると、神様によりよく生かされるために、私たちはよりよい生き方を模

索しないといけないという発想になるんだと思うんです。さらには神様によって受け入れられ、居場所も与えられている感覚があるかもしれない。でも、そういう宗教観や価値観が共有されない社会、最近の日本はそうだと思うんですが、そういう社会は所有の意識としても私のものは私のもの、あの人のものはあの人のものってなっている。そして公平な交換ができないと社会のお荷物だと思われたり、他者によって自分の存在や所有が評価・承認されないと、居場所がないって思う。そのあたりが社会全体の閉塞感や生きづらさにつながっているような気がします。ケアの社会的分有[4]は人間同士のいろんな計算やら責任や等価交換[5]の発想から自由になることから生まれる気がします。日本だったら自分たちは大自然によって生かされているというような発想も根強いと思うので、自然を第三者的において発想するのもありかなと思います。

無責任にちょっと関わる

牛窪：「ちょっと関わる」ってことで言うと、責任が持てないみたいなところがある気がします。責任を持つというのは自分のしがらみにもなるし、そういう意味で、無責任っていうのは、すごくマイナスなことなのかなと思います。関わったのに無責任じゃないですかとか言われますよね。松田さんの議論は、無責任っていうことに可能性を見出していて、他人に迷惑をかけないとか自立しているとか、そこから迷惑をかけ合ってもいいっていうふうに変えていくっていうことですよね。

松田：まさにそういうことが言いたいです。そう自分が思うようになったのは、ブラジルに住んだことが大きいと思います。ブラジルっていうのは、迷惑の感覚がないとかっていうのを聞いたことあるし、責任を取らなきゃいけないとか、無責任に中途半端に関わってはいけない

---

[4] 家族の内部でケアを完結させる（自助）のではなく、近所の人や身近な知人（共助）、民間サービスや社会制度（公助）などを活用してケアを分け合うこと。
[5] 価値が等しいもの（こと）を相互に交換すること。

とかも全然思わない。もしかしたら、ブラジルがキリスト教文化圏だからかもしれないですけど。関わったからには責任を持たなきゃいけないと思うことって、「本当はできたかもしれない、ほんのちょっとした中途半端な関わり」みたいなものを削ぎ落とす気がするんです。それよりも、ちょっとだけ無責任に、お節介をやく、そして迷惑もかける、そういう関わりが広がるといいんじゃないかと思います。不安定で中途半端で無責任な状態も、みんなが引き受けていくと、きっと手が余るくらいになるのではないかと。そして、誰もが自分も困っているという弱さの旗をあげることが大事なんだと思います。

弱さをもとに開くこと、ことばから自由になること

牛窪：弱さを共有できるのは強いことだと最後に書いてあって、これはすごく人間関係の基本のように思えました。結局、お互いに弱さを共有できないと、私が何か与えるんだったら、あなたは何くれるのみたいな関係になる。私の責任はここまでで、ここから先は責任が持てないから感知しませんっていう関係になっていくわけですよね。

松田：そうなんですよ。弱さを見せるっていうのは、勇気がいることなんです。周りの自分に対する評価を悪くすることでもあるから。弱さによって自分を開いていって、つながっていくっていうのは、リスクだとみんな思ってるんですよね。以前、ある先生の発表で聞いたんですけど、弱さを共有するには、共有された秘密を利害関係者に暴露しないっていう安心感を共有することが第一歩だってことをおっしゃっていたんですね。弱みをさらした後、それを誰かに言われるんじゃないかとか不安なんでしょうね。そう考えると、やっぱり旅とか祭りとかはすごく大事で、日常生活を共有しない世界にいる人たちと一定数接触すると、社会っていうのは、弱さを見せやすくなるんじゃないかなと思います。関係性が膠着している人には言えないことでも、旅人にだったら言えるとかありますよね。そこから慣れていって、自分の弱さを身近な人にも見せられるようになるといいのかなと。

牛窪：確かにそうですね。なんだか、この閉塞の時代に光が見える話ですね。そうすると、松田さんにとって、「ことばの活動」はどんなも

のでしょうか。

松田：ことばからいかに自由になれるかっていうことを、活動しているのかもしれないですね。ことばっていうのは、対話によって社会をつくり、整えていくプラスの部分が強調されていると思うのですが、やっぱり長い時間をかけて生み出されてきた人間同士のお約束であったり規範であったり、呪縛であったりもするんだと思うんですよね。だから、ことばによって自由になること以上に、ことばから自由になることも大事なのではないかと。ことばによって不幸にもなるし、ことばによって不自由にもなるので。そういう意味では、弱さによって開かれていくようなことばの活動っていうのは、ことばへの抵抗であり、ことばによって構築される社会からの解放装置かもしれないですね。

対話を終えて

　この対話のおかげで、自分の中にある混沌とした、つながってないことがたくさんあることがよくわかりました。この混沌の中にも何かしら誰かの気づきにつながることがあれば幸いです。また、「路頭に迷う」ということばと、宮沢賢治の「雨ニモ負ケズ」が思い出されました。「路頭に迷う」というのは不安と恐怖のイメージがあると思いますが、それは定住先がなくて、蓄えもなくて、明日をも知れぬ状態だからと思います。もし100人の「でくの坊」が路頭に迷っている人を見たら、1人くらいはその日、客人として助け、色々な関わりを持とうとするかもしれない。さらにそこに子どもがいれば、ここがあなたの居場所だ、心配しなくてもよい、と言い、病気の人がいたら、少しの世話をするかもしれない。ですが、自分だって困っているのだから、意地をはらず、お互いに困っていること、お互いの弱さを全員で共有しながら、みんなで泣いて、みんなで笑って、みんなで苦にしあって、ほんのちょっと助け合うといいのかなと思います。つまり、全員が軟弱な宮沢賢治です。私が求めている公共性は全員がそういう感覚のもとに生きることで「安心して路頭に迷える社会」なのかもしれません。

読者への問い
①もし自分に子どもがいて、世界中を旅しながら生きていくとしたら、どんなふうに子どもを育てていこうと思いますか。
②「誰もが安心して路頭に迷える社会」は可能でしょうか。ブラジルのような熱帯地域と、東北のような冬を越すための蓄えがいる地域では「路頭に迷える」前提が違います。生態環境も含め、考えてみてください。

ダイアローグ 08

日本語教育の鏡に映る「多文化共生」の姿から学ぶこと（pp.174〜190）

話し手　福永由佳
聞き手　牛窪隆太

成人教育の枠組みで考える

牛窪：内容として個人的な問題意識にもすごく重なるところがあって、興味深く読ませていただきました。

福永：このテーマを考えたきっかけの一つは、「「生活者としての外国人」に対する日本語教育の標準的なカリキュラム案」[1]（以下、標準カリキュラム）ですね。同じような時期に、本務で「日本語教育における学習項目一覧と段階的目標基準の開発」というプロジェクト[2]に関わり、調査をしたり、アメリカの移民に対する言語教育を調べたりしていたので、標準カリキュラムの行方には関心を持っていました。特に、社会参加はどのように項目化されるのかと期待していたので、実際の項目を見て思うことがいろいろありました。

牛窪：社会参加とか多文化共生って、もう誰も反対しないパワーワードのような気がしていて。それに向かおうってみんな言うけれども、その思い描いているものが人によってかなり差があるぞっていうのは感じていました。福永さんの論考の中では、その辺りをアメリカのものと比較されていて、アメリカでは成人すべてが対象になっていることが指摘されています。

---

[1] 日本で生活を営む外国人が必要な生活上の行為の事例とそれに対応する学習項目と社会・文化的情報を整理した資料。「生活者としての外国人」に対する日本語教育を検討する目的で、文化庁が2010年に公開しました。
[2] 2006年4月から2011年3月にかけて国立国語研究所日本語教育基盤情報センター学習項目グループが取り組んだ調査研究事業。外国人が日本社会の一員として地域社会に生きるために必要な日本語能力とは何かを明らかにし、その結果を日本語教育諸機関、日本語教育関係者に利用しやすい形で提供することを目的としました。

福永：本務のプロジェクトの一環で、アメリカの移民に対する言語教育について調査しました。教育政策は時代によって違いがあるのですが、アメリカでは移民に対する英語教育が成人教育[3]に位置づけられていることを知りました。成人に必要なことばの教育は、移民だけではなく、英語を母語とする人たちにとっても必要であると考えるわけです。このような位置づけは、日本語教育は外国ルーツの人を対象とするという日本のやり方とは大きく違いますよね。そのことにインパクトを受けました。そして、アメリカの成人教育では、日本では行われてないような大規模な基礎調査が行われているんです。例えば、本章で紹介した「将来のための備え（Equipped for the Future、以下、EFF）」スタンダードでは、「自分にとって市民としての権利を行使し責任を果たすとはどのようなことか」「そのためには何ができることになる必要があるか、どんな知識が必要か」について、全米各地の識字教室やESL教室[4]で学ぶ成人約1500名の声を収集し分析した結果をスタンダードに反映しています。EFFに先行する「成人達成基準研究（The Adult Performance Level、以下、APL）」（1973年）では、教育を受けていない成人や無職の成人を対象にインタビューを行い、現代社会で求められるコンピテンシー[5]について研究しています。APLでは、知識と技能を組み合わせたマトリックスのモデルを開発したんですが、そのマトリックスには、「連邦議会議員に手紙を書く」という項目があるんです。移民を含む非識字者や限定的識字者は読み書き能力が不十分であるために、社会的弱者としてみなされ、ホスト社会から排除されたり軽視される傾向がありますが、社会的弱者であっても自分の権利が侵害される場合には手紙という公正な手段によって問題を訴えることができ、それを教育によって達成できる（＝書ける）ようにな

---

3) 成人を対象とした教育。急速に変化し多様化する世界に生き抜くために世界共通で必要な課題とされ、その範囲は識字、職能開発・訓練、地域社会の教育や社会問題に関与するための力等と幅広い。
4) ESLは、English as a second languageの略称。英語を母語としない人たちが第二言語として英語を学ぶ教室のこと。
5) ハーバード大学のD・C・マクレランド教授が米国国務省の外務情報職員に求められるスキルを調査した研究から生まれた概念。ある職務または状況に対して高い業績を上げている個人の特性と定義され、産業界の人材管理の分野において活用されています。

ることが必要なのだという姿勢がとても刺激的でした。ルールを理解するだけではなくて、疑問があったら行動することも含まれていること、義務と権利の両方があるっていうところに興味を覚えたんです。

かわいそうな外国人観としたたかさ

牛窪：論考のデータの中に「日本人は外国人ってかわいそうで貧乏と思っている」という指摘がありました。この、かわいそうな外国人観みたいな、パターナリズムって言えるのかもしれないんですけど、これはなんでなんだろうって思いました。

福永：日本語教育は、日本人と外国人と分けますね。外国人対象という枠組みには、ことばがわからない人たちはかわいそうだという価値観が忍び込むような気がするんです。日本語が優位にある社会において日本語がわからないことが致命的という思い込みがパターナリズムの素地になっているように思います。おもしろいことに、外国出身者であるカルロス・ゴーン[6]氏のようなビジネスパーソンは日本語を使えなくても／使わなくても問題はなく、日本語を学ぶ対象にはみなされていませんよね。日本語ができなくても不便を感じない人たちがいたり、低い日本語能力でも多言語を駆使したりして生きている人たちもいるのに、日本語能力を優先して考えてしまうという思い込みが社会やマスコミにあるように感じます。

牛窪：例えば、町内会とか、日本の人もあまり参加してない地域の活動に積極的に出ていくというのは、ちょっと言い方は悪いですけど、したたかに社会に参加するという部分もあるのかなっていうふうには思います。

福永：日本人も町内会に参加するのはいろんな理由からですよね。理由はなんであれ、実際に住民の人たちの間に立って調整をしていくのってやっぱりなかなか大変です。論考中の事例2の男性は、町内会に参加することで、彼自身のイメージは良くなって認知度も上がるんだけ

---

[6] 日産自動車の元会長。赤字だった企業を復活させ、カリスマ経営者として日本の企業風土まで変えたと評されました。

ども、それを上回るような苦労をしていると思います。この地域で生きていこうとか、日本人とともに商売をしていこうっていう覚悟がないとできないことではなないでしょうか。

接触場面のいびつさ

牛窪：最後のところの、「行政の下請け屋」みたいな感じで、言語教育はこの役割を引き受けますとなってしまうことの危うさ、という部分が個人的には刺さりました。あと、社会的存在の一人としてコミットしていくっていうときに、例えば、あまり外国の人と触れ合う機会がない人っていうのは、どうコミットできるのかなとも思いました。

福永：最初のことについては、関連する省庁での動きを注視してきたいと思っています。そして、後者の外国ルーツの人たちとの触れ合いについては、多文化共生祭りのような特別な機会が必ず必要なわけではなく、生活の中の存在を意識することがスタートではないでしょうか。外国人というと、マスコミの報道の影響で、つい労働者という枠組みに結びつけがちなんだけど、そうじゃない生活者としての側面もありますよね。例えば、自分の子供の同級生だとか、一緒にPTAの役員をやってるとか、会社の同僚だとか。日常生活の中に既に同じ共同体のメンバーとして存在しているっていうことを実感してほしいです。特に、日本語教育の場合、外国人との接触は、教える側としての接触に限られる場合が多いのですが、教育の場を離れて、自分の町やコミュニティで住民同士として話すことはあるかを自分自身に問いたいです。隣人として、地域の一員として、ことばを交わすことが普通にできるようになりたいですね。

生き生きとしたストーリーを聞く

福永：生活者としての外国ルーツの人たちに調査をしようとすると、私の場合、なんで調査するんだとか、データだけ取りに来たのかって、怪しく思われたり、いろいろ言われることがあります。研究者としては困るんですけれど、すごく生きてるなって感じがします。生活者に

関心はあるけれど、そう呼ばれている人たちの生き生きとしたストーリーが、研究の場ではあんまり聞こえてきていない気がします。

牛窪：お話を聞いていて思ったのは、研究者としての聞き方みたいなのもあるのかなと思いました。どうしてもかわいそうなストーリーを期待している。

福永：私もフィールドに行くと、あれ？想定していたこととだいぶ違うなあと思うことが多々あります。こうなるはずという無意識の思い込みがあるんでしょう。ありのままの姿を見るといいながら、そうなっていないことは残念なことですね。

対話を終えて

　お話を終えて、日本語教育を学び始めた頃、ボランティアを通して知り合った留学生に「私は施しを受ける存在でない」と強いことばで批判されたことを思い出しました。弱い立場にあるから親切にしてあげようという一方的な「善意」に無自覚であった自分に向き合う契機となった出来事でしたが、この章を書いた自分の中に、この出来事が深く残っていることを改めて実感しました。自分に潜在する価値観や思い込みを自分で気がつくことは難しいものです。当時の私にとっての鏡は、この留学生のことばでした。

読者への問い

①自分の周りに外国ルーツのある人たちがいますか。
②「外国ルーツの人たち」というと、どのようなイメージがありますか。なぜそのようなイメージを持ったのでしょうか。

ダイアローグ 09

店の「カウンター」が引き寄せるコンヴィヴィアリティと公共性 (pp.191〜217)

話し手 尾辻恵美
聞き手 福村真紀子

個人から場所へ視点を広げる

福村：「店の「カウンター」が引き寄せるコンヴィヴィアリティと公共性」、面白かったです。この章の執筆に至る経緯についてお話しください ますか。

尾辻：そうですね……三つの経緯があると思います。一つは、細川先生たちと一緒に市民性の本を書きましたよね。福村さん、牛窪さん、佐藤さん、市嶋さんなども一緒に。その後、公共性について、新潟であった日本語教育学会でポスター発表を細川先生、福村さん、佐藤さんとしたと思うんですが、そのとき「個人の市民性、社会の公共性」って話が出て、それが結構、頭に残っていて……「個から離れる」っていう点が特に。それが一つ。もう一つは、ずっと前から街とことばの多様性を探るメトロリンガリズム[1]の研究をしているじゃないですか。その研究では、違う言語を話す人、宗教が違う人、文化や習慣が違う人など背景の違う人たちが集まった街における日々の交渉の中から生まれるコンヴィヴィアリティが一つの大きなテーマなんです。そのコンヴィヴィリアリティと公共性の関係に興味を持っていたことが二つ目の経緯です。最後に、2021年にヨーロッパ日本語教師会の大会で「個から街の公共性へ」というタイトルで基調講演をさせていただいたんですが、大会の趣旨は「「複言語複文化能力」や、公共の場に市民としての責任や他者への尊敬を持って参加する姿勢や行

---

1) 多言語社会において、多様な背景を持った人々がどのように多様な言語資源を駆使して日常生活を営んでいるかを「人と言語」の関係ではなく、「街・場所と言語」の関係から探るアプローチ。

動の基盤となる「民主的文化のための能力」を、日本語教育の取り組みの中でさらに議論したい」だったんです。それで、このテーマに関するものや複言語主義的な考え方について色々読みました。でも、場所には言及してるものの、最終的には個人の能力みたいなものに落とし込まれていたんですね。それで、公共性を個人の能力だけに頼らず、今回の論考は、人とかモノとか場所とかに目を向けたいと思いました。

福村：なるほど。複言語主義っていうのは、個人の中に複数のことばがあって、それを尊重するって立場だと思いますが、それを超えていくってことですよね。尾辻さんの論考を読んでいて思ったのは、大切なのは「場所」、その「場所」にあるカウンターとかですね、モノが人々を結びつけていく。でも、目に見えない媒介物もありますね。共通のテーマとか。それが、アレントのいう「テーブル」になりますね。

尾辻：そうですね。雑貨店とかだと目に見える、見えないものが両方絡まってると思うんですけど、買いにくるモノ、例えば携帯電話のバッテリーだったり、乾燥魚にしろ、そういうものが、生活に関係するから呼び寄せられて様々な人が集まってくるんですよね。モノが人を引き寄せて、集まった人たちが自分の持っている資源、言語資源だけじゃなくてジェスチャーとか携帯電話なども駆使しながら、コミュニケーションしてお互いをわかり合おうとしている。そういう目に見えるもの。でも、それと同時に生活習慣や、宗教や信念といったものも埋めこまれていて、目に見えないものも交渉する場所にあって、その二つが絡みあったところに、公共性が生まれると思うんです。

日常のモノのやり取りを通して生まれる公共性

福村：論考のテーマと公共性の関係が、今のお話で浮き上がってきたと思います。

尾辻：アレントはテーブルを人工物という形で述べていたと思いますが、それだけじゃなくて、色々な人が自由にアクセスできるっていう比喩でもありますよね。やっぱり、そこにテーブルがあるとかモノがあるとか、それに興味があってみんながアクセスしたいと思って来るわけじゃないですか。その人たちの知識や資源が全部相まって駆使された

ところで物事が起きて、公共性が生まれるんだと考えました。今回の論考は、カウンターを中心に公共性が生まれるっていう、そういう一つの例を見せました。そういう意味でも、公共性っていうものを、少し個人から解き放して、個人が持っている公共性の意識や様々な知識だけじゃなくて、政治、社会、経済、文化などにも関わる色々なコトやモノ、場所が絡まったところで生まれてくるものだと考えられるのではないかと思いました。人と人との間の交渉だけじゃなくてですね。

福村：ご自身の体験として、シドニーに住んでいて公共性を感じる場面がありますか。

尾辻：隣に住んでる人が韓国系なんですけど、7年間ずっと隣にいるけど、忙しくってコミュニケーションしてなかったんです。向こうは日本に1年生活していたこともあって、時々、日本語で「こんにちは」って話しかけてきて、私も「こんにちは」「今度お茶しましょうね」って返したままなかなか実現しなかったんです。でも、最近、私がキムチを作って持って行って「これ、どう思う？」って聞いたんです。韓国人だからキムチが好きだと思ったら、あんまり好きじゃなくって（笑）、辛いものあまり好きじゃないけど旦那さんは好きだからって、彼にあげるって。旦那さんはおいしいっていってくれたから嬉しかったけど。それで彼女が家に誘ってくれてお茶しましょうってなったんです。今度は自分が作ったサラダのキムチを出してくれて、すごくおいしかったんですよ。で、旦那さんは釣りが好きでたくさん魚を釣ってくるんだけど、彼女は好きじゃなくて、釣ってきた魚を私にどんどんくれるようになって。そういう些細なことから始まり、日常のモノのやり取りを通して、公共性みたいなものが生まれてくると思うんです。

福村：彼女とは何語で話すんですか？

尾辻：日本語だったり、英語だったり。シドニーはいろんな言語が飛び交っているから、別にことばのチョイスが公共性とすぐ結びつくとはいわないですけど。でも、色々な言語資源を使って話そうとするところに公共性は生まれているかもしれませんね。

倫理性や批判性や公共性を大切にして、意味を作る「ことばの活動」

福村：じゃあ、尾辻さんにとって、「ことばの活動」って何ですか。

尾辻：ことばっていうものを、言語資源プラス意味生成に関与するジェスチャーやモノ、色や匂いなども含むセミオティック資源[2]みたいなものを入れて考えなきゃいけないと思うんです。それから、倫理性、批判性を大切にした「ことばの活動」を考えなきゃいけないと思います。

福村：倫理性、批判性って例えばどういうことですか。

尾辻：今、テクノロジーとか、そういうのがものすごく進んでますよね。そのような中で、「ことばの活動」において人間の倫理性、批判性、公共性が大切になるんじゃないかと思うんです。人間の内外の知識やテクノロジーなどとうまく折り合う、つまり、相互構築性みたいなものですね。そういうふうに知識が人間の外に広がることによって、例えば、AIが出した情報を、無批判的に全部正しいと思ってそのまま使うとかいうのは、批判性の問題と、倫理の問題でもありますよね。もう出来上がっていることばをそのまま採用して使ってしまうということはよくないし、自分の意見でもないし。それから、物事を鵜呑みにするんじゃなくて自分の意見と組み合わせて批判的に考えて考えを構築していく。それが大切と思うんですよ。自分のアイデンティティ、立場をよく考えていかなきゃいけない。テクノロジーとうまく共存しながら折り合いをつけて、自分でそして「一緒に」意味を作っていく、そういうことでしょうかね。だから、その場所にいる人々、そしてその場所にあるモノ、言語資源、意味生成に関係する様々な資源、テクノロジー、文化、社会なんかとお互いに相まって、「ことばの活動」って起きているっていう感じ。そして、誰がそれぞれの資源や批判性にアクセスがあるかも含めて考えて、公共性もそういうところか

---

[2] 言語資源に限らず、ジェスチャー、モノ、色、匂いなどの五感、フォントの形などといったものも意味を生成するのに一役買っているとし、そのような意味生成に関わる資源のこと。

ら生まれ、ひいては公正な社会が生まれていくのかなとも思います。

> ### 対話を終えて
> 　キムチの話をして改めて、公共性を語る、もしくは理解するのに、日常性と日常の活動が大切であることを痛感しました。社会学や社会言語学で、日常の多言語主義、日常の多文化主義という切り口で社会の多様性について議論されていますが、私たちひとりひとりが当事者として、日常の多言語・多文化社会に関わっているという自覚が必要だと強く思いました。そして、「些細」に見えるものの大切さ、日常の他者に興味を持つこと、ちょっとしたやり取りを始めることが大切で、「公共性」とか「市民性」とは一見大きな手の届かないような学問の世界にしか存在しないような概念に聞こえても、実は「ここ」にあるということを、もっと広く多くの人に知ってもらいたいと思いました。また、ことばも「○○語」ができないから話せないとかそういう問題ではなく、その場所にある色々な資源も、「ことばの活動」の一部であるし、共通のことばを持たなくても、その場の資源を駆使することから公共性は生まれるということを改めて感じました。また、福村さんが「媒介」ということばを使ったのですが、最近CEFRでもミディエーション能力[3]、仲介能力というものがよく取り上げられています。その「媒介」「仲介」と今回の私の論考との関係ももう少し考えたいと思っています。そもそもバッテリーやキムチなどのモノそのものが「ことばの活動」や公共性の構築に大きな役割を持っているのならば、それは「媒介」以上のものなのかもしれません。

読者への問い
①自分の日常生活を振り返ってみてください。日常生活において、自分と言語、文化などの背景の違う他者とどのような場面で出くわしますか。その

---

3) 2018年に「言語のためのヨーロッパ言語共通参照枠（CEFR）」の補遺版として、CEFR-CVが欧州評議会から公開されました。CEFR-CVでは4技能を生活様式・需要・相互行為・産出・仲介（mediation）という5つの活動様式と改めています。

人とどのような関係を持っていますか、どのような関係を作り上げていきたいと思いますか。
②そのような関係を作るためにはどうしたらよいと思いますか。

ダイアローグ10

公共性から考えるサハリン残留日本人（pp.220〜244）

- 話し手　佐藤正則
- 聞き手　福村真紀子

「忘却の穴」に落ち込んだサハリン残留日本人

福村：読み応えがありました。まず、本章の執筆に至る経緯について教えていただけますか。

佐藤：僕は大学時代ロシア文学を専攻していて、今でもロシア語を忘れない程度に勉強しているんですけど、そのつながりで後藤悠樹氏の『サハリンを忘れない』[1]っていう写真集に出会ったんです。写真に写っているサハリン在住の残留日本人とその家族の方々の笑顔を見て、今でも残留日本人の方々がいることを知って、直接話を聞きたいって思いました。残留日本人の方々はロシア語と韓国語ができる方が多いと聞いていたんです。二カ国語でインタビューできたらいいなと思って、韓国語ができる三代さんをぜひぜひと誘って。それが研究の始まりです。本章を読んでいただければわかりますが、サハリン残留日本人というのは、アレントの言う「忘却の穴」に落ち込んだ人たちです。長い間、日本社会や政府から見捨てられていた人々だったんですね。僕自身サハリン残留日本人に全然興味関心がなかった、報道等で見ていて知っているはずなのに。大多数の人たちと同じように、僕も彼女たちを忘却の穴に落としていたんですよね。その人たちを、80年代の終わり、国ではなく一民間団体が「ぜひ帰さなくちゃいけない」って帰国支援をしたんですよね。これは、公共性の問題につながるだろうと思ったわけです。

---

1) 写真家の後藤悠樹氏は長い月日をかけ、定期的にサハリンに滞在しながら、サハリン各地に住む残留日本人や日系人の話を聞き写真に収め続けてきました。本書はその成果をまとめた写真集です。

オープンであることの意味

福村：その民間団体というのが「日本サハリン同胞交流協会」ですね。後に「NPO法人日本サハリン協会」に変わったと書いてありましたが、協会自体もあり方が変わっていったんですかね。

佐藤：「日本サハリン同胞交流協会」の最初のころは、帰国者とか引揚げ者[2]じゃない人はなかなか会員にはなれなかったそうです。そうじゃない人たちは周辺で支援はしてたんですけどね。支援の真ん中にいる人たちは樺太という故郷に愛着とアイデンティティを持っているという、つまり同胞なんですね。これが共同体的なわけです。でも、現在の日本サハリン協会は一時帰国、永住帰国のお手伝いだけではなく、帰国者の福祉的な問題、永住帰国者やサハリン在住の子世代とか孫世代の交流やつながりなんかも、支援していくべきじゃないかということになって。同胞を助けるだけではない活動の広がり、その支援活動をしている人も帰国者や引揚げ者ではなく、サハリンに出会ってしまった人たち、自分事になってしまった人たち。そして、研究者やアーティストとかなんですよね。

福村：サハリン残留日本人と「出会ってしまったこと」という表現をされてましたね。

佐藤：そうですね。実際、僕もそういう感覚でサハリンの人たちに出会いました。

福村：そのあたり、共同体との対比で、公共性についてご説明いただけますか。

佐藤：公共性というのは、やっぱり一番大きいのはオープンであることだと思います。だからこそ、サハリンとそこに生きる人々に関心を持った、たまたま出会った、よそ者みたいな僕でも、アクセスできた。

福村：なるほど。共同体は？

佐藤：愛国心とか同胞愛とか、そういうつながりが強い。その空間はオープンではなく閉ざされていると思います。血縁とか地縁のつなが

---

2) 1945年の第二次世界大戦における日本の敗戦により、日本が占領していた地域や植民地等から日本の本土に帰還した民間の「日本人」。

りとかね。また、一つの価値観、その価値観がないと入れないよ、みたいなところがありますよね。

「ことばの活動」の二つの側面

福村：佐藤さんも三代さんも、サハリン残留日本人と出会ってしまった。それは、閉ざされていない空間で出会ったと言えるのかもしれないですね。「公共性におけるコミュニケーションはことばによって行われる」って一文がありました。佐藤さんにとって、「ことばの活動」って何ですか。

佐藤：何でしょうかね。この章で考えるなら、二つあると思います。章の後半で書いた二人の帰国者は、複言語話者であることを生かしながら社会の中で、自分自身が自分であるために、いろいろな関わりを持ったり居場所をつくったりしている。その活動そのものが、「ことばの活動」だと思います。複言語であることはとても豊かなんですよね。もう一つは日本サハリン協会の活動も、「ことばの活動」なのかもしれません。近年では、高齢化ということもあって、日本語にも自信を持てず、病気、孤独等の問題を抱えている帰国者がたくさんいます。日本サハリン協会は、そのような人たちのケアもしています。病気になれば病院に同伴して、医者と帰国者の仲介者になったりしています。また、サハリンと日本にいる子や孫世代をつなごうともしています。これもことばと深く関わらざるを得ないですよね。

福村：二つの面は、それぞれ立場が違うんですね。論考自体も、佐藤さんと三代さんの「ことばの活動」ではないかと思いました。AさんとBさんの語りを文字化して多くの人たち、つまり読者に伝えようとしているわけですよね。それが「ことばの活動」でもあり、公共性でもありって、そんな気がします。

佐藤：なるほど。日本にルーツを持つ帰国者の方たちが、第二の人生として、複数のことばを使いながら社会的存在として充実して生きていく、それも「ことばの活動」。一方で、帰国者の支援も「ことばの活動」なくしては成り立たない。また、帰国者の語りを聞き、それを読者に伝えようとして記述している私たちの活動も「ことばの活動」で

あるかもしれない。「ことばの活動」というのは、他者や社会に働きかけようとする表現活動とも言えるかもしれませんね。

> **対話を終えて**
> 　実は、「ことばの活動」とは何か、自分でもはっきりしないまま、この対話に臨んでしまったのでした。本章で書きたかったことは、サハリン帰国者の支援運動や、帰国者の言語生活で、私たち自身の「ことばの活動」がテーマではなかったので。でも、福村さんに、サハリンのことを書く行為も公共性や「ことばの活動」ではないかというご指摘を受け、確かにその通りかもしれないと思うようになりました。一度は「忘却の穴」に落ち込んでしまった人々の声を残すこと、それは私たちにもできる「ことばの活動」なのかもしれません。

読者への問い

①みなさんが関係しているコミュニティは、どのような性質を持っていますか。公共性という観点から見ると、何が見えてきますか。

②すべての人は複言語話者だと言われます。その前提に立つと、みなさんにとっての複言語活動はどのようなものですか。

ダイアローグ11

閉じられたスキー宿に公共性の風が吹く（pp.245 〜 276）

話し手 福村真紀子
聞き手 牛窪隆太

閉塞感と人的ネットワーク

牛窪：非常に興味深く読みました。まず、この章の執筆に至る経緯を説明してもらってもいいでしょうか。

福村：自分の経験がオーバーラップしたっていうのが、経緯としては一番わかりやすいと思います。日本語教師の駆け出しとして、アメリカの小さな大学に行ったんですよね。でも、そこはすごい田舎で、知っている人ももちろんいないし、初めて日本語教師になるのでドキドキしていました。それで、友達も欲しかったんだけど、できないし、仕事も覚えなきゃいけないので、もうハラハラしてメンタル的に弱ったんですね。何か悩み事があってもすぐに相談できる人がいなかったし、車もなかったので。そういう閉塞感に苛まれていて、体調を崩してしまいました。だけど、偶然その大学の日本人の留学生と仲良くなってその人のネットワークを使って、あるコミュニティで中心になっていったっていう。そんな成功例みたいな経験がありました。それで、今、冬になると毎シーズン通っているスキー宿があるんですけれども、そこで働いている一人の外国人を見ていると、なんか自分のアメリカでの過去の生活がオーバーラップしたんです。

「何者であるか」を現わす

牛窪：それが、論考に出てくるレイ君ですね。

福村：観察しているうちに、だんだん彼のポジションが変わってきたなっていう風に思いました。その原因は彼にしかつくれない料理です。彼の国の料理が宿のバイキングのコーナーに登場したんです。その

チャンスは宿の社長がつくったんだけど、そうすることでお客さんとのコミュニケーションも生まれて。厨房からしょっちゅう彼は出てきて、お客さんと接して楽しそうに話してるわけですね。日本語の能力があるから人間関係が築けるとかではなくて、彼の得意なこととか好きなことを周りの人が気づいて、その人の役割をつくっていってあげたっていう。そこに私自身の経験がオーバーラップして、これを公共性と呼んでもいいんじゃないかと思ったんです。

牛窪：なるほど。

福村：インバウンドの観光客が来た時に、英語が話せる従業員っていうのだと、他に代わりがいますよね。彼じゃなくてもいいわけです。そうなるとアレントの言う「what」[1]ですよね？「置き換え可能」みたいな。そういう「what」の立場なんだけど、彼じゃなきゃできないっていうところを周りの人がつくってあげたというところは「who」[2]ですね。「何者であるか」っていう。そこら辺が閉塞感のある宿に風穴を開けたっていうふうに言えるんじゃないかなと思ったんです。

権力を非抑圧的に使うこと

牛窪：つまり、受け入れ側で力を持っている人がそういう新参者の人に「現われ」のチャンスをあげると。その辺が公共性には必要だっていうことなんですかね。

福村：そう思いますね。私、小学校三年生まで登校拒否気味だったんです。それが小学校四年生になったら180度性格が変わったんですよ。後々母親に聞いたら、担任の先生が変わったからだって言うんです。三年生までは、保護者からは絶大な人気を誇って素晴らしいって言われている、厳しい先生だったんだけど、四年生になったら「超いい加

---

[1] ハンナ・アレントは、著書『人間の条件』の中で、人が他者に対して示したり隠したりできる、自分の特質、天文、能力、欠陥などを「なに（"what"）」と称しています。つまり、肩書きなど他の誰かと置き換えられる事柄を意味します。

[2] アレントが称した「なに（"what"）」に対して、「who」は、「何者」であるかを意味しています。つまり、他の誰でもない自分として語る言葉と行なう行為を指します。

減な担任」に変わったんですよね。私、忘れ物が多かったので、三年生まではその厳しい先生にバシバシ怒られていて。追い詰められて、自分が忘れたのに「誰かが盗りました」とか、そんな嘘をついたこともありました。それで、四年生になって国語の教科書を忘れた時に先生に、「すみません先生、教科書忘れました」って言ったら、その新しい担任は「あ、そうなの」って、「じゃあ私の教科書を使いなさい」って言ってくれて。先生の教科書って、赤字でなんかいっぱい書いてあるじゃないですか。あの特別な教科書を貸してくれたんです。授業中に教科書を忘れた子供に自分の本を貸すっていうことは、先生としての「権力」を行使しているわけだけど、それが「抑圧」的ではなかったんです。

パターナリズムと自由

牛窪：この「権力」の捉え方が非常に面白いなと思って。やっぱりある程度、力を行使する権利が関係性で与えられているっていうのは大きくて、その人が無関心じゃないっていうのは大事だと思うんです。でも、その反面、それが逆に「パターナリズム」と言うか、かわいそうな人に手を差し伸べないといけないみたいな構造をつくってしまうってこともあるような気がしていて。難しいところですけど「抑圧」と「パターナリズム」の狭間みたいなところってどうなのかなと思いました。

福村：本文にも書いた、スキースクールの校長の話から、「権力」と「抑圧の力」のヒントが得られたんです。彼は自分が校長になってから、体育会系だったスクールを変えていった人なんですけど、彼の「権力」の使い方は、抑圧ではなくて、すごく理想的だなと思っているわけです。もともと暴力とかもあったスクールなんだけれども、まずはそういう暴力とかなくして、体育会系のノリをなくそうっていうふうに思ったらしいんです。それで、彼はその従業員たちをすごく丁寧に扱っている。ほっとけば自分は校長だから「抑圧の力」を持ってしまうわけで、それを意図的に削いでいるっていう感じがするんですよ。じゃあそれが、パターナリズムになっているかっていうとそうで

はなくて。パターナリズムって干渉じゃないですか。そうではなくて、その従業員たちの自由を確保しようとしているんです。パターナリズムって自由を確保しようとしないじゃないですか。そこですかね、パターナリズムには自由がない。

人的ネットワークをつくること

牛窪：じゃあ最後に、福村さんにとって、「ことばの活動」とは何でしょう。

福村：私は、人的ネットワークをつくることに尽きるかなと思います。そうですね。人的ネットワークをつくるために、「ことばの活動」があるって感じですかね。例えば、体の動きでもいいし、絵を一緒に描くとかでもいいですしね。いろんな「ことばの活動」があると思います。そういう広い意味で「ことばの活動」をイメージしています。

対話を終えて

　牛窪さんと話している間に、この章を書いた時の気持ちを自分で振り返っていたら、その気持ちの根底に、「抑圧の力」と「孤立」に立ち向かっていた自分の経験が根強く残っていたことに気づきました。まるで海の底にひっそりとへばりついているナマコのように。また、私が「人間の条件」として最も大切だと思うことは人的ネットワークなのですが、それには他者が必要なことはもちろん、個人として自由であることが欠かせないと思いました。そして、他者と個人（私）という、なんと言うか、相反する立場の存在がババーンとイメージとして立ち上がってきて、他者と個人（私）が互いに自由であるために「ことばの活動」が大切なのだろう、とわかったような、まだわかってないような、そんな思いに至りました。

読者への問い

①自分という人間を他者に知ってもらいたい時、どんな方法で自分を表しますか。

②例えば、自分が自由に操れる言語が通じないコミュニティに入ったとして、どんな方法でそのコミュニティの人たちと仲良くなろうとしますか。

ダイアローグ 12

ことばによって生きるための公共性（pp.11〜24）

- 話し手　細川英雄
- 聞き手　牛窪隆太・福村真紀子

生きるためのテーマを持つこと

牛窪：論考の最後に「生きるためのテーマ」という話があって、生き方っていう意味で、アレントが言う仕事とか活動とかっていうところと結びついていくと思うんですけど、テーマを見つけるっていうことと、公共ということで考えると、公共という場に現れるときに「自分」というものを身につけていることが大切ということなんでしょうか。

細川：まあ、そうだと思います。つまり、一人ひとりが自分の個性というかオリジナリティを持って他者と向き合っていく。そこで自分と他者を取り囲んでいる社会というものをどういうふうに考えるかという視点も生まれる。『対話をデザインする』という本[1]の中で、対話とおしゃべりが違うっていうことを書いたんですけど、おしゃべりだとテーマがないんですよね。テーマを持つということは、その人の興味関心、簡単に言えば、その人の好きなことから始まって、興味関心に広がっていって、結局、何のために生きるのか、みたいなこととつながっているので、その人の生き方というか、それをどういうふうに考えるかっていうこととつながっている。それを他者とやり取りをするということで公共性も生まれてくるということになるのだと思っています。

牛窪：自分も今、所属先の大学で、留学生の就職支援みたいなことをやっていて、最近キャリア論について勉強しているんですけど、面白

---

1) 細川英雄（2019）『対話をデザインする――伝わるとはどういうことか』（筑摩書房）のこと。

いなと思ったのが、このテーマなんです。仕事をするって自分にとって通底しているテーマみたいなものを見つけるプロセスだし、それがはっきりしていないと、すごくブレちゃうっていう。その話とつながっているのが個人的には面白いと思いました。

細川：そうですね。もともとは自分の好きなことから始まって、自らの興味関心に広がり、それが一種の問題意識として焦点化しますね。それが自分の職業にもつながっていくことが望ましいのでしょう。そこでキャリア形成されていくということになるわけですけど。ただ、それは決して直線的なものではないというふうに僕は考えています。それを直線的に捉えると、非常に目的主義的になっちゃうんですよ。それはかえって辛いし、それこそ、Well-beingにはつながらないと思うんですよね。そこは、もっと緩やかなつながり、関係が望ましいかなというふうに思います。だから、途中で変更してもいいんだと。フラフラしないで最初から一直線に自分の好きなことから職業キャリアみたいなところにまっしぐらに行くっていうのは、もちろん悪いことではないけども、そういう人ってそんなにいないんじゃないかな。むしろ、迷いながら、あっち行ったりこっち行ったりしつつ、だんだん見つけていくみたいなことではないかなと思うんですね。でも、それを妨げているさまざまな社会的なハードルや抑圧というようなものが、むしろたくさんあると思うんです。日本における退職後の「非自立性」の問題だとか、そういうものが出てくるというのは、要するに、一直線にキャリアを積んだ後、結局何をしていいかわからないという、社会の構造的な問題ともつながっている。そういうことを考えるための公共性でもあると思いますね。

集団類型化と公共性の自由

細川：私たちは議論をするときに、どうしても集団類型化の罠にいつの間にか落とし込まれてしまっているという気がします。でも、個人が個人だけの問題としてだけ考えればいいっていう話では、もちろんないんですよ。個が集まって集団ができて、集団の中に様々な個があるっていうのは、一つの真実というか、現象ですけども、それを個の

問題として考えれば解決するかっていうとそういう問題ではもちろんないことは明らかですよね。個と社会の集団の関係っていうのは非常に複雑だし、ある意味で、動体的なものです。どうしても、研究なんかだとそれを取り出して目的化していくっていう傾向が強いのでね。それがなかなか難しいなっていうふうに思うんですよね。

牛窪：何かが目的化すると、本来の形が変わってしまうっていうのは、本当にそうだと思うんですけど、この本の方向性という点で言うと、例えば、各章のいろいろなところで、公共性は、自由のためなんじゃないかみたいな話があって、自由というものを考えるときに、公共性が必要になるという点についてはどうでしょうか。

福村：そうですね。公共性をなぜ考えるかというと、私は、自由になるためだと思うんですね。それも、自分だけが自由になるんじゃなくて、他の人たちも自由になるためには、やっぱり、許し合わなきゃいけないところもあって、それが公共性だと思います。声を上げずに我慢するというのも実は間違っていて、我慢しないこと、それから相手を許すことっていう、その二つが条件になるし、許すことや自分を出すということは、公共性がないとできないんじゃないかなっていうふうに思います。

細川：まあ、それは哲学でいう「自由の相互承認」[2]という原理ですよね。自分が自由であるということと、相手の自由も認めるということ、それによって、社会が成立するということ、つまり、社会が成立するということは、同時に、公共性がそこに生じてくるという。それは全部、一つのものというふうに考えることはできると思うんです。言い換えれば、やっぱり、一人ひとりの自由ではあるんです。でもそれは、勝手気ままという意味での自由ではなくて、社会における相手との関係の中での自由なんですね。だからこそ、社会をどう考えるかというところに結びつくわけです。

---

2) 自分が自由であるためには、他者が自由であろうとすることを認めなければならないという考え方。民主主義社会の根本原理としてルソーやヘーゲルなどの哲学者によって提唱されました。

ことばの活動と自由であること

福村：個人がやりたい放題やっていたら、社会が成り立たない。だから、憲法があると思うんですね。憲法って、法律の中で一番大切なんだけど、それは、個人の自由と社会のバランスをキープするためにあるわけなので。

牛窪：それで言うと、憲法があったとしても、解釈の部分があるから、一定の自由が担保されるんじゃないかなとも思っています。例えば、日本語の授業でも、コーディネーターがなんでも自由にやってくださいっていうのだと、自由の意味が違うんだろうなとも思いますし。みんながバラバラなことやっていれば、もちろんプログラム全体としてもバラバラなものになるわけですよね。

細川：自由が何かということは、近代国家の成立における民主主義の成立と連動しているわけですよね。民主主義によって、一人ひとりの自由が保障されるということと政治的にはつながっていますね。本来その根底には、ことばの活動っていうのがある。ことばによって活動することが、そのような自由を認めていくための一つのベースになっているのでしょう。だから、ことばを学ぶとか、ことばを教えるとかっていうのは、本来、自由であることと強く密接な関係があるわけで、決められたことを決められた通りに教えるとか、何か与えられたものを覚えるとかっていうことは、実は、自由の原則から言うと、すごくおかしいことになります。制約という意味で、さっきの憲法の話じゃないですけど、ルソーの言う「一般意志」[3]として約束をみんなで作っていくということが、どうしても必要になるんですね。もしそれぞれが勝手気ままでやると、社会はめちゃくちゃになってしまうわけです。それをコントロールするために約束をせざるを得ない。それで、その約束がすなわち法律であり、その法律の一番根幹にあるのが、国家的に言えば憲法だということでしょう。

福村：もっと言うと、その憲法もことばでできているわけじゃないです

---

[3] 市民全体の共同利益に向けた公共としての意志のこと。『社会契約論』の中でルソーが提唱しました。

か？　だから、ことばは絶対外せない。一つの星に一人だけで住んでいたら全然大丈夫なんだけど、みんなで生きていく上では、公共性という部分が必要になるんじゃないかなと思います。

ことばの活動と教育における意味

牛窪：例えば、あるルールを決めたりすると、それをガチガチに守ろうとする人がいる一方で、少しはみ出しちゃったり異なっちゃったりする人もいる。そういう人を、そういう人もいるよねっていうように、ある意味、逸脱に対しても寛容になるスタンスが大事なんだろうなと思います。

細川：そうですね。別の言い方をすると、約束とかルールっていうのは、誰かが作ったものではなくて、自分が作ったという意識が社会には必要だということになります。それは、さっきの「一般意志」ということにつながりますね。つまり、誰かが作ったものとなると、それに従わなきゃならないっていうところで当然矛盾が起こるわけです。そうじゃなくて、自分はそれを作ったメンバーの一員であるという意識が重要だと思うんです。それが市民性[4]にもつながっていく。実際には、全体の数が大きくなって、なかなか直接民主主義が成立しなくなっている。さらに新自由主義へという流れの中で、誰かが誰かを操るという状況が生まれているわけですよね。単に直接民主主義にすればいいかというと、そういうわけにもいかない。だから、そこをどういうふうに考えるか。少なくとも意識としては、民主主義という考え方の原理に基づいて考える必要があるんじゃないかなと思います。

牛窪：ことばというものが、そこで自分の意思を伝えるものとして存在するし、「公論形成」とハーバーマスは言っていましたけど、ことばを使って共感していくっていうことが必要になるってことですね。

福村：そうですね。そこに現われるのが、公共だと私は思っています。

---

[4]　シティズンシップ（Citizenship）の訳語。細川英雄，尾辻恵美，マルチェッラ・マリオッティ（2016）『市民性形成とことばの教育——母語・第二言語・外国語を超えて』（くろしお出版）では、個人が社会の中で持つべき意識や態度として議論しています。

アレントが言ってるけれど、公共っていうのは「場」なわけで、あなたもここにいていいよっていう「場」を用意するというのが、公共性の意義じゃないかなって思います。

細川：そう。それが教育でもあるんですよ。「場」を作るということが、教育という行為なんです。まず、そこに「テーブル」を置かなきゃならないわけですから。

牛窪：ことばの教育の公共における意義っていうのは、そこに行き着くってことですね。

細川：それは究極的な目的というふうに考えていいと思いますよ。

福村：それに、「教育」の捉え方もありますよね。この本のタイトルを「活動」にしたのは、一方的に知識を与えるという教育ではなくて、そこの場に集まった人たちが作っていく、活動という捉え方があったからなんじゃないかなと思います。

細川：そうですね。今、「場」を作ることが教育の目的としましたけど、その場づくりは教師だけがやることではなくて、そこでことばを学ぶ人も、そこに集まってくるわけですから、ことばを学ぶ人こそ、そのような場における公共性について考える必要があることになりますね。受動的にそこにあるもの、与えられたものを食べるんじゃなくて、これはなぜ食べるのかと考える、食べたら自分はどうなるのかというようなことを考える必要があるでしょう。そういう対等な関係が生まれることが重要であると思います。そうすると、ことばの活動、それからことばの学び、あるいは、ことばの教育として、今現在、さまざまな学校教育をはじめとして行われているものを、もう一度本来的に問い直すことにならざるをえない。そのことを考えるための前提となるのが、公共性の問題であると言えるんじゃないかな。

おわりに

牛窪隆太

　本書の企画案は、2017年に開催された日本語教育学会秋季大会のパネルセッションにおいて「日本語教育における公共性の意味と課題」（細川英雄、牛窪隆太、三代純平、市嶋典子）というタイトルで行った発題に遡ります。その後、テーマに関心をもつ有志を中心として、ハーバーマスやアレントの著作を扱った読書会を継続的に開催し、研究交流を続けてきました。

　本書を手に取られた方の中には、なぜ言語教育の関係者が公共性について考える必要があるのかと不思議に思われる方もいるかもしれません。本書の執筆を始めた時期は、日本語教育において、本格的に日本語教師の国家資格化が議論され始めた時期でもありました。日本に暮らす外国人数が増加する中で、移民としての受け入れ環境が整備されるわけでもなく、また、在住外国人に対しては言語保障もなされないという状況が続いてきました。しかし、2024年現在、日本語教育推進法に代表される法整備がなされるようになり、教師資格が国家資格化され、教師研修が公的事業として進められるようになっています。今後、日本におけることばと文化をめぐる教育の位置づけは、大きく変化することが期待されるようになっています。

　一方で、国家資格化については、教育の中に「公的なもの」が取り込まれることにより、全体が閉塞していく懸念も関係者の間では指摘されています。今まで地域のボランティアで教えていた関係者からは、今後、日本語教育に参加できなくなることを心配する不安の声も耳にするようになりました。ことばの教育の専門性を高めていくこととは、一つには、研究成果をもとに専門領域内での議論を熟成させ、科学的知見を蓄積することで達成されるものですが、他方では、それが周辺的な参加者や新規参入者にとっての壁となり、日本語教育の内部において独自の言葉遣

いや理屈を強化していくことにもつながるという、相反する方向性をはらんでいるものでもあります。言語教師が「公」に向けて議論を行い、専門家としての位置づけを確立していくことと、すべての人に関わるものとしてことばの活動を探究することとの間には、ギャップが存在するとも言えるでしょう。

　一般に、専門書の議論というものはその専門分野内での研究者コミュニティに向けられている場合が多く、手に取った一般の方が読んで自分も議論に参加しようと思うことは少ないように思われます。そうではなく、ことばの教育の可能性を広く社会に開かれたものとして提示し、ことばの活動に携わることの難しさや愉しさ、また、ことばを使って生きる人間のあり方そのものを、感情の交流の軸として表すことはできないか。狭い意味での言語教育の意義を、広い意味でのことばの活動の可能性として公衆に示し、自分にも関係のあることとして理解してもらうことはできないか。それが本書において公共性に注目したもう一つの狙いでもあります。そのため本書では、ことばの教育と公共性との接点を、読者の共感を呼ぶための、ことばの活動として実践的に提示することを試みました。

　筆者は外国人に対する日本語教育を専門とする立場から、今後日本が「多文化共生社会」を目指すのであれば、それ相応の費用と手間をかけ、すべての人が安心して暮らすための言語面での保障を行うべきであると考えています。一方で、それらを日本社会のホストが負うべきコストや義務として提示し、上段から論じることに対しては、少なからず違和感も抱いてきました。果たして、言語教育の専門家としての私たちは、それら公的な義務を（「国民」として）果たすために、ことばや文化の教育に関わり始めたのでしょうか。そうではなく、異なる背景をもつ人とやりとりし、お互いを理解できたことに喜びを感じた瞬間があり、それが現在の教育研究活動につながっているというのが実際なのではないでしょうか。

　ハーバーマスが言うように、正確なことばによる議論を重ね、合理的な判断を行うことはもちろん必要です。しかし、そもそも他者に対する「同じである」という感覚がなければ、ことばと公共性の問題は、規則と義務に縛られたひどく窮屈なものになってしまうようにも思われます。

近年、公共の言説空間の一つであるSNS上でのやり取りを見ていると、顔の見えない他者とことばを交わすことがことばを使って殴り合いをすることになっており、間違いや異物の存在がまったく許容されない、潔癖であるがゆえに殺伐とした言説の場が形成されているように思えます。相手をねじ伏せ自分を守るためにことばを使用することへと、社会全体の意識が傾いているとも言えるのかもしれません。

　本書を手に取られた皆さんが、各章の議論やダイアローグを読むことで、ご自身の生活世界との間に、何かしらのつながりを見出してくださることを願います。また、読書会のような開かれた場で自身の考えを話し合い、共有することで、この本の議論を「フィード・フォーワード」の形で展開してくだされば幸いです。

　本書の刊行に際しては、明石書店の大江道雅社長、また編集担当の岡留洋文さんに大変お世話になりました。企画段階から丁寧に相談にのってくださり、貴重なアドバイスをいただきました。記して謝意を表します。

編著者紹介 [五十音順、◎は編者]

秋田美帆（あきた　みほ）
研究分野は日本語教育、教師教育。岡山大学グローバル人材育成院特任講師。早稲田大学大学院日本語教育研究科修了（修士（日本語教育学））。大学卒業後、海外（台湾、タイ）で日本語教師となる。日本語教師が少なく、身近にロールモデルがいなかったため、目指すべき教師像を研究しようと大学院に進学。大学院修了後、日本語教師養成講座の講師として、日本国内での就業を目指す非母語話者受講生と出会う。彼らもまた、目指すべき教師像を模索していることを知り、日本国内で働く非母語話者日本語教師のキャリア形成に関する研究を始める。主要論文に「教育観の意識化のプロセスとその要因——実習生による振り返りをデータとして」（『言語文化教育研究』11号，pp.221-240）などがある。

有田佳代子（ありた　かよこ）
20年以上新潟県民でしたが出身地東京に戻りました。帝京大学日本語教育センター教員。専門は多文化共生論、日本語教育史、言語政策。学生との年齢差が大きくなるほど、学生への「好感度」が増しているかなぁと感じる今日この頃です。著書は、『日本語教師の葛藤——構造的拘束性と主体的調整のありよう』（ココ出版、2016）、『多文化社会で多様性を考えるワークブック』（共編著、研究社、2018）、『日本語教育はどこへ向かうのか——移民時代の政策を動かすために』（共著、くろしお出版、2019）、『移民時代の日本語教育のために』（くろしお出版、2024）など。

市嶋典子（いちしま　のりこ）
金沢大学人間社会研究域国際学系教授、筑波大学地中海・北アフリカ研究センター客員共同研究員。博士（日本語教育学）日本語教育学における実践研究や、移民や難民の言語意識、シティズンシップ、アイデンティティ研究に関心をもち、研究をとおして、なぜ人はことばを学ぶのかという問いを考察している。主な著書に、『日本語教育における評価と「実践研究」——対話的アセスメント：価値の衝突と共有のプロセス』（ココ出版、2014）、『「活動型」日本語クラスの実践——教える・教わる関係からの解放』（マルチェッラ・マリオッティと共著、細川英雄（監修）、スリーエーネットワーク、2022）、「シティズンシップとことばの学び——シリア出身の日本語学習者の語りから」（佐藤慎司，神吉宇一，奥野由紀子，三輪聖（編）『ことばの教育と平和——争い・隔たり・不公正を乗り越えるための理論と実践』33-60，

明石書店、2023）など。

牛窪隆太（うしくぼ　りゅうた）◎
研究分野は質的データ分析法、実践研究、教師研究。東洋大学国際教育センター准教授。早稲田大学大学院日本語教育研究科博士課程修了（日本語教育学博士）。「学習者中心主義」を批判的に検討することから教師研究に携わり、「教師主体」の日本語教育を提案した。早稲田エデュケーション（タイランド）副主任講師、早稲田大学日本語教育研究センター助手、関西学院大学日本語教育センター言語特別講師を経て、現職。単著に『教師の主体性と日本語教育』（ココ出版、2021）、主な共著に『ケースで考える！誰も教えてくれない日本語教育の現場』（ココ出版、2023）、『市民性形成とことばの教育』（くろしお出版、2016）、『日本語教育　学のデザイン』（凡人社、2015）など。

尾辻恵美（おつじ　えみ）
研究分野は社会言語学、多言語主義、批判的応用言語学。現在、シドニー工科大学人文社会学部教授。特に、日常のマルチリンガリズム（メトロリンガリズム）をAlastair Pennycookと提唱したことで知られている。言語イデオロギーと言語教育イデオロギーの関係や、最近では、ことばの存在論（what language is and does）と認識論（people's belief about language）の関係について興味を持っている。フィールドワークは日本と豪州、執筆は日本語と英語で行っている。主著に『Metrolingualism: Language in the city』（Pennycook & Otsuji, Routledge, 2015）、『ともに生きるために』（熊谷, 佐藤との共編、春風社、2021）、『Metrolingualism in transitional Japan』（Routledge Handbook of Japanese Sociolinguistics, 2019）などがある。

佐藤正則（さとう　まさのり）
研究分野は日本語教育学。1963年横浜生まれ。山野美容芸術短期大学特任准教授、JALAS横浜主任教員。2000年代から日本語学校で日本語教育と実践研究に従事する傍ら、元留学生のライフストーリー研究を行ってきた。近年では、日本に永住帰国をしたサハリン残留日本人とその家族にライフストーリーを聞いている。近著に「戦後サハリンを家族と共に生きたある帰国日本人女性の語り」（共著、『語りの地平VOL.6』日本ライフストーリー研究所、2021）、「複言語・複文化話者としてのサハリン残留日本人——複言語・複文化における仲介という観点から」（共著、『言語政策19』日本言語政策学会、2023）など。

白石佳和（しらいし　よしかず）
研究分野はブラジル国際俳句、文学教育。1969年愛媛県生まれ。高岡法科大学准教授。博士（文学）。大学院で平安文学研究を行っていたが、大学院修了後日本語教師となり約10年、日本語学校に勤務。2017年にブラジル・サンパウロ大学客員研究員として滞在したことを機に文学研究を再開、ブラジル俳句の研究を始める。現在は

国際俳句のトランスカルチュラルな展開と活動型文学を研究テーマとしている。

田嶋美砂子（たじま　みさこ）
研究分野は英語教育学、社会言語学。茨城大学工学部准教授。博士（教育学）。星美学園中学校高等学校（現サレジアン国際学園中学校高等学校）在職中及び退職後、シドニー工科大学大学院で学ぶ。2018年より現職。*NEW CROWN English Series*（三省堂）、*MY WAY English Communication*（三省堂）編集委員。主な論文にGendered constructions of Filipina teachers in Japan's Skype English conversation industry（*Journal of Sociolinguistics*, 2018）、「翻訳のプロではない研究者／言語教育実践者が学術書を翻訳するということ——コモンズとしての共有知を目指して」（『言語文化教育研究』2022）、Caring and loving teachers online: Personality in the feminized labour of Filipina English language teachers（William Simpsonとの共著、*International Journal of the Sociology of Language*, 2024）など。

徳田淳子（とくだ　あつこ）
株式会社TCJグローバル グローバルHR事業ユニット長。国内MBA取得。国際交流基金EPA事業にて日本語教師としてインドネシアへ派遣。帰国後、IGL医療福祉専門学校日本語学科を経て、株式会社 東京中央日本語学院（現 株式会社TCJグローバル）入社。課外活動として、フィリピン特定技能及び技能実習生向け現地日本語教育コンサル（2018〜2020年）、日本語教育情報プラットフォーム（にほんごぷらっと）編集者（2017年〜）。日本語教育と教師育成を通した社会課題の解決を目指す。

中川正臣（なかがわ　まさおみ）
研究分野は言語教育学、韓国語教育学。警視庁（警察学校、蒲田警察署、第八機動隊）、（韓国）弘益大学教養科、（韓国）培材大学外国語としての韓国語学科等を経て、城西国際大学国際人文学部国際文化学科に着任。ソウル大学大学院国語教育科韓国語教育専攻修了（博士（教育学））。近年は「言語教育におけるインクルージョンの実現」や「子どもとことばをつなぐ言語教育実践」をテーマに教育研究を進めている。著書・論文に「インクルーシブな社会を実現するための言語教育実践——「日本人のマジョリティ性」をテーマにしたヒューマンライブラリーの試み」（共著、韓国日本語学会『日本語学研究』80、2024）、『「社会と直接的につながる学習」を捉え直す——一人ひとりの社会に向き合うことの重要性』（単著、三修社、2019年）など。

福永由佳（ふくなが　ゆか）
研究分野は日本語教育学。石川県金沢市生まれ。国立国語研究所准教授。博士（日本語教育学）。国内外の教育現場で日本語教育に携わり、1998年より国立国語研究所で日本語教育の教師研修や調査研究に従事する。現在は定住者外国人のよみかき研究に取り組んでいる。近著に『質的研究法としての事例研究』（共著、くろしお出版、2024）、『成人教育（adult education）としての日本語教育——在日パキスタン人コ

ミュニティの言語使用・言語学習のリアリティから考える』（ココ出版、2020）、『顕在化する多言語社会日本――多言語状況の的確な把握と理解のために』（編著、三元社、2020）など。

福村真紀子（ふくむら　まきこ）◎
研究分野は地域日本語教育。1968年滋賀県生まれ。茨城大学助教。1994年にアメリカで初めて日本語教師として教壇に立ち、その後日本語学校、地域の日本語教室、大学で日本語を教えてきた。2010年に東京都日野市に地域日本語教育の一環として親子サークル「にほんご　あいあい」（のちに「多文化ひろば　あいあい」に改名）を設立し、料理やダンスなどの活動を通じて日本人も外国人もコミュニケーションを学ぶ「ことばの活動」を展開。日本の様々な地域をめぐり、日本語にこだわらない日本語教育を提唱している。代表的な著書は『結婚移住女性のエスノグラフィー――地域日本語教育の新しい在り方』（早稲田大学出版部、2023）。

細川英雄（ほそかわ　ひでお）◎
研究分野は言語文化教育学。1949年東京生まれ。早稲田大学名誉教授、言語文化教育研究所八ヶ岳アカデメイア主宰。博士（教育学）。1990年代後半より、日本語教育と国語教育を結び、第三の言語文化教育をめざす、学習者主体の言語教育理論を展開する。近年では、言語活動主体としての言語話者のあり方について「ことばの市民」という概念を提案している。近書に『対話をデザインする――伝わるとはどういうことか』（筑摩書房、2019）、『自分の〈ことば〉をつくる』（ディスカヴァー21、2021）、『対話することばの市民』（ココ出版、2022）など。

松田真希子（まつだ　まきこ）
研究分野は応用言語学。東京都立大学大学院人文科学研究科教授。大学時代のインド留学をきっかけに日本語教育に興味をもち、約20年日本の大学で留学生の言語文化教育に従事。近年では南米日系移民をはじめとする日本語をレパートリーの1つとする人々の移動とことばの教育研究に取り組んでいる。移動先で個人が努力して適応する社会ではなく、誰もがありのままで参加できる共生社会への変革を目指す。近著に『日系をめぐることばと文化』（編者、くろしお出版、2022）など。

三代純平（みよ　じゅんぺい）
研究分野は日本語教育学。1977年仙台生まれ。武蔵野美術大学教授。博士（日本語教育学）。仁川外国語高等学校、徳山大学等を経て、2013年より現職。留学生やサハリン残留日本人らのライフストーリーを研究する。またライフストーリー研究での知見をもとに社会連携による日本語教育を提案している。主著に、『日本語教育学としてのライフストーリー――語りを聞き、書くということ』（編著、くろしお出版、2015）、『産学連携でつくる多文化共生――カシオとムサビがデザインする日本語教育』（編著、くろしお出版、2021）などがある。

ことばと公共性——言語教育からことばの活動へ

2024年10月20日　初版第1刷発行

　　　　　　編著者　　牛　窪　隆　太
　　　　　　　　　　　福　村　真紀子
　　　　　　　　　　　細　川　英　雄
　　　　　　発行者　　大　江　道　雅
　　　　　　発行所　　株式会社明石書店
　　　　　　　〒101-0021 東京都千代田区外神田6-9-5
　　　　　　　　　　　電　話　03（5818）1171
　　　　　　　　　　　ＦＡＸ　03（5818）1174
　　　　　　　　　　　振　替　00100-7-24505
　　　　　　　　　　　https://www.akashi.co.jp
　　　　　　　　　装丁　　清水　肇（prigraphics）
　　　　　　　　印刷・製本　　モリモト印刷株式会社

　　　　　　　　　　　　ISBN978-4-7503-5838-3
　　　　　　　　　（定価はカバーに表示してあります）

[JCOPY]〈出版者著作権管理機構 委託出版物〉
本書の無断複製は著作権法上での例外を除き禁じられています。複製される場合は、そのつど事前に、出版者著作権管理機構（電話　03-5244-5088、FAX　03-5244-5089、e-mail: info@jcopy.or.jp）の許諾を得てください。

よい教育研究とはなにか
流行と正統への批判的考察

ガート・ビースタ [著]
亘理陽一、神吉宇一、川村拓也、南浦涼介 [訳]

◎A5判／並製／244頁　◎2,700円

エビデンスの蓄積を通じて教育を改善し、説明責任を果たしていく。新自由主義体制下の教育界を覆うこの「正統的」研究観は本当に「知的な」姿勢といえるのか。デューイの伝統に連なる教育哲学者ガート・ビースタが、教育研究指南書が語ることの少ない教育研究の前提じたいをラディカルに問い直す。

《内容構成》

日本語版への序文
序文

プロローグ　教育研究の正統的教義
第1章　理論、流行、そしてプラグマティズムの必要性
第2章　教育をよりよいものにすること
第3章　「何が役に立つか」では不十分だ
第4章　教育の実践
第5章　教育研究の様々な伝統
第6章　教育、測定、民主主義
第7章　知識を再考する
第8章　学術出版をめぐる政治経済学
エピローグ　研究が多すぎる？
訳者あとがき

〈価格は本体価格です〉

ことばの教育と平和
争い・隔たり・不公正を乗り越えるための理論と実践
佐藤慎司、神吉宇一、奥野由紀子、三輪聖編著
◎2700円

共生社会のためのことばの教育
自由・幸福・対話・市民性
稲垣みどり、細川英雄、金泰明、杉本篤史編著
◎2700円

トランスランゲージング・クラスルーム
子どもたちの複数言語を活用した学校教師の実践
オフィーリア・ガルシアほか著　佐野愛子、中島和子監訳
◎2800円

多言語化する学校と複言語教育
移民の子どものための教育支援を考える
大山万容、清田淳子、西山教行編著
◎2500円

アイデンティティと言語学習
ジェンダー・エスニシティ・教育をめぐって広がる地平
ボニー・ノートン著　中山亜紀子、福永淳、米本和弘訳
◎2800円

新装版 カナダの継承語教育
多文化・多言語主義をめざして
ジム・カミンズ、マルセル・ダネシ著
中島和子、高垣俊之訳
◎2400円

言語マイノリティを支える教育[新装版]
ジム・カミンズ著　中島和子著訳
◎3200円

リンガフランカとしての日本語
多言語・多文化共生のために日本語教育を再考する
青山玲二郎、明石智子、李楚成編著　梁安玉監修
◎2300円

家庭でバイリンガル・トライリンガルを育てる
親と教師が知っておきたい基礎知識　就学前を中心に
桶谷仁美編著
◎2800円

言語教育のマルチダイナミクス
多様な学びの方向性
杉野俊子監修
田中富士美、柿原武史、野沢恵美子編
◎2800円

グローバル化と言語政策
サスティナブルな共生社会・言語教育の構築に向けて
宮崎里司、杉野俊子編著
◎2500円

グローバル化と言語能力
自己と他者、そして世界をどうみるか
OECD教育研究革新センター編著　本名信行監訳
徳永優子、稲田智子、来田誠一郎、定延由紀、西村美由起、矢倉美登里訳
◎6800円

言語と貧困
負の連鎖の中で生きる世界の言語的マイノリティ
杉野俊子監修　田中富士美、野沢恵美子編著
◎3400円

言語と格差
差別・偏見と向き合う世界の言語的マイノリティ
松原好次、山本忠行編著
◎4200円

言語と教育
多様化する社会の中で新たな言語教育のあり方を探る
杉野俊子、原隆幸編著
◎4200円

「つながる」ための言語教育
アフターコロナのことばと社会
杉野俊子監修　野沢恵美子、田中富士美編著
◎4200円

〈価格は本体価格です〉

JSLバンドスケール【小学校編】
子どもの日本語の発達段階を把握し、ことばの実践を考えるために　川上郁雄著
◎2000円

JSLバンドスケール【中学・高校編】
子どもの日本語の発達段階を把握し、ことばの実践を考えるために　川上郁雄著
◎2000円

日本語を学ぶ子どもたちを育む「鈴鹿モデル」
多文化共生をめざす鈴鹿市+早稲田大学協働プロジェクト　川上郁雄編著
◎2500円

子どもの日本語教育を問い直す
外国につながる子どもたちの学びを支えるために　佐藤郡衛、菅原雅枝、小林聡子著
◎2300円

多文化社会に生きる子どもの教育
外国人の子ども、海外で学ぶ子どもの現状と課題　佐藤郡衛著
◎2400円

海外で学ぶ子どもの教育
日本人学校、補習授業校の新たな挑戦　佐藤郡衛、中村雅治、植野美穂、見世千賀子、近田由紀子、岡村郁子、渋谷真樹、佐々信行著
◎2000円

「日本語教師」という仕事
多文化と対話する「ことば」を育む　倉八順子著
◎2000円

持続可能な大学の留学生政策
アジア各地と連携した日本語教育に向けて　宮崎里司、春口淳一編著
◎2800円

創造性と批判的思考
学校で教え学ぶことの意味はなにか　OECD教育研究革新センター編著　西村美由起訳
◎5400円

公正と包摂をめざす教育
OECD「多様性の持つ強み」プロジェクト報告書　経済協力開発機構(OECD)編著　佐藤仁、伊藤亜希子監訳
◎5400円

国際高等教育
教育・研究の展開をみすえる　花田真吾著
◎3000円

「教育輸出」を問う
日本型教育の海外展開(EDU-Port)の政治と倫理　高山敬太、興津妙子編著
◎4500円

「多様な教育機会」をつむぐ
公教育の再編と子どもの福祉①〈実践編〉ジレンマとともにある可能性　森直人、澤田稔、金子良事編著
◎3000円

「多様な教育機会」から問う
公教育の再編と子どもの福祉②〈研究編〉ジレンマを解きほぐすために　森直人、澤田稔、金子良事編著
◎3000円

学校の時数をどうするか
現場からのカリキュラム・オーバーロード論　大森直樹編著　永田守、水本王典、水野佐知子著
◎2400円

異文化間教育ハンドブック
ドイツにおける理論と実践　イングリット・ゴゴリンほか編著　立花有希、佐々木優香、木下江美、クラインハーペル美穂訳
◎15000円

〈価格は本体価格です〉